Antonius Liedhegener · Ines-Jacqueline Werkner (Hrsg.)

Religion zwischen Zivilgesellschaft und politischem System

Politik und Religion

Herausgegeben von

Manfred Brocker
(Katholische Universität Eichstätt-Ingolstadt)
Mathias Hildebrandt
(Universität Erlangen-Nürnberg)

In allen Gesellschaften spielte der Zusammenhang von Politik und Religion eine wichtige, häufig eine zentrale Rolle. Auch die Entwicklung der modernen westlichen Gesellschaften ist ohne die politische Auseinandersetzung mit den traditionellen religiösen Ordnungskonzepten und Wertvorstellungen nicht denkbar. Heute gewinnen im Westen – und weltweit – religiöse Orientierungen und Differenzen erneut einen zunehmenden gesellschaftlichen und politischen Einfluss zurück. Die Buchreihe „Politik und Religion" trägt dieser aktuellen Tendenz Rechnung. Sie stellt für die Sozialwissenschaften in Deutschland, insbesondere aber für die Politikwissenschaft, ein Publikationsforum bereit, um relevante Forschungsergebnisse zum Zusammenhang von Politik und Religion der wissenschaftlichen Öffentlichkeit vorzustellen und weitere Forschungsarbeiten auf diesem Gebiet anzuregen. Sie ist deshalb offen für verschiedene disziplinäre und interdisziplinäre, theoretisch-methodologische und interkulturell-vergleichende Ansätze und fördert Arbeiten, die sich systematisch und umfassend mit wissenschaftlich ergiebigen Fragestellungen zum Verhältnis von Politik und Religion befassen. Die wissenschaftliche Auseinandersetzung mit „Politik und Religion" soll damit in ihrer ganzen Breite dokumentiert werden, ohne dass die Herausgeber dabei mit den jeweilig bezogenen Positionen übereinstimmen müssen.

Antonius Liedhegener
Ines-Jacqueline Werkner (Hrsg.)

Religion zwischen Zivilgesellschaft und politischem System

Befunde – Positionen – Perspektiven

VS VERLAG

Bibliografische Information der Deutschen Nationalbibliothek
Die Deutsche Nationalbibliothek verzeichnet diese Publikation in der
Deutschen Nationalbibliografie; detaillierte bibliografische Daten sind im Internet über
<http://dnb.d-nb.de> abrufbar.

1. Auflage 2011

Alle Rechte vorbehalten
© VS Verlag für Sozialwissenschaften | Springer Fachmedien Wiesbaden GmbH 2011

Lektorat: Frank Schindler / Verena Metzger

VS Verlag für Sozialwissenschaften ist eine Marke von Springer Fachmedien.
Springer Fachmedien ist Teil der Fachverlagsgruppe Springer Science+Business Media.
www.vs-verlag.de

Umschlaggestaltung: KünkelLopka Medienentwicklung, Heidelberg
Gedruckt auf säurefreiem und chlorfrei gebleichtem Papier
Printed in Germany

ISBN 978-3-531-17827-1

Inhalt

III. Religion als zivilgesellschaftliche Ressource

Vorwort

Die Beschäftigung mit der Zivilgesellschaft erfreut sich in Öffentlichkeit, Politik und Wissenschaft seit einiger Zeit großer Beliebtheit. Eine lebendige Zivilgesellschaft gilt weithin als Voraussetzung und Garant für intakte und zukunftsfähige Demokratien. Viel ist geschrieben worden über die Akteure, Strukturen und Bedingungen, die eine Zivilgesellschaft ausmachen. In diesem Kontext ist – von den Vereinigten Staaten einmal abgesehen – die Rolle von Religion bzw. Religionen bislang allerdings erstaunlich selten in den Blick geraten. Dabei kommt der Religion auf der Akteursebene wie als Gelegenheitsstruktur für zivilgesellschaftliches Engagement selbst in den relativ stark säkularisierten Staaten Westeuropas eine nicht unerhebliche Bedeutung zu.

„Religion, Zivilgesellschaft und zivilgesellschaftliches Engagement" – unter dieses Thema hat der Arbeitskreis „Politik und Religion" der Deutschen Vereinigung für Politische Wissenschaft daher seine Jahrestagung 2009 gestellt. Die Beiträge des vorliegenden Bandes gehen größtenteils auf diese Tagung zurück. Die Tagung verdankt sich nicht zuletzt dem Engagement der Evangelischen Akademie Villigst, die für dieses Unternehmen als Kooperationspartner des Arbeitskreises gewonnen werden konnte. An dieser Stelle sei daher der Akademie Villigst und insbesondere Herrn Uwe Trittmann für die Unterstützung und gute Zusammenarbeit herzlich gedankt.

Unser herzlicher Dank gilt auch den Autorinnen und Autoren für ihre Bereitschaft, an dieser Tagung sowie dem vorliegenden Werk mitzuwirken. Und schließlich sei all jenen gedankt, die uns auf dem Weg zur Drucklegung tatkräftig unterstützt haben. Dieser Dank gilt insbesondere Herrn Anastas Odermatt, der als studentische Hilfskraft im Projekt des universitären Forschungsschwerpunkts „Religion und gesellschaftliche Integration in Europa" der Universität Luzern kompetent und zuverlässig an der formalen Vereinheitlichung der Manuskripte und Vorbereitung des Drucks mitgearbeitet hat. Dem VS Verlag für Sozialwissenschaften gebührt ein Dankeschön für die gewohnt zuverlässige Drucklegung in der Schriftenreihe „Politik und Religion" unseres Arbeitskreises.

Antonius Liedhegener
Ines-Jacqueline Werkner

Luzern/ Jena und Kiel/ Berlin am 15. August 2010

Religion, Zivilgesellschaft und politisches System – ein offenes Forschungsfeld

Antonius Liedhegener & Ines-Jacqueline Werkner

1 Einleitung

Die Bedeutung der Zivilgesellschaft für den Bestand und die Fortentwicklung von Gesellschaft und Politik hat in den zurückliegenden Jahren quer durch die Sozial- und Geisteswissenschaften ganz erhebliche Aufmerksamkeit erfahren. Die Ursachen dafür sind bekanntlich vielfältig. Wichtige Impulse der Debatte gingen zunächst von den Transformations- und Demokratisierungprozessen in Mittel- und Osteuropa aus. Gleichzeitig war die Suche nach neuen Beteiligungsformen in etablierten Demokratien Anlass, sich verstärkt mit dem Thema Zivilgesellschaft zu beschäftigen. Vor allem in Deutschland spielten die Herausforderungen der überkommenen sozialstaatlichen Arrangements und die Frage einer stärkeren Selbstverantwortung der Bürgerinnen und Bürger eine zentrale Rolle für das zeitweise auch politisch sehr starke Interesse an der Zivilgesellschaft. Außerdem wurde und wird nach dem Ende des Kommunismus immer offener die Frage nach dem Zusammenhalt moderner demokratischer Gesellschaften gestellt und dabei die Rolle des zivilgesellschaftlichen Engagements hervorgehoben. Und schließlich zogen angesichts der Globalität vieler politischer Zukunftsthemen der Menschheit die Ansätze einer transnationalen Zivilgesellschaft die Aufmerksamkeit auf sich.

Dieses Buch widmet sich einem in der deutschen und auch europäischen Debatte bislang eher vernachlässigten, jedoch wichtigen Aspekt des Themenbereichs Zivilgesellschaft: der Bedeutung von Religion für die Zivilgesellschaft und der Rolle von Religion und Religionen in ihr (F. Adloff 2007; A. Liedhegener 2008; S. Roßteutscher 2008). In einer international vergleichenden Perspektive wird bei einer Auseinandersetzung mit diesem Themenfeld schnell sichtbar, was bislang oft übersehen wird: Religion und Zivilgesellschaft sind immer im Kontext bestehender politischer Systeme und deren Verhältnis zu Zivilgesellschaft und zivilgesellschaftlichem Engagement zu sehen bzw. zu analysieren (D. Pollack 2002; M. Freitag 2006). Zur Debatte steht also der Zusammenhang von Religion, Zivilgesellschaft und politischem System und dies in politiktheoretischer und empirischer Hinsicht. Dabei wird hier von der Annahme ausgegangen, dass Kirchen und Religionsgemeinschaften nicht nur in den USA, sondern auch im europäischen wie außereuropäischen Kontext einen entscheidenden Beitrag zu Entstehung, Erhalt und Fortentwicklung vitaler und funktionstüchtiger Zivil- bzw. Bürgergesellschaften und Demokratien leisten bzw. leisten können. Kurz: Es gilt, Religion als Ressource von Zivilgesellschaft und Quelle von Sozialkapital in Gegenwartsgesellschaften zu verhandeln.

Einleitend sollen dazu markante Punkte und Positionen in der bisherigen internationalen Forschung zu Religion und Zivilgesellschaft aufgezeigt und die Beiträge des vorliegenden Buches entsprechend eingeordnet werden. Dabei geht es vor allem darum, die gegenwärtig wichtig erscheinenden Problemstellungen zu akzentuieren. Eine umfassende Würdigung der breiten, ja uferlosen sozialwissenschaftlichen Literatur zur Zivilgesellschaftsforschung allgemein ist damit nicht intendiert (D. Castiglione/J. W. van Deth/G. Wolleb 2008; G. Tinggaard Svendsen/G. Lind Haase Svendsen 2009; H. K. Anheier/St. Toepler/R. List 2010). Vielmehr sollen einige generelle Aspekte der Erforschung von Zivilgesellschaft im Hinblick auf die Bedeutung von Religion und Religionen durchgemustert werden. Folgende Punkte werden erörtert: Die Problematik des Zivilgesellschaftsbegriffs und der Einordnung von Religion in diesen (1.). Die Frage nach dem Status des vielfach herangezogenen Sozialkapitalansatzes und seiner Tragfähigkeit für empirische Forschungen gerade auch zur Rolle von Religion (2.). Die verschiedenen Varianten eines Zusammenhangs von Religion und Zivilgesellschaft und die Notwendigkeit, in die Analyse dieses Zusammenhangs das Verhältnis beider zum politischen System mit einzubeziehen (3.). Und schließlich Themen und Perspektiven, die sich ausgehend vom derzeitigen Kenntnisstand eröffnen (4.).

1　„Nun sag, wie hast du's mit der Religion"? Religion im Begriff und Konzept der Zivilgesellschaft

Mit zahlreichen anderen sozialwissenschaftlichen Grundbegriffen teilt der der „Zivilgesellschaft" bzw. „Bürgergesellschaft" das Schicksal, nicht eindeutig definiert zu sein. Beide im Deutschen lange Zeit ungebräuchlichen Wörter sind zunächst Übersetzungsvarianten des angelsächsischen Ausdrucks *civil society*. In den USA verbinden sich seit den Tagen Alexis de Tocquevilles die Vorstellung und das Selbstverständnis der amerikanischen Gesellschaft als einer *nation of joiners* und einer vom Gedanken der Selbstorganisation und Selbsthilfe der Bürger bestimmten Demokratie mit der Idee einer besonderen *civil society* (A. Tocqueville 1987[1835/40]; R. D. Putnam 1995; R. Wuthnow 1996: 8).

Vertraut man den Überblicksdarstellungen zur umfangreichen Debatte um den Begriff Zivilgesellschaft auf beiden Seiten des Atlantiks (O. Lembcke 2000; A. Klein 2001; F. Adloff 2005), so lassen sich im weiten Feld der möglichen Definition von Zivilgesellschaft gegenwärtig durchaus größere Stränge unterscheiden. Generell ist zunächst festzuhalten, dass in mögliche Definitionen von „Bürgergesellschaft" bzw. „Zivilgesellschaft" sowohl normative als auch empirische Vorstellungen einfließen oder alternativ zur Grundlage erklärt werden können. So verweisen Elemente wie die Forderung nach einer partizipatorischen Demokratie oder die Hervorhebung der Zivilität des Handelns der Bürger, also des Tugend- und Moralhaushaltes des Einzelnen, auf durchaus ältere Fragen der in der Antike einsetzenden Sozialphilosophie und der neuzeitlichen Demokratietheorie. In Sozialphilosophie und Demokratietheorie dominieren präskriptive, bisweilen auch utopisch anmutende Zugänge zum Verständnis von Zivilgesellschaft.

Solchen primär normativen Begriffsdefinitionen stehen andere gegenüber, die die Zivilgesellschaft stärker deskriptiv als einen besonderen Bereich in modernen Gesellschaften mit eigener Handlungslogik auffassen. In einem solchen Verständnis ist die Zivilgesellschaft jener Bereich moderner demokratischer Gesellschaften, in dem die Bürgerinnen und Bürger als Freie und Gleiche freiwillig miteinander kooperieren. Dieser bürger- oder zivilgesellschaftliche Raum gehört weder zur Sphäre des auf dem Zwangs- und Gewaltmonopol gründenden Staates noch zu der des Marktes, in der Waren und Dienstleistungen gegen Geld nach dem Prinzip der weithin anonymen Preisbildung durch Angebot und Nachfrage getauscht werden.

Das grundlegende Prinzip der Sphäre der Bürgergesellschaft ist das der Assoziation. Damit ist das freiwillige Zusammenwirken der Gesellschaftsmitglieder allgemein und näher hin der Bildung von institutionell und organisatorisch relativ dauerhaften, freiwilligen Zusammenschlüssen gemeint. In die lange Reihe solcher freiwilligen Zusammenschlüsse zählen ganz unterschiedliche Formen: soziale Bewegungen, Selbsthilfegruppen, Bürgerinitiativen, Vereine, Verbände oder Parteien, insbesondere insofern sie auf Freiwilligkeit in ihrer Wähler- und Mitgliederorganisationen basieren.

Bekanntlich schrieb Tocqueville gerade der Religion für den Bestand moderner Demokratien eine wichtige Rolle zu. Wie aktuell das Nachdenken Tocquevilles über Religion in Demokratie und demokratischen Gesellschaften in normativer Hinsicht bis heute ist, zeigt Oliver Hidalgo in diesem Band. Nach Tocqueville kommt Religion bzw. genauer dem Christentum eine wichtige Schutzfunktion zu, wenn es darum geht, die für Demokratien so bedrohlichen Fehlentwicklungen des gesellschaftlichen Atomismus und des staatlichen Zentralismus zu beschränken bzw. zu überwinden. Praktisch betonte Tocqueville als Gegengewichte dazu das freiwillige, nicht durch staatliches Handeln gegängelte Zusammenwirken der Bürger und den daraus resultierenden ‚wohlverstandenen Eigennutz der Bürger'. Zentral sind für ihn intermediäre Größen, die zwischen den Einzelnen und den Staat treten, ersteren politisch handlungsfähig und letzteren kontrollierbar machen. Assoziationen und das in ihnen geformte wohlverstandene Eigeninteresse wirkten dahin, Eigennutz und Gemeinwohl in eine Balance zu bringen, die die Entwicklung und den Zusammenhalt der Gesellschaft fördert. Durch rein zweckrationale Erwägungen der Bürger sei dies aber nicht dauerhaft zu erlangen. Jedoch böte das Christentum mit dem Glauben an ein Leben nach dem Tod, dem Gebot der Nächstenliebe, seinen alltagstauglichen Handlungsmaximen und der Überzeugung von der moralischen Verantwortlichkeit und damit Freiheit des Menschen den verlässlichen Boden für das Funktionieren der Demokratie. „Auf die Religion", so Hidalgo, „als soziales Band sowie als Quelle der Moral kann für Tocqueville kein liberal-demokratisches Gemeinwesen verzichten." Hidalgo zeigt, dass der französische Aristokrat und Katholik Tocqueville die Kongruenz des protestantischen Denominalismus und amerikanischer Demokratie gesehen und bewundert hat, langfristig einem mit der Demokratie versöhnten Katholizismus aber die größere Fähigkeit beimaß, die von Demokratie und Mehrheitsprinzip befeuerten Partikularinteressen und menschlichen Leidenschaften wie Konkurrenzdenken und Gewinnstreben zu mäßigen. Denn im amerikanischen Protestantismus habe der gesellschaftliche „Siegeszug des Nutzenkalküls auf die Gottesfürchtigkeit" bereits abgefärbt. Mit Tocqueville problematisiert Hidalgo daher die Rückwirkungen von Zivilgesellschaft und Demokratie auf Religion. Interessant erscheint Letzterem die „Problematik, *welche* Anpassungen und Transformationen die Religion an die Postulate einer dynamischen Gesellschaft aus rationalen Egoisten vornehmen kann, ohne ihren dogmatischen Charakter, ihren Wahrheitsanspruch und damit die Funktionalität zu verlieren, die Tocqueville ihr für die Zivilgesellschaft attestierte."

Gehören Religionen und Religionsgemeinschaften heute tatsächlich zur Zivilgesellschaft? – Die Antwort auf diese Frage ist alles andere als unstrittig. Aus sehr unterschiedlichen Gründen wird diese Frage bis heute vielfach verneint. Die Prinzipien der Säkularität und weltanschaulichen Neutralität von demokratischen Gesellschaften seien verletzt, wenn Religionen und ihre Vertreter in Öffentlichkeit und Politik als eigenständige Akteure auftreten, meinen Kritiker. Hier gibt es in der Tradition der kontinentaleuropäischen bzw. vor allem französischen Aufklärung vielfach Vorbehalte, wenn nicht gar Widerstände. José Casanova (2009) hat jüngst von der „Angst Europas vor der Religion" gesprochen, die einer umstandslosen Zuordnung entgegensteht. Aber auch den Kirchen und Religionsgemeinschaften gewogene Stimmen verneinen vor allem für die Kirchen eine zivilgesellschaftliche Rolle, weil sie befürchten, dass letztere dadurch allzu sehr in die Niederungen der Interessen und Konflikte pluraler Gesellschaften gezogen würden. Und auch die Kirchen selbst sind im Kontext der Europäischen Union in Brüssel darauf bedacht, von der Kommission nicht einfach in den großen Topf des „zivilgesellschaftlichen Dialogs" geworfen zu werden, und in der Tat haben sie mit dem Vertrag von Lissabon einen eigenen Status erhalten (A. Liedhegener 2010b).

Dem stehen jene gegenüber, die der Religion als „öffentlicher Religion" einen legitimen Platz im Reigen der Meinungen und Interessen einräumen. Prominent hat José Casanova diese Position vertreten und damit ein allzu monolithisches Verständnis des Säkularisierungstheorems zurückgewiesen bzw. überwunden (J. Casanova 1994). Freilich hat Casanova die zivilgesellschaftliche Rolle der Religionen an Bedingungen geknüpft: Weder staatskirchliche oder theokratische Arrangements noch die direkte politische Einflussnahme bei Wahlen und in Parlamenten sollen den Einfluss von Religion begründen. Gefordert wird die moralische Integrität und Autorität religiöser Traditionen und ihrer Vertreter allein in der öffentlichen Debatte über politische Ziele und Mittel, um so den möglichen Entgleisungen der Moderne entgegen zu wirken. In Deutschland hat Jürgen Habermas die Tür zu dieser Debatte öffentlichkeitswirksam aufgestoßen (J. Habermas 2001, 2005; J. Habermas/J. Ratzinger 2005). Auch er plädiert für die rettenden Wirkungen von Religion und ihren moralischen Potenzialen angesichts der Gefährdungen der Vernunft in einer entfesselten Moderne. Im postsäkularen Zeitalter seien die Beiträge der Religionen zu hören und aufzugreifen. Es bleibe aber die Aufgabe der politischen Öffentlichkeit, diese Argumente ihrer religiösen Sprache zu entkleiden und so dem rationalen Diskurs zugänglich zu machen. Die Übersetzung religiöser Argumente in die säkulare Sprache der Politik sei unumgänglich.

An dieser Grundannahme, Religion müsse quasi immer erst durch Übersetzungsarbeit (eines gedachten säkularen Gegenübers) zivilgesellschafts- und politikdiskursfähig gemacht werden, setzt Mariano Barbato in diesem Band an. Er geht der Frage nach, ob und wie religiöse Sprache Teil einer von möglichst allen Mitgliedern einer Gesellschaft geteilten Sprache sein kann. Von der Notwendigkeit einer solchen geteilten Sprache geht er aus, wenn er sie als eine ‚Lingua Franca' der Politik bezeichnet. Er unterstreicht die Leistung der wegweisenden Begriffsbildung, die Habermas mit der ‚postsäkularen Gesellschaft' gelungen ist, weil sie eine Auseinandersetzung mit dieser Grundfrage möglich mache. Auf der Suche nach der Antwort auf die Frage nach einer Lingua Franca demokratischer Politik mustert Barbato in politiktheoretischer Absicht die parteipolitischen und parlamentarischen Diskussionen um ein Verbot von Spätabtreibungen in Deutschland. Die Beispiele zeigen, dass es eine *homogene* Lingua Franca nicht gibt. „Politische Sprache bleibt an das bürgerschaftliche Aushandeln gebunden, das selbst Grundtopoi der Argumentation fortlaufend ändert.„ Argumente, die auf Religion zurückgreifen, können im Kontext einer solch heterogenen und instabilen politischen Sprache unter Umständen einen sinnvollen Beitrag leisten. Denn „[s]tarke religiöse Argumentationen können genauso neue Perspektiven eröffnen wie laizistische Fundamentalismen sie blockieren können und umgekehrt. Es kommt also auf den jeweiligen Beitrag religiösen Argumentierens ebenso an wie auf den spezifischen Kontext."

Kann man also religiös geprägte politische Sprache bzw. Argumentationen nicht a priori und kategorisch aus dem Bereich der politischen Debatte und Kontroverse ausschließen, so stellt sich die Frage der Integration von Religion in die Zivilgesellschaft analog auch für den Bereich der organisierten Zivilgesellschaft. Die Zivil- oder Bürgergesellschaft ist auf die Solidaritätspotenziale ihrer Gesellschaftsmitglieder angewiesen. Gleichzeitig erneuert sie diese Potenziale aber auch unter ihnen, insofern erfolgreiche freiwillige Kooperationen die Solidaritätspotenziale beim Einzelnen wiederum bestärken und fördern. Allerdings ist nicht jede Form der freiwilligen Kooperation an sich schon gesellschaftsverträglich. Denn weder Verbrecherbanden noch extremistischen politischen Vereinigungen wird man diese positive Eigenschaft zuschreiben wollen. In einer politischen Praxis, die eine ‚gute Bürgergesellschaft' zu fördern versucht, erzwingt diese Tatsache eine Unterscheidung und damit Wert- und Vorzugsentscheidungen gegenüber den in der Realität vorfindlichen kollektiven Akteuren. Im Rahmen einer demokratischen Ordnung ist von den Bürgern und ihren Zusammenschlüssen gewiss die Bewahrung der (verfassungs-)rechtlichen Ordnung und alltagspraktisch ein ziviler, friedlicher Umgang miteinander zu erwarten. Solche normativen Mindestanforderungen verbinden den Begriff der Zivilgesellschaft mit der älteren sozialphilosophischen Debatte um die Qualitäten und Kriterien einer ‚guten Ordnung' der Gesellschaft. Dies spricht dafür, Zivilgesellschaft nicht nur als einen analytischen Begriff zu verwenden, sondern sich der Tatsache bewusst zu bleiben, dass es gesellschaftspolitisch wünschenswert und notwendig ist, Zivilgesellschaft im genannten Sinne zumindest als ein stets auch normatives Konzept mitzuberücksichtigen (D. Gosewinkel u.a. 2004: 11-12). Politisch können die Grenzen der Zivilgesellschaft und die Zugehörigkeit einzelner freiwillig organisierter Gruppen zu ihr daher durchaus strittig sein (vgl. C. Kessler in diesem Band). Will man nicht auf den Zivilgesellschaftsbegriff im skizzierten Sinne ganz verzichten und auf einen auf den ersten Blick wertneutralen Begriff etwa den der Freiwilligenarbeit ausweichen (H. Ammann 2000, 2001), wird man aus politikwissenschaftlicher Sicht begrifflich weiter zu differenzieren haben. Antonius Liedhegener legt im vorliegenden Band ein Modell vor, bei dem zwischen intermediärem Raum, Zivilgesellschaft und politischer Öffentlichkeit unterschieden wird, um einerseits normative Zuschreibungen, die mit dem Begriff Bürgergesellschaft oder zivilgesellschaftlichem Engagement meist nur implizit einhergehen, klar als solche auszuweisen und andererseits die empirisch vorfindliche Vielfalt von mehr oder weniger gemeinwohl- bzw. gesellschaftsförderlichen Formen freiwilliger Zusammenschlüsse erfassen zu können.

Im Blick auf den Zusammenhang von Zivilgesellschaft und Religion ist es das Verdienst von David Herbert, das Feld theoretischer Probleme, das es zu bestellen gilt, abgesteckt zu haben (D. Herbert 2003). Auch wenn sein Buch im Wesentlichen aus Problemaufrissen besteht und er selbst enttäuschend wenig Vorschläge für eine Theoriesynthese liefert, gelten die dort herausgearbeiteten Problemkontexte. Eine Antwort auf die Frage nach der Zuordnung von Religion und Zivilgesellschaft besteht nach Herbert darin zu bestimmen, wie sich grundsätzlich das Verhältnis von Religion und Moderne gestaltet, wie Religion und Säkularisierung heute zueinander stehen, welcher Begriff von Zivilgesellschaft zugrunde gelegt werden soll, ob zwischen Zivilgesellschaft und Öffentlichkeit zu unterscheiden ist und schließlich wie die Rechte des Einzelnen und die Forderung der Gemeinwohlorientierung aufeinander zu beziehen sind. Das alles sind grundlegende Themen der sozial- und geisteswissenschaftlichen Erforschung von Religion, die in der Tat eine Rolle spielen.

Als theoretisch weiterführend und u.E. daher richtungsweisend müssen die bislang kaum rezipierten Überlegungen John. F. Youngs angesehen werden. Gegen vorschnelle Festlegungen stellt er zu Beginn seines Aufsatzes heraus: „Reconciling religion with civil society has been underestimated as both a theoretical and a practical challenge" (J. F. Young 2007: 11). Young geht diese Herausforderung auf der theoretischen Ebene an und stellt die Grundfragen wie folgt: Wenn Religion jenseits privater Frömmigkeit eine Rolle in der Öffentlichkeit spielen soll, wird Religion die Zivilgesellschaft dann stärken oder unterminieren? Trägt Religion dazu bei, die Bürgerschaft zu fragmentieren und zu trennen oder wird sie Vertrauen und gemeinsames Handeln fördern? Ist Religion eine Quelle politischer Vitalität oder Ursache von Kulturkämpfen?

Im Anschluss an amerikanische politiktheoretische Debatten unterscheidet er zwischen liberaler, kommunitaristischer und republikanischer Denkschule und bestimmt dann die Aufgabe, die der Zivilgesellschaft im jeweiligen Denkansatz zugewiesen wird (J. F. Young 2007: 12-13). Im Denken des Liberalismus steht die Zivilgesellschaft vor allem für den Schutz der Gesellschaft vor einem übermächtigen Staat durch die gewaltenkontrollierende Wirkung des zivilgesellschaftlichen Engagements in intermediären Organisationen. Dort, wo Religionsfreiheit im Rahmen des demokratischen Verfassungsstaates durch Religionen erstritten und verwirklicht wird, bedeutet dies zugleich einen wesentlichen Beitrag zum Grundrechtsschutz. Wo aber Religionen den Staat zur Abwehr zwingen bzw. der Staat auf Zurückdrängung durch Privatisierung setzt, schwächt dies zugleich die Zivilgesellschaft, und zwar durch die mit einer kämpferischen Zurückdrängung von Religion notwendig verbundene verstärkte staatliche Kontrolle und die damit einhergehende Aushöhlung der Assoziationsfreiheit. Zu beachten ist: Die negative Wirkung kann hier sowohl von Religion als auch vom Staat ausgehen.

Im kommunitaristischen Denken ist die Zivilgesellschaft nach Young vor allem ein intermediärer Raum, in dem die selbstorganisierten Bürgerinnen und Bürger sich durch ihre Zusammenschlüsse in die Politik aktiv einzubringen vermögen. Religionen können hier das Verständnis für den gesellschaftlichen Zusammenhalt fördern, durch die Übereinstimmung von religiösen Überzeugungen mit den Normen des staatlichen Rechts die Befolgung staatlicher Regelungen erhöhen, das Gesetzgebungs- und Zwangsmonopol des Staates dadurch entlasten und durch das von ihr vermittelte Gemeinschaftsethos einer Überbetonung individualistischer Rechtsansprüche in der Demokratie entgegenwirken. Auf der Negativseite steht die Gefahr, dass religiöse Gruppen, die sich von der Gesellschaft erklärtermaßen abschotten, die Bürgerrolle ihrer Mitglieder unterminieren und Staat und Zivilgesellschaft damit empfindlich schwächen. Solche abgeschotteten religiösen Gruppen erzeugen gespaltene Loyalitäten und können Gesellschaften und politische Systeme fragmentieren und im Extremfall sogar spalten und auflösen.

Im republikanischen Modell kann Religion genau wie andere zivilgesellschaftliche Zusammenschlüsse als „Schule der Demokratie" wirken. In religiösen Gemeinschaften können Menschen im Kleinen die nötigen Kenntnisse und Fähigkeiten erwerben, um sich aktiv in Zivilgesellschaft und Politik einbringen zu können. Religionsgemeinschaften können die Erfahrung der individuellen Handlungsfähigkeit und persönlichen Handlungsmöglichkeiten eröffnen und stärken. Diese Erfahrungen können dann auf die Bürgerrolle übertragen werden. Andererseits können Religionsgemeinschaften, deren Binnenstrukturen von denen eines demokratischen Gemeinwesens gravierend abweichen, ein ernsthaftes Problem darstellen, weil sie eben nicht als Schule der Demokratie wirken, sondern durch die von ihnen vermittelten Normen und Verhaltensweisen die Mechanismen der demokratischen Willensbildung und Machtverteilung schwächen. Somit hat Young eine Heuristik entwickelt (J. F. Young 2007: 17), die deutlich über die weit verbreitete Tendenz hinausgeht, Religion und Zivilgesellschaft entweder positiv zuzuordnen oder aber sie negativ gegenüber zu stellen. Youngs Heuristik ist in der Lage, den ambivalenten Charakter dieses Wechselverhältnisses explizit in Rechnung zu stellen.

2   Religion und der Sozialkapitalansatz in Theorie und empirischer Forschung

Sozialkapital wird häufig als *das* Produkt der Zivilgesellschaft und des in ihr sich entfaltenden Engagements verstanden. Gleichwohl sind das Konzept der Zivilgesellschaft bzw. des zivilgesellschaftlichen Engagements und das des Sozialkapitals weder identisch noch gänzlich umstandslos aufeinander zu beziehen. In der Tat hält das Sozialkapitalkonzept anscheinend noch stärker als die Idee der Zivilgesellschaft theoretische Untiefen bereit, die es zu bedenken gilt.

Am Anfang steht aber die Faszination dieses relativ jungen Begriffs. Wie nur wenige andere Begriffe hat der des Sozialkapitals in der internationalen Sozialforschung die Imagination der Sozialwissenschaftler befeuert und enorme empirische Forschungsanstrengungen in Gang gesetzt. Am Anfang dieser Faszination steht jener amerikanische Politikwissenschaftler, der auch der Zivilgesellschaftsdebatte so prominent Auftrieb verliehen hat. Denn die Sozialkapitalforschung ist untrennbar mit dem Namen Robert D. Putnam verbunden (H. Kriesi 2007; B. F. Berger 2009). Seine drei wichtigsten Beiträge – die Studie zur Demokratie in Italien, sein weithin rezipierter Aufsatz „Bowling Alone" und dessen Entfaltung in einem Buch (R. D. Puntnam 1993, 1995, 2000) – lieferten den Ausgangspunkt für die disziplinübergreifende Debatte rund um die Vorstellung eines in der Gesellschaft akkumulierten Sozialkapitals. Putnam, der selbst viel den Arbeiten des Soziologen James Coleman verdankt, wurde und wird allenthalben zitiert (zur Bedeutung Putnams u.a. A. Liedhegener 2007; B. F. Berger 2009). Seine Beiträge und Überlegungen haben Sozialkapital zu einem Zauberwort gemacht, das wenn nicht gar die Lösung, so doch grundlegende Einblicke in ein grundlegendes Problem sozialwissenschaftlicher Theoriebildung verspricht (V. Kunz 2006: 332-333): Wie wird aus den eigennützigen Individuen und ihren je unterschiedlichen Präferenzen eine sozialverträgliche Gesellschafts- und Herrschaftsordnung? Methodologisch gewendet: Wie kann der methodische Individualismus Solidarität erklären?

Nach Putnams vielzitierter Definition bezieht sich Sozialkapital auf unterschiedliche Formen der Verbindungen zwischen Individuen, nämlich soziale Netzwerke und Normen der Reziprozität sowie Vertrauen untereinander, welches von den beiden ersten Grundformen ausgeht. In Putnams Worten: Sozialkapital „refers to connections among individuals – social networks and the norms of reciprocity and trustworthiness that arise from them" (R. D. Putnam 2000: 19). In *Bowling alone* variiert die Definition leicht und hebt das Ergebnis von Sozialkapital hervor, nämlich die Ermöglichung und Erleichterung gesellschaftlicher Kooperation zu wechselseitigem Nutzen. „By analogy with notions of physical capital and human capital – tools and training that enhance individual productivity – ‚social capital' refers to features of social organization such as networks, norms, and social trust that facilitate coordination and cooperation for mutual benefit." (R. D. Putnam 1995: 67) Der Dreh des Putnamschen Verständnisses von Sozialkapital besteht darin, dass Sozialkapital sowohl dem Einzelnen in seinen sozialen Nahbezügen – etwa durch eine Vereinsmitgliedschaft – zukommt als auch eine systemische Größe darstellt, die etwas über die Funktionstüchtigkeit und Gestaltungsmöglichkeiten einer Gesellschaft aussagen soll. Anders gesagt, Sozialkapital ist eine Ressource, die sowohl auf der Mikro- als auch auf der Makroebene auftritt und beide – irgendwie – miteinander verbindet. Je mehr Sozialkapital, desto besser sei es um eine Gesellschaft bestellt, ermöglicht und vereinfacht Sozialkapital doch Formen der Kooperation, ohne dass dazu ein hoher staatlicher Kontrollzwang von Nöten wäre. In der Sprache von *rational choice* und Ökonometrie senkt Sozialkapital also spürbar die Transaktionskosten in einer Gesellschaft.

Es ist das Verdienst der deutschen Forschung, und hier insbesondere von Hartmut Esser und Oscar W. Gabriel, diesen Doppelcharakter von Sozialkapital modelltheoretisch klarer herausgestellt zu haben (H. Esser 2008; B. Westle/ O. W. Gabriel 2008: 18-21). Ihr Basismodell differenziert zwischen zwei Arten von Sozialkapital: Einmal handelt es sich um jenen Teil des Sozialkapitals, der beim Individuum in Erscheinung tritt. Dieses wird als ‚Beziehungskapital' bezeichnet. Tritt das Sozialkapital auf der gesamtgesellschaftlichen Ebene in Erscheinung, handelt es sich um ‚Systemkapital'. Beide Arten von Sozialkapital sind jeweils von strukturellen und kulturellen Faktoren bestimmt. Beide Arten stehen in einem Wechselverhältnis, so dass ‚gute' demokratische Bürger und funktionierende und erfolgreiche Demokratien gleichsam zwei Seiten einer Medaille sind – in der Theorie! Der kritischste Punkt ist und bleibt nämlich die Frage, wie der garstig breite Graben zwischen individueller und gesellschaftlicher Ebene modelltheoretisch wie empirisch plausibel überwunden werden kann. Welche Elemente der Definition und welche Faktoren bedingen welche Größen ursächlich? Anders gesagt: Die Kausalitäten zwischen Beziehungskapital und Systemkapital sind theoretisch nicht klar bestimmt und lassen sich vielleicht auch gar nicht eindeutig bestimmen (L. Halman/T. Petterson 2001: 69). Das Konzept steht damit zumindest im Verdacht, theoretisch überfrachtet zu sein.

Dieser Vorwurf der Heterogenität oder Diffusität ließe sich – das sei zugestanden – mit einem gewissen Recht freilich auch gegenüber dem Konzept der „Zivilgesellschaft" erheben. Und er ist in der Tat jüngst von Benjamin F. Berger wortgewandt formuliert worden: „[L]ike other buzz-words, civic engagement means so many things to so many people that it clarifies almost nothing." (P. F. Berger 2009: 335 u.ö.) Demgegenüber ist aber zu betonen, dass das weiter oben skizzierte und favorisierte sektorale Zivilgesellschaftsmodell und die damit ge-

gebene Ausrichtung auf das soziale Handeln, das besonders im Engagementbegriff hervorgehoben wird, deutlich fokussierter ist als die doch sehr heterogenen Dimensionen dessen, was Sozialkapital heißen soll.

Dieses Unbehagen gegenüber dem Sozialkapitalkonzept wird nicht kleiner, wenn man die vorliegenden empirischen Befunde zum Thema „Sozialkapital" und insbesondere „Sozialkapital und Religion" vergleichend einordnet. Beunruhigend sind zunächst einige Ergebnisse der international vergleichenden Sozialkapitalforschung allgemein. Was in den USA so bezeichnend und prägnant zu sein scheint, nämlich der enge Zusammenhang von Sozialkapital und demokratischen Einstellungen und Verhaltensweisen und die Wechselwirkungen zwischen Mikro- und Markroebene, lässt sich in international vergleichenden Studien nur ansatzweise nachweisen. Zwar zeigt sich im Ländervergleich auf der Basis von Umfragedaten, dass es sich bei Ländern mit hoher Sozialkapitalausstattung, d.h. mit hohen Mitgliedschaftsraten, hoher Normorientierung und hohen Vertrauensraten, ausschließlich um Länder mit etablierten demokratischen Traditionen und hohen sozio-ökonomischen Entwicklungsniveaus handelt. Auf der Ebene des Systemkapitals treten also die erwarteten Zusammenhänge auf. „Die für den Sozialkapitalansatz zentrale Annahme enger Verbindungen zwischen den Elementen des Sozialkapitals bestätigt sich nach den Ergebnissen der Analysen [...] allerdings nicht auf der Mikroebene. Dort hängen die Komponenten kaum miteinander zusammen und die bestehenden Korrelationen variieren von Land zu Land" (B. Westle/O. W. Gabriel 2008: 151). Insgesamt bezeichnen Bettina Westle, Volker Kunz und Sigrid Roßteutscher die entsprechenden Ergebnisse ihrer jahrelangen Analysen als „ernüchternd" (so die genannten in B. Westle/O. W. Gabriel 2008: 151; vgl. ähnlich auch O.W. Gabriel u.a. 2002). Jedenfalls geht die gängige Gleichung „‚Mehr Sozialkapital bedeutet mehr staatsbürgerschaftliche Tugenden [...] und eine bessere Qualität der Demokratie' nicht auf" (O. W. Gabriel u.a. 2002: 264; ähnlich D. Pollack 2004). Gleichwohl scheint es, dass es in Demokratien so etwas wie eine Mindestausstattung mit ‚Sozialkapital' geben muss, wenn Bürger sich aktiv und überzeugt am politischen Prozess beteiligen sollen (O. W. Gabriel u.a. 2002: 259 und 261).

Diese Schwierigkeiten der Sozialkapitalforschung machen nicht halt, wenn es um die empirische Erforschung des Zusammenhangs von Religion und Zivilgesellschaft geht. Ob Religion einen eigenständigen Beitrag zur Bildung von Sozialkapital leistet, ist empirisch eine offene Frage. Exemplarisch wird dies anhand zweier internationaler Studien mit gänzlich konträren Ergebnissen sichtbar.

Pippa Norris und Ronald Inglehart haben hierauf auf der Basis des World Value Surveys eine Antwort zu geben versucht. Sie konnten anhand weltweiter Daten für rund 80 Staaten aus verschiedenen Kulturkreisen der Erde nachweisen, dass es einen starken Zusammenhang zwischen Religion – gemessen als regelmäßige Teilnahme an gottesdienstlichen Veranstaltungen – und zivilgesellschaftlichem Engagement – gemessen als Mitgliedschaft in Vereinigungen – gibt. Dass häufiger Gottesdienstbesuch sich in der ganzen Welt weit überdurchschnittlich in Engagement in religionsnahen Vereinigungen niederschlägt, dürfte kaum überraschen. Aber auch die klaren, bei Drittvariablenkontrolle signifikanten Differenzen in zahlreichen anderen Kategorien wie Frauengruppen, Jugendarbeit, *local community action*, Sozialarbeit und Kulturwesen erweisen sich als überzeugend. Überall wirkt sich hier der Gottesdienstbesuch positiv auf das Engagement aus. Die einzige nennenswerte Ausnahme stellt die Mitgliedschaft in Gewerkschaften dar, die negativ korreliert. „The patterns confirm social capital theory's claim that the social networks and personal communications derived from regular churchgoing play an important role, not just in promoting activism within religious-related organizations, but also in strengthening community associations more generally." (P. Norris/R. Inglehart 2004: 191, vgl. auch 194)

Anders dagegen die Ergebnisse, zu denen Loek Halman und Thorleif Petterson in ihrer Analyse von 29 europäischen Staaten gekommen sind. Auch sie gehen der These eines positiven Zusammenhangs zwischen Religion und Sozialkapital nach, letzteres gemessen durch informelle und formelle Netzwerkmitgliedschaft, soziales Vertrauen und Normen generalisierten Vertrauens, kommen allerdings zu dem Schluss: „To the best of our knowledge, our findings of a zero-relationship between social capital and religion have not been demonstrated in previous research, and our results were not expected from theoretical arguments. Nevertheless, our cross-cultural results from 29 countries indicate that religious involvement and social capital and its various components are unrelated, both at the individual micro-level and at the national macro-level." (L. Halman/T. Petterson 2001: 91)

Die Beiträge im vorliegenden Band, die sich auf den Sozialkapitalansatz beziehen, liefern nicht nur weitere empirische Anhaltspunkte in einer unübersichtlichen Forschungslage, sondern erweitern auch den Kreis jener Fragen, die mit Hilfe von Konzepten und Indikatoren der Sozialkapitalforschung allgemein und der Forschung zu religiös generiertem Sozialkapital beantwortet werden sollen. Gert Pickel und Anja Gladkich untersuchen den Stellenwert und die Bedeutung des religiösen Sozialkapitals für die modernen Gesellschaften Europas. Sie gehen davon aus, dass religiöses Sozialkapital eine strukturelle Komponente in Form von sozialen Netzwerken und eine kulturelle in Form des sozialen Vertrauens aufweist. Ihr Beitrag betont die stark unterschiedlichen Implikationen der verschiedenen soziologischen Großtheorien für einen möglichen Zusammenhang von Religion und Sozialkapital. Im Anschluss an Putnam müsste die Modernisierung dazu führen, dass sich religiöse bzw. kirchliche Netzwerke wie andere Vergemeinschaftungsformen auch auflösen und dies zu einem Verlust von gesamtgesellschaftlichem Sozialkapital führt. Strikt säkularisierungstheoretisch argumentiert müsste sich der soziale Bedeutungsverlust von Religion wegen des engen Zusammenhangs von Kirchenbindung und individueller Religiosität unmittelbar negativ auf das soziale und politische Vertrauen in einer Gesellschaft auswirken, könne aber auch durch säkulare Formen kompensiert werden. Nach der Individualisierungsthese von Religion, die im Gegensatz zur Säkularisierungsthese von einer zunehmenden Entkopplung von kirchlich verfasstem Glauben und individueller Religiosität ausgeht, sollten kleinere und informellere Formen zivilgesellschaftlichen Engagements an die Stelle von Großkirchen und kirchlich-konfessionellen Vereinen treten. Auf der Basis der Daten des World Value Surveys werden diese Grundannahmen einer empirischen Überprüfung zugänglich gemacht. Dies gelingt für die strukturelle Komponente religiösen Sozialkapitals, bei der „empirischen Erfassung des kulturellen religiösen Sozialkapitals zeigen sich [aber ...] Operationalisierungsprobleme".

Im europäischen Durchschnitt machen religiöse Vereine und ähnliche Organisationen immerhin ein Fünftel aller Netzwerke aus, wobei die regionalen Unterschiede erheblich sind. Die unterschiedlichen Staat-Kirche-Verhältnisse in Europas Staaten üben auf diese Unterschiede allerdings keinen nennenswerten Einfluss aus. Mitglieder religiöser Netzwerke zeichnen sich zudem „grundsätzlich durch eine höhere Toleranz gegenüber anderen gesellschaftlichen Gruppen aus." Religiöse Netzwerke stärken und erhöhen somit das gesamtgesellschaftlich verfügbare Sozialkapital. Anders dagegen jene Befragten, die eine hohe Kirchenbindung ohne ein gruppenbezogenes Engagement aufweisen. Solche Personen „konstruieren ihre (religiöse) Identität durch klare Grenzziehungen gegenüber anderen sozialen und auch religiösen Gruppen – und dies in ganz Europa." Eine solche Identität ist im Zweifelsfall also konfliktverstärkend, wenn es um das Verhältnis der Religionen zueinander bzw. zum wertebezogenen Pluralismus geht. Darüber hinaus sind die Zusammenhänge beider Formen des religiösen Sozialkapitals mit dem Sozialkapital allgemein und mit den Großtrends des gesellschaftlichen Wandels durch überraschende Paradoxien gekennzeichnet: „Zum einen finden wir klare Hinweise auf eine Säkularisierung des Religiösen in Europa, aber gleichzeitig ein höheres religiöses Sozialkapital in modernen Gesellschaften. Zum anderen scheint im Zuge der Modernisierung zumindest in Europa keine grundsätzliche Erosion des Sozialkapitals stattzufinden." Möglicherweise könne man sogar sagen, dass der „Prozess der Säkularisierung einen Gewinn für die demokratische Zivilgesellschaft darstellt", weil er die negativen Folgen des kulturellen religiösen Sozialkapitals abschwäche und die positiven Folgen des strukturellen religiösen Sozialkapitals fördere.

Sigrid Roßteutscher geht im Rahmen der Sozialkapitaldebatte ein großes Thema an. Sie fragt: „Ist der Protestantismus demokratischer als der Katholizis-

mus?" In der von ihr als Ausgangspunkt angeführten – vor allem aus dem angelsächsischen Raum stammenden – sozialwissenschaftlichen Literatur ist das Urteil eindeutig. So sei der Protestantismus per se demokratieförderlicher als der
Katholizismus. Die Sozialkapitalforschung bringt das alte, gerade in den USA im
19. und frühen 20. Jahrhundert gepflegte Vorurteil im neuen Gewand statisti-
scher Sicherheiten. Das Sozialkapital in protestantischen Nationen ist, so ein
konvergierendes Ergebnis der jüngeren Sozialkapitalforschung, „deutlich höher
als in katholisch geprägten Nationen." Klangvolle Namen wie Oscar W. Gabriel,
Ronald Inglehart, Robert D. Putnam oder Sidney Verba stehen für diesen Befund. Als zentrales Argument für die demokratieförderliche Rolle des Protestantismus macht Roßteutscher selbst bei ansonsten kulturalistisch argumentierenden
Autoren eine immer wieder vorgebrachte organisationssoziologische These aus:
Der Protestantismus fördere die Demokratie aufgrund seiner dezentralen, kleineren und selbstbestimmteren Formen der freiwilligen Selbstorganisation. Dem
stehe eine katholische Weltkirche gegenüber, die mit ihren auf dem Hierarchieprinzip aufruhenden Großstrukturen Eigenständigkeit, Verantwortungsübernah-
me und Partizipation behindere und damit der Bildung von Sozialkapital im
Wege stehe. Dieses organisationssoziologische Argument führt Roßteutscher
anschaulich bis auf Max Weber und Ernst Troeltsch zurück.

Diese ebenso gängige wie weit verbreitete These hält aber nach Roßteutschers
Befunden einem ernsthaften empirischen Test nicht stand. Roßteutscher untersucht auf der Basis ihrer im Rahmen des Projekts „Citizenship, Involvement,
Democarcy (CID)" erstellten Vollerhebung zu den lokalen zivilgesellschaftli-
chen Organisationsstrukturen in zwölf Städten und Gemeinden in acht Ländern
Europas das religiöse Vereinswesen im Kontext der jeweiligen Kommune und
vergleicht dabei insbesondere die Strukturunterschiede zwischen Vereinen und
Organisationen der in Westeuropa dominierenden Konfessionen des Christentums, d.h. Vereine mit römisch-katholischer, lutherischer bzw. calvinistischer
Ausrichtung. Die Ergebnisse der Analyse widersprechen damit in „eklatanter
Weise" der so lange gehegten Vorstellung: „katholische Organisationen sind
klein, arm an Ressourcen, kaum professionalisiert und intern durch einen flachen
Organisationsaufbau gekennzeichnet. In der Tat entsprechen katholische (und
lutherische) Organisationen fast perfekt dem Idealbild der kleinen, flachen, partizipativen Organisation [...]. Ganz im Gegenteil dazu sind calvinistische Organisationen und Vereine, die dem protestantischen Sektenmilieu angehören, durch
Mitgliederstärke, hohes Einkommen, Professionalisierung und hierarchische
Organisationsprinzipien geprägt." Roßteutscher beantwortet die bohrende Frage
„Wie können so viele Theorien so falsch liegen?" mit deren Fehlschluss, die
hierarchische Struktur der katholischen Weltkirche als einziges Organisationsprinzip im Katholizismus zu unterstellen (vgl. zur Debatte M. Davis/A. Liedhe-

gener 2007: 154-156). Hier, so könnte man hinzufügen, hätte man freilich manches von der Protestantismus- und Katholizismusforschung schon eher lernen können (AKKZG 1993; Ch. Kösters/A. Liedhegener/W. Tischner 2007). Bleibt als Hauptfazit nach Roßteutscher die nüchterne Einsicht, dass grundsätzlich nicht Religion, sondern vielmehr Organisation der entscheidende Faktor für die Generierung von Sozialkapital in Vereinen ist: Je größer und professioneller ein Verein organisiert ist, desto mehr trägt er zu einer „aktiven und engagierten Bürgerschaft" bei. Ein vielleicht nicht ganz unerheblicher „religiöser Faktor ‚X‘", der nicht allein über Organisationsmerkmale erklärt werden kann, taucht gleichwohl in Roßteutschers Analyse auf: „[R]eligiöse Vereine sind Meister in der Generierung von Ehrenamtlichen."

Auch Richard Traunmüller schließt an die bisherige Sozialkapitalforschung an (R. Traunmüller 2009a, 2009 b). Er stellt allerdings ein für den Zusammenhang von Religion und Sozialkapital neues Forschungsdesign vor. Religion wird zur abhängigen Variable erklärt. Dabei geht er der Frage nach, wie religiöses Sozialkapital durch externe Größen – insbesondere durch Polity-Strukturen verschiedener politischer Systeme – beeinflusst wird. Dazu greift er eine aus der Wohlfahrtsforschung stammende Überlegung zum Zusammenhang von Zivilgesellschaft und politischem System auf. Er überträgt die dort diskutierte ‚crowding-out‘-Debatte auf das Feld der Religion. Analog zum Streit, ob ein starker Sozialstaat die freiwillige Selbstorganisation in einer Gesellschaft verdränge oder erst ermögliche, untersucht Traunmüller, „inwieweit staatliche Unterstützung von Religion in der Form von Privilegien, Subventionen und Finanzierung einen förderlichen oder hinderlichen Einfluss auf das glaubensbasierte Sozialkapital (faith-based social capital) einer Gesellschaft, namentlich auf Mitgliedschaftsraten in religiösen Organisationen, aktives Engagement in religiösen Vereinen sowie Spendentätigkeit in religiösen Kontexten, ausübt." Auf der Basis eines Vergleichs von Daten aus 24 europäischen Ländern kommt Traunmüller zu einem drastischen Urteil: „Die Nähe von Staat und Kirche erzeugt strukturelle und kulturelle Bedingungen, die der Generierung von glaubensbasiertem Sozialkapital zuwiderlaufen und diese verhindern. Damit erweist sich die Unterstützung von Religion durch den Staat ganz offenbar als Fluch für religiöse Zivilgesellschaften." Dieser Befund wird, wie Traunmüller selbst schreibt, von anderen empirischen Studien so nicht gestützt. Weitere Diskussionen dürften also vorprogrammiert sein.

Festzuhalten bleibt, dass die weiter oben angeführten widersprüchlichen Befunde zum Zusammenhang von Religion und Sozialkapital und die hier versammelten Beiträge insgesamt ein sehr uneinheitliches Bild bieten, das den Stand der aktuellen Sozialkapitalforschung wohl generell angemessen reflektiert. Man kann sich des Eindrucks nicht erwehren, dass beim Thema Sozialkapital und

Religion nach wie vor massiver Klärungsbedarf besteht (O. W. Gabriel 2010: 146-147; siehe Abschnitt 4).

3 Religion als Akteur und Ressource in Zivilgesellschaft und Politik

In den USA ist der Zusammenhang von Religion und Zivilgesellschaft überzeugend nachgewiesen und auf verschiedenen Ebenen untersucht worden. Religion stellt dort statistisch das größte Segment der Freiwilligenarbeit in der amerikanischen Zivilgesellschaft dar. Eine zentrale Rolle spielen in ihr die *congregations*, d.h. die einzelnen Kirchengemeinden, die unter den Bedingungen der wohlwollenden Trennung von Staat und Kirche sowohl im großen Umfang Freiwilligenarbeit in ihren Reihen für religiöse Zwecke hervorbringen als auch darüber hinaus Freiwilligenarbeit für gesellschaftliche und soziale Aufgaben institutionell ermöglichen und einsetzen und schließlich auch allgemein als personelles Rekrutierungsreservoir für zivilgesellschaftliches Engagement dienen (mit weiterer Literatur A. Liedhegener/W. Kremp 2007). Differenzierte Ergebnisse liegen hier auch für die unterschiedlichen religiösen Traditionen vor. Insbesondere innerhalb des bei weitem dominierenden Bereichs der organisierten christlichen Religion zeigt sich, dass eine bloße Unterscheidung von evangelischen und katholischen Gläubigen bzw. Gemeinden keine validen Ergebnisse liefert. Aufschlussreicher sind hier Befunde zur Bedeutung von Gottesbildern und religiösen Binnentraditionen. So hat sich etwa für den sozialen Bereich auf der individuellen Ebene wie auf der Ebene der Kirchengemeinden immer wieder gezeigt, dass liberalere *mainline churches* ein deutlich höheres ehrenamtliches Engagement aufweisen als Gemeinden weißer Christen, die sich im evangelikalen Spektrum verankern. Katholiken und ihre Pfarreien liegen in der Regel in der Mitte und oftmals näher an den liberalen evangelischen Gemeinden als an deren konservativen Widerparts (zusammenfassend M. Davis/A. Liedhegener 2007).

Tritt also im amerikanischen Fall aufgrund der langen Tradition der wohlwollenden Trennung von Staat und Kirche die Rolle des politischen Systems für die Zivilgesellschaft und hier insbesondere ihre religiös fundierten Teile fast nicht in Erscheinung, ändert sich dies ganz erheblich, wenn man die Rolle von Religionsgemeinschaften und religiösen Organisationen als kollektiven Akteuren in der Zivilgesellschaft in anderen Kontexten untersucht. Die Akteursperspektive verdient in dem derzeit von quantitativen und international vergleichenden Studien bestimmten Forschungsfeld stärkere Beachtung. Akteurszentrierte Fallstudien können die Komplexität der Zusammenhänge von Religion, Zivilgesellschaft und politischem System detaillierter erforschen und darstellen. Solche Studien schaffen empirisch fundierte Gegengewichte zu einer quantitativ-vergleichenden Umfrageforschung, deren Hypothesenbildung forschungspraktisch in erheblichem Maße von der Frage nach der möglichen Operationalisierbarkeit anhand bereits vorliegender Umfragedaten gelenkt wird und die damit weite Bereiche des hier interessierenden Zusammenhangs von vornherein ausblendet bzw. notgedrungen ausblenden muss.

Christl Kesslers Beitrag führt auf die Philippinen und dort zu einer christlichen Freiwilligenorganisation, die sich die Sorge für bessere Wohnbedingungen der Ärmsten des Landes zur Aufgabe gemacht hat. Diese NGO ist unter dem Namen *Gawad Kalinga* (wörtlich übersetzt: „umsorgen, versorgen") landesweit tätig. Die Anfänge dieser NGO gehen auf eine katholisch-charismatische Laiengemeinschaft zurück. Die *Couples for Christ Global Mission Foundation* hatte Mitte der 1990er Jahre damit begonnen, durch freiwillige Arbeitseinsätze ihrer Mitglieder Häuser in den städtischen Armutsvierteln zu errichten. Dahinter stand die Einsicht, dass eine Gesinnungsreform durch religiöse Bekehrungsprogramme unter den Ärmsten der Armen trotz aller guten Vorsätze so lange nicht fruchten würde, wie ihre Lebensverhältnisse einer geregelten, die Selbstachtung fördernden Lebensführung im Wege stehen. Daraus entstand der Gedanke, durch den Neubau von dorfähnlichen Siedlungen im Leben der Menschen einen entscheidenden Unterschied zu schaffen: „Menschen, die [...] in sauberen, hell und freundlich gestrichenen kleinen Häusern leben, können ihre Würde wiedergewinnen und damit den ersten Schritt aus der Armut tun." Dieses Programm weitete sich rasch aus und überschritt bald die Möglichkeiten der charismatischen Gemeinschaft. 2003 kam es zur Gründung von *Gawad Kalinga* als einer eigenständigen Organisation, die sich mittlerweile nicht mehr als Wohlfahrts- und Evangelisierungsprogramm charismatischer Katholiken, sondern als eine überkonfessionelle nationale Bewegung gegen Armut versteht. Bis 2008 hat *Gawad Kalinga* nach eigenen Angaben 1700 solcher Dörfer an 400 verschiedenen Orten in den Philippinen gebaut. Kessler stellt diese Erfolgsgeschichte vor und wirft zugleich die weitergehende Frage auf, ob und auf welche Weise religiös motivierte zivilgesellschaftliche Akteure zur „Stabilisierung und Etablierung demokratischer Verfahren, Institutionen und Werte beitragen" können. Das Ergebnis ihrer Analyse fällt dabei durchaus ambivalent aus: „Zivilgesellschaftliches christliches Engagement kann bestehende Machtstrukturen stärken und damit Demokratisierungsprozesse schwächen, auch und obwohl es antritt, die Position marginalisierter Gruppen zu stärken."

Martin Schön beschäftigt sich mit dem zivilgesellschaftlichen Engagement der verschiedensten christlichen Kirchen und Gruppierungen in Weißrussland. Die Frage nach der potenziellen zivilgesellschaftlichen Rolle von Religion in einem repressiv-autoritären System führt ihn mitten in das Verhältnis von Staat und Kirche bzw. in die Religionspolitik des Lukašenko-Regimes hinein. Durch eine Art Indizienbeweis auf breiter Quellenbasis wird plausibel nachgewiesen, dass sich das Regime gegenüber den Religionsgemeinschaften äußerst strategisch verhält. So sind für die Belarussische Orthodoxe Kirche, die mit 70 bis 80 Prozent der Bevölkerung die mit Abstand größte Glaubensgemeinschaft im Land stellt, zahlreiche Aktivitäten feststellbar, die der Sache nach als zivilgesellschaftliches Engagement bezeichnet werden könnten und in der Tat auf eine gewisse eigenständige Rolle im Bereich des freiwilligen Engagements hindeuten. Freilich wird schnell sichtbar, dass all diese Handlungsmöglichkeiten im Schatten des Staates stehen und auf die Wahrung der Stabilität des politischen Systems ausgerichtet sein müssen. Unter diesen Bedingungen toleriert das Regime nicht nur kirchliches Engagement, sondern fördert es auch. Der Staat schätzt insbesondere die „Verbreitung systemstabilisierender Normen und Werte" durch die orthodoxe Kirche, „insbesondere von Patriotismus und kollektiver Opferbereitschaft in der Sozialarbeit mit Soldaten und Jugendlichen." Das zivilgesellschaftlich relevante Handeln der Katholischen Kirche wird vom Staat dagegen kritischer eingeschätzt. Vor diesem Hintergrund verfolgt er eine Politik der Differenzierung und unterscheidet zwischen loyalen Amtsträgern und katholischen Dachverbänden einerseits und kritischen Pfarrern und Gemeinden andererseits. Vor allem aber werden die Aktivitäten einiger protestantischer Kirchengemeinden vom Staat als systemkritisch wahrgenommen. Diese Kirchengemeinden, die oft Beziehungen zu den USA pflegen, „betonen partizipative Normen und Werte, fordern eine Uminterpretation der Geschichte und eine gesellschaftliche Erneuerung durch das Engagement ‚aktiver' Christen. Dies kommt dem Konzept aktiver Citoyens prinzipiell nah und widerspricht den Grundlagen des autoritären belarussischen politischen Systems". Kurz: Es gibt in Belarus einen intermediären Raum, in dem die Religionsgemeinschaften eine wichtige, partiell eigenständige Rolle spielen, der aber weitgehend staatlich reguliert und kontrolliert wird. Zivilgesellschaftliche Qualitäten gewinnt das Engagement der Kirchengemeinden dort, wo es Räume selbstbestimmter Kooperation und bürgerschaftlichen Handelns eröffnet.

Peter van Dam vergleicht die langfristige Entwicklung der religiösen Traditionen der deutschen und niederländischen Arbeiterbewegung, d.h. eines in westeuropäischen Gesellschaften paradigmatischen Teils des Übergangs zu zivilgesellschaftlichen Strukturen. Er macht zunächst darauf aufmerksam, dass für beide Länder die Rede von einer „Wiederkehr der Religionen" wenig Sinn mache. Im Mittelpunkt seiner Überlegungen steht der Zusammenhang des Wandels von religiösen Traditionen und zivilgesellschaftlichen Strukturen in Westeuropa. Er untersucht, nach welchen Kriterien sich die Organisationslandschaft in der Arbeiterbewegung strukturierte. Charakteristisch ist in beiden Ländern der Wandel von religiös-konfessionell segmentierten Arbeitervereinen und Gewerkschaften

hin zu funktional ausgerichteten Zusammenschlüssen, der sich mit dem Aus-
klang der konfessionell-religiösen Milieus nach Mitte des 20. Jahrhunderts vollzog. Im Anschluss an die niederländische Forschung spricht van Dam von einem
Übergang von schweren, weltanschaulich verankerten Organisationen zu leichten
zivilgesellschaftlichen Organisationen, die anders als die schweren Organisationen eine Mitgliedschaft allen zur Verfügung stellen, die die konkreten Anliegen
oder Ziele der Organisation teilen. In Hinsicht auf diesen epochalen Wandel
verlief die Geschichte der Zivilgesellschaften in Deutschland und den Niederlanden in hohem Maße gleichsinnig. Es wäre aber nach van Dam falsch, nunmehr
davon auszugehen, dass die religiösen Traditionen ihre Bedeutung für die
Selbstorganisation der abhängig Beschäftigten gänzlich verloren hätten. „Die
meisten Anwälte des Säkularisierungsparadigmas scheinen eine einseitige Orientierung an schweren Gemeinschaften als sozialer Form religiöser Traditionen an
den Tag zu legen. Folglich fragt sich, mit welchem Instrumentarium die neue
Rolle religiöser Traditionen in leichten Gemeinschaften verstärkt in den Fokus
gerückt werden könnte."

Um ein ähnliches Forschungsproblem geht es im Beitrag von Antonius Liedhegener. In der Parteienforschung wird seit geraumer Zeit die Frage diskutiert,
ob und auf welchem Wege Parteien in liberalen Demokratien ihren Rückhalt in
der Gesellschaft jenseits von Wahlen dauerhaft sichern. Vor allem dort, wo Parteien auf einer Mitgliederstruktur und dem freiwilligen politischen Engagement
aufbauen, sind sie klar als Akteure der Zivilgesellschaft zu verorten. Klassischer-
weise spielt vor allem die auf Seymour Martin Lipset und Stein Rokkan zurück-
gehende Cleavage-Theorie die zentrale Rolle (S. M. Lipset/St. Rokkan 1967),
wenn es den Zusammenhang von Politik und Religion bei der Formierung von
Parteien und im Wahlverhalten zu erklären gilt. Liedhegener geht demgegenüber
von der Vermutung aus, dass diese klassische Perspektive der Parteien- und
Wahlforschung heute nur noch einen möglichen Fall des Zusammenhangs von
Parteien und Religion erfasst und daher den Blick auf alternative Zusammenhänge und Erklärungen des Verhältnisses von Parteien und Religion in der Gegenwart verstellt. Auf der Basis eines Modells, das Parteien und religiöse Organisationen in einer angebbaren Art und Weise der Zivilgesellschaft zuordnet, wird es
durch die Verschränkung von Untersuchungsansätzen der Parteien- und Engagementforschung möglich, die Frage zu untersuchen, ob es eine Koppelung von
Parteien und Religion gibt, die nicht nach dem alten Muster der exklusiven Zuordnung von bestimmten Parteien und Religionsbekenntnis bzw. Kirchenbindung entlang einer politisierten gesellschaftlichen Konfliktlinie erfolgt. Eine
Sekundäranalyse der Daten des Freiwilligensurveys 2004 zeigt, dass Religionszugehörigkeit und Kirchenbindung in Deutschland alles andere als irrelevante
Größen sind, wenn es um das politische Engagement im Allgemeinen und das

parteipolitische Engagement im Besonderen geht. Katholische und evangelische Befragte sind in beiden Bereichen überdurchschnittlich engagiert und mit der Stärke der Kirchenbindung nimmt ihr bürgerschaftliches Engagement in der Politik deutlich zu. Der freiwillig in der Politik engagierte Teil der Deutschen ist damit deutlich weniger ‚säkular' orientiert als der Bevölkerungsdurchschnitt. „Es drängt sich die Frage auf", so Liedhegener, „ob im Lichte der vorgelegten Zahlen die anhaltende Säkularisierung in der Bundesrepublik nicht auch als ein Problem für die Zukunft der Parteiendemokratie gesehen werden muss. Gegenwärtig tragen Religionszugehörigkeit und Kirchenbindung jedenfalls in erheblichem Umfang zum für die Demokratie wichtigen ehrenamtlichen parteipolitischen Engagement in Deutschland bei."

Die Beiträge von Kessler, Schön, van Dam und Liedhegener machen deutlich, wie unterschiedlich sich das Verhältnis von Zivilgesellschaft, Religion und politischem System im Einzelfall gestaltet. Das politische System beeinflusst je nach Systemtyp sowie rechtlicher und politischer Ausgestaltung des Verhältnisses von Politik und Religion die Rolle von Religion und religiösen Akteuren in der Zivilgesellschaft erheblich mit. Gleichzeitig ist die Zivilgesellschaft der Raum, in dem Religionsgemeinschaften und religiöse Organisationen nicht nur gesellschaftliche Veränderungsprozesse in Gang setzen und mitgestalten können, sondern auch die Basis für eine auf direktem oder indirektem Wege erfolgende Einflussnahme auf politische Willensbildungs- und Entscheidungsprozesse legen können. Dass es für das Verständnis von Religion und Zivilgesellschaft mit einer strikten, eher normativ geforderten als empirisch nachgewiesenen Trennlinie zwischen Religion in der Zivilgesellschaft einerseits und der Einflussnahme von Religion im politischen System andererseits nicht getan ist, dürfte deutlich geworden sein. Politikwissenschaftlich interessant sind jedenfalls die vielfältigen Relationen der drei Größen Religion, Zivilgesellschaft und politisches System und insbesondere die zum Teil fließenden Übergänge zwischen ihnen (Große Kracht 1997; R. Uertz 2001; A. Liedhegener 2003; K. Gabriel/H.-J. Höhn 2007).

4   Perspektiven der Erforschung von Religion im Kontext von Zivilgesellschaft und politischem System

Abschließend sollen einige Perspektiven aufgezeigt werden, die sich für das Thema Zivilgesellschaft und Religion und die weitere Auseinandersetzung der Forschung mit diesem wichtigen Teil gegenwärtiger Gesellschaften aufdrängen. Dabei sollen Fragen der Theoriebildung, der zukünftigen empirischen Forschung und der gesellschaftspolitischen Relevanz angesprochen werden.

Eine erste wichtige Konsequenz für Fragen der Theoriebildung, die sich aus den Ergebnissen der in diesem Band versammelten Beiträge ergeben, ist sicherlich, dass weitere empirische Forschungen, die auf den Überlegungen des Sozialkapitalansatzes aufbauen wollen, wohl nicht umhin kommen, die eigenen theoretischen Grundannahmen noch einmal auf den Prüfstand zu stellen. Speziell wäre zu überlegen und zu bestimmen, was genau religiöses Sozialkapital zu *religiösem* Sozialkapital macht. Das Verständnis davon, was religiös hier bedeutet, beeinflusst im erheblichen Maße die Beschreibung und Abgrenzung des Forschungsgegenstands und – noch wichtiger – die Interpretation der zahlenmäßigen Ergebnisse. Zugleich könnten die vorliegenden Ergebnisse auch ein Anstoß dazu sein, die Debatte, ob das Sozialkapitalkonzept nicht inhaltlich überladen sei und gegebenenfalls durch eine Ausdünnung seiner Bestandteile – etwa durch den Ausschluss der Vertrauensdimension und eine Reduktion allein auf die Netzwerkkomponente – zu verbessern sei (vgl. A. Franzen/M. Freitag 2007, bes. A. Franzen/S. Pointner 2007), zu intensivieren.

Und schließlich kann und muss in der theoretischen Auseinandersetzung mit dem speziellen Zusammenhang von Religion und Zivilgesellschaft noch einmal ein Schritt zurück getan werden. So kann es nämlich keinesfalls als ausgemacht gelten, dass Religion schon per se einen Teil der Zivilgesellschaft darstellt bzw. eine positive Rolle in ihr spielt. Kirchenmitgliedschaft und Gottesdienstbesuch unbesehen mit dem Ausdruck ,religiöse Zivilgesellschaft' zu versehen, verdeckt die Problematik mehr, als dass es das Phänomen erhellt. In der amerikanischen Debatte ist die umstandslose Zuordnung von Religion zur Zivilgesellschaft für die allermeisten Autoren eine unbefragte Selbstverständlichkeit. Und für den deutschen bzw. kontinentaleuropäischen Kontext mag man an das vielzitierte Böckenförde-Theorem denken, das der Sache nach einen ähnlich positiven Zusammenhang postuliert (E.W. Böckenförde 2000 [1967]: 112; P. Nolte 2009: 10-11). Die theoretischen Aspekte, die es zu bedenken und in ein stimmiges Zuordnungsverhältnis zu setzen gilt, sind aber vielfältiger, als es auf den ersten Blick erscheinen kann. Nicht zuletzt deshalb wurde weiter oben auf Herberts Beitrag aufmerksam gemacht und die weiterführende Heuristik Youngs ausführlicher vorgestellt.

Youngs Heuristik könnte zu dem einen konzeptionellen Ausgangspunkt für die weitere empirische Erforschung des Zusammenhangs von Religion, Zivilgesellschaft und politischem System liefern. Prinzipiell sind nämlich alle der bei Young bestimmten Chancen und Gefährdungen durch Religion einer empirischen Analyse zugänglich. Freilich ist dazu der Kreis der empirischen Untersuchungsmethoden über die unentbehrlichen Verfahren der Umfrageforschung hinaus auszuweiten. Keine der von Young aufgeworfenen Fragen lässt sich allein philosophisch oder theoretisch überzeugend beantworten. Es käme also entscheidend darauf an, Youngs Überlegungen aufzugreifen, weiterzuführen und in empirische Forschungskonzepte zu übersetzen.

In empirischer Hinsicht sind darüber hinaus eine Reihe von Desiderata und damit Perspektiven auszumachen, die weiterer Forschungsanstrengungen bedürfen. Am auffallendsten ist im Hinblick auf die vorliegenden empirischen Studien, dass es bislang keine zuverlässigen Bestandsaufnahmen gibt, die die Position und Rolle von Religion in den verschiedenen nationalen Kontexten – sei es in Fallstudien oder in vergleichend angelegten Untersuchungen – qualitativ und quantitativ beschreiben und deren Entstehung und Entwicklungsdynamiken erklären. Insbesondere sind die nach nationalen Kontexten deutlich variierenden Grenzziehungen zwischen den Teilbereichen moderner Gesellschaften und deren Auswirkungen auf Zivilgesellschaft und bürgerschaftliches Engagement mit zu untersuchen, wenn es gilt, deren Struktur und damit auch die Position von Religion zu erklären. Im Blick auf Religion als Ressource bürgerschaftlichen Engagements dürften hier nicht zuletzt die Wirkungen wohlfahrtsstaatlicher Arrangements in hohem Maße relevant sein (W. Dettling 1999; B. Fix/E. Fix 2005; F. W. Graf/A. Platthaus/St. Schleissing 1999).

Auffallend ist auch, dass anders als in den USA (M. Chaves 2004; Liedhegener 2007, 2010a) für Europa die Binnenstrukturen der Kirchengemeinden und ihre Art, religiöses und zivilgesellschaftliches Engagement ihrer Mitglieder zu generieren, kaum erforscht sind. Bislang liegen dazu nur einige Veröffentlichungen vor, die aus der zivilgesellschaftlichen Praxis der Religionsgemeinschaften selbst hervorgegangen sind (R. Fischer 2004; H.-G. Hunstig/M. Bogner/M. N. Ebertz 2004; H.W. Grosse 2006; H. Kausch 2008; epd 2009). Dass Religionsgemeinschaften freiwilliges Engagement auch jenseits der Mauern ihrer gottesdienstlichen Räume befördern, ist in mehreren Beiträgen dieses Bandes und einigen anderen aktuellen Studien belegt worden (Roßteutscher 2009; Traunmüller 2009a, 2009b). Umstritten und weiter zu klären sind aber offenkundig die intentionalen und motivationalen Zusammenhänge, die diesem Engagement zugrunde liegen. Strittig bzw. unklar erscheint dabei vor allem die Stellung des meist selbst nicht näher qualifizierten ‚Religiösen' zu sein. Ähnliches gilt für die verschiedensten Auswirkungen auf Gesellschaft und Politik, die sich aus einem religiös fundierten oder generierten zivilgesellschaftlichen Engagement ergeben.

Und schließlich fällt auf, dass das Thema Zivilgesellschaft und Religion in Forschungen zu Regionen und Ländern, die nicht vom Christentum geprägt sind, derzeit nicht präsent ist. Studien dazu sucht man jedenfalls auch im vorliegenden Band vergeblich. Gerne wüsste man, ob von anderen Religionen ähnliche Vorstellungen von Freiwilligkeit und gesellschaftlichem Engagement genährt werden, wie sie etwa von den Sozialethiken des Christentums vermittelt werden. Kontroversen um die Rolle von Religion in der Zivilgesellschaft dürften hier auch in hohem Maße mit der Frage nach der Art des jeweiligen politischen Systems und dessen ideellen Grundlagen zusammenhängen. Damit ergäbe sich eine weltweite Relevanz des Zusammenhangs von Religion und Zivilgesellschaft gerade auch für die Demokratisierungsforschung (M. Spieker 2003; Ch. Lienemann-Perrin/W. Lienemann 2006).

Gesellschaftspolitisch betrachtet, mag das Thema Religion und Zivilgesellschaft in Deutschland derzeit auf den ersten Blick eher als ein Randthema erscheinen. Im internationalen sozialwissenschaftlichen Diskurs ist es aber seit geraumer Zeit präsent und wird mittlerweile – das belegt auch der vorliegende Band – im deutschsprachigen Raum verstärkt aufgegriffen. Wie vielfältig die Anknüpfungspunkte der sozial- und politikwissenschaftlichen Beschäftigung mit Religion zur Zivilgesellschaftsforschung allgemein sind, macht der vorliegende Band deutlich.

Bleibt die Frage: Wird das Thema Religion und Zivilgesellschaft über den Kreis der Forschenden hinausstrahlen? Derzeit zu behaupten, dass das Thema Zivilgesellschaft und Religion in der Breite der bundesdeutschen Öffentlichkeit angekommen sei, wäre in der Tat gewagt. Religion, Zivilgesellschaft und Sozialkapital sind zunächst wenig griffige Abstraktionen, die seitens der Wissenschaft jedenfalls nur umständlich in die Öffentlichkeit und die Medien einzubringen sind. Das muss aber nicht zwingend so sein bzw. bleiben: Das zeigt die lebhafte Debatte in den USA um die Thesen Putnams. In Deutschland waren Zivilgesellschaft und bürgerschaftliches Engagement Ende der 1990er Jahre schon einmal ein gesellschaftspolitisches Thema. Die Entwicklung der Bürgergesellschaft war damals Gegenstand einer Enquete-Kommission des Deutschen Bundestages, die einige Folgen gezeitigt hat: Aus ihr ist der Freiwilligensurvey hervorgegangen, der 2009 bereits in eine dritte Runde gegangen ist. Auf die Enquete-Kommission gehen einige durchaus nennenswerte rechtliche Verbesserungen für das Ehrenamt zurück und in ihrer Folge sind erste institutionalisierte Kontakte der Zivilgesellschaftsförderung auf Ministerienebene hervorgegangen.

Die Prognose lautet, dass eine Renaissance des Themas in der Innenpolitik durchaus zu erwarten ist, vor allem wenn die gesellschaftlichen Spätfolgen der schwersten Wirtschaftsrezession der Nachkriegszeit stärker sichtbar werden. Anders als noch in den 1990er Jahren dürfte eine solche Renaissance dazu führen, nunmehr auch das Thema Religion und Zivilgesellschaft prominent zu verhandeln. Vorbote ist etwa die von Paul Nolte vorgetragene These, „dass Religion auf vielfältige Weise auf die Gesellschaft im ganzen ausstrahlt und damit – sagen wir es pointiert – nützlich für die Bürgergesellschaft ist" (P. Nolte 2009: 11).

Für eine Thematisierung von Religion spricht eine Reihe von Gründen: Erstens werden die Folgen der Krise zusammen mit dem demographischen Wandel den bundesdeutschen Sozialstaat voraussichtlich nachhaltig treffen, und damit die bereits laufenden Aushandlungsprozesse zwischen Professionalität und Ehrenamt etwa im Gesundheitswesen noch dringlicher machen. Gerade im dualen System des deutschen Sozialstaats (K. Gabriel 2003) werden die beiden großen Kirchen über Diakonie und Caritas und andere Träger davon direkt betroffen sein. Zweitens befinden sich – von der Öffentlichkeit kaum zur Kenntnis genommen – die deutschen Bistümer und die evangelischen Landeskirchen derzeit in einem strukturellen Umbauprozess, von dem noch nicht abzusehen ist, ob er für das religiöse Leben in Deutschland nicht sogar von epochaler Bedeutung sein wird. Fast flächendeckend werden Gemeinden und Pfarreien aufgelöst. Es fehlt an Geld, Geistlichen und Gläubigen. An die Stelle der dezentralen, am sozialen Nahraum der Menschen orientierten Einzelpfarreien bzw. -gemeinden treten regionale Seelsorgeeinheiten, deren Akzeptanz und Verankerung unter den Gemeindemitgliedern zumindest fraglich ist. Was das für die Zukunft der Zivilgesellschaft in Deutschland bedeutet, weiß eigentlich niemand. Hier besteht sozialwissenschaftlicher Klärungsbedarf. Und schließlich ist Religion immer stärker ein prominentes Thema in der bundesdeutschen Integrationsdebatte geworden. Dies belegen die Islamkonferenz und die jüngst erschienene Studie „Muslimisches Leben in Deutschland" (Bundesamt 2009), die auch die Frage des zivilgesellschaftlichen Engagements unter Migranten und die Rolle der Religion thematisiert. Es gibt also jenseits des rein wissenschaftsimmanenten Forscherdrangs eine Reihe von gesellschaftspolitisch höchst relevanten Punkten, die weiterer sozial- und geisteswissenschaftlicher Aufklärung bedürfen.

Literaturverzeichnis

Adloff, Frank (2005): Zivilgesellschaft. Theorie und politische Praxis. Frankfurt a.M.: Campus.
Adloff, Frank (2007): Civil Society, Civic Engagement, and Religion: Findings and Research Problems in Germany and the U.S. In: Liedhegener, Antonius/Kremp, Werner 2007: 63-92.
Ammann, Herbert (2000): Von Freiwilligkeit sei die Rede. Ein Vorschlag zur Klärung der Begriffe, hrsg. von der Schweizerischen Gemeinnützigen Gesellschaft. Zürich: Schweizerische Gemeinnützige Gesellschaft.
Ammann, Herbert (2001): Gemeinnutz und Freiwilligkeit - demokratische Übereinkunft oder individuelles Engagement? Vorschläge zu einer begrifflichen Klärung. In: Jahrbuch Die Schweiz 2000/2001: 47-57.
Anheier, Helmut K./Toepler, Stefan/List, Regina (Hrsg.) (2010): International Encyclopedia of Civil Society. New York: Springer Verlag.
Berger, Benjamin F. (2009): Political Theory, Political Science, and the End of Civic Engagement. In: Perspectives on Politics 7, 2: 335-350.

Bundesamt für Migration und Flüchtlinge (Hrsg.) (2009): Muslimisches Leben in Deutschland. Forschungsbericht 6, vorgelegt von Sonja Haug, Stephanie Müssig und Anja Sticks im Auftrag der Deutschen Islamkonferenz. Nürnberg: Bundesamt für Migration und Flüchtlinge.

Böckenförde, Ernst-Wolfgang (2000[1967]): Die Entstehung des Staates als Vorgang der Säkularisation. In: Säkularisation und Utopie: Erbacher Studien, Ernst Forsthoff zum 65. Geburtstag. Stuttgart, 75-94 (wiederabgedruckt in: Ders., Recht, Staat, Freiheit. 3. Aufl., Frankfurt a.M.: Suhrkamp: 92-114).

Casanova, José (2009): Europas Angst vor der Religion. Berlin: Berlin University Press.

Castiglione, Dario/van Deth, Jan W./Wolleb, Guglielmo (Hrsg.) (2008): Handbook of Social Capital. New York: Oxford University Press.

Chaves, Mark (2004): Congregations in America. Cambridge - London: Harvard University Press.

Davis, Meghan/Liedhegener, Antonius (2007): Catholic Civic Engagement at the Local Level. The Parish and Beyond. In: Liedhegener, Antonius/Kremp, Werner 2007: 241-255.

Dettling, Warnfried (1999): The „Bürgergesellschaft": Scope for Reforming the Welfare State?. In: Janning, Josef, u.a. (Hrsg.): Civic Engagement in the Atlantic Community. Gütersloh: Bertelsmann: 143-149.

epd (2009): „Um Gottes Willen? – Wir engagieren uns". Ökumenische Tagung zum ehrenamtlichen Engagement in Kirche und Gesellschaft, Köln, 30./31.1. 2009. In: epd Dokumentation 18-19/2009: epd.

Esser, Hartmut (2008): The Two Meanings of Social Capital. In: Castiglione, Dario/van Deth, Jan W./Wolleb, Guglielmo 2008: 22-49.

Fischer, Ralph (2004): Ehrenamtliche Arbeit, Zivilgesellschaft und Kirche. Bedeutung und Nutzen unbezahlten Engagements für Gesellschaft und Staat, mit einem Geleitwort von Nikolaus Schneider. Stuttgart: Kohlhammer.

Fix, Birgit/Fix, Elisabeth (2005): Kirche und Wohlfahrtsstaat. Soziale Arbeit kirchlicher Wohlfahrtsorganisationen im westeuropäischen Vergleich. Freiburg i.Br.: Lambertus.

Franzen, Axel/Freitag, Markus (Hrsg.) (2007): Sozialkapital. Grundlagen und Anwendungen (KZfSS, Sonderheft 47). Wiesbaden: VS Verlag.

Franzen, Axel/Pointer, Sonja (2007): Sozialkapital: Konzeptionalisierungen und Messungen. In: Franzen, Axel/Freitag, Markus 2007: 66-90.

Freitag, Markus (2006): Bowling the State back in. Political Institutions and the Creation of Social Capital. In: European Journal of Political Research 45: 123-152.

Gabriel, Karl (2003): Wohlfahrtsregime und Religion: Der Beitrag des Katholizismus zur dualen Wohlfahrtspflege in Deutschland. In: Brocker, Manfred/Behr, Hartmut/Hildebrandt, Mathias (Hrsg.): Religion - Staat - Politik. Zur Rolle der Religion in der nationalen und internationalen Politik (Religion und Politik). Wiesbaden: VS Verlag: 188-197.

Gabriel, Karl/Höhn, Hans-Joachim (Hrsg.) (2007): Religion heute - öffentlich und politisch. Provokationen, Kontroversen, Perspektiven. Paderborn: Schöningh.

Gabriel, Oscar W. u.a. (2002): Sozialkapital und Demokratie. Zivilgesellschaftliche Ressourcen im Vergleich (Schriftenreihe des Zentrums für Angewandte Politikforschung, Bd.24). Wien: WUV.

Gabriel, Oscar W. (2010): Zwischen Markt und Staat: Sozialkapital und die Zukunft der Demokratie. in: Schrenk, Klemens H./Soldner, Markus (Hrsg.): Analyse demokratischer Regierungssysteme. FS für Wolfgang Ismayr zum 65. Geburtstag. Wiesbaden: VS Verlag: 129-149.

Gosewinkel, Dieter u.a. (2004): Einleitung: Zivilgesellschaft - national und transnational. In: Gosewinkel, Dieter u.a. (Hrsg.): Zivilgesellschaft - national und transnational (WZB-Jahrbuch, 2003). Berlin: edition sigma: 11-26.

Graf, Friedrich Wilhelm/Platthaus, Andreas/Schleissing, Stephan (Hrsg.) (1999): Soziales Kapital in der Bürgergesellschaft. Stuttgart: Kohlhammer.

Große Kracht, Hermann Josef (1997): Kirche in ziviler Gesellschaft. Studien zur Konfliktgeschichte von katholischer Kirche und demokratischer Öffentlichkeit. Paderborn: Schöningh.

Habermas, Jürgen (2001): Glauben und Wissen. Friedenspreis des Deutschen Buchhandels 2001. Laudatio: Jan Philipp Reemtsma. Frankfurt a.M.: Suhrkamp.

Habermas, Jürgen (2005): Zwischen Naturalismus und Religion. Philosophische Aufsätze. Frankfurt a.M.: Suhrkamp.

Habermas, Jürgen/Ratzinger, Joseph (2005): Dialektik der Säkularisierung. Über Vernunft und Religion, mit einem Vorwort von Florian Schuller. 2. Aufl. Freiburg - Basel - Wien: Herder.

Halman, Loek/Petterson, Thorleif (2001): Religion and Social Capital in Contemporary Europe: Results from the 1999/2000 European Value Study. In: Moberg, David/Piedmont, Ralph (Hrsg.): Research in the Social Scientific Study of Religion (Research in the Social Scientific Study of Religion, Bd.12). Leiden - Boston - Köln: Brill: 65-93.

Herbert, David (2003): Religion and Civil Society: Rethinking Public Religion in the Contemporary World. Aldershot: Ashgate.

Hunstig, Hans-Georg/Bogner, Magdalena/Ebertz, Michael N. (Hrsg.) (2004): Kirche lebt. Mit uns. Ehrenamtliches Laienengagement aus Gottes Kraft, mit einem Geleitwort von Bischof Joachim Wanke. Düsseldorf: Klens Verlag.

Inglehart, Ronald/Norris, Pippa (2004): Sacred and Secular: Religion and Politics Worldwide (Cambridge Studies in Social Theory, Religion, and Politics). Cambridge: Cambridge University Press.

Kausch, Hubert (2008): Freiwilligkeit und Freiwilligenarbeit in den Kirchen. Ideeler Anspruch und reale Bedeutung - ein Beitrag aus der Praxis kirchlicher Freiwilligenarbeit. In: Ammann, Herbert u.a. (Hrsg.), Freiwilligkeit. Ursprünge, Erscheinungsformen, Perspektiven (Freiwilligkeit). Zürich: seismo: 114-136.

Klein, Ansgar (2001): Der Diskurs der Zivilgesellschaft. Politische Kontexte und demokratietheoretische Bezüge der neueren Begriffsverwendung (Bürgergesellschaftliches Engagement und Nonprofitsektor, Bd.4). Opladen: Leske + Budrich.

Kriesi, Hanspeter (2007): Sozialkapital. Eine Einführung. In: Franzen, Axel/Freitag, Markus 2007: 23-46.

Kunz, Volker (2006): Vergleichende Sozialkapitalforschung. In: Lauth, Hans-Joachim (Hrsg.): Vergleichende Regierungslehre. Eine Einführung, 2., durchges. Aufl. Wiesbaden: VS Verlag: 332-352.

Kösters, Christoph/Liedhegener, Antonius/Tischner, Wolfgang (2007): Religion, Politik und Demokratie. Deutscher Katholizismus und Bürgergesellschaft in der zweiten Hälfte des 20. Jahrhunderts. In: Historisches Jahrbuch 127: 353-392.

Lembcke, Oliver (2000): Art. Zivilgesellschaft. In: Sommer, Gerlinde/Westphalen, Raban Graf von (Hrsg.): Staatsbürgerlexikon. Staat, Politik, Recht und Verwaltung in Deutschland und der Europäischen Union, München: Oldenbourg: 1041-1043.

Liedhegener, Antonius (2003): Plural und politisch. Der Katholizismus in der Bundesrepublik Deutschland seit 1989/90. In: Jahrbuch für Christliche Sozialwissenschaften 44: 53-72.

Liedhegener, Antonius (2007): Civic Engagement by Religion. American Civil Society and the Catholic Case in Perspective. An Introduction. In: Liedhegener, Antonius/Kremp, Werner 2007: 3-15.

Liedhegener, Antonius (2010a): Art. Churches and Denominations. In: Anheier, Helmut K./Toepler, Stefan/List, Regina 2010: 133-138.

Liedhegener, Antonius (2010b): Mehr als Binnenmarkt und Laizismus? Die neue Religionspolitik der Europäischen Union. In: Baumann, Martin/Neubert, Frank (Hrsg.): Religionspolitik - Öffentlichkeit - Wissenschaft: Studien zur Neuformierung von Religion in der Gegenwart, Zürich: Pano (im Druck).

Liedhegener, Antonius/Kremp, Werner (Hrsg.) (2007): Civil Society, Civic Engagement and Catholicism in the U.S. (Atlantische Texte, Bd.27). Trier: WVT Wissenschaftlicher Verlag Trier.

Lienemann-Perrin, Christine/Lienemann, Wolfgang (Hrsg.) (2006): Kirche und Öffentlichkeit in Transformationsgesellschaften. Stuttgart: Kohlhammer.

Lipset, Seymour Martin/Rokkan, Stein (1967): Cleavage Structures, Party Systems, and Voter Alignments: An Introduction. In: Dies. (Hrsg.): Party Systems and Voter Alignments. Cross-National Perspectives. New York: Free Press: 1-64.

Nolte, Paul (2009): Religion und Bürgergesellschaft. Brauchen wir einen religionsfreundlichen Staat (Berliner Reden zur Religionspolitik). Berlin: Berlin University Press.

Pollack, Detlef (2002): Kirche zwischen Staat und Zivilgesellschaft: Überlegungen zum gesellschaftliche Ort der Kirchen in der Bundesrepublik Deutschland. In: Strachwitz, Rupert Graf u.a. (Hrsg.): Kirche zwischen Staat und Zivilgesellschaft (Maecenata Institut, Nr.9). Berlin: Maecenata Institut: 21-41.

Pollack, Detlef (2004): Zivilgesellschaft und Staat in der Demokratie. In: Klein, Ansgar u.a. (Hrsg.): Zivilgesellschaft und Sozialkapital. Herausforderungen politischer und sozialer Integration (Bürgergesellschaft und Demokratie, Bd.14). Wiesbaden: VS Verlag: 23-40.

Putnam, Robert D. (1993): Making Democracy Work. Civic Traditions in Italy, with Roberto Leonardi and Raffaella Y. Nanetti. Princeton: Princeton University Press.

Putnam, Robert D. (1995): Bowling Alone: America's Declining Social Capital. In: Journal of Democracy 6: 64-78.

Putnam, Robert D. (2000): Bowling Alone. The Collapse and Revival of American Community, New York u.a.: Simon & Schuster.

Roßteutscher, Sigrid (2008): Social Capital and Civic Engagement: A Comparative Perspective. In: Castiglione, Dario/van Deth, Jan W./Wolleb, Guglielmo 2008: 208-240.

Roßteutscher, Sigrid (2009): Religion, Zivilgesellschaft, Demokratie. Eine international vergleichende Studie zur Natur religiöser Märkte und der demokratischen Rolle religiöser Zivilgesellschaften (Studien zur Wahl- und Einstellungsforschung, Bd.12). Baden-Baden: Nomos.

Spieker, Manfred (Hrsg.) (2003): Katholische Kirche und Zivilgesellschaft in Osteuropa. Postkommunistische Transformationsprozesse in Polen, Tschechien, der Slowakei und Litauen (Politik- und Kommunikationswissenschaftliche Veröffentlichungen der Görres-Gesellschaft 22). Paderborn u.a.: Schöningh.

Tinggaard Svendsen, Gert/Lind Haase Svendsen, Gunnar (Hrsg.) (2009): Handbook of Social Capital. The Troika of Sociology, Political Science and Economics. Cheltenham: E. Elgar.

Tocqueville, Alexis de (1987): Über die Demokratie in Amerika, aus dem Französischen neu übertragen von Hans Zbinden (Manesse Bibliothek der Weltgeschichte). 2 Teile. Zürich: Manesse (frz. 1835/1840).

Traunmüller, Richard (2009a): Religion und Sozialintegration. Eine empirische Analyse der religiösen Grundlagen sozialen Kapitals. In: Berliner Journal für Soziologie 19, 3: 435-468.

Traunmüller, Richard (2009b): Religion und soziales Kapital. In: Lewicki, Aleskandra (Hrsgg.), Religiöse Gegenwartskultur. Zwischen Integration und Abgrenzung, Münster: LIT Verlag (im Druck).

Uertz, Rudolf (2001): Christliche Sozialethik und Christliche Demokratie. Zur Zukunftsfähigkeit des sozialethischen Dialogs. In: Historisch-politische Mitteilungen 8: 267-290.

Westle, Bettina/Gabriel, Oscar W. (Hrsg.) (2008): Sozialkapital. Eine Einführung (Studienkurs Politikwissenschaft). Baden-Baden: Nomos.

Wuthnow, Robert (1996): Christianity and Civil Society. The Contemporary Debate (Rockwell Lecture Series). Valley Forge, PA: Trinity Press.

I. Religion in den Konzepten von Zivilgesellschaft

Glaube und politisches Engagement – die zivilgesellschaftliche Funktion der Religion bei Alexis de Tocqueville

Oliver Hidalgo

1 Einleitung

Die Debatte über die vorpolitischen Grundlagen des demokratischen Gemeinwesens, die heute meist unter dem Begriff ‚Zivilgesellschaft' firmiert, ist untrennbar mit dem Namen Alexis de Tocqueville (1805-1859) verbunden. In seinen Werken hat der französische Aristokrat der modernen Demokratie die Tendenz unterstellt, sich in einer verhängnisvollen Spirale aus *Atomismus* und *Zentralismus* zu verfangen: Je vehementer die Bürger ihren privatistischen und egoistischen Interessen nachgehen, desto mehr verliert die Gesellschaft ihre Fähigkeit zur Selbstregulierung und tritt die Macht des Verwaltungsstaates auf den Plan. Aus der Herrschaft der Bürokraten und Technokraten resultiert wiederum das individuelle Gefühl der Ohnmacht, das den einzelnen Bürger nur noch stärker von seinem möglichen politischen Engagement abhält. Eine solche Entwicklung, in der schwachen und isolierten Individuen ein starker, fürsorglicher und bevormundender Staat gegenüber steht, bezeichnete Tocqueville als „sanften Despotismus". „Käme es in den demokratischen Nationen unserer Tage zum Errichten des Despotismus", ist er sich sicher „er wäre ausgedehnter und milder, und die Entwürdigung der Menschen vollzöge er, ohne sie zu quälen" (DA II: 461). Das individuelle Handeln wird durch die Administration ersetzt, bis diese die gesamte soziale Tätigkeit steuert. Dabei sehen die Menschen in ihren Beherrschern keine Tyrannen, sondern Vormünder, die ihre Schützlinge nach einem vorgefertigten Plan überwachen, belehren und notfalls gegen ihren Willen glücklich machen. Umgekehrt rufen die isolierten und schwachen Individuen „in all ihren Nöten" die Herrscher an und heften „ihre Blicke auf sie wie auf einen Lehrer oder einen Führer" (DA II: 447). Der freie Wille wird nicht gebrochen, sondern zermürbt, bis der Einzelne freiwillig auf die Ausübung seines Willens verzichtet. Die Selbstbeschränkung der politischen Aktivität verhindert, dass sich freiheitliche Sitten und Institutionen etablieren können. Die unmündigen Bürger verfallen in immer größere Abhängigkeit von der zentralen Staatsgewalt. Diese zwinge

„selten zu einem Tun", wende sich aber „fortwährend dagegen, dass man etwas tue". Der zentralisierte Staat „zerstört nicht, er hindert, dass etwas entstehe; er tyrannisiert nicht, er hemmt, er drückt nieder" und „löscht aus, er stumpft ab, und schließlich bringt er jedes Volk soweit herunter, dass es nur noch eine Herde ängstlicher und arbeitsamer Tiere bildet, deren Hirte die Regierung ist" (DA II: 464). Diese abschreckende Skizze politischer Entmündigung verdichtet sich schließlich zu der berühmten Passage:

> „Ich erblicke eine Menge einander ähnlicher und gleichgestellter Menschen, die sich rastlos im Kreise drehen, um sich kleine und gewöhnliche Vergnügungen zu verschaffen, die ihr Gemüt ausfüllen. Jeder steht in seiner Vereinzelung dem Schicksal aller anderen fremd gegenüber (...). Über diesen erhebt sich eine gewaltige, bevormundende Macht (...). Sie ist unumschränkt, ins Einzelne gehend, regelmäßig, vorsorglich und mild. Sie wäre der väterlichen Gewalt gleich, wenn sie wie diese das Ziel verfolgte, die Menschen auf das reife Alter vorzubereiten; statt dessen aber sucht sie bloß, sie unwiderruflich im Zustand der Kindheit festzuhalten (...). Sie arbeitet gerne für deren Wohl; sie will aber dessen alleiniger Betreuer und einziger Richter sein; sie sorgt für ihre Sicherheit, ermisst und sichert ihren Bedarf, erleichtert ihre Vergnügungen, führt ihre wichtigsten Geschäfte, lenkt ihre Industrie, ordnet ihre Erbschaften, teilt ihren Nachlass; könnte sie ihnen nicht auch die Sorge des Nachdenkens und die Mühe des Lebens ganz abnehmen?" (DA II: 463f.)

2   Die Rekonstruktion von Tocquevilles Ansatz

2.1   Individualismus und Zentralismus

Wie kommt Tocqueville zu der pessimistischen Diagnose, es sei gerade die Demokratie, die die zivilgesellschaftlichen Potentiale des Gemeinwesens, die Selbstregulierungskräfte und Handlungsfähigkeit der Bürger untergräbt? Im zweiten Band der *Demokratie in Amerika* (1840) liefert er eine Politische Soziologie, die aus den veränderten gesellschaftlichen Bedingungen der Moderne weit reichende Konsequenzen ableitet. Von zentraler Bedeutung ist dabei der Begriff der *Gleichheit* (égalité de conditions), mit dem Tocqueville die spezifische Differenz zwischen traditioneller Feudal- und moderner demokratischer Gesellschaft tituliert: Seitdem Marktwirtschaft, Chancengleichheit sowie individuelle Auf- und Abstiegsmöglichkeiten an die Stelle von erblichen Privilegien, Ständehierarchien und feudalen Sozialbeziehungen getreten sind, haben sich Mentalität, Sozialgefühl, Sitten und Gewohnheiten der Bürger in dramatischer Weise geändert, so dass auch der politische Überbau mit der Zeit nicht umhin kam, sich der gewandelten Gesellschaft anzupassen. Diesen Vorgang assoziierte Tocqueville mit der Französischen Revolution.

Seine „neue politische Wissenschaft" beansprucht nun, den allgemeinen Zusammenhang zwischen Gesellschaft und Staat, *état social* und *état politique*, d.h. die Konsequenzen und Herausforderungen, die aus dem gewandelten Gesellschaftsbild für den politischen und administrativen Überbau resultieren, zu beleuchten. Das Denken, Fühlen und Handeln der demokratischen Bürger habe sich unter dem Einfluss der Gleichheit in einer Weise transformiert, die Chancen aber auch erhebliche Risiken für die Verfassung des Politischen berge. In diesem Kontext wird auch die Entwicklungslogik transparent, die Tocqueville vom egalitären Despotismus sprechen lässt. Moralisch und kulturell evoziere die Vorstellung der Chancengleichheit eine Gesellschaft, in der völlig neue Sitten und Gerechtigkeitsvorstellungen am Werk sind, die sich im Vergleich zur Tradition als normative Inversionen darstellen lassen, als da wären:

1. der Vorrang des Individuums vor der Gemeinschaft,
2. die Konzentration auf die *Sachen* gegenüber der Beziehung zu den Mitmenschen,
3. der Primat der Wirtschaft gegenüber der Politik.[1]

Der Verlust der ontologischen Priorität des Ganzen gegenüber dem Teil, wie sie in der vormodernen Ära gegeben war,[2] stellt hier das Recht des Individuums zeitlich und normativ voran und realisiert sich sozioökonomisch in den Prinzipien der Wachstumswirtschaft und des individuellen *pursuit of happiness* sowie politisch in Menschenrechten und Volkssouveränität, sprich: der Demokratie. In dieser demokratischen Gesellschaft gebührt die *Ehre* in erster Linie dem ökonomisch Erfolgreichen. Entsprechend avancierten die Liebe zum Reichtum, der Mut zum unternehmerischen Risiko, Fleiß und Geschäftsmoral zu allgemein anerkannten Normen (vgl. DA II: 338-353). Damit verbunden ist ein substantieller Vorrang des Privaten gegenüber dem Öffentlichen. Für die Maximen der Solidarität bzw. der *public happiness* ist im Zeitalter des individuellen Wohlstandsstrebens kaum Platz. Die Bürger isolieren sich voneinander und fühlen sich nicht mehr als Teile eines politischen Körpers.

Die zunehmende Atomisierung der Bürger und die um sich greifende politische Apathie, die Tocqueville der modernen Demokratie attestiert, sind die signifikanten Entwicklungen, die er mit dem Begriff des *individualisme* belegt. Als

---

[1] Ausführlich dazu L. Dumont 1985.
[2] Hierzu etwa Aristoteles 1994: 1253 a20. Die Auffassung der Naturgegebenheit des Gemeinwesens wird erst bei Hobbes durch die Vorstellung des Staates als künstliches Werk des freien und vernünftigen Menschen abgelöst.

„überlegendes und friedfertiges Gefühl, das jeden Bürger drängt, sich von der Masse der Mitmenschen fernzuhalten und sich mit seiner Familie und seinen Freunden abzusondern", bringt der Individualismus den Einzelnen dazu, die Gesellschaft sich selbst zu überlassen. Im Bewusstsein des gleichen staatsbürgerlichen Status reduziert nicht nur jeder seine geistigen Einsichten auf die eigene Vernunft, sondern richtet auch „alle seine Gefühle auf sich allein" (DA II: 147). Ehrgeiz und Ziele in der Demokratie bewegen sich fast ausschließlich im privaten Horizont. Der Individualismus manifestiert sich in der Bindungslosigkeit des Individuums zu seiner Gesellschaft. Die soziale Mobilität zerstört die traditionellen Verflechtungen der Ständeordnung sowie das gegenseitige Verhältnis von Verantwortung und Abhängigkeit. Indem sich die Klassen vermischen, „werden ihre Angehörigen gleichgültig und einander gleichsam fremd." Während die Aristokratie „aus allen Bürgern eine lange Kette" bildete,[3] „die vom Bauern bis zum König hinaufreichte", sondere die Demokratie „jeden Ring für sich ab". Die Menschen in der modernen Demokratie „sind niemandem etwas schuldig" und erwarten „von niemandem etwas". Sie „bilden sich gern ein, ihr ganzes Schicksal liege in ihren Händen". Das gegenwartsbezogene Bewusstsein konzentriert sich auf die Einzelexistenz des Menschen, der „ganz und gar in der Einsamkeit seines eigenen Herzens" eingeschlossen zu werden droht (DA II: 149f.). Das Unabhängigkeitsgefühl des Individuums steigert sich für Tocqueville bis zu dem Punkt, an dem das Ich jeden sozialen Bezugsrahmen verloren hat.

Die isolierende und desintegrierende Tendenz der modernen demokratischen Gesellschaft, die Selbstbeschränkung des Bürgers auf seinen privaten Bereich sowie die Negation der öffentlichen Sphäre verhindern für Tocqueville nicht nur die soziale Integration, sie bestellt auch den Boden für den „sanften Despotismus". Unfähig, ihre Verantwortung für das Gemeinwesen selbständig in die Hand zu nehmen, übertragen die Bürger die Lösung aller sozialen und politischen Probleme der Bürokratie. Letztere überzieht die Regierten mit einem engmaschigen Netz aus Verwaltungsvorschriften und kontrolliert jedwede soziale Tätigkeit. Je vereinzelter, politisch unmündiger und deshalb schwächer das Individuum, je geringer das soziale und politische Engagement der Bürger, desto größer die Abhängigkeit von der staatlichen Zentralgewalt - auf diesen Nenner lässt sich die Quintessenz der Kritik in der *Demokratie in Amerika* bringen.

Die Diagnose der schleichenden Erosion des öffentliches Lebens und des sozialen Zusammenhalts in der modernen Demokratie hat in der Folge bei zahlreichen Denkern und Autoren Eingang gefunden. Man denke an Hannah Arendts *Vita activa* und ihre Klage über die Durchdringung des öffentlichen Raumes durch private Belange, die für die moderne Massengesellschaft charakteristisch sei und

---

[3] Diesen Gedanken übernimmt Tocqueville offensichtlich von Edmund Burke. Vgl. E.Burke 1989: 78; E. Burke 2006, 121-122.

das gemeinschaftliche Handeln korrumpiere.[4] Oder an Richard Sennett, der seiner bekannten Studie über den Verfall des öffentlichen Lebens nicht zufällig ein Epigraph aus der *Demokratie der Amerika* voranstellte (vgl. R. Sennett 2004: 6).[5] Und auch Jürgen Habermas' *Strukturwandel der Öffentlichkeit* beruft sich auf die Einsichten Tocquevilles, wobei er vor allem die „ambivalente Auffassung" des Franzosen ins Zentrum stellt (vgl. J. Habermas 1990: § 15). Habermas behält hier zwar kritische Distanz, doch zählt es gewiss zu den größten Leistungen Tocquevilles, die Paradoxie(n) der Demokratie erkannt zu haben: Ausgehend vom Individuum mit seinen starken *Rechten* und wenigen Pflichten führt die demokratische Unabhängigkeit von traditionellen Autoritäten wie Adel und Kirche letztlich weniger zur praktizierten Autonomie des Einzelnen als zu seinem Verschwinden in einer atomisierten Gesellschaft, die dem Verwaltungsdespotismus nichts entgegen zu setzen hat.

2.2 Religion und Zivilgesellschaft

Tocquevilles Befürchtungen mögen sich nicht allesamt bewahrheitet haben. Dass er jedoch gesehen hat, wie sehr gerade die moderne Massendemokratie der verstärkten *Organisation* des politischen Handelns bedarf, dieses Verdienst ist ihm schwerlich abzusprechen. Dabei hoffte er, dass der Einzelne qua medial vermitteltem Informationsaustausch und persönlichem Engagement in Vereinen und bürgerlichen Assoziationen sukzessive zur Mäßigung seines individuell-egoistischen Strebens gelangen würde, da er in der täglichen politischen Praxis unweigerlich die Interdependenz zwischen partikularen Zielen und den Belangen des Ganzen erfahre. Die „Lehre vom wohlverstandenen Eigennutz" (vgl. DA II: 182), wie Tocqueville diese Einsicht nannte, ist gleichzusetzen mit einer Absage an den Altruismus sowie der Verknüpfung von Tugend und Interesse, wie sie in der sozialen Verflechtung der individuellen Existenz zum Tragen kommt.

Indes zweifelte der Aristokrat Tocqueville gerade an der Tragfähigkeit bürgerlicher Selbstverpflichtung. Dem wohlverstandenen Eigennutz allein traute er kein ausreichendes Integrationspotenzial zu, um den Spannungen der Marktgesellschaft gewachsen zu sein. Als aufgeklärter Egoismus muss die *doctrine de l'intérêt bien entendu* unweigerlich darin versagen, den Bürgern ein Gefühl der Zusammengehörigkeit zu vermitteln.

Um den sich gegenseitig verstärkenden Kreislauf zwischen Zentralismus und Atomismus, Individualismus und Despotismus zu durchbrechen, braucht es für Tocqueville eine tiefgründigere Reanimation dessen, was die Demokratie zu

---

[4] Zur Bedeutung Tocquevilles für Arendt siehe z.B. R. Boesche 1993 und M. Lloyd 1995.
[5] Weiterführend auch R. Sennett 1979.

unterminieren droht: eine subsidiär organisierte Zivilgesellschaft, die als *pouvoir intermédiare* zwischen Staat und Individuum vermittelt. Dazu sei es nötig, dass die sozialen Handlungsträger ihr verlorenes Vermögen zur gemeinsamen Aktion wiederentdecken. Der wohlverstandene Eigennutz, mit dessen Hilfe die nach rationalen Kriterien urteilenden Bürger der Moderne die Interdependenz von privaten und allgemeinen Interessen durchschauen sollen, bildet dafür nur eine erste Voraussetzung. Er hängt buchstäblich in der Luft, solange nicht die Religion den Materialismus und Gegenwartsbezug des demokratischen Bürgers läutert und ein Gefühl der gegenseitigen Verpflichtung stiftet.

Diesen grundlegenden Aspekt verfolgt Tocqueville bis zu dem Punkt, an dem er Religiosität und politische Tatkraft überhaupt als kommunizierende Röhren annimmt. In einem Brief an seinen Freund Louis de Kergorlay (OC XIII 2: 209ff.) entwickelt er die These, dass das soziale Band, das die Gläubigen eint, sie oftmals erst zum gemeinschaftlichen Handeln befähigt. Verifizieren will er diese Behauptung am Beispiel der Puritaner und Hugenotten, deren Streben nach republikanischer Selbstregierung vom Wunsch nach Gewissensfreiheit und freier Religionsausübung beseelt gewesen sei. Dahinter steckt die Vermutung, dass Religiosität und politische Freiheit letztlich zwei Seiten derselben Medaille bedeuten, insofern sie miteinander die Priorität für immaterielle Ziele, das Ideal der Gemeinschaft sowie den Gedanken an menschliche Vervollkommnung und Größe teilen. Sie stehen folgerichtig in gegenseitigem Dienst: „Les institutions libres sont souvent les instruments naturels et parfois indispensables des passions religieuses" (OC XIII 2: 210). Wo hingegen der *lien social* der Religion fehle, verstricke sich das Gemeinwesen unweigerlich in die freiheitsfeindliche Dialektik aus Verwaltungszentralismus und individueller Isolation.

Das genuine Interesse am Gemeinwesen stellt sich für Tocqueville erst ein, wenn der Einzelne den Blick nicht länger auf sein irdisches Leben und damit auf seinen kurz- oder langfristig zu erreichenden persönlichen Vorteil heftet. Erst der Maßstab des Transzendenten verschafft dem Gemeinwesen eine ausreichende Fundierung, gibt es doch für Tocqueville „keine Gesellschaft ohne gleiche Glaubenslehren" (DA II: 18), ja kaum ein „menschliches Wirken, das nicht hervorgeht aus einer sehr allgemeinen Vorstellung, die die Menschen sich von Gott, von seinen Beziehungen zum Menschengeschlecht, vom Wesen der Seele und von ihren Pflichten gegen ihre Nächsten machen" (DA II: 34).[6] Über den *lien social* hinaus aber bedarf die demokratische Gesellschaft für Tocqueville der moralischen Orientierung ihrer Mitglieder. Schon allein zur Eindämmung der Bürokratie will er das Handeln der Bürger weitgehend an gesinnungsethischen Maximen ausrichten. Beruht das Interesse an der Einhaltung sozialer Normen

---

[6] Tocqueville folgt hier Rousseaus *Contrat social*, wenn er die Einheit des Gesellschaftskörpers jenseits der rationalen Interessenlage des *Bourgeois* verankern will. Weiterführend P. Rolland 2004.

aber lediglich auf einem zweckrationalen Kalkül, so könnte es sich in der Praxis allzu oft als vorteilhaft erweisen, sie zu übertreten. Entsprechend lehnt Tocqueville den Konsequenzialismus der utilitaristischen Ethik ab, wonach als ultimativer Maßstab der Moral der größte Nutzen der größten Zahl zu akzeptieren sei. Anstatt die Bürger in ihrer Gegenwartsbezogenheit und geistigen Enge zu belassen (DA II: 211ff.), sucht er nach Mitteln, die den Einzelnen zu einer Tugend befähigen, die über den wohlverstandenen Eigennutz hinausgeht (DA II: 185ff.). Das Gemeinwohl nur auf Basis des persönlichen Ehrgeizes zu erreichen, erscheint ihm utopisch. Stattdessen vertraut Tocqueville auf die christliche Nächstenliebe, um die Bürger gegenseitig zu verpflichten und ein moralisches Miteinander zu stiften. Die Übernahme von sozialer Verantwortung soll bei ihnen einen Charakter herausbilden, der Nutzenerwägungen und materiellen Interessen sekundäre Bedeutung beimisst. Neben der inhaltlichen Orientierung erwartet er von der Religion aber auch Entlastung (DA II: 34-35). Indem die religiös vorgegebenen Gewissheiten den Einzelnen von der Notwendigkeit entbinden, ethische Regeln und Normen ständig neu zu reflektieren und zu begründen, ermöglicht sie erst die Realität einer moralischen Lebensführung.[7]

Auf die Religion als soziales Band sowie als Quelle der Moral kann für Tocqueville kein liberal-demokratisches Gemeinwesen verzichten. Die Freiheit, die der Staat seinen Bürgern gewährt, ist auf die Regulierung durch die moralische Substanz des Einzelnen sowie den Zusammenhalt der Gesellschaft angewiesen. Das bekannte Böckenförde-Diktum, wonach der freiheitliche, säkularisierte Staat von Voraussetzungen lebt, die er selbst nicht garantieren kann (vgl. E.-W. Böckenförde 1976: 60), findet sich also bereits in der *Demokratie in Amerika*. Für Tocqueville scheint evident, dass „man das Reich der Freiheit nicht ohne das der guten Sitten zu errichten und die guten Sitten nicht ohne den Glauben zu festigen vermag" (DA I: 22). Die moderne Demokratie aber benötigt die Religion im besonderen Maße, weil nur das religiös fundierte Sozialkapital in der Lage ist, den egoistischen Partikularwillen der Individuen zu überwinden. Die „gefährlichen Triebe" des *homme démocratique*, seine Vereinzelung und sein egoistisches Wohlergehen (DA II: 37) sind ohne das Wirken der Religion nicht zu bändigen. Ohne einen gemeinsamen Glauben sei weder „die Gesamtheit der Bürger im Streben nach einem gleichen Ziel für längere Zeit" zu einigen (DA I: 136), noch sei „die allzu heftige und ausschließliche Neigung zum Wohlergehen", die die Menschen in der Demokratie empfinden, „zu läutern, zu regeln und einzuschränken" (DA II: 43). Eine Läuterung oder Regelung der Liebe zum Reichtum kann

---

[7] In der Rehabilitierung des religiösen Vorurteils beweist Tocqueville erneut seine Nähe zu konservativen Denkern wie Burke und de Maistre. In ihnen findet er Mitstreiter gegen die Lehren der rationalistischen Philosophie der Aufklärung, die für ihn zu elitär und gleichzeitig zu widersprüchlich und heterogen ist, um die Gesellschaft auf eine feste moralische Grundlage zu stellen (vgl. DA II: 34-35).

hier etwa bedeuten, „sich nur auf ehrliche Weise zu bereichern". Und ohne Einschränkung des ökonomischen Interesses sind die Bürger auch keinesfalls aus ihrer politischen Apathie zu entreißen.

Die Religion knüpft also wieder das Band, das durch die Korrosion der Ständeordnung zerschnitten schien. Immerzu erinnert sie an die Pflichten gegenüber den Mitmenschen (DA II: 34). In den Gläubigen keimt dadurch der Wunsch, sich Zielen zu widmen, die den eigenen Belangen übergeordnet sind. Befriedigung können sie finden, sobald sie sich an der *vie publique* beteiligen. Insofern erweist sich Tocqueville als klassischer Vordenker einer Zivilgesellschaft, in der christlich-kommunitaristische Wertbestände als eine Art „Katechismus" des Gemeinschaftsbezugs fungieren.[8] Die Interpretation des bürgerlichen Engagements und der selbst organisierten Aktivitäten als Folgewirkung der religiös-moralischen Sitten, jener *habits of the heart*, stellt die *civil society* insgesamt auf eine religiöse Grundlage.

Zwischen dem Vermögen eines Volkes, sich selbst zu regieren, und seiner Religiosität besteht bei Tocqueville demgemäß eine folgenschwere Analogie.[9] Diese geht so weit, dass die *Demokratie in Amerika* die beiden Alternativen der modernen Gesellschaft – Freiheit oder Despotismus – letztlich als abhängige Variable des religiös-politischen Themas verhandelt.[10] Welche Option der Demokratie – die freiheitliche oder die despotische – sich etabliert, hängt davon ab, ob ihre Moralisierung sowie insbesondere die Zähmung des Individualismus gelingt. Politisch schreibt sich die Funktion der Religion für das Gemeinwesen dabei als *allgemeine* Demarkationslinie fort, welche als transzendenter Maßstab der ansonsten völlig unbegrenzten Verfügungsgewalt des souveränen Volkes entgegengesetzt wird. Mit anderen Worten, Tocqueville geht davon aus, dass die Autonomie, die die politische Moderne ihren Mitgliedern einräumt, die Kräfte des Menschseins übersteigt. Ohne Religion, ohne ethisch-politische Orientierung, fehle es der Demokratie nicht nur am ausreichenden Wissen über die Qualität ihres Outputs, der Gesetze, sondern die Bürger, denen ihre metaphysische Autorität verloren geht, sehnen sich zuletzt nach einem „Herren", d.h. einer (unumschränkt waltenden) politischen Instanz. Dass die Unabhängigkeit in beiden Bereichen, Religion und Politik, am Ende nicht mehr auszuhalten sei, formuliert Tocqueville zum zentralen Satz seines Werkes, dass derjenige, der „nicht gläubig, hörig werden", und derjenige, der „frei" ist, „gläubig sein muss".[11] Vor diese

---

[8] Zu dieser Terminologie siehe E. Shils 1991.
[9] Ausführlich dazu B. Allen 1996.
[10] Den Nachweis dieser These habe ich an anderer Stelle erbracht. Vgl. O. Hidalgo 2006: 317-322.
[11] Zur Freiheitsmetaphysik Tocquevilles, die die geregelte Freiheit des Gläubigen von der ungezügelten Freiheit des (atheistischen) Revolutionärs unterscheidet, siehe DA I: 65 und OC XII: 86.

Wahl gestellt plädiert der französische Aristokrat lieber für das „heilsame Joch" der Religion anstatt für den demokratischen Despotismus (vgl. DA II: 36-37).[12]
Zusammenfassend lässt sich also sagen, dass Tocqueville die zivilgesell-schaftlichen Funktionen der Religion anhand von drei Aspekten bzw. drei positiven Wirkungen diskutiert:

1. die Konsolidierung des sozialen Zusammenhalts,
2. die Ausformung der bürgerlichen Moral,
3. die spezielle Mäßigung der gefährlichen demokratischen Instinkte.

Hinter dieser Auffassung steht die Opposition zu einer seiner Ansicht nach größten Todsünden der Politischen Moderne, nämlich der Trennung von *Moral* und *Politik*, die seit Machiavelli das Denken des politischen Realismus bestimmt. Obwohl ansonsten kein Freund der Antike, fühlt sich Tocqueville den Alten in dieser Hinsicht verbunden. Seine *Analyse de Platon* goutiert das Prinzip, die politische Welt nach den Maßstäben der Moral einzurichten (OC XVI: 555).[13] Dem Beispiel Machiavellis zu folgen und die Politik als *grande arène dont Dieu est absent* (OC XIII 1: 389) zu betrachten, kommt dagegen nicht in Frage. Als Demokratietheoretiker wie als Politiker liegt Tocqueville an der Restaurierung der zerbrochenen Einheit.[14] Seine neue politische Wissenschaft formalisiert den untrennbaren Zusammenhang von Moral und Politik dabei bereits in ihrer Grundannahme: Wenn die *Mores* als sittlicher und geistiger Zustand eines Volkes (DA I: 432) wesentlichen Einfluss auf die Gesetze und Institutionen ausüben, lässt sich die politische Sphäre von ihren moralischen Prämissen von vornherein nicht abstrahieren. Die Ausrichtung des politischen Handelns nach sittlichen Prinzipien ist nur eine logische Folge. Als Kernpunkt des *état social* und Anfangsgrund der Moral aber kommt der Religion im Hinblick auf die Harmonisierung der moralischen und politischen Welt im Sinne einer vitalen, handlungsfähigen Zivilgesellschaft folgerichtig eine tragende Rolle zu.

---

[12] In einem Brief an Eugène Stoffels reklamiert Tocqueville den Nexus zwischen Freiheit und Religion sogar als seine „idee générale" (OT V: 432).

[13] Später schreibt Tocqueville an Kergorlay: „Le philosophe [Platon] m'a toujours paru supérieur à tous les autres et sa visée qui consiste à introduire le plus possible la morale dans la politique, admirable" (OC XIII 2: 41).

[14] Zur Verdeutlichung das folgende Zitat: „Je tâche de ne pas faire deux mondes: l'un moral, où je m'enthousiasme encore pour ce qui est beau et bon; l'autre politique, où je me couche à plat ventre pour sentir plus à mon aise le fumier sur lequel on marche." (OT V: 425) Gegenüber Corcelle schildert Tocqueville die Verbindung von Moral und Politik als Hauptziel seiner politischen Aktivität (OC XV 1: 173).

3   Aktuelle Herausforderungen

Tocqueville beklagt den drohenden Verlust der politischen Handlungsfähigkeit
der Bürger in der modernen Massendemokratie. Weil die Individuen in der Ära
der Chancengleichheit und Marktgesellschaft darin konform gehen, sich auf
private, materialistische Ziele zu konzentrieren und sich eine „natürliche" politische Klasse, wie sie nach Tocqueville vormals der Adel bildete, nicht mehr her-
auskristallisiert, werden dem modernen Verwaltungsstaat tendenziell immer
mehr Befugnisse übertragen, während die Zivilgesellschaft verkümmert. Als
‚Gegengift‘ empfiehlt er, dass sich in der Demokratie die isolierten Individuen
zu mächtigen Gruppen und Entscheidungsträgern, d.h. in seinem Jargon ‚künstli-
chen‘ aristokratischen Persönlichkeiten zusammenschließen und autonom die
Dinge regeln, die sie direkt angehen. Sein Plädoyer für politische Selbstverantwortung bezieht sich dabei auf das Prinzip der Subsidiarität, das er als eigentliche Substanz der Volkssouveränität interpretiert:

> „Die Vorsehung hat jedem (...) das nötige Maß von Vernunft gegeben, das er zur selb-
> ständigen Führung der ihn allein angehenden Dinge braucht. Das ist der große Leitsatz,
> der in den Vereinigten Staaten der bürgerlichen und politischen Gesellschaft zugrunde
> liegt: der Familienvater wendet ihn auf seine Kinder an, der Herr auf seine Diener, die
> Gemeinde auf die Gemeindeangelegenheiten, die Provinz auf die Gemeinden, der Staat
> auf die Provinzen, die Union auf Staaten. Auf das Ganze der Nation ausgedehnt, wird
> er zum Dogma der Volkssouveränität." (DA I: 590)

Getragen aber wird das Ganze von der Religion, ohne die sich für Tocqueville
weder eine Vermittlung von privaten und politischen Handlungszielen, noch ein
echtes Zusammengehörigkeitsgefühl (auf der Ebene bestimmter Gruppen wie der
gesamten Gesellschaft) einzustellen vermag. Ohne die Religion als sittlich-
moralisches Bindeglied müssten für Tocqueville die sich herausbildenden Ak-
teursgruppen, Vereine, Lobbys und Parteien genau darin versagen, mehr zu erreichen als einen zermürbenden Kleinkrieg partikularer Interessen. Das obige
Zitat verrät dabei die religiöse Grundlage einer derart subsidiär strukturierten
Zivilgesellschaft durch den Bezug auf die göttliche Vorsehung.

Mit dieser ‚Handlungstheorie‘ begibt sich der französische Aristokrat in eine
bemerkenswerte Frontstellung zu Hannah Arendt, zu der ihm ansonsten eine
auffallende gedankliche Nähe nachgesagt wird.[15] Für Arendt wäre eine Orientierung des politischen Handelns an transzendenten Maßstäben wie Wahrheit und
Religion ein Widerspruch in sich gewesen, der die notwendige Offenheit und
Ambivalenz des (nur in Gemeinschaft und Pluralität) möglichen Handelns unter-

---

[15] Siehe auch Anm. 4.

gräbt. Mit Arendt wäre insofern auch eine grundlegende Folie gewonnen, an der die Reichweite (und womöglich Widersprüchlichkeit) von Tocquevilles Verknüpfung zwischen Glauben und politischer Tat zu überprüfen wäre. Analog ist an das Verdikt Rousseaus zu erinnern, der den jenseitsorientierten Christen gerade keine besondere Affinität zum Politischen, sondern vielmehr Indifferenz gegenüber der weltlichen Herrschaft unterstellte. Rousseaus bürgerliches Glaubensbekenntnis, mit dem er seine Republik zivilreligiös fundieren wollte, reflektiert exakt das Spannungsfeld zwischen Wahrheit und (politischer) Nützlichkeit der Religion, antikem Patriotismus und christlicher Humanität.

Tocqueville hat diese Schwierigkeiten natürlich gesehen. Auch er spricht daher davon, die Religion der neuen Sozialdynamik anzupassen (vgl. C. Hinckley 1992), auch er erkennt, dass eine Religion, die wie das Christentum jenseits von bestimmten Sozialbeziehungen für alle Menschen dieselbe sein will, als politischer Faktor irrelevant zu werden droht.[16] Doch wandelt sich bei ihm diese Schwäche letztlich zur größten Stärke. Denn erst als *vorpolitischer*, universaler Glaube, der die allgemeinen Sitten und Verhaltensweisen der Bürger prägt, zeige sich die Religion imstande, das Handeln der politischen Protagonisten essentiell zu beeinflussen. Insofern beklagt Tocqueville nicht wie Montesquieu oder Rousseau den Bruch zwischen den Bürgerreligionen der Antike und dem religiösen Universalismus der Moderne, sondern verlangt – in dieser Hinsicht ganz ein Liberaler, der sich dem Laizitätsgebot verschrieben hat –, dass die Religion als regulatives Element *innerhalb* des Gemeinwesens keine enge Verbindung mit Staat und Politik eingehen darf.[17] Die Kritik, die seine beiden Vorgänger an der außerweltlichen Orientierung der christlichen Religion und insbesondere des Katholizismus übten, kontert Tocqueville zudem mit dem Hinweis, dass das Christentum dem Charakter nach selbst demokratisch sei. Die Gottgewolltheit der Demokratie ergebe sich zwingend aus der Botschaft der Evangelien und ihrer spezifischen Affinität zu *Gleichheit* und *Freiheit*.[18]

Damit verfängt sich Tocqueville freilich prompt in einem neuen Problem, nämlich zu erklären, warum diese Affinität im aufklärerischen, revolutionären Europa dermaßen übersehen werden konnte, dass die katholische Kirche hier als Gegnerin von Menschenrechten und moderner Demokratie auftrat. Daran anknüpfend erscheint es fraglich, inwieweit sich Tocquevilles Untersuchungsgegenstand, die Vereinigten Staaten, in denen das zivilreligiöse Fundament des politischen Ge-

---

[16] Dazu OC XIII 2, 209-13. Analog DA II: 45, AR: 16, OC XIII 2: 328 und OC XV 2: 296. Als Ursache für den religiös motivierten Rückzug ins Private nimmt Tocqueville freilich keinen essentiellen Gegensatz zwischen christlicher Religion und politischem Engagement an, sondern fehlerhafte Predigten kirchlicher Würdenträger.

[17] Zur Ablehnung der Staatsreligion (*religion politique*) bei Tocqueville siehe DA II: 217 und OC III 2: 494.

[18] Illustriert wird dies v.a. durch die Einleitung zum ersten Band der *Demokratie in Amerika*.

meinwesens traditionell stark ausgeprägt war, überhaupt als Vergleichsmodell mit dem säkularisierten Europa in punkto *Religion und Zivilgesellschaft* eignen kann. Nicht zufällig waren es bis heute vor allem amerikanische Kommunitaristen wie Robert Bellah (1985)[19] und Robert Putnam (1995), die sich auf die religiös konstituierte Zivilgesellschaft Tocquevilles berufen haben.

Bei näherem Hinsehen verrät Tocqueville immerhin eine deutlich größere Distanz zu Amerika, als es auf den ersten Blick den Anschein hat. In der Frömmigkeit der Amerikaner erkannte er häufig blanke Hypokrisie[20], eine *Zivilreligion* (nach amerikanischem Vorbild) war ihm, dem getauften Katholiken – anders als häufig behauptet[21] – ziemlich suspekt. Und dass in Europa der Prozess der Aufklärung und Säkularisierung die politische Rolle der Religion nachhaltiger erschüttert hatte, als nur für eine institutionelle Trennung der Sphären zu sorgen, ist ihm keineswegs entgangen. Gleichwohl insistierte er in seinen Schriften darauf, dass Europa von Amerika lernen könne, dass moderne Demokratie und Religion zusammengehören, wobei er die Chancen für eine funktionale, religiös fundierte Zivilgesellschaft in Europa langfristig sogar höher taxierte als in der Neuen Welt.[22]

Diesen Aspekt versteht man nur, wenn man sich die *Politische Theologie* Tocquevilles vor Augen führt, wonach der menschliche Geist die Tendenz besitze, die „politische Gesellschaft und den Gottesstaat übereinstimmend" zu ordnen, das heißt „die Erde mit dem Himmel *in Einklang zu bringen*" (DA I: 433). In Amerika bedeutete dies, dass die in den USA dominanten „demokratischen" Religionen wie der Protestantismus, Puritanismus oder Deismus die Demokratie in natürlicher Weise vorangetrieben hatten, während sie in Europa auf die Hindernisse der Aristokratie und des Katholizismus stießen. Als *Gegengewicht* zur Demokratie (und darum ging es Tocqueville ja) konnte er sich den Katholizismus indes weitaus besser vorstellen. Mit anderen Worten, die eher untergeordnete Rolle, die das Thema Religion für die Debatte über die Zivilgesellschaft im säkularisierten Europa 150 Jahre nach seinem Tod spielt, hätte ihn einerseits nicht überrascht, andererseits hätte er trotzdem in einer komplementären Beziehung zwischen Demokratie und Katholizismus die beste Lösung für die Zivilgesellschaft gesehen. Diese eigenwillige Position lässt sich erklären, wenn man sich das *politisch-theologische Dilemma* vor Augen hält, dass Tocqueville der Demokratie unterstellte. Seiner Auffassung nach richtete sich die egalitäre Ge-

---

[19] Entsprechend erklärt sich auch der Titel von Robert Bellahs berühmter Studie *Habits of the Heart* (1985), die in der Tradition Tocquevilles das (gefährdete) Sozialkapital in den USA untersucht.
[20] „Man darf vermuten, dass eine gewisse Anzahl Amerikaner in ihrem Gottesdienst mehr ihrer Gewohnheit als ihrer Überzeugung folgen. In den Vereinigten Staaten ist ja der Souverän religiös, und deshalb wird die Heuchelei verbreitet sein" (DA I: 439).
[21] Hierzu vor allem S. Kessler 1994.
[22] Ausführlich dazu O. Hidalgo 2007: 571-576.

sellschaft (d.h. bei ihm: die Demokratie) exakt gegen das, was die Zivilgesellschaft am nötigsten braucht: die Autorität der Religion. Eine geistige Autorität oder Tradition *außerhalb* der eigenen Vernunft anzuerkennen, falle dem nach rationalen Interessen handelnden und sich in intellektueller Unabhängigkeit wähnenden *homme démocratique* unheimlich schwer. Insofern wandle er sich mehr und mehr zum *Cartesianer*, der letztlich an allem und jedem zweifelt und alles der individuellen Disposition unterstellt – für die Religion kein guter Nährboden, selbst wenn Descartes seinerzeit an Gott als Letztbegründung festhielt. Im Zeitalter der Demokratie sieht Tocqueville daher das anonyme Regime der öffentlichen Meinung anbrechen: am Ende garantiere nur die Autorität der öffentlichen Meinung, dass das Gesetz der Gleichheit nicht verletzt werde. Nur wenn das zählt, was *alle* denken (und nicht die überlegene Meinung einzelner geistiger Autoritäten, Persönlichkeiten, Experten oder auch Priester), scheint die hochgeschätzte Vernunft jedes Einzelnen jedem anderen gegenüber gleichberechtigt.

In den USA erkannte Tocqueville nun eine Entwicklung, die Religion und öffentliche Meinung quasi gleichsetzt. Der Mainstream war (und ist bis heute) die Frömmigkeit, also konnten Demokratie und Religion ungehindert koexistieren. Auf Dauer aber befürchtete er, dass eine „rationale" Religion wie der Protestantismus (die Antizipation von Max Webers These ist hier nicht zu übersehen)[23] eben darin versagen müsse, die gefährlichen Triebe und Überzeugungen der Demokratie zu läutern und eine moralisches Autorität *gegen* den allgemeinen Egoismus, Materialismus und Individualismus bereitzustellen.

Die angestrebte Disziplinierung des *homme démocratique* mit Hilfe der protestantischen Glaubenslehren erschien Tocqueville letztlich als Quadratur des Kreises. Eine „religiöse Sittlichkeit", die sich mit materiellen Genüssen verbindet (DA II: 195) und „mit fast dem gleichen Eifer nach materiellen und geistigen Freuden, nach dem Himmel im Jenseits und nach dem Wohlergehen (...) im Diesseits" trachtet (DA I: 66), kann die zivilgesellschaftliche Funktionen der Religion letztlich nicht erfüllen, sondern drohe langfristig ihrerseits den Imperativen der modernen Demokratie zu unterliegen. Tatsächlich glaubte Tocqueville seinerzeit bereits festzustellen, wie sich die Gewichte zwischen Religion und egoistischem Interesse in der amerikanischen Gesellschaft verschieben. Das paradoxe Kapitel 9 im zweiten Teil der *Demokratie* von 1840 gibt hierüber Aufschluss. Tocqueville „widerstrebt es" zwar, „zu glauben, dass alle [Amerikaner], die aus religiösem Geiste Tugend üben, dies nur im Hinblick auf eine Belohnung tun". Doch kommt er nicht umhin, festzustellen, „dass der Eigennutz das Hauptwerkzeug ist, dessen sich die Religionen bedienen, um die Menschen zu führen"

[23] Vgl. Freund 1974: 462. Martin Hecht erkennt in der *Demokratie* von 1840 (vgl. DA II: 193ff.) sogar eine „derart auffallende Nähe zur Weberschen Gedankenführung [...], dass die Passagen vom Sinngehalt her durchaus der *Protestantischen Ethik* entstammen könnten" (M. Hecht 1998: 92).

(DA II: 185f.). Nicht die Religion zeigt sich also in der Lage, den Eigennutz zu kontrollieren, sondern das Diktat des zweckrationalen Denkens dominiert bereits die Religiosität. Mit seismografischem Gespür registrierte Tocqueville, wie der Siegeszug des Nutzenkalküls auf die Gottesfürchtigkeit abfärbt. Mit einer Mischung aus beißender Ironie und tiefer Besorgnis kommentiert er die Spezifika der Gläubigkeit im demokratischen Amerika: „Man folgt der Religion dort wie unsere Väter im Mai ihre Medizin einzunehmen pflegten: wenn es nicht hilft, scheint man zu sagen, dann schadet es zumindest nicht, und ansonsten geziemt es sich, der allgemeinen Regel zu entsprechen" (OC XIII 1: 228).[24] Der Aspekt der Glaubenswahrheit muss dabei verloren gehen: „Ich weiß nicht, ob alle Amerikaner an ihre Religion glauben", schreibt Tocqueville, „ich bin aber sicher, dass sie sie zur Erhaltung der republikanischen Einrichtungen für nötig halten" (DA I: 442). Und obwohl ihm selbst überwiegend eine kalkulierte Behandlung der Religion unterstellt wurde, konnte sie nur sein Missfallen erregen. Gemäß den eigenen Prämissen hätte er der Demokratie ein *Placebo* verschrieben, wenn er den Eingang des Nutzenkalküls in den Bereich der Religion akzeptiert hätte.[25]

Heute geht es natürlich weniger um die Frage über Für und Wider von Katholizismus und Protestantismus. Interessant scheint hingegen nach wie vor die Problematik, *welche* Anpassungen und Transformationen die Religion an die Postulate einer dynamischen Gesellschaft aus rationalen Egoisten vornehmen kann, ohne ihren dogmatischen Charakter, ihren Wahrheitsanspruch und damit die Funktionalität zu verlieren, die Tocqueville ihr für die Zivilgesellschaft attestierte. In jedem Fall ist das Paradox, das die *Demokratie in Amerika* identifizierte, nämlich, dass eine Religion, deren Bestand eher von Nutzenerwägungen denn

---

[24] Übersetzung des Autors.

[25] Das Plädoyer für den Katholizismus ist offensichtlich dazu angetan, weitere Schwierigkeiten aufzulösen, die manche Interpreten im Hinblick auf Tocquevilles Ausführungen zur Religion monierten. Wenn etwa Jon Elster davon spricht, in Tocquevilles Behandlung des religiös-politischen Themas gebe es *widersprüchliche* psychologische Mechanismen zu beobachten (J. Elster 1993: 190-191), lässt sich dies damit erklären, dass der französische Aristokrat im Katholizismus den maximalen *Kompensationseffekt* zur Demokratie erkennt. Protestantismus und Pantheismus unterstellt er hingegen einen gefährlichen *spill-over* Effekt, sobald der antihierarchische Instinkt der Demokratie die Autorität der Religion erschüttert bzw. in eine öffentliche Meinung transformiert. Der rationale Geist der Reformation, „der zu Luthers Zeit mehrere Millionen Katholiken auf einmal aus dem Katholizismus austreten ließ", scheint damit für Tocqueville den christlichen Glauben im Ganzen zu gefährden. Dem Einzug des protestantischen Nutzenkalküls in den Bereich der Religion, jener „Ketzerei" gegen die katholische Spiritualität, müsse beinahe zwangsläufig der „Unglaube" folgen (AR: 151). Der zweite Band der *Demokratie* reflektiert einen ganz ähnlichen Zusammenhang. Dort stellt Tocqueville fest, dass die Religiosität in der Moderne von zwei gegenläufigen, jedoch eng verbundenen Bewegungen gekennzeichnet sei: der Konvertierung vieler Protestanten zum Katholizismus, sowie dem Glaubensverlust zahlreicher Katholiken. Mit anderen Worten, wenn es dem für Tocqueville attraktivsten Glauben nicht gelingt, das menschliche Bedürfnis nach Religion zu stillen, ist mangels überzeugender Alternativen der Atheismus das finale Resultat (DA II: 47).

von spirituellen Überzeugungen abhängt, auf Dauer gerade den ihr unterstellten Nutzen nicht evozieren könne bzw. als Bigotterie und Heuchelei aufgefasst wird, äußerst ernst zu nehmen. In diesem Punkt liegt m.E. auch unverändert das Befremden vieler Europäer über die Rolle der (Zivil-)Religion in den USA begründet, scheint letztere doch arg einseitig auf die Interessen der amerikanischen Nation abgestimmt.

Ein letzter Aspekt scheint noch erwähnenswert, springt doch der Zusammenhang ins Auge, den Tocqueville allgemein zwischen Freiheit und Religion sowie im Besonderen zwischen der *Religionsfreiheit* als *première des nos libertés* (OC III 2: 506) und der Entwicklung der Demokratie ansetzt. Jene These, die ihn in die Nähe von Georg Jellinek oder Ernst Troeltsch rückt, wäre heute vor dem Hintergrund der aktuellen Debatte über die Integrationsfähigkeit unterschiedlicher religiöser Gruppen in die moderne Demokratie und Zivilgesellschaft zu führen. Tocquevilles Ansatz ist diesbezüglich interessant, weil er gerade der freien Religionsausübung sowie der Trennung zwischen Kirche und Staat zutraut, gleichermaßen integrativ für die Gesellschaft und attraktiv für die unterschiedlichen Konfessionen zu wirken. Im Gegensatz zu Adam Smith, der eine Art *ökonomisches* Konkurrenzmodell der Religionen favorisierte (frei nach dem Motto: Konkurrenz belebt das Geschäft, und weil die Vielfalt der Glaubensangebote dazu zwingt, den eigenen Glauben möglichst attraktiv zu gestalten, fördert die Laizität die Religiosität), ist Tocquevilles Argumentation genuin politisch (vgl. M. Chaves/D. Cann 1992). Nur für den Fall, dass die Religionen politisch gesehen *überparteilich* bleiben, behalten sie ihre Vitalität und Überzeugungskraft, anstatt die Kritik auf sich zu ziehen, die das Handeln des Staates bzw. seiner Funktionsträger unweigerlich auf sich zieht.[26]

Mit Gewinn wäre es hier sicherlich auch verbunden, die aktuellen Positionen von John Rawls und Martha Nussbaum[27] auf ihre Anschlussfähigkeit an Überlegungen Tocquevilles zu überprüfen. Für letzteren war in jedem Fall ein normativer *consensus universalis* die conditio sine qua non für eine funktionierende Demokratie (DA I: 592). Im Gegensatz zu Rawls oder Nussbaum weist er hier indes Grenzen auf, was die Akzeptanz *nicht-religiöser* oder auch *nicht-christ-*

---

[26] Pointiert ließe sich sagen: Soll bei Smith die Politik darauf verzichten, den Markt der Religionen zu regulieren, verlangt Tocqueville umgekehrt den Verzicht der Religion auf eine dominierende Rolle im Staat.

[27] In ihrem Buch *Liberty of Conscience* (2008) verteidigt Nussbaum die amerikanische Tradition religiöser Gleichheit gleichermaßen gegen eine zu dogmatische Trennung von Staat und Kirche wie gegen religiösen Fundamentalismus. Auf Basis einer *übergreifenden*, auch nicht religiöse Moralvorstellungen integrierenden Neutralität nach dem Vorbild von Rawls' *overlapping consensus* könne der Staat den Bürgern und Glaubensgemeinschaften weite Handlungsspielräume verantworten. So vermag er den einen Freiheit und den anderen Unterstützung zu gewähren, ohne für ein bestimmtes Bekenntnis Partei ergreifen zu müssen.

licher Überzeugungen als Ressourcen für die moralische Grundlage des Gemeinwesens anbetrifft. Weil vieles davon aber zeitbedingt oder auch biographisch zu
erklären ist, müssten diese Restriktionen einer zeitgemäßen Deutung nicht im
Wege stehen.

Literatur

Allen, Barbara (1996): Tocqueville's Analysis of Belief in a Transcendent Order, Enlight-
ened Interest and Democracy. In: Journal of Theoretical Politics 8, 3: 383-414.
Arendt, Hannah (1999): Vita activa oder Vom tätigen Leben, 11. Aufl., München: Piper.
Aristoteles (1994): Politik, Reinbek: Rowohlt.
Bellah, Robert et al. (1985): Habits of the Heart. Individualism and Commitment in
American Life, Berkeley: University of California Press.
Böckenförde, Ernst-Wolfgang (1976): Staat, Gesellschaft, Freiheit. Studien zur Staatsthe-
orie und zum Verfassungsrecht, Frankfurt/M.: Suhrkamp.
Boesche, Roger (1993): Tocqueville and Arendt on the Novelty of Modern Tyranny. In:
Lawler, Peter/Alulis, Joseph (Hrsg.) (1993): Tocqueville's Defense of Human Lib-
erty. Current Essays, New York/London: Garland: 157-175.
Burke, Edmund (1989): Vom Erhabenen und Schönen (Philosophische Bibliothek, Bd.
324, 2. Aufl.) Hamburg: Meiner.
Burke, Edmund (2006): Betrachtungen über die Französische Revolution, 3. Aufl. Mün-
ster: Johannes G. Hoof.
Chaves, Mark/Cann, David E. (1992): Regulation, Pluralism, and Religious Market Struc-
ture. In: Rationality and Society 4, 3: 272-290.
Dumont, Louis (1985): Homo aequalis. Genèse et épanouissement de l'idéologie écono-
mique. Paris: Gallimard.
Elster, Jon (1993): Political Psychology. Cambridge: Cambridge University Press.
Freund, Dorrit (1974): Tocqueville und Max Weber. In: Archiv für Kulturgeschichte 56:
457-504.
Habermas, Jürgen (1990): Strukturwandel der Öffentlichkeit. Frankfurt/M.: Suhrkamp.
Hecht, Martin (1998): Modernität und Bürgerlichkeit. Max Webers Freiheitslehre im
Vergleich mit den politischen Ideen von Alexis de Tocqueville und Jean-Jacques
Rousseau. Berlin: Duncker&Humblot.
Hidalgo, Oliver (2006): Unbehagliche Moderne. Tocqueville und die Frage der Religion
in der Politik, Frankfurt/New York: Campus.
Hidalgo, Oliver (2007): America as Delusive Model. Tocqueville on Religion. In: Ameri-
kastudien/American Studies 52, 4: 561-578.
Hinckley, Cynthia (1992): Tocqueville on Religion and Modernity. Making Catholicism
Safe for Liberal Democracy. In: Lawler, Peter (Hrsg.): Tocquevilles Political Sci-
ence. Classic Essays. New York: Garland: 197-213.
Kessler, Sanford (1994): Tocqueville's Civil Religion. American Christianity and the
Prospects of Freedom. Albany: State University of New York Press.

Lloyd, Margie (1995): In Tocqueville's Shadow. Hannah Arendt's Liberal Republicanism. In: The Review of Politics 57: 31-58.
Nussbaum, Martha (2007): Liberty of Conscience. In Defense of America's Tradition of Religious Equality. New York: Basic Books.
Putnam, Robert D. (1995): Bowling Alone. America's Declining Social Capital, in: Journal of Democracy 6, 1: 65-78.
Rawls, John (1993): Politischer Liberalismus, Frankfurt/M.: Suhrkamp.
Rolland, Patrice (2004): De Rousseau à Tocqueville. L'utilité sociale de la religion. In: La Revue Tocqueville 25, 1: 191-222.
Sennett, Richard (1979): What Tocqueville Feared. In: The Partisan Review 46: 406-418.
Sennett, Richard (2004): Verfall und Ende des öffentlichen Lebens. Die Tyrannei der Intimität, 14. Aufl. Frankfurt/M.: Fischer.
Shils, Edward (1991): Was ist eine Civil Society? In: Michalski, Krzysztof (Hrsg.): Europa und die Civil Society. Stuttgart: Klett-Cotta: 13-51.
Tocqueville, Alexis de (OT): Œuvres complètes, 9 Bde. Paris 1861-1866: Edition Beaumont.
Tocqueville, Alexis de (OC): Œuvres complètes, 18 Bde. Paris: Gallimard 1951ff.
Tocqueville, Alexis de (DA I/II): Über die Demokratie in Amerika, 2 Bde, Zürich: Manesse 1987.
Tocqueville, Alexis de (AR): Der alte Staat und die Revolution (AR), München: dtv 1978.

Auf der Suche nach einer postsäkularen, ‚Lingua Franca'? Die postsäkulare Gesellschaft von Jürgen Habermas am Beispiel der parlamentarischen Debatte zur Spätabtreibung[1]

Mariano Barbato

Eine gemeinsame Sprache, eine Art von Lingua Franca, braucht die Politik. Denn gemeinsame politische Projekte können nur dann realisiert werden, wenn der öffentliche Diskurs ein semantisches Potential vorhält oder zulässt, in dem diese Projekte formuliert und beworben werden können. Unter dem anhaltenden Differenzierungsdruck (post)moderner Gesellschaften scheint die Suche nach einer Lingua Franca eine neue Dringlichkeit zu erhalten. Jürgen Habermas hat mit dem Vorschlag einer postsäkularen Gesellschaft in der öffentlichen Sprache der Religion eine gewichtige Position eingeräumt. Für die Auseinandersetzung um diesen Vorschlag einer postsäkularen Gesellschaft wird die alte Frage erneut virulent, ob religiöse Semantiken Teil der Suche nach einer Lingua Franca im modernen demokratischen Rechtsstaat sein können oder ob diese Sprache doch eine rein säkulare sein muss? Dient die Religion der Verständigung und der Formulierung gemeinsamer Projekte oder schadet sie dabei?

Die These, die hier vertreten und belegt werden soll, lautet: Religiöse Argumentationspotentiale sind, genauso wie säkulare Argumente, so vielschichtig und heterogen, dass diese Frage nicht grundsätzlich, sondern nur im Detail entschieden werden kann. Starke religiöse Argumentationen können genauso neue Perspektiven eröffnen wie laizistische Fundamentalismen sie blockieren können und umgekehrt. Es kommt also auf den jeweiligen Beitrag religiösen Argumentierens ebenso an wie auf den spezifischen Kontext.

Bezogen auf den Ansatz von Habermas lässt sich damit begründen, dass eine Zulassung religiöser Argumentation selbst im bei Habermas ausgeschlossenen parlamentarischen Rahmen möglich ist, damit aber nicht unbedingt der von Ha-

---

[1] Für Kommentare zu früheren Versionen möchte ich den Tagungsteilnehmerinnen und -teilnehmern des Arbeitskreises Politik und Religion im Juli 2009 sowie insbesondere dem Herausgeber Antonius Liedhegener, Birgit Altmann, Maria Birnbaum, Eva Maria Fischer, Sophie Haring, Marie Kajewski und Kristina Kurze danken. Alle Unzulänglichkeiten bleiben selbstredend in meiner Verantwortung.

bermas präferierten kantianischen Form moralischer Argumentation Vorschub geleistet wird, was aber nicht stört, solange die für säkulare und religiöse Rede gleichermaßen geltende Linie autoritärer Argumentation nicht überschritten wird (M. Cooke 2007). Der Verlauf dieser Linie lässt sich weder formal noch substanziell festlegen. Um ihn muss gerungen werden, wie um die Lingua Franca selbst.

Im ersten und zweiten Abschnitt werden hierfür zentrale Aspekte der Konzeption von Habermas diskutiert, um die drei verknüpften Bezugsebenen der postsäkularen Gesellschaft – Politik, Moral und Philosophie – für das anschließende Beispiel der Abtreibungsdebatte in Deutschland zu erhalten. Im dritten Schritt werden diese verknüpften Ebenen heuristisch-tentativ am Beispiel der Bundestagsdebatten von 2008 und 2009 zur Änderung des Schwangerschaftskonfliktgesetzes und der Hintergrundannahme freiheitlich-demokratischer Grundordnung hinsichtlich der Problematik der Spätabtreibung illustriert.

1   Die postsäkulare Wende

Die postsäkulare Wende bei Habermas erstreckt sich nun bald über ein Jahrzehnt. Sie begann mit der Rede zum Friedenspreis des Deutschen Buchhandels 2001 unter dem Eindruck des 11. Septembers (J. Habermas 2001). Ein Höhepunkt dürfte das Gespräch mit Joseph Ratzinger im Januar 2004 gewesen sein (J. Habermas/ J. Ratzinger 2005). Für die aktuell erschienene Studienausgabe hat Habermas einschlägige Aufsätze ausgewählt und einen neuen Beitrag veröffentlicht (J. Habermas 2009b: 209-297; J. Habermas 2009a: 324-450). Die Diskussion dazu hat sich weitverzweigt und mit der breiten Debatte um das sich ändernde Verhältnis von Politik und Religion verbunden. Es ist hier nicht der Raum, die Wegmarken dieser Debatte zu skizzieren (M. Barbato/F. Kratochwil 2009). Um einen zentralen Aspekt herauszuarbeiten, sollen hier nur drei Positionen Habermas zur Seite und gegenübergestellt werden: Robert Putnam, Hans Joas und Paolo Floris d'Arcais. Habermas steht mit seinem Begriff der postsäkularen Gesellschaft für eine kritische Anpassung der säkularen Konzeption moderner Gesellschaft und damit für den Wandel. Putnam steht ebenfalls für Veränderung, während Joas und Flores d'Arcais in unterschiedlicher Form ein konservatives Plädoyer für den Status quo abhalten.

Habermas folgt oder gestaltet den Trend einer neuen Wertschätzung der Religion für den gesellschaftlichen politischen Raum. Diese neue Wertschätzung ist weitgefächert und hört sich bei Putnam so an:

„I challenge America's clergy, lay leaders, theologians, and ordinary worshipers: Let us spur a new, pluralistic, socially responsible ‚great awakening' so that by 2010

Americans will be more deeply engaged than we are today in one or another spiritual community of meaning, while at the same time becoming more tolerant of the faiths and practices of other Americans." (R. Putnam 2000: 409)

Habermas setzt den Schwerpunkt anders, aber vielleicht sogar weitreichender:

„Säkularisierte Bürger dürfen, soweit sie in ihrer Rolle als Staatsbürger auftreten, weder religiösen Weltbildern grundsätzlich ein Wahrheitspotential absprechen, noch den gläubigen Mitbürgern das Recht bestreiten, in religiöser Sprache Beiträge zu öffentlichen Diskussionen zu machen. Eine liberale politische Kultur kann sogar von den säkularisierten Bürgern erwarten, dass sie sich an Anstrengungen beteiligen, relevante Beiträge aus der religiösen in eine öffentlich zugängliche Sprache zu übersetzen." (J. Habermas 2005: 36)

Bei beiden Positionen geht es um Wandel. Bei Habermas zeigt es das Präfix „post" an. Habermas Kritiker stehen, aus ganz unterschiedlichen Blickwinkeln, für den Status quo. Hans Joas kritisiert, dass Habermas lediglich dem bereits praktizierten Übersetzen der Christen, die sich selbst als durchaus säkulare Bürger verstehen, in seiner Konzeption nun endlich den Platz einräumt, den sie in der gesellschaftlichen Wirklichkeit ohnehin einnehmen (H. Joas 2004: 122-128). Paolo Flores d'Arcais argumentiert ebenso konservativ, doch mit zunächst gegenteiliger Stoßrichtung. Für ihn zeichnet sich die moderne Gesellschaft dadurch aus, dass religiöse Argumentation im öffentlichen Raum keinen Platz hat und ihr auch kein Platz eingeräumt werden darf. Der zentrale Grund für diese klassisch säkulare Konzeption liegt für Flores d'Arcais darin, dass religiöse Diskurse nicht vernünftig argumentieren können, sondern offenbarten göttlichen Willen behaupten, von dem sie auch nicht abweichen können. (P. Flores d'Arcais 22.11.2007).

Flores d'Arcais und Joas spiegeln in ihren unterschiedlichen, aber im Kern doch gleichen Konzeptionen den säkularen Konsens der liberalen Moderne wieder: Religion kann im öffentlich-politischen Raum nur dann eine Rolle spielen, wenn sie sich *nicht* als solche zu erkennen gibt, sondern sich einer säkularen Lingua Franca, einer säkularen Sprache, bedient.

Habermas kündigt diesen Konsens einer säkularen Sprache mit dem Postulat einer postsäkularen Gesellschaft auf. Reflexive Religionsgemeinschaften werden als Horte moralischen Argumentierens ausdrücklich gebeten mit ihren Argumentationsfiguren den öffentlichen Raum zu betreten (Habermas 2005: 31). Der religiöse Hintergrund ihrer auch bereits in die säkulare Sprache übersetzten Argumentationsfiguren darf dabei ausdrücklich kenntlich sein. Ja, wenn eine Übersetzung (noch) nicht vorliegt, soll auch die religiöse Sprache direkt zugelassen sein. Habermas beharrt jedoch bei der Rollenjustierung der Religion in der Öffentlichkeit auf der Grenzziehung zwischen Zivilgesellschaft und staatlichen

Institutionen, in denen die Lingua Franca säkular bleiben muss (J. Habermas 2009b: 270–283).[2] Gehaltvoll wird diese Einladung an die Religion mit dem oben zitierten Zugeständnis eines Wahrheitspotentials. Dringlich wird für Habermas dieser Aufruf vor dem Hintergrund der von ihm konstatierten Pathologien der Modernisierung, die sich nicht nur von außen in reaktionären Fundamentalismen einer Gegenmoderne zeigen, sondern auch von innen: neoliberale Marktmacht und naturalistische Gentechnik sind hier die Schlagworte (J. Habermas 2009a: 376-377). Umgesetzt wird die Übersetzung religiöser Semantiken eher im Sinn einer Bergung und Aneignung von Denkfiguren (J. Habermas 2009a: 384–385). Denn wo Habermas klassische Übersetzungen anführt – Sünde wird zu Schuld – betont er den Verlust, während er selbst unübersetzte Denkfiguren der Ebenbildlichkeit und der Geschöpflichkeit zur Erhellung der Freiheitsproblematik in der Debatte um Klone einbringt (J. Habermas 2001: 23-31).

2   Eine Lingua Franca in den Straßen der Stadt?

An dieser Stelle scheint es angebracht, die Vorstellung von Sprache und moralisch-politischer Argumentation im Sinne der Suche nach der Lingua Franca einzuholen, die der postsäkularen Konzeption von Habermas zugrunde liegt. Detlef Horster hat in seiner Auseinandersetzung mit Habermas dafür eine Metapher eingeführt, die sich sprachphilosophisch anschließen lässt. Es ist die Metapher vom Haus und der Straße, die ich in kritischer Absicht in die Metapher der ‚gemeinsamen Stadt' überführen möchte:

> „Egal, welcher Gemeinschaft man angehört, man muss trotzdem die moralischen Regeln der Gesellschaft beachten, die für alle gelten, denn die Mitglieder einer partikularen Gemeinschaft sind stets zugleich Mitglieder der Gesellschaft. Es ist so, wie man aus der Haustür auf die Straße tritt. In diesem Moment hat man die öffentlichen Regeln zu befolgen. In einem Haus gelten bestimmte Werte, die für die Bewohner verbindlich sind. […] Treten die Menschen allerdings aus dem christlichen Haus auf die Straße, dann gelten die für alle verbindlichen moralischen Regeln, egal, aus welchem Haus die Menschen gerade kommen." (D. Horster 2006: 19)

Mit Blick auf die eingangs skizzierte Debatte lässt sich formulieren, dass Joas wie Flores d'Arcais aus unterschiedlichen Häusern kommen, aber doch in der gleichen Straße wohnen. Die Straße kann Deutschland, Europa oder auch der

---

[2] Diese Grenzziehung ist bereits von J. Casanova (1994) vorgenommen worden. Für eine Kritik an dieser Abgrenzung vgl. A. Liedhegener (2006); M. Cooke (2007).

Westen heißen. Auch Habermas wohnt in diesem Viertel und hat Entscheidendes zur säkularen Sprachpolitik des Straßenzugs beigetragen. Wie es scheint, sind ihm jedoch zwei Dinge aufgefallen, auf die er reagieren möchte:

1. Die Straße hat neue Häuser, aus denen nicht nur neue Wertvorstellungen eingebracht werden, sondern aus denen auch die moralische Sprachregelung der Straße aufgekündigt wird – die oben erwähnten Pathologien Markt, Gentechnik, Fundamentalismus.
2. Die Straße wird immer mehr eingebunden in ein globales Straßennetz, dessen Lingua Franca noch herauszubilden ist. Eine Durchsetzung europäischer Sprachpolitik säkularen, moralischen Argumentierens steht nicht automatisch an.[3]

Habermas ruft nun die reflexiven Religionsgemeinschaften auf, aus ihren Häusern herauszukommen, um die Form moralischen Argumentierens ebenso wie die Inhalte einer sozial-liberalen Moderne gemeinsam mit den areligiösen Kantianern zu retten. Um ihnen aber nicht zu viel Macht einzuräumen, bleibt das große Haus der erwähnten Verfassungsinstitutionen in der Mitte der Stadt – Parlament, Regierung, Gericht – in der Hand der säkularen Kantianer. Hier bleibt die säkulare Sprache alleiniges Verständigungsmittel.

Die hier vorgenommene Fortführung des Bildes von den Häusern der Gemeinschaft und der Straße der Gesellschaft trägt bereits einer kritischen Haltung Rechnung. Mit einem am späten Wittgenstein orientierten Sprachverständnis lässt sich nicht sauber trennen zwischen Haus und Straße. Die Sprache gleicht einer alten Stadt, in der es viele Zubauten aus den verschiedensten Zeiten gibt, die von der einen Seite aus Orientierung geben können, von der anderen aus aber in Verwirrung stürzen. Die Sprache wächst und wandelt sich mit der Praxis der Lebensform. Es geht somit darum, da Zwischen- und Verbindungsglieder zu finden oder zu erfinden, wo der Fluss der Sprache ins Stocken gerät, um wieder in eine gemeinsame Praxis zu finden. Dem liegt die Annahme zugrunde, dass die verschiedenen Häuser keine geschlossenen Gemeinschaften darstellen, ebenso wenig wie auf der Straße eine uniforme Lingua Franca gesprochen wird. Häuser und Straßen bilden in ihrem historischen Wandel die Lebensform der Stadt mit ihren Konflikten und ihren Übereinstimmungen. Ein Diskurs der Straße ist demnach nie einheitlich. So muss auch die Diskurshoheit über den Gassen nicht in dem Sinn verteidigt werden, dass angenommen wird hier herrsche eine Sprache,

---

[3] Habermas stützt sich zur Frage einer religionssoziologischen Grundlage einer globalen Öffentlichkeit auf Berger (1999). Vgl. dazu Habermas (2009b: 259); Barbato/Kratochwil (2009). Neuerdings: Habermas (2009a: 387-407).

die keiner Lebensform entspricht, sondern sie alle überwölbt (M. Barbato 2005: 67-108).

Religiöse und säkulare Bürger, genauer Christen und Kantianer, bringen aus ihren geschichtlich eng miteinander verbauten Häusern den Anspruch einer universalen Moral mit, die in anderen Häusern nicht zu finden ist und dementsprechend nicht in allen Gassen der Stadt verstanden oder gar gesprochen wird. Beide erheben den Anspruch, und müssen aus ihrer universalen Vorstellung heraus diesen Anspruch erheben, dass ihre Sprache auf allen Straßen der Welt gesprochen oder zumindest verstanden wird, zum Wohle der Stadt, der globalen Polis.

Falls sie auf den Straßen des globalen Dorfes für ihren universalen Ansatz werben möchten, macht es sicher Sinn, gemeinsame Argumente zu formulieren. Habermas Rede von der postsäkularen Gesellschaft kann als Plädoyer für dieses Projekt verstanden werden. Ratzingers Rede in Regensburg mit ihrer ob der Islamkritik weitgehend übersehenen Kritik an der säkularen Vernunft steckt den Rahmen ab, in dem dieses Angebot von Habermas erstem Gesprächspartner, jetzt als Papst, aufgenommen wird.[4]

3   Postsäkulare parlamentarische Debatte?

Es ist hier nicht der Raum, die kontroverse Debatte zur Abtreibungsgesetzgebung unter besonderer Berücksichtigung religiös fundierter und säkular übersetzter Beiträge zu rekapitulieren (A. Liedhegener 2006: 335-389; M. Spieker 2008). Für die hier herangezogene Debatte zur Neuregelung der gesetzlichen Grundlage zur Spätabtreibung bedarf es jedoch eines kurzen Blickes auf den strittigen Punkt.

Mit der Neuregelung des Schwangerschaftsabbruchs von 1995 wurde die eugenische Indikation abgeschafft, da im Sinne der Nichtdiskriminierung von Behinderten dem behinderten Fötus kein Lebensrecht abgesprochen werden sollte. Die Fristenregelung wurde lediglich durch eine medizinische Indikation ergänzt, die bei der Bedrohung der Gesundheit der Mutter, worunter auch die psychosoziale Belastung durch ein behindertes Kind zu verstehen ist, eine Spätabtreibung ohne Befristung zulässt. Der einschlägige Gesetzestext lautet:

218a (2) StGB: „Der mit Einwilligung der Schwangeren von einem Arzt vorgenommene Schwangerschaftsabbruch ist nicht rechtswidrig, wenn der Abbruch der Schwangerschaft unter Berücksichtigung der gegenwärtigen und zukünftigen Lebensverhältnisse der Schwangeren nach ärztlicher Erkenntnis angezeigt ist, um eine Gefahr für das

---

[4] Zur Regensburger Rede und Debatte vgl. Benedikt et al. (2008). Für Habermas' Kritik vgl. Habermas (2009a: 415–416).

Leben oder die Gefahr einer schwerwiegenden Beeinträchtigung des körperlichen oder seelischen Gesundheitszustandes der Schwangeren abzuwenden, und die Gefahr nicht auf eine andere für sie zumutbare Weise abgewendet werden kann."

Hier besteht keine Beratungspflicht, sondern lediglich ein Beratungsangebot. Denn der entscheidende Punkt liegt hier nicht in der Entscheidung der Frau wie bei der Fristenlösung, welche eine Abtreibung in den ersten zwölf Wochen bei Inanspruchnahme einer Beratung als eine nicht strafbare Handlung deklariert, sondern in der „ärztlichen Erkenntnis". Es geht um eine medizinische Indikation, die nicht autonom von der Frau, sondern heteronom vom Arzt festgestellt wird.

Die Umsetzung dieser Regelung in der Praxis hat nach Meinung der parlamentarischen Mehrheit jedoch die eugenische Indikation dahingehend wieder eingeführt, dass Ärzte dazu tendieren, den akuten Schock über die Behinderung des Kindes bei der Frau sowie die grundsätzlich abzusehenden Belastungen in der weiteren Lebensführung generell als medizinische Indikation einzuschätzen, ja Frauen gegen ihren Willen in einen Automatismus von ‚Behinderung des Kindes gleich Abtreibung' gedrängt werden.

Nach Debatte mehrerer Anträge 2008 und 2009 hatte sich die parlamentarische Kontroverse auf den modifizierten und mit anderen zusammengeführten Singhammer-Entwurf und den Humme-Entwurf zugespitzt. Der Singhammer-Entwurf sah im Gegensatz zum Humme-Entwurf im Kern eine Hinweispflicht für den Arzt auf ein – für die Frau weiter freiwilliges – Beratungsangebot und eine verbindliche Wartezeit von drei Tagen zwischen Indikation und eventuellem Schwangerschaftsabbruch vor. Der Singhammer-Entwurf fand für diesen Kern eine Mehrheit (Deutscher Bundestag 2009: 24212-24224).[5]

Diese Debatte wird im Folgenden zur Illustration und Diskussion des postsäkularen Ansatzes von Habermas herangezogen. Als tentatives Ergebnis möchte ich vorwegnehmen, dass eine theonome Sollensethik, die ich mit Johannes Singhammer in der Debatte personifiziere, den Anstoß für die Debatte gab. Eine parlamentarische Mehrheit wurde jedoch durch das semantische Potential linker Christinnen wie Andrea Nahles und Katrin Göring-Eckardt erreicht, denen es gelang, christliche Freiheitsvorstellungen und Konzeptionen eines sorgenden und helfenden Gottes jenseits jeder Sollensethik in eine säkulare Sprache zu übersetzen, die überzeugte, obwohl Irmgard Schewe-Gerigk als Unterstützerin des Humme-Antrags, wohl zurecht, darauf hinwies, dass sie zumindest dem Wortlaut des zugrundeliegenden Rechts und dessen Konzeption einer Sollensethik widerspricht.

Damit, und im dritten Unterabschnitt darüber hinaus, soll im Folgenden entlang der oben aufgeführten Ebenen der postsäkularen Fragestellung – Politik,

---

[5] Für den Gesetzestext vgl. Drucksache 447/09 vom 22.5.2009.

Moral und Philosophie – die eingangs formulierte These belegt werden, dass religiöse Semantiken Potentiale zu einer verständigungsorientierten Lingua Franca bereithalten, dieses Potential jedoch eher aus seiner Heterogenität herrührt als aus einer eindeutigen Unterstützung einer kantianischen Sollensethik, ohne letztere auszuschließen.

3.1 Die Frage der politischen Sphären

Zunächst gilt es zu prüfen, inwieweit religiöse Semantiken Beiträge zum Ringen um eine Lingua Franca im politischen Raum anbieten können oder anbieten dürfen Auf dieser besonders kontrovers diskutierten politischen Ebene zieht Habermas, wie oben gesehen, einen Trennungsstrich zwischen der Zivilgesellschaft als solcher und der Umsetzung ihrer Projekte in den politischen und rechtlichen Institutionen. Während gesellschaftliche Beiträge in religiöser Sprache zur Bereicherung der Formulierungsmöglichkeit dienen, soll säkularer Purismus in den Institutionen Gemeinsamkeit sichern.

Zentral für die Debatte um die Unnötigkeit oder Unmöglichkeit dieser Grenzziehung scheint die Frage zu sein, ob das Universalitätspotential einer religiösen oder einer säkularen Sprache überwiegt. Empirisch auf Europa beschränkt spricht viel für den säkularen Diskurs, in globaler Perspektive spricht mehr für den Universalitätsanspruch religiöser Überzeugungsfähigkeit. Jenseits bloßer Mehrheiten ist zu fragen, ob säkulare oder religiöse Diskurse als solche universal einlösbar sind. Obwohl das Christentum auf weltweite Mission angelegt ist und deswegen einen radikalen Universalitätsanspruch in sich trägt, hat es sich nicht nur um Inkulturation bemüht, sondern im Naturrecht, freilich rückgebunden an den religiösen Diskurs, versucht, eine Lingua Franca zu schaffen, die aber heute genauso wenig trägt wie ein explizit religiöser Diskurs. Die Aufklärung knüpft mit anderen Mitteln an diese naturrechtliche Universalität der Vernunft an und geht davon aus, dass ihre Konzeption, anders als der von Gnade oder „Musikalität" abhängige Glaube an eine Offenbarung, von jedem eingesehen werden kann, auch wenn das empirisch, vorsichtig gesagt, nur schwer zu belegen ist und global gesehen vielleicht quantitativ weniger Erfolg hat als der religiöse Universalismus der großen Monotheismen.[6]

In der Abtreibungsdebatte gängig ist eine Konstellation, in der eine säkulare Mehrheit der religiösen Minderheit in ihrer Ablehnung einer liberalen Gesetzge-

---

[6] Bei einer Podiumsdiskussion am 22. Oktober 2009 hat Charles Taylor gegenüber Jürgen Habermas versucht, diesen Punkt gleicher Universalisierungsschwierigkeiten säkularer und religiöser Rede zu verdeutlichen. Vgl. http://blogs.ssrc.org/tif/2009/11/20/rethinking-secularism-jurgen-habermas-and-charles-taylor-in-conversation/.

bung eine religiöse Sonderposition zuschreibt, während die religiöse Seite glaubt, völlig säkular argumentieren zu können und dabei die höchstrichterliche Rechtssprechung der Bundesrepublik, zumindest teilweise, auf ihrer Seite weiß. Gleichzeitig aber ist zu konstatieren, dass eine empirisch nicht unerhebliche Anzahl derer, die sich selbst als grundsätzlich religiös einschätzt, eine liberale Haltung in der Abtreibungsdebatte einnimmt. Ein prominentes Beispiel für letzteres stellt Rita Süssmuth dar, die in den 19080er und 1990er Jahren zunächst Vizepräsidentin des Familienbundes der Deutschen Katholiken und Vorsitzende der Kommission Ehe und Familie beim Zentralkomitee der Deutschen Katholiken und dann Familien- und Frauenministerin, später Präsidentin des Deutschen Bundestages war. Zur Verteidigung gegenüber dem Vorwurf, sie stelle das Selbstbestimmungsrecht der Frau über das Lebensrecht des Kindes, formuliert sie in einer autobiographischen Rückschau:

„Es gibt für mich kein Recht, über menschliches Leben zu entscheiden. Aber es gibt Konflikte schwierigster und tragischer Art, in denen entschieden werden muss. Und wer gibt einem anderen das Recht, über die Frau zu entscheiden? (R. Süssmuth 2002: 210).

Die argumentative Pirouette, die Süssmuth versucht, wird durch die säkulare Sprache nicht einfacher. Die Gegenüberstellung von Selbstbestimmungsrecht und Lebensrecht fordert vielmehr eine Entscheidung, die Süssmuth unter Umgehung des Rechtediskurses zugunsten einer existentiellen Entscheidungsfreiheit der Frau trifft, die durchaus als moraltheologisch informiert gelten kann, jedoch im Widerspruch zur naturrechtlichen Argumentation steht, die an dieser Stelle keinen Bedarf für Entscheidungen mehr sieht.

Die problematische Aufspaltung demokratischer Entscheidungsprozesse in einen Raum mit religiöser und einen ohne religiöse Argumentation hat somit keinen Einfluss auf ein Thema, das gern als Beispiel für die Notwendigkeit herangezogen wird, ausschließlich säkular zu argumentieren, um nicht in Religionskriege und Klerikerherrschaft zurückzufallen. Religiös wie säkular informierte Positionen folgen und entwickeln unterschiedliche Begründungsmustern und sind nicht prinzipiell auf eine Linie festgelegt.

Zusätzlich lässt sich hier am Beispiel des Naturrechts zeigen, dass eine Unterscheidung, was als religiöser und was als säkularer Diskurs zu gelten hat, strittig ist und schon von daher eine Grenzziehung problematisch wird. Diesen fließenden Charakter der Grenzziehung nimmt auch Habermas wahr und fordert deswegen die Grenzziehung „als eine kooperative Aufgabe" zu verstehen (J. Habermas 2001: 22). Maeve Cooke wendet dagegen ein, dass es in der postsäkularen Gesellschaft gar nicht um diese Grenzziehung zwischen säkularen und religiösen Gründen geht, sondern die entscheidende Grenze dessen, was im öffentlichen

Raum und seinen Institutionen zugelassen werden sollte und was nicht, die konstitutive Grenze nichtautoritärer Argumentation sein sollte (M. Cooke 2007: 360-365), worauf noch zurückzukommen sein wird. Konkret lässt sich in der Debatte im Bundestag zur Spätabtreibung bei Johannes Singhammer ein Zitat anführen, das wohl unter das Verdikt von Habermas fallen würde und ganz im Sinne von Flores d'Arcais ausschließlich theonom bzw. mit einem Zitat auf die Haltung einer Kirche argumentiert:

> „Die Evangelisch-Lutherische Kirche Bayern hat in der Landessynode vor wenigen Tagen formuliert: Menschliches Leben ist uns von Gott gegeben. Es ist in jeder Phase zu bewahren und zu schützen. Ich meine deshalb, dass ..." (Deutscher Bundestag 2008: 21153).

Das ist natürlich keine Begründung in einem säkularen Sinne und sie findet innerhalb des deutschen Bundestags statt. Ein Schaden im Sinne der geargwöhnten fundamentalistischen Aushöhlung demokratischer Verfassungsnormen lässt sich am konkreten Beispiel nicht feststellen. Auch wenn diese Ausnahme Schule machen würde, käme damit der freiheitliche Aspekt deliberativer Rede wohl kaum in Gefahr. Dennoch ist sie in der säkularen Gesellschaft die Ausnahme. Zum Vergleich für die generelle Seltenheit solcher Beitragsformulierungen lässt sich auch für die Debatte von 1995 zur Neuregelung des §218 mit Pia Beckmanns Textanalyse ausgewählter Gesetzesentwürfe feststellen:

> „Religiöse Begründungen für eine bestimmte Haltung zum Schwangerschaftsabbruch werden in den Gesetzentwürfen nicht thematisiert. Es ist zwar zu vermuten, dass die Haltung z.B. der Werner-Gruppe auch christlich motiviert ist. (...) Dies kommt aber argumentativ nicht zum Ausdruck. (...) Selbst die Verfechter eines konsequenten Verbots von Schwangerschaftsabbrüchen argumentieren nicht religiös, obwohl der Streit um den Schwangerschaftsabbruch immer wieder als „Glaubenskrieg" bezeichnet worden ist." (P. Beckmann 2004: 294)

Der empirische Normalfall in den säkularen Institutionen scheint die Übersetzung zu sein. Ob sie unbedingt verteidigt werden muss, scheint fraglich. Denn wenn das semantische Potential der Religion in der Übersetzung durch ein säkulares Nadelöhr muss, verliert es mit seinem semantischen Umfeld an Aussagekraft. Dieser Verlust an Aussagekraft geht in Konstellationen, in denen religiös informierte Argumente auf säkularer Seite allergische Reaktionen hervorrufen können, mitunter mit einem Gewinn an Überzeugungskraft einher. Aber diese Allergie sollte ja gerade in der postsäkularen Gesellschaft abgelegt werden, um der Aussagekraft religiöser Potentiale mehr Raum zu lassen. In der Rückübersetzung ist man in jedem Fall ein stückweit auf hermeneutische Spekulationen angewiesen. Das wird auf der nächsten Bezugsebene der Moral deutlich.

3.2 Spätabtreibung und autonome Moral

Auf der moralischen Ebene lässt es Habermas empirisch offen, ob moralisches Handeln nur momentan ein Refugium in religiösen Gemeinschaften gefunden hat oder ob es grundsätzlich an Religion zurückgebunden bleibt (J. Habermas 2005: 28). Im Hintergrund steht hier Kants Schrift von der Religion in den Grenzen der bloßen Vernunft und ihre Trennung von Kult und Vernunftreligion.[7] Die Frage ist hier, ob moralisches Handeln ohne Aussicht auf Lohn Sinn macht und ohne Beistand möglich ist. An dieser Frage hängt nicht nur der kantische Lösungsversuch, sondern auch der von Kants Antipoden Nietzsche, mit entsprechend weitreichenden Konsequenzen. Denn beide gehen, wenn auch mit konträren inhaltlichen Füllungen, hier die allgemeine Pflicht, dort die Großzügigkeit des Übermenschen, von einer autonomen Moral aus, die sich allein im moralischen Handeln selbst belohnt. Handeln, dass einen Zweck oder eine Orientierung jenseits dieses autonomen Handelns hat, gilt schlechterdings nicht als Moral.[8]

Hier unterscheiden sich die beiden großen Entwürfe der Moderne von moralischem Handeln der Antike und des Mittelalters, die mit tugendhaftem Leben auch ein materiell glückliches Leben verbanden bzw. das Leben des Gerechten im Sinne der Befolgung göttlicher Gebote mit der Belohnung des Himmels verknüpften.

Wenn man aber eine deliberative Verfahrensethik wie sie Habermas vertritt als in der Nachfolge Kants stehend begreift, passt das geltende Recht durchaus in eine aufgeklärte Vorstellung autonomer Moral und deliberativer Verfahren. Es wird ein differenziertes Verfahren festgesetzt, das im Falle der Fristenlösung mit Beratungspflicht eine aufgeklärte Entscheidung der Frau zum Ziel hat, und im Falle der medizinischen Indikation eine ärztlich sachgerechte Feststellung einer medizinischen Notwendigkeit.

Freilich gilt, dass auch hinter diesen Regelungen kein kategorischer Imperativ steht, sondern eher ein Verständnis von tragischen Abwägungsprozessen. Ich möchte deswegen auch nicht behaupten, dass eine Mischung aus autonomer Moral und anderen Versatzstücken nicht schon vorher geltendes Recht informiert hätte. An den beiden Bundestagsdebatten zur Regelung der Spätabtreibung lässt sich jedoch zeigen, wie sich politische Sprache weiter in Richtung einer postkan-

---

[7] Vgl. dazu Habermas' Eingehen auf die aktuelle Bedeutung von Kants Religionsphilosophie; Habermas (2009a: 342-386).
[8] Vgl. dazu die Argumentation von Derrida (2003: 21-23).

tischen Moral der Unterstützung verschiebt, die aber durchaus mit Begriffen moralischer Autonomie arbeitet und wohl sehr vielschichtige Quellen hat; darunter wie mir scheint auch spezifisch christliche, die jedoch auch in sich sehr heterogen sind.

Wichtig ist in diesem Zusammenhang ein Blick auf die Veränderung in der politischen Sprache seit der Gesetzesnovellierung von 1995: Beckmann zeigt, wie 1995 in einer klaren Positionierung PDS/Linke Liste und Bündnis 90/Die Grünen auf der einen Seite und einige Abgeordneten der Unionsfraktion auf der anderen Seite die Kontrastpositionen beziehen. An Schüsselworten wie Leibesfrucht vs. Kind und Frau vs. Mutter wird die Frontstellung der Positionen deutlich. SPD, FDP und CDU/CSU bewegen sich in ihrer Wortwahl wie in ihren Gesetzesvorschlägen in der Mitte (P. Beckmann 2004).

Von dieser alten Frontstellung übriggeblieben war in der Debatte von 2008/2009 die Linke, die im gleichen kämpferischen Jargon nicht nur die Neuregelung ablehnte, sondern auch die Abschaffung des §218 forderte. Am weitesten abgerückt von der alten Position, zumindest in der Wortwahl, sind Teile von Bündnis 90/Die Grünen, was auch dadurch erleichtert wurde, dass der Gruppenantrag zur Neuregelung der Beratung einen Bezug zum §218 kategorisch zurückwies und sehr darum bemüht war, keine alten Grabenkämpfe aufzureißen. Bis auf die Linke beteiligten sich alle an diesen Beschwichtigungsritual, keinem zu unterstellen, in diese Auseinandersetzung zurückkehren zu wollen. Ein wiederkehrender Satz dazu war die Anmerkung, dass keine Frau leichtfertig abtreibt. Kontrovers diskutiert wurde die Frage, ob in der schwierigen Situation der Nachricht von einer Behinderung des eigentlichen Wunschkindes nicht ein besonderer Beratungsbedarf besteht. Hier wurde ohne das Selbstbestimmungsrecht der Frau in Frage zu stellen und die Schutzwürdigkeit des behinderten Kindes besonders zu betonen, darüber gestritten, ob eine Beratung die Frau befähigen kann, zu einer selbstbestimmteren Entscheidung zu kommen. Die Frau gilt es vor allem gegen strukturellen Druck zu schützen. Inwieweit Ärzte leichtfertig abtreiben, war hier strittig. Ein wichtiger Punkt bei der Beratung sollte es sein, die Möglichkeit eines gelingenden Lebens mit einem behinderten Kind nachvollziehbar zu machen (Deutscher Bundestag 2008: 21152-21171, Deutscher Bundestag 2009: 24193-24212).

Mir scheint hier eine relativ weitgehende Verschiebung der zugrundeliegenden Wertvorstellungen durchzuscheinen. Während die Linke im alten Muster der Selbstbestimmungsargumentation bleibt, verschiebt sich bei allen anderen die Argumentation weg vom Abwägen Lebensrecht vs. Selbstbestimmung hin zu einer qualitativ verstandenen Selbstbestimmung der Frau. Sie wird nicht als bereits autonome Person verstanden, die selbstbestimmt entscheidet, wie es die Linke weiter tut, sondern als jemand, der beraten werden muss. Jedoch nicht um auf das Lebensrecht des Kindes hingewiesen zu werden, sondern um eigene Lebensentwürfe besser einschätzen zu können. Entscheidend dabei im Sinne einer Abweichung von kantischer Moral scheint mir der Verweis auf ein gutes Leben bzw. der Verweis auf negative psychische Folgen. Dies ist bereits in der geltenden Pflichtberatung beinhaltet. Der qualitative Unterschied entsteht durch die Fokussierung der Beratung auf die Lebensperspektive der Frau und ihrer Familie. Hier scheinen mir tugendethische Vorstellungen, die bereits vorher vorhanden waren, aber über das Lebensrecht des ungeborenen Kindes überwölbt wurden, nun direkt zum Tragen zu kommen. Die Vorstellung einer kantischen Moral, die schlicht kategorischen Imperativen folgt, wirkt hier überholt.

Irmgard Schewe-Gerigk (Bündnis 90/Die Grünen), die den unterlegenen Humme-Antrag, es bei einer Regelung unterhalb einer Gesetzesnovellierung zu belassen, unterstützte, führt aus, dass es im Gegensatz zur Fristenlösung mit Pflichtberatung bei der medizinischen Indikation nicht um das Selbstbestimmungsrecht der Frau geht:

> „Die medizinische Indikation hingegen ist daran gebunden, dass das Leben der Mutter aus medizinischen oder psychosozialen Gründen gefährdet ist, und das ist nun wirklich keine Frage der Beratung. Daher widerspricht die Beratungspflicht geradezu den Vorgaben einer medizinischen Indikation, über die in vielen Kliniken im Übrigen Ethikkommissionen entscheiden, manchmal auch gegen Entscheidungen, die vorgelegt worden sind." (Deutscher Bundestag 2008: 21159)

Karin Göring-Eckardt (ebenfalls Bündnis 90/Die Grünen und seit Mai 2009 Vorsitzende der Synode der Evangelischen Kirche in Deutschland), die in dritter Lesung dem gemeinsamen Singhammer-Entwurf zustimmt, führt aus:

> „Ich will in einer Gesellschaft leben, in der zukünftige Mütter und Väter, die eine so schwere Diagnose bekommen, gesagt bekommen können: Ihr habt jetzt Zeit, in aller Ruhe zu entscheiden. (...) Ich kann euch als Ärztin oder Arzt medizinisch beraten, es gibt eine Beratungsstelle, bei der ihr Hilfe findet (...). Wir werden alles dafür tun, dass ihr in Ruhe entscheiden könnt. Diese Gesellschaft wird alles dafür tun, dass ihr mit einem Kind, egal wie es ist, gut leben könnt. Darauf kommt es an." (Deutscher Bundestag, 2009: 211600)

Andrea Nahles (SPD), die sich zeitnah in einem Interview dazu bekannte, in Fragen des Lebensschutzes als Katholikin abzustimmen (A. Nahles 12.10.2008) und sich programmatisch-biographisch als Frau, gläubig und links positioniert (A. Nahles 2009), formuliert in ihrem Beitrag zur abschließenden Aussprache:

> „Für welchen Schmerz soll man sich entscheiden: den Schmerz, sein Wunschkind nicht zu bekommen, oder den Schmerz, ein Kind zu bekommen, das ganz anders ist,

als man es sich gewünscht hat? Darum geht es. (...) Letztendlich entscheidet niemand anders als die Betroffenen. Aber bitte ‚allein entscheiden‘ nicht mit ‚allein lassen‘ verwechseln!" (Deutscher Bundestag 2009: 24026)

Und noch einmal Göring-Eckardt, es geht um die Drei-Tages-Frist:

> „Nur wenn diese Spanne im Gesetz verankert ist, nimmt man die Entscheidung aus der Hand anderer und gibt sie in die Hand der Frau und des Vaters" (Deutscher Bundestag 2009: 24207)

Die erste Position von Schewe-Gerigk scheint mir den Sachverhalt der Gesetzeslage klar zu umreißen. Im Fall der medizinischen Indikation geht es nicht um Selbstbestimmung der Frau, sondern um die Fremdbestimmung durch die Ärztin oder den Arzt, der nach einer Diagnose des Zustands der Frau, nicht des Kindes, auf der Grundlage seiner Diagnose eine medizinische Indikation auszustellen hat, falls Gefahr für Leib und Leben der Mutter auch in psychosozialer Hinsicht besteht. Das Problem besteht darin, dass die Frau in der medizinischen Indikation pathologisiert werden muss. Es reicht nicht, dass sie sich ein Leben mit einem behinderten Kind nicht vorstellen kann und dadurch in eine schwere seelische Krise gerät, die nicht pathologisch wäre: Der Absatz spricht davon, ‚eine Gefahr für das Leben oder die Gefahr einer schwerwiegenden Beeinträchtigung des körperlichen oder seelischen Gesundheitszustandes der Schwangeren abzuwenden, und die Gefahr nicht auf eine andere für sie zumutbare Weise abgewendet werden kann‘. Unter diesen Prämissen könnte die jetzt beschlossene Hinweispflicht des Arztes höchstens als erste Therapieform, die Gefahr auf andere zumutbare Weise abzuwenden, verstanden werden.

Diese Pathologisierung der Frau möchte aber niemand allzu eng auslegen. Unter dem Eindruck der von Habermas konstatierten sozialen Pathologien der Modernisierung sehen sich jedoch zumindest die Ärzte dem Verdacht ausgesetzt, wirtschaftlichen Zwängen und medizinisch-technischen Normen soweit Beachtung zu schenken, dass unter der Hand nicht nur die eugenische Indikation wieder eingeführt wird, sondern auch Druck auf die werdende Mutter ausgeübt wird, das Kind nicht auszutragen. Da dem Gesetzestext nicht über eine strenge Auslegung der Pathologisierung der Frau und Strafverfolgung der Ärzte Nachdruck verschafft werden soll, wird über die Hinweispflicht für Ärzte auf die Beratung der Versuch unternommen, mit Hilfe des Selbstbestimmungsrechts der Frau das Lebensrecht des behinderten Kindes zu schützen. Konsens ist, dass eine Frau nicht leichtfertig abtreibt und das Kind nicht gegen die Mutter geschützt werden kann. Dieser Konsens soll hier gegen eine als ihrem Auftrag nicht umfassend gerecht werdende Ärzteschaft eingesetzt werden.

Tentativ lässt sich so zeigen, dass in dieser Konstellation gerade Christinnen wie Nahles und Göring-Eckardt es waren, die ein religiös informiertes Potential zur Verfügung gestellt haben, das eine Ausweitung der Freigabe der Abtreibung im Sinne einer eugenischen Indikation durchgesetzt hat: die Frau entscheidet, ob sie ein behindertes Kind möchte. Auf dieser Basis stellt dann der Arzt seine Diagnose einer medizinischen Indikation aus. Dies geschieht aber im Sinne des Lebensschutzes, da die Frau eher als der Arzt den Pathologien der Modernisierung, zumindest bei guter Beratung, standhalten kann.

Dabei wird jedoch eine Sollensmoral im kantianischen Sinne der Vorstellung moralischen Handelns als voraussetzungslose und unbedingte Achtung des Gesetzes aufgegeben. Entscheidend wird das gute Leben der Frauen mit ihren Kindern und deren Vätern, das durch Hilfsangebote über die Beratung hinaus gewährleistet werden soll. ‚Nicht allein entscheiden mit allein lassen verwechseln' war die treffende Formulierung von Andrea Nahles. Autonomievorstellungen werden einerseits in einer Form ausgebaut, dass es fast den Buchstaben des Gesetzes zu widersprechen scheint. Auf der anderen Seite wird diese Autonomie nicht in kantianischen oder gar nietzscheanischen Kategorien gedacht, die alles vom autonomen Individuum erwarten, sondern eher angelehnt an eine Gefühlsethik des Schmerzes oder tugendethischer Vorstellungen des guten Lebens.

Gerade in der Gesellschaftsvision von Göring-Eckardt lässt sich das Ideal eines liebenden, stärkenden aber auch barmherzigen Gottes vermuten, der das Leben will, aber dem in Sünde verstrickten Menschen durch seine Gnade rechtfertigt und nicht nach seinen Werken verurteilt. Von der theonomen Moral des „Du sollst nicht töten", die sich so gut in kategorische Imperative übersetzen ließ, ist hier freilich wenig geblieben. Aber selbst die Freiheitskonzeption einer Befähigung zur guten Entscheidung durch eine Einhegung in eine liebende Umgebung entspricht eher christlichen Freiheitsvorstellungen als einer autonomen Moral des kategorischen Imperativs und Übermenschen. Christinnen sind so hellhörig für moralische Pathologien, wie sich Habermas das wünscht und sie sind auch kreativ genug, Sprachformen zu finden, die anschlussfähig sind an dominante Argumentationsfiguren. Sie formulieren gänzlich säkular und der christliche Hintergrund bleibt offen für hermeneutische Spekulationen. Dabei darf unterstellt werden, dass nicht strategisch-instrumentell argumentiert wird, im Sinne eines cheap talk, um unaufgedeckte Interessen durchzusetzen, sondern weil die Protagonistinnen selbst an diese Argumente glauben, die sehr wohl christlich informiert sind, aber eben auch unter dem Einfluss diverser anderer weltanschaulicher Positionen stehen. Damit wird aber auch klar, dass Glaubensgemeinschaften nicht als geschlossen-homogene Inseln moralischen Argumentierens begriffen werden können.

Es gibt keine einheitliche Sprache im christlichen Haus, um Horsters Bild noch einmal aufzugreifen, die dann ebenso einheitlich in eine Lingua Franca der Straße übersetzt werden kann. In der alten Stadt gibt es viele Argumentationslinien, die auch aus christlicher Perspektive unterschiedlich und kontrovers aufgenommen werden können. Die Impulse des Papstes und die der Mehrheit der Christen Deutschlands sind unterschiedlich und kontrovers. Gerade in der aktuellen Novellierung zeigt sich aber, dass beide ein semantisches Potential einbringen können, das sich insofern aus der gleichen Quelle speist, als dass es gegen die lebensbedrohenden Pathologien der Modernisierung Stellung bezieht.

3.3 Autonomie übersetzen

Abschließend lässt sich noch ein Blick auf die philosophische Frage nach der Übersetzungsarbeit werfen, die an der ebenso philosophischen Frage nach den freiheitlichen Grundlagen parlamentarischer Demokratie illustriert werden soll. Zunächst scheint wie oben ausgeführt fraglich, ob der Begriff der Übersetzung wörtlich zu verstehen ist oder es nicht eher darum geht, mittels religiöser Begrifflichkeiten neue Perspektiven zu eröffnen, wie Habermas das in seiner Rede von Geschöpflichkeit im Kontext der Gentechnikdebatte unternimmt. Eine starke Lesart geht davon aus, dass religiöse Semantiken dieses Potential grundsätzlich behalten. Religiöse Semantiken sind demnach immer präsent und stoßen immer wieder von neuem Denk- und Deliberationsprozesse an. Eine schwache Lesart sieht sich lediglich zurückversetzt in einen bereits überwunden geglaubten Abschnitt menschlicher Entwicklung, zu dem noch einmal zurückgekehrt werden muss, um ihn dann schließlich doch hinter sich zu lassen. Die Arbeit der Religion am Mythos wäre dann ebenso gleichzeitig fortzusetzen wie die Arbeit der Aufklärung an der Religion (M. Barbato/F. Kratochwil 2009: 335-338). Die schwache Lesart reicht aus, um am Beispiel des Abtreibungsthemas einen Übersetzungsversuch vorzuführen, der das Unbehagen religiöser Diskurse, das sich meist als lebensrechtlicher Einwand äußert, in eine freiheitsrechtliche Argumentation überträgt. Dieser Versuch folgt dabei einer eher kantianisch orientierten Sollensethik auf der Basis autonomer Subjekte und baut auf dem Übersetzungsbeitrag auf, den Habermas zur gentechnischen Frage des Klonens geliefert hat. Freiheit und Gleichheit nehmen schaden, so das Argument, wenn der Mensch vorgeburtlich Eingriffen anderer Menschen ausgesetzt ist.

Habermas zitiert für sein Beispiel der freiheitsgefährdenden Technik des Klonens aus der Lutherbibel: „Gott schuf den Menschen ihm zum Bilde, zum Bilde Gottes schuf er ihn." (J. Habermas 2001: 29-30) Ohne diesen Satz als Glaubensaussage annehmen zu wollen, geht es Habermas um die Konzeption der

Kombination aus Ebenbildlichkeit und Geschöpflichkeit. Diese Konzeption erkennt dem Menschen Freiheitsrechte auf der Ebene der Ebenbildlichkeit zu, um Gottes Liebe erwidern zu können. Im Rangunterschied von Schöpfer und Geschöpf wird diese Anerkennung dahingehend verstärkt, dass der Mensch nicht als Emanation Gottes determiniert wird, sondern im Status der Geschöpflichkeit seine eigene Sphäre erhält. Gott und Mensch werden so getrennt und in dieser Trennung aufeinander bezogen. Habermas formuliert:

> „Gott bleibt nur so lange ein ‚Gott freier Menschen', wie wir die absolute Differenz zwischen Schöpfer und Geschöpf nicht einebnen. Nur so lange bedeutet nämlich die göttliche Formgebung keine Determinierung, die der Selbstbestimmung des Menschen in den Arm fällt. Dieser Schöpfer braucht, weil er Schöpfer- und Erlösergott in einem ist, nicht wie ein Techniker nach Naturgesetzen zu operieren oder wie ein Informatiker nach Regeln des Codes. Die ins Leben rufende Stimme Gottes kommuniziert von vornherein innerhalb eines moralischen empfindlichen Universums. Deshalb kann Gott den Menschen in dem Sinne ‚bestimmen', dass er ihn zur Freiheit gleichzeitig befähigt und verpflichtet." (J. Habermas 2001: 30-31)

Damit geht Habermas wohl davon aus, dass eine religiöse Grammatik eher einer moralischen Lingua Franca den Weg ebnet als eine naturwissenschaftliche. Im Gegensatz zum technischen Weltbild instrumentell zu nutzender Naturgesetze und Codes, aus denen sich keine moralische Lingua Franca entwickeln lässt, stellt das jüdisch-christliche Weltbild eine Erzählung bereit, die sich in Kants kategorischen Imperativ übersetzen lässt. Wenn naturwissenschaftliche Diskurse dominant werden und gesellschaftliche Diskurse anstelle von religiösen Diskursen informieren, lassen sich grundsätzlich die moralischen Diskurse nicht mehr eingängig verbreiten.

Will man Habermas nicht unterstellen, postmoderne Narrative als neue methodische Variante zu erproben, stellt sich die Frage nach der Wahrheit dieser religiösen Grammatik. Soll nun, im Sinne eines schwachen Naturalismus, naturwissenschaftliches Denken vom Menschen an die Stelle des religiösen Denkens vom Geschöpf treten, weil das dem Fortschritt der Aufklärung entspricht oder ist die religiöse Rede von Geschöpf und Schöpfer etwas, das man doch glauben müsste, auch wenn das Habermas selbstredend nicht befürwortet. Habermas' Suche kann hier als eine offene Position zwischen starker und schwacher Lesart verstanden werden. Er setzt das Gedankenexperiment als offene Frage fort.

Denn wenn, so Habermas, an die Stelle des Schöpfers ein eigentlich gleichrangiger anderer Mensch tritt, der „nach eigenen Präferenzen in die Zufallskombination von elterlichen Chromosomensätzen eingreifen würde, ohne dafür einen Konsens mit dem betroffenen Anderen wenigstens kontrafaktisch unterstellen zu dürfen", stellt sich die Frage, ob „nicht der erste Mensch, der einen anderen

Menschen *nach eigenem Belieben* in seinem natürlichen Sosein festlegt, auch jene gleichen Freiheiten zerstören [müsste/ M.B.], die unter Ebenbürtigen bestehen, um deren Verschiedenheit zu sichern" (J. Habermas 2001: 31). Der Kern der Überlegung scheint darin zu bestehen, dass zur Aufrechterhaltung des Postulats gleicher Freiheit, das alle Menschen einschließt und das deren Ebenbürtigkeit trotz ihrer Verschiedenheit und zur Gewährleistung ihrer Verschiedenheit sichert, die Genese des Menschen nicht in die Entscheidungsgewalt des Menschen gelegt werden darf.

Sobald ein Mensch zum Schöpfer des anderen wird, übernimmt er eine göttliche Position, die sich durchaus in sorgender Liebe äußern kann, jedoch der Autonomie jedes Einzelnen widerspricht, wenn nicht einmal kontrafaktisch seine Zustimmung sicher ist. In diesem Sinne kann der Schöpfer- und Erlösergott gut vom deistischen Gott der Aufklärer oder gleich von einer transzendenten Vernunft abgelöst werden. Sein Platz darf nur nicht vom Menschen eingenommen werden.

Bevor ich jetzt ansetze, diese Überlegung auf die Frage der Abtreibung zu übertragen, gilt es festzuhalten, dass es Habermas bei der Frage gleicher Freiheit um die Festlegung auf ein „Sosein" geht, was von der Frage der Entscheidung über die Existenzberechtigung zu trennen wäre. Eine Entscheidung über das Sosein eines Klons oder eine Abhängigkeit der Entscheidung zu einer Abtreibung aufgrund des Sosein eines behinderten Kindes wäre demnach freiheitsgefährdend, eine generelle Verweigerung des vorgeburtlichen Existenzrechts jedoch nicht unbedingt, was ich bestreiten möchte.

Habermas kommt es in seinem Diskurs auf die vorgeburtliche Determinierung an. In der Figur der Gottesebenbildlichkeit und der Geschöpflichkeit erkennt er eine Denkfigur, die sich in der Gestaltung des Ins-Leben-Tretens auf die spätere Konzeption von Person und deren Freiheitsrechte auswirkt. Wenn es aber an dieser Determinierung vorgeburtlicher Gestaltung hängt, ob Freiheit unter Menschen möglich ist, dann geht die Frage eines Schwangerschaftsabbruchs in eine ähnliche Richtung. Auch hier, insbesondere bei der Spätabtreibung behinderter Föten, wird entschieden, ob ein „Sosein" den gesellschaftlich und subjektiv gegebenen Kriterien zumindest soweit entspricht, dass ein Existenzrecht gegeben ist. Ob nun ein Klon existiert oder jeder Mensch zuerst die pränatale Diagnostik durchlaufen muss, bevor er geboren wird, scheint der selben Logik zu folgen, was philosophisch nicht übersehen werden sollte und rechtlich nicht unbeachtet bleiben kann..

Die gängige Argumentation zur Rechtfertigung der Abtreibung auf historische Vorbilder zu verweisen, scheint diesen Zusammenhang zu bekräftigen. Gesellschaften, die keinen Wert auf gleiche Freiheitsrechte gelegt haben, gaben dem pater familias die Entscheidung über die Annahme des Kindes. Eine ähnliche

Struktur hat die Entscheidung über eine Abtreibung. Das individuelle Lebensrecht wird an die Entscheidung des Familienverbandes, nicht unbedingt allein
der Frau, zurückgebunden.

Falls Habermas Recht hat, dass vorgeburtliche Einflussnahme auf das Sosein
des Menschen freiheitsgefährdende Auswirkungen hat, dann ist diese Freiheits-
gefährdung bereits mit der Regelung des Schwangerschaftsabbruchs gegeben.
Denn die mögliche Existenz eines Klons kann nicht als problematischer eingeschätzt werden als die Nicht-Existenz eines behinderten Menschen. Wenn die
vorgeburtliche Einflussnahme eines anderen Menschen eine Gefahr für gleiche
Freiheitsrechte darstellt, dann fällt die Bürgerschaft schon heute auseinander in
solche, die einen menschlich bestimmten Selektionsprozess durchlaufen haben
und solche, die frei geboren wurden. Zu Ende gedacht lässt sich aber dann auch
eine Abstufung zwischen einer Entscheidung über Sosein und einer über schlich-
tes Sein nicht stichhaltig begründen. Falls vorgeburtliche Entscheidungen nach-
geburtliche Freiheitssubjekte verunmöglichen, dann trifft dies auf Abtreibungen
generell zu. Ein rechtlich zulässiger Eingriff in die vorgeburtliche Existenz hat
ähnliche Auswirkungen wie das Klonen von zukünftigen Mitbürgern, die genauso wie der Embryo oder Fötus während der Phase des Klonens nicht als autonome Subjekte gedacht werden können, sondern ebenfalls von einer zukünftigen
Zuschreibung herdefiniert werden müssen.

4   Offene Suche nach der postsäkularen Lingua Franca

Deus vult! Gott will es! Dieses seit den Kreuzzügen notorische Argumentations-
ende illustriert vielleicht ganz gut, was die von Maeve Cooke angezeigte autoritäre Form der Argumentation in ihrer religiösen Reinform ausmacht. Gegen
diesen voluntaristischen Gottesbegriff läuft der katholische Platoniker Joseph
Ratzinger nicht erst seit seiner Regensburger Rede als Papst Benedikt Sturm. Der
Logos des Johannesprologs, der in der deutschen Übersetzung als Wort Fleisch
wird, konnotiert bei Ratzinger die alternative Übersetzungsmöglichkeit der
fleischgewordenen Vernunft. Die Selbstoffenbarung Gottes ist damit eine vernünftig kommunizierbare. Sie muss sich nicht auf einen Volutarismus zurück-
ziehen, sondern kann Gründe angeben. Was schon für die religiöse Dogmatik
angenommen wird, gilt umso mehr für ethischen oder gar politischen Fragestellungen.

Das Angeben von Gründen ist sicher eine Minimalbedingung, die wie oben gesehen, säkulare wie religiöse Diskurse für sich in Anspruch nehmen, um als nicht-
autoritäre Argumentationsformen zu gelten. Säkulare wie religiöse Argumente
überzeugen aber nicht immer alle. Deswegen bleibt die Suche nach einer Lingua

Franca ein offenes Unternehmen. Dennoch müssen politisch gemeinte Argumentationen im öffentlichen Raum zu bindenden Entscheidungen geführt werden. Das im demokratischen Staat dafür übliche Verfahren ist die Mehrheitsabstimmung, die nicht nur der parlamentarischen Gesetzgebung, sondern auch höchstrichterlichen Urteilen zugrunde liegt und damit die ganze institutionelle Sphäre der Politik bestimmt. Ob man nun glaubt, dass die Mehrheitsabstimmung einen bestimmten Stand der Vernunft nach ausgiebiger Debatte widerspiegelt oder schlicht nach angelsächsischer Vorstellung das unblutigere Verfahren darstellt, muss nicht entschieden werden. Entscheidend für eine nicht-autoritäre Konzeption ist nach der Angabe von Gründen jedoch die Möglichkeit der Revision.

William Connolly spricht von „politics of becoming", die marginalsierten Diskursen, eine Möglichkeit gibt, ihre Position im Wandel der Zeit neu einbringen zu können. Die grundsätzliche Offenheit für neue Einschlussmöglichkeiten eines „deep pluralismen" liegt ihm dabei bei einem gleichzeitigen Wissen um die Notwendigkeit temporären Ausschlusses zu Grunde. Für Connolly verbaut der Säkularismus diese Fähigkeit zur Innovation, weswegen er schon vor Habermas für eine postsäkulare Herangehensweise plädiert (W. Connolly 1999: 55, vgl. 1-71). Die Bedeutung der Religion für ein solches nicht-autoritäres Gemeinwesen, das Gründe angibt und neue Gründe zulässt, arbeiten Carsten Bagge Laustsen und Ole Wæver in ihrer Unterscheidung von Religion und Ideologie heraus. Während Religion für die offene Reinterpretation der Füllungen des Seins steht und nur dieses sinnvolle Sein als solches konstituiert, stehen politische Religionen als Ideologien für den Versuch, diese Bedeutungszuschreibung an das Sein als geschlossene Identität zu fixieren:

> „Religion constitutes being, constitutes the naked subject who essentially is as a being in front of a transcendental realm. In contrast, ideology constitutes identity. It dresses the subject in national socialist clothes, Serbian clothes, etc. These identities are presented as a matter of being, as existential. The subject of religion and the subject of ideology are different. The case is however that ideology aims at fooling us on that point. Ideologies create an illusion of a fullness of being while religion stresses that there is always a higher being barring the subject" (C. Bagge Laustsen /O. Wæver 2000: 728).

Politische Sprache bleibt an das bürgerschaftliche Aushandeln gebunden, das selbst Grundtopoi der Argumentation fortlaufend ändert. Religiös informierte Topoi können im komplexen Vokabular einer heterogenen und instabilen Lingua Franca der postsäkularen Gesellschaft jedoch neue Formulierungs- und Verständigungschancen erzielen. Jenseits substantieller Beiträge erlauben sie von ihrer grundsätzlichen Struktur her, eine kritische Öffnung gegenüber festgefahrenen

Diskursen, wenngleich auch klar ist, dass sich auch Religionen in Ideologien im obigen Sinn verwandeln können.

Trotz der sichtbar gewordenen Ambivalenzen und Inkonsequenzen ist mit der Rede von der postsäkularen Gesellschaft Jürgen Habermas eine wegweisende Begriffsprägung gelungen, die geeignet ist die Debatte um gemeinsame Handlungsfähigkeit in sich ausdifferenzierenden Gesellschaften voranzubringen.

Literatur

Bagge Laustsen, Carsten/ Wæver, Ole (2000): In Defence of Religion. Sacred Referent Objects for Securitization. In: Millennium 29, 3: 705–739.

Barbato, Mariano (2005): Regieren durch Argumentieren. Macht und Legitimität politischer Sprache im Prozess der europäischen Integration (Regieren in Europa, 11). Baden-Baden: Nomos.

Barbato, Mariano/ Kratochwil, Friedrich V. (2009): Towards a post-secular political order? In: European Political Science Review, 1, 3: 317-340.

Beckmann, Pia (2004): Schwangerschaftsabbruch als sprachliches Problem. Eine linguistische Textanalyse ausgewählter Gesetzentwürfe zur Reform des § 218 StGB. Würzburg: Diss. masch. (Online verfügbar unter http://opus.bibliothek.uni-wuerzburg.de/opus/volltexte/2004/998/index.html / http://deposit.ddb.de/cgi-bin/dokserv?idn=973 397055 / http://nbn-resolving.de/urn/resolver.pl?urn=urn:nbn:de:bvb:20-opus -9989).

Benedikt, X.V.I./ Glucksmann, André et al. (2008): Gott, rette die Vernunft! Die Regensburger Rede des Papstes in der philosophischen Diskussion. Augsburg: Sankt-Ulrich-Verl.

Berger, Peter L. (1999): The desecularization of the world. A global overview. In: Berger, Peter L. (Hrsg.): The desecularization of the world. Resurgent religion and world politics. Washington, D.C.: Ethics and Public Policy Center: 1-18.

Casanova, José (1994): Public Religions in the Modern World. Chicago: The University of Chicago Press.

Cooke, Maeve (2007): Säkulare Übersetzung oder postsäkulare Argumentation? Habermas über Religion in der demokratischen Öffentlichkeit. In: Langthaler, Rudolf/ Nagl-Docekal, Herta (Hrsg.): Glauben und Wissen. Ein Symposium mit Jürgen Habermas. Wien/ Berlin: Oldenbourg; Akademie Verlag: 341-365.

Derrida, Jacques (2003): Glaube und Wissen. Die beiden Quellen der ‚Religion' an den Grenzen der bloßen Vernunft. In: Derrida, Jacques/Vattimo, Gianni (Hrsg.): Die Religion. Frankfurt am Main: Suhrkamp: 9-106.

Deutscher Bundestag (2008): Plenarprotokoll 16/196. Stenographischer Bericht. 196. Sitzung. Berlin, Donnerstag, den 18. Dezember 2008. (Online verfügbar unter http://dipbt.bundestag.de/dip21/btp/16/16196.pdf).

Deutscher Bundestag (2009): Plenarprotokoll, 16/221. Stenographischer Bericht. 221. Sitzung. Berlin, Mittwoch, den 13. Mai 2009. (Online verfügbar unter http://dip21. bundestag.de/dip21/btp/16/16221.pdf).

Flores d'Arcais, Paolo (2007): Elf Thesen zu Habermas. In: Die Zeit vom 22.11.2007.

Habermas, Jürgen (2001): Glauben und Wissen. Friedenspreis des Deutschen Buchhandels 2001. Frankfurt am Main: Suhrkamp.

Habermas, Jürgen (2005): Vorpolitische Grundlagen des demokratischen Rechtsstaates? In: Habermas, Jürgen/Ratzinger, Joseph (Hrsg.): Dialektik der Säkularisierung. Über Vernunft und Religion. Freiburg im Breisgau: Herder: 15-37.

Habermas, Jürgen (2009a): Kritik der Vernunft. (Philosophische Texte: Studienausgabe in fünf Bänden/Jürgen Habermas, Bd.5). Frankfurt am Main: Suhrkamp.

Habermas, Jürgen (2009b): Politische Theorie. (Philosophische Text: Studienausgabe in fünf Bänden/Jürgen Habermas, Bd.4). Frankfurt am Main: Suhrkamp.

Habermas, Jürgen/Ratzinger, Joseph (Hrsg.) (2005): Dialektik der Säkularisierung. Über Vernunft und Religion. Freiburg im Breisgau: Herder.

Horster, Detlef (2006): Jürgen Habermas und der Papst. Glauben und Vernunft, Gerechtigkeit und Nächstenliebe im säkularen Staat. Bielefeld: Transcript.

Joas, Hans (2004): Braucht der Mensch Religion? Über Erfahrungen der Selbsttranszendenz. Freiburg im Breisgau: Herder.

Liedhegener, Antonius (2006): Macht, Moral und Mehrheiten. Der politische Katholizismus in der Bundesrepublik Deutschland und den USA. Baden-Baden: Nomos.

Nahles, Andrea (2008): Ich simse besser als die Kanzlerin. Interview mit Andrea Nahles. In: Frankfurter Allgemeine Sonntagszeitung vom 12. Oktober 2008.

Nahles, Andrea (2009): Frau, gläubig, links. Was mir wichtig ist. München: Pattloch.

Putnam, Robert D. (2000): Bowling alone. The collapse and revival of American community. New York: Simon & Schuster.

Spieker, Manfred (2008): Kirche und Abtreibung in Deutschland. Ursachen und Verlauf eines Konfliktes. 2., erw. Aufl. Paderborn: Schöningh.

Süssmuth, Rita (2002): Wer nicht kämpft, hat schon verloren. Mein Erfahrungen in der Politik. München: Ullstein.

II. Religion und Sozialkapital

Säkularisierung, religiöses Sozialkapital und Politik – Religiöses Sozialkapital als Faktor der Zivilgesellschaft und als kommunale Basis subjektiver Religiosität?

Gert Pickel & Anja Gladkich

1 Einleitung – Sozialkapital und Religion

Spätestens seit dem Werk „Making Democracy Work" (1993) von Robert Putnam hat sich eine rege Diskussion um die Wirkungen von sogenanntem *Sozialkapital* (unter welchem Putnam Freiwilligennetzwerke und zwischenmenschliches bzw. soziales Vertrauen versteht) auf die Funktionstüchtigkeit von Demokratien ausgebreitet.[1] Die Kernthese ist, dass die freiwillige Organisation von Bürgern in Vereinen und sozialen Netzwerken dazu beiträgt (generalisiertes) Vertrauen zwischen Menschen aufzubauen. Dieses soziale Vertrauen ist wiederum über die Zeit hinweg förderlich für die Ausbildung von Vertrauen in Politik und in demokratische Institutionen. Damit trägt das Sozialkapital nicht nur maßgeblich zur Schaffung gesellschaftlicher Integration und zur (leichteren) gesellschaftlichen Umsetzung politischer Ziele bei, sondern stellt auch eine zentrale Grundlage für die Entwicklung von *Zivilgesellschaften* dar. Entsprechend ist die Ausbildung von Sozialkapital, sei es auf der Ebene der Netzwerke oder des sozialen Vertrauens, eine wichtige Ressource erfolgreicher Demokratisierung.[2]

2000 vertiefte Putnam die Analyse dieses Konzeptes am Beispiel der Entwicklung in den USA unter dem provokanten Titel „Bowling Alone" (2000). An dieser Stelle kam er zu einer pessimistischen Einschätzung der Entwicklung des Sozialkapitals in modernen (westlichen) Gesellschaften mit hohem Pluralisierungs-, Individualisierungs- und Medialisierungsgrad. Einerseits führt die in modernen Gesellschaften voranschreitende *Individualisierung* zu einem verstärkten Rückzug von Bürgern aus dem öffentlichen Leben und aus den angesproche-

---

[1] Auch an anderer Stelle wurde die Bedeutung von Sozialkapital für die Gesellschaft debattiert. Zu nennen sind die Überlegungen von James Coleman (1990) und Pierre Bourdieu (1982). Sie finden allerdings aufgrund der Begrenzung dieses Beitrages keine weitere Berücksichtigung.

[2] So werden die sozialen Netzwerke gelegentlich auch als „Schulen der Demokratie" bezeichnet.

nen Netzwerken – hierfür sind nicht unwesentlich die Medien mit verantwortlich – andererseits sorgt die zunehmende *Pluralisierung* der Gesellschaft für eine „Zersiedelung" sozialer Strukturen, die die Menschen vermehrt auf sich selbst verweist. Diese Konsequenz ist einer Erosion sozialer Netzwerke und verbunden damit auch der Möglichkeiten, soziales Vertrauen aufzubauen.

In jüngerer Zeit rückt mit etwas Verspätung auch das *Verhältnis zwischen Religion und sozialem Kapital* (C. Smidt 2003; S. Roßteutscher 2009; R. Traunmüller 2009; Traunmüller/Stadelmann 2010) ins Blickfeld der Sozialwissenschaften. Die ist plausibel, da auch kirchliche Netzwerke und die Bindungen an religiöse Gemeinschaften soziales Vertrauen fördern und damit Sozialkapital für die Gesellschaft ausbilden. Nicht umsonst wurde Religion bereits in den Anfängen der Soziologie (und damit auch der Religionssoziologie) häufig vor dem Hintergrund ihrer *Integrationskraft* für die Gesellschaft diskutiert (E. Durkheim 2005 [Orig. 1922]; T. Parsons 1937; R. Bellah 1967). Auch die potentielle Bedeutung der Religion für den Zusammenhalt einer politischen Gemeinschaft ist seit den Überlegungen von de Tocqueville (1976 [Orig. 1840]) in der politikwissenschaftlichen Diskussion verankert. Somit ist Putnams Sicht auf die Religion mit ihrer Vergemeinschaftungswirkung als einem wesentlichen Ausgangspunkt des „sozialen Kitts" der Gesellschaft weder neu noch ohne Anschluss zur traditionellen gesellschaftswissenschaftlichen Theoriebildung (R. Putnam 2000: 65-79; auch N. Lin 2008).

Bemerkenswert ist eher, dass die explizite Betonung des *religiösen Sozialkapitals* – wenn man es so benennen will – in der aktuellen Debatte erst relativ spät und dann auch oft sporadisch erfolgt ist.[3] Es scheint fast so, als wenn die seit Beginn des zwanzigsten Jahrhunderts vorherrschenden Debatten über die *Säkularisierungsprozesse* in modernen Gesellschaften dafür gesorgt haben, dass in der seit den 1990er Jahren aufkommenden Betrachtung des Sozialkapitals, Religion und religiöse Netzwerke außerhalb der USA eher eine randständige Position einnahmen. So wurde in der europäischen Religionssoziologie dieses Zeitraums der Rückgang der Bindung der Bürger an die (christlichen) Religionen für die westliche Welt quasi als gegeben angesehen (P. Berger 1967; B. Wilson 1982). Eine Folgerung aus dieser Annahme war allem Anschein nach, dass sich eine Beschäftigung mit Religion nicht mehr lohnt und Einflüsse derselben auf andere Bereiche der Gesellschaft (insbesondere die Politik) über kurz oder lang verschwinden werden. Anders gesagt – der *soziale Bedeutungsverlust von Religion* mit seinen Prozessen der funktionalen Differenzierung, Privatisierung und Enttraditionalisierung erübrigt die Frage nach Rückwirkungen religiöser Vergemeinschaftung auf die gesellschaftliche Integration.

---

[3] An anderer Stelle wird gelegentlich von glaubensbasiertem Sozialkapital („faith-based social capital") gesprochen (siehe auch Traunmüller in diesem Band).

Erst die (seit dem 11.9.2001 vermehrt) aufflackernden Hinweise auf eine *Rückkehr* der Religionen (M. Riesebrodt 2001), der Götter (F.W. Graf 2004), des Religiösen (P. Zulehner 2002) oder des Spirituellen haben auf die immer noch bestehende Relevanz von Religion auch für moderne Gesellschaften aufmerksam gemacht. Selbst wenn die empirische Basis dieser Aussagen diskutabel ist, wurde doch erkannt, dass *Säkularisierung* (als Prozess) *nicht* mit *Säkularität* (als Zustand) gleichzusetzen ist und es sich lohnen könnte, religiöse Vergemeinschaftungs- und Vergesellschaftungsprozesse wieder stärker in den Blick zu nehmen. Ähnliches gilt für das Verhältnis zwischen Kirche und Staat sowie dessen Auswirkungen auf die sozialen und sozialgruppenbezogenen Ausprägungen des Religiösen.

Gerade diese gegensätzliche religionssoziologische Gegenwartsdeutung stellt aus unserer Sicht einen guten Ausgangspunkt dar, sich *empirisch* mit dem Verhältnis zwischen Sozialkapital und Religiosität auseinanderzusetzen, belebt es doch einerseits die – lange Zeit oft etwas einseitig auf die rein institutionellen Beziehungen konzentrierte – Diskussion des Verhältnisses zwischen Religion und Politik um eine politisch-kulturelle Komponente und bereichert es andererseits die mittlerweile manchmal sehr stark auf die individualisierte Religiosität bezogenen Religionssoziologie (wieder) um die Facette religiöser Kollektividentitäten und Sozialgruppenprozesse.

Dabei sind es verschiedene Fragen, die es bei solch einem Unterfangen zu beantworten gilt. Zuerst ist – nach einer Einführung des Begriffes – zu fragen, ob *religiöses Sozialkapital* in modernen Gesellschaften wirklich eine (empirisch messbare) Bedeutung für die Ausgestaltung der Zivilgesellschaft besitzt (1). Diese Wirkung kann *sozial* im Sinne der Integration der Gesellschaftsmitglieder sein[4] oder aber *politisch* als „Schule der Demokratie", wie es Putnam formuliert. Daraus folgend ist zu ergründen *welche Wirkung* religiöses Sozialkapital auf die Zivilgesellschaft besitzt (2). Es kann zwischen den sozialen Gruppen vermitteln – also Brücken bilden (*bridging*) – oder aber soziale Gruppen in sich verfestigen und integrieren (*bonding*) – aber dadurch auch von anderen sozialen Gruppen systematisch abgrenzen. Aus religionssoziologischer Sicht ist es zudem interessant herauszufinden, welche Bedeutung die derzeit beobachtbaren Entwicklungen auf dem Feld des Religiösen für das Sozialkapital in den europäischen Zivilgesellschaften besitzen (3). Führen (weitere) Säkularisierungswellen zu Abbrüchen auch in den Zivilgesellschaften oder sind sie in dieser Hinsicht bedeutungslos, weil säkulare Netzwerke an die Stelle der religiösen Netzwerke treten? Oder bleiben die religiösen Netzwerke von den sonst beobachtbaren Prozessen der Deinstitutionalisierung des Religiösen verschont? Oder ist es nicht sogar so, dass

---

[4] Und damit an die klassischen Debatten der Soziologie hinsichtlich des Zusammenhaltes einer sozialen Ordnung in sich individualisierenden Gesellschaften anschließen.

die religiösen Freiwilligennetzwerke von einem Rückzug der großen Religionen profitieren und sich erst dadurch richtig entfalten können? Und hat dies überhaupt eine Bedeutung für die Religiosität der Individuen? Schlussendlich stellt sich noch die Frage (4), welche Rückwirkungen die Sozialkapitaldebatte für die Religionssoziologie, aber auch die Entwicklung von institutionalisierter Religion besitzt. Können nicht vielleicht die unter dem Säkularisierungsdruck stehenden Kirchen sogar von einer Veränderung ihrer Netzwerke profitieren oder unterliegen auch diese einem unabwendbaren Erosionsprozess? Oder kommt es gar zu Prozessen der Selbstsäkularisierung einst religiöser Netzwerke?

Da es sich beim Sozialkapital um einen Ansatz handelt, der über seinen Vergemeinschaftungscharakter sowohl auf der Mikro- als auch auf der Makroebene angesiedelt ist, bieten sich sowohl komparative, ländervergleichende Betrachtungen als auch Analysen auf der Ebene der Individuen an. Entsprechend werden die aufgeworfenen Fragestellungen anhand geeigneten Datenmaterials (World Values Surveys) sowohl auf der vergleichenden Makroebene wie auch auf der Mikroebene zu beantworten versucht. Der Untersuchungsraum für die vorliegende Analyse wird auf Europa beschränkt, da sonst die Gefahr selektiver Verzerrungen aufgrund einer unsystematischen Länderauswahl besteht.[5]

2   Beziehungsmuster zwischen Religion und Sozialkapital

Bevor man sich einer empirischen Überprüfung der Existenz religiösen Sozialkapitals annimmt, ist es sinnvoll dieses innerhalb des Sozialkapitalansatzes zu verorten. Ausgangspunkt aller entsprechenden Überlegungen ist eine von Putnam (2000), auf Basis von Erkenntnissen über die amerikanische Gesellschaft, aufgestellte Annahme, die besagt, dass gerade religiösen Netzwerken eine bedeutende Rolle in der Ausgestaltung der Zivilgesellschaft eines Landes zukommt. Religiöses Sozialkapital dient neben dem „säkularen" Sozialkapital als eine zentrale Triebkraft gesellschaftlichen Zusammenhalts. Es trägt zum Aufbau zwischenmenschlichen Vertrauens bei und erfüllt eine Funktion, die bereits Emile Durkheim (2005 [Orig. 1922]) der Religion zuweist, die der *Integration* der

---

[5] Dieses Problem resultiert aus der nur selektiven Verfügbarkeit über entsprechende Informationen hinsichtlich der Verteilung des Sozialkapitals im Weltvergleich. Entsprechende Makroanalysen kranken dann häufig an einem Übergewicht an europäischen Staaten oder eine selektiven Verzerrung aufgrund der Ergebnisse der nordamerikanischen Staaten (siehe Iannaccone 1991). Entsprechend ist eine Interpretation innerhalb eines kulturell homogenen Gebietes („Most similar system Design") weniger anfällig für den „selection bias" und zudem aufgrund der kulturellen Erfahrungen der Autoren auch einfacher (siehe Lauth/Pickel/Pickel 2009).

Mitglieder einer sich immer weiter individualisierenden Gesellschaft.[6] Damit ist eine Aussage über die *Wirkungsrichtung* von Religion getroffen: Religion stellt institutionell wie auch kulturell einen zentralen Förderer sozialen Kapitals dar und religiöses Sozialkapital wirkt als Integrationsfaktor der Gesellschaft – und sichert so dessen soziale Ordnung. Damit nimmt Religion gleichzeitig eine wichtige Position in der politischen Kultur einer Gesellschaft ein, geht doch Putnam davon aus, dass religiöses Sozialkapital als Förderer politischen Vertrauens wie auch der politischen Unterstützung der Demokratie wirkt.

Dabei unterscheidet Putnam zwei Formen von Sozialkapital: Er unterscheidet zwischen „*bonding*" (Gruppenintern integrierenden) und „*bridging*" (zwischen Gesellschaftsgruppen Brücken ausbildenden) Sozialkapital. Aus seiner Sicht sind beide Formen des Sozialkapitals für die Integration der demokratischen Gesellschaft förderlich, schaffen sie doch die Grundlage für die Ausbildung sozialen Vertrauens. Neuere Diskussionen (zusammenfassend B. Westle/O.W. Gabriel 2008) sehen dies kritischer. Eine gesellschaftliche Integrationsleistung erbringt aus ihrer Sicht eigentlich nur das *bridging*-Sozialkapital, während das gruppenintern wirkende „bonding"-Sozialkapital eher gesamtgesellschaftliches Konfliktpotential beherbergt. Und auch Putnam selbst relativiert seine Überlegungen 2007, wenn er auch von seiner Grundüberzeugung, dass Sozialkapital grundsätzlich förderlich für die Zivilgesellschaft ist, nicht ablässt (R. Putnam 2007).

Was bedeutet diese Unterscheidung für die Betrachtung religiöser Organisationen und Gruppierungen? Roßteutscher (2009) verweist darauf, dass brückenbildendes Sozialkapital bei den größeren religiösen Gruppierungen durch ihre sozialstrukturelle Offenheit sowie ihre Breite und Themenvielfalt eher gegeben ist als bei neuen religiösen Bewegungen, kleinen religiösen Gemeinschaften und ‚Sekten'. Die zuletzt genannten religiösen Gruppen greifen üblicherweise auf einen recht homogenen Kreis an Mitgliedern zurück, die sich im Rahmen von Prozessen der Identitätssicherung gegenüber anderen Gruppen – und gelegentlich auch gegenüber der Gesellschaft – abgrenzen.[7] Diese Abgrenzung lässt diese Gruppen oft gerade für religiös aktive Personen attraktiv erscheinen, besitzt aber aus der Perspektive der Überlegungen der Sozialkapitaltheorie den Nachteil, dass andere potentielle Gruppenmitglieder ausgeschlossen bleiben und somit der Zuwachs der Gruppe begrenzt bleibt.[8] *Bridging* Sozialkapital entsteht auf diesem

---

[6] In faktisch die gleiche Richtung geht das Denken Robert Bellahs (1967) in seinem Konzept der Zivilreligion.

[7] Zur Definition von Sekten und deren Unterscheidung von Kirchen und anderen religiösen Organisationsformen siehe Robertson (1972).

[8] Hier handelt es sich um ein Argumentationsmodell des Marktmodells des Religiösen, das insbesondere von Laurence Iannaccone (1994) getragen wird. Er sieht gerade bei stark ausgrenzenden – und eigentlich hohe soziale Kosten produzierenden – religiösen Gruppierungen die größten Steigerungspotentiale, die sich dann auch maßgeblich in einer Steigerung religiöser Vitalität in (modernen)

Wege nicht, ein Ersatz für die Integrationskraft der großen Religionsorganisationen damit ebenfalls nicht.[9]

Die empirische Erfassung des Sozialkapitals zerfällt in zwei wesentliche Komponenten: Bei der einen handelt es sich um die *sozialen Netzwerke*, bei der anderen um das *soziale Vertrauen*, welches eigentlich eine Konsequenz der in den Netzwerken stattfindenden Kontakte darstellt. Als problematisch wird deren bisherige empirische Erfassung angesehen (B. Westle/O.W. Gabriel 2008). So wird die Verlässlichkeit der bislang eingesetzten empirischen Indikatoren (Sammelbetrachtung sozialer Netzwerke) sowie die Erfassung des sozialen Vertrauens über eine Frage nach dem „Vertrauen in die Mitmenschen" als verbesserungswürdig erachtet. Nichtsdestotrotz stehen derzeit für Zwecke der Sekundäranalyse keine besseren Indikatoren zur Verfügung.

Für die empirische Analyse lässt sich ableiten, dass man sowohl Beziehungen zwischen dem strukturellen religiösen Sozialkapital (Netzwerke) und dem kulturellen religiösen Sozialkapital (soziales Vertrauen) als auch zwischen allen Indikatoren des religiösen Sozialkapitals und dem politischen Vertrauen auffinden müsste.

Träfen Putnams Überlegungen zu, dann müsste (a) ein Rückgang religiöser und kirchlicher Netzwerke – also ein Verlust an religiösem Sozialkapital – stattfinden und (b) dieser dann auch negative Folgen für die Zivilgesellschaft besitzen. Unterstellt man zudem, wie es die Anhänger der *Säkularisierungstheorie*[10] (S. Bruce 2002a; D. Pollack/G. Pickel 2003) tun, einen engen Zusammenhang zwischen Kirchlichkeit, religiöser Vergemeinschaftung und subjektiver Religiosität, dann sollten sich auch Wechselwirkungen zwischen subjektiver Religiosität

---

Gesellschaften niederschlagen. Der entscheidende Grund für diese Entwicklung ist, dass unliebsame Trittbrettfahrer vermieden werden können, die speziell bei Großkirchen ohne eigene Investitionen nahezu den gleichen Nutzen (z.B. Verheißung des Seelenheils) erreichen wie Personen, die höhere Investitionen (z.B. häufiger Gottesdienstbesuch, aktive Mitarbeit im Gemeindeleben) erbringen. Es entsteht also eine höheren Nutzen gewährende Exklusivität des religiösen Angebotes.

[9] Die Großkirchen sind zwar weniger vital als jüngere und kleinere religiöse Bewegungen, leisten aber in der Summe einen größeren Beitrag zum gesellschaftlichen Sozialkapital. Sigrid Roßteutscher (2009) führt dies auf organisationssoziologische Überlegungen zurück und kann in ihrer international ausgerichteten Studie keine stichhaltigen Belege für die Gültigkeit des religiösen Marktmodells feststellen. Aus ihrer Sicht ist die Bedeutsamkeit der großen Kirchenorganisationen für die Zivilgesellschaft kaum zu unterschätzen.

[10] Die Annahmen der Säkularisierungstheorie können an dieser Stelle nicht ausführlich dargestellt werden ohne den Rahmen des Beitrags zu sprengen. Zentral ist die Annahme eines *sozialen Bedeutungsverlustes von Religion in der Moderne*, der sich aus einem Spannungsverhältnis zwischen Modernisierung und Religion ableitet. Dabei handelt es sich um komplexe und langfristige Entwicklungen, die in der Regel über einen Bruch der Traditionsweitergabe im Rahmen der Sozialisation greifen. In jüngeren politikwissenschaftlichen Debatten wird bei Verwendung des Säkularisierungsbegriffs häufig auf die eher kritische Position Jose Casanovas (1994) zurückgegriffen, was nicht selten ein sehr eingeschränktes Verständnis der Säkularisierungstheorie bedingt.

und politischem Vertrauen ergeben, welche über das soziale Vertrauen übertragen bzw. vermittelt werden.[11] Folgt man der Kernaussage der Säkularisierungstheorie des sozialen Bedeutungsverlustes von Religion dann sollte bei Gültigkeit dieser Beziehungen politisches Vertrauen ebenso wie die subjektive Religiosität – zumindest im Europäischen Rahmen – rückläufig sein.

Die säkularisierungstheoretischen Annahmen der Entwicklung individueller Religiosität sind allerdings in der Religionssoziologie nicht unumstritten. Anders als die Tradition der Säkularisierungstheorie (P. Berger 1967; B. Wilson 1982, S. Bruce 2002a; D. Pollack 2003, 2009) annimmt, besteht aus Sicht einer anderen Position die Möglichkeit, dass sich die Bürger zwar vom offiziellen Modell der Kirche abwenden, aber subjektiv – d.h. gesellschaftlich quasi unsichtbar – religiös bleiben. Diese Überlegungen werden dezidiert in der *Individualisierungstheorie* des Religiösen (T. Luckmann 1991; G. Davie 2000, 2002a; zur Kontroverse G. Pickel 2010; D. Pollack 2009; D. Pollack/G. Pickel 2003, 2007) formuliert.[12]

Vor diesem Hintergrund ist es nicht überraschend, dass eine (kurzzeitige) religionssoziologische Debatte über die *„decline-of-association thesis"* (S. Bruce 2002b; G. Davie 2002b) ihr Zentrum vor allem in den Beziehungen zwischen der Zugehörigkeit zu religiösen sozialen Netzwerken und subjektiver Religiosität hatte. Hauptsächlicher Streitpunkt war die Betroffenheit der subjektiven Religiosität von den bei der Sozialform des Religiösen nachzeichenbaren Abbruchstendenzen. Für die „decline of association" kommt Bruce (2002b: 323-326) zu dem Schluss, dass auch die religiösen sozialen Netzwerke dieser Erosion unterliegen, selbst wenn dies – im Gegensatz zu den Annahmen und Ergebnissen Putnams – nicht unbedingt eine Konsequenz eines generellen Rückgangs gemeinschaftlicher Partizipation und Organisation ist, sondern eine Folge der Säkularisierung. Und wenn die kommunale Basis von Religion in Form von Mitgliedschaft und Teilhabe erodiert, dann werden auch individuelle Formen religiöser Vitalität und sogar die subjektive Religiosität davon betroffen sein. Auf der Gesellschaftsebene führen die Prozesse funktionaler Differenzierung dann zu einer Verschiebung von religiösen zu säkularen Netzwerken.[13]

---

[11] Entsprechende Bezüge zwischen Elementen der politischen Kultur und der Religion finden sich bereits in den Überlegungen von Robert Bellah (1967) angesprochen, der diese zu einem Konzept der Zivilreligion weiterentwickelt.

[12] Voraussetzung der Individualisierungsthese des Religiösen ist die Annahme von Religiosität als anthropologischer Konstante im menschlichen Leben.

[13] Letztere übernehmen dann die Funktion gesellschaftlicher Integration, quasi als funktionale Äquivalente. Erst wenn diese – was ja Putnams These ist – ebenfalls in einen Abbruchsprozess eintreten, kommt es zu gesellschaftlicher Desintegration.

Abbildung 1:   Theoretische Überlegungsstränge der Religionssoziologie und
ihre Folgen für die „decline of association" Debatte

	(Erweiterte) Säkularisierungsthese	Individualisierungsthese	Marktmodell
Vertreter	B. Wilson, S. Bruce, P. Norris, D. Pollack	Th. Luckmann, G. Davie	R. Stark, L. Iannacone, R. Finke
Grundannahme	Spannungsverhältnis zwischen Moderne und Religion	Individuelle religiöse Grundorientierung als anthropologische Konstante	Allgemeines und konstantes Bedürfnis aller Individuen nach Religion
Bezugstheorie	Modernisierungstheorie	Individualisierungstheorie	Angebotsorientierte Markttheorie
Haupthypothese	Bedeutungsverlust von Religion als sinnstiftender und sozialer Instanz	Bedeutungsverlust institutionalisierter Religion; Weiterbestehen privater Formen von Religion	Angebot auf religiösem Markt bestimmt gesellschaftliches Ausmaß an religiöser Vitalität
Folgen für „decline of associations"	Rückgang religiöser sozialer Netzwerke entweder mit der Folge (a) gesellschaftlicher Desintegration oder (b) Zunahme säkularer Netzwerke	Auflösung und Verkleinerung religiöser wie auch säkularer Netzwerke als Folge der Individualisierung (Desintegration)	Ausdehnung religiöser Netzwerke bei Wegfall staatlicher Regulation; kein Bezug zu Integration
Prognose für die religiöse Entwicklung	Kontinuierlicher Abwärtstrend aller religiösen Formen und Kirchlichkeit mit fortschreitender Modernisierung	Weiterbestehen privater Religiosität bei Rückgang der Kirchlichkeit	Entwicklung religiöser Vitalität in Abhängigkeit von Regulierungs- und Pluralisierungsgrad von Religion

Quelle: Eigene Zusammenstellung.

Grace Davie (2002b: 332) kommt – aus Sicht der Individualisierungsthese des
Religiösen – zu einem anderen Schluss: Der Rückgang der freiwilligen Netzwerke auf dem religiösen Sektor ist nur eine Folge der Desintegration der Zivilgesellschaft in modernen Gesellschaften schlechthin – genau wie es Putnam in
seinen Ausführungen beschreibt. Dies betrifft in besonderem Umfang die religiösen Netzwerke im Umfeld der christlichen Großkirchen in Europa.[14] Allerdings
treten oft kleinen Freiwilligennetzwerke an die Stelle des früher dominanten
Kirchenbesuchs und kirchlich bezogener und organisierter Formen der Verge-

---

[14] Die Auseinandersetzung zwischen Bruce und Davie findet mit Konzentration auf empirisch ge-
stützte Betrachtungen zu Großbritannien statt.

meinschaftung. Zusammen mit der stärkeren Distanz zu organisierten Gruppen und Vereinen ist dies ein Indiz für die Auftrennung individualisierter Religiosität und religiöser Organisiertheit.[15] Interessant ist, dass sich beide Ansätze in ihrer Deutung auf der Ebene der religiösen Gemeinschaften relativ einig sind. Ihre Überlegungen setzen eine bestimmte Form der Entwicklung des Religiösen in Europa voraus – die *Deinstitutionalisierung* christlicher Religiosität und den Rückgang kirchlicher Integration. Und ohne es breiter ausführen zu wollen, deuten die meisten der derzeit verfügbaren empirischen Ergebnisse für Westeuropa auf die Evidenz dieser These – und sogar weitergehende Säkularisierungstendenzen – hin (siehe G. Pickel 2009; D. Pollack 2009). Für Osteuropa scheint die Situation zwar komplexer und ist durch ein Überlappen verschiedener sich wechselseitig beeinflussender Entwicklungsprozesse (Säkularisierung aufgrund nachholender Modernisierung, Revitalisierung aufgrund wegfallender politischer Repression und deren ideologischer Folgen sowie quer dazu verlaufende kulturelle Prozesse der Identitätsbildung, insbesondere aufgrund enger Verbindungen zwischen Religion und Nation) gekennzeichnet, aber auch dort sind Säkularisierungstendenzen und Deinstitutionalisierungsprozesse kaum zu übersehen (G. Pickel 2009).

Die in Tabelle 1 zusammengefassten Zahlen unterstreichen die angesprochenen Entwicklungen. Die institutionalisierte Sozialform des Religiösen ist im christlichen Europa auf dem Rückzug begriffen. Darüber hinaus stützen (hier nicht aufgenommene) Daten zur Entwicklung der subjektiven Religiosität eher die Annahmen einer Säkularisierung des Religiösen in Europa denn einer breiten Revitalisierung oder Rückkehr der Religion(en) bzw. des Ausweichens in eine individualisierte unsichtbare Religion (vgl. G. Pickel 2009).

In eine weitere Richtung – und deutlich kontrovers zu beiden aufgezeigten Ansätzen – weist der dritte derzeit bedeutende Ansatz der Religionssoziologie – das sogenannte *Marktmodell des Religiösen* (R. Finke/R. Stark 2006; L. Iannaccone 1994; R. Stark/R. Finke 2000; J. Fox 2008).[16] Hier wird ein Zusammenhang zwischen religiöser Vitalität[17] aber auch der Beteiligung an religiös-sozialen Netzwerken und den Beziehungen zwischen Kirche und Staat angenommen. Im Kern gilt die Annahme: Je enger die Kirche-Staat-Beziehungen sind, desto geringer die Bereitschaft der Gläubigen sich in religiösen Netzwerken zu engagie-

---

[15] Davie verweist auf ihre These des „believing without belonging", wobei allerdings der Bezug ihrer Position zur „decline of association"-These nicht durchweg erkennbar wird.

[16] Gelegentlich findet man auch die Benennung als Rational-Choice-Ansatz der Religionssoziologie. Allerdings scheint Marktmodell die bessere Bezeichnung, weil in diesem Modell allein die religiöse Angebotsseite für die Variation religiöser Vitalität verantwortlich ist (Finke/Stark 2006).

[17] Unter religiöser Vitalität werden alle beobachtbaren Ausdrucksformen individueller Religiosität in der Gesellschaft verstanden. Das Hauptaugenmerk liegt, für einen handlungstheoretischen Zugang nicht überraschend, auf den religiösen Praktiken und Verhaltensweisen der Menschen.

ren und umgekehrt. Schließlich muss man davon ausgehen, dass bei engen Kirche-Staat-Beziehungen der Staat aber auch die organisierten Kirchenstrukturen vielfältige Aufgaben in der Gesellschaft bereits übernehmen und entsprechend Freiwilligennetzwerke gar nicht mehr in dem starken Umfang benötigt werden. Anders gesagt, die (gerade auch finanziellen) Unterstützungsleistungen des Staates demotivieren die Mitglieder der Kirchen selbst aktiv zu werden.

Tabelle 1:   Säkularisierung – der Rückgang der Kirchlichkeit in Europa

	1972	1981	1990	1996	2005		1990	1996	2005
Italien	24	23	23	21	20	Polen	38	32	33
Portugal	-	-	23	22	17	Litauen	14	12	10
Spanien	-	24	18	17	11	Slowakei	20	20	20
Zypern	-	-	-	11	11	Slowenien	15	14	12
Irland	50	45	43	38	34	Ungarn	14	11	8
Frankreich	15	7	7	8	6	Kroatien	-	15	16
Luxemburg	25	23	19	15	10	Tschech. R.	4,5	6	4,5
Belgien	26	18	16	14	6,5	Ostdeutschl.	-	3	3,5
Österreich	-	-	18	16	11	Lettland	4	6	5
Niederlande	24	16	13	10	8	Estland	4	3,5	3,5
Schweiz	-	-	16	10	8,5	Rumänien	13	17	17
Westdeutschl.	16	13	12	11	10	Bulgarien	4	6	6
Großbritannien	14	10	10	10	8,5	Mazedonien	11	8	14[a]
Nordirland	34	30	30	27	-	Serbien	-	6	9,5
Schweden	-	5	4,5	4,5	3,5	Russland	2	3	4
Dänemark	6	4	4	4,5	3,5	Weißrussland	3	5	5[a]
Norwegen	-	5	5	4,5	4	Ukraine	8	7	7,5
Finnland	-	5	4	4	4	Georgien	10	9	8[a]
Island	-	3,5	3,5	-	4	Moldawien	10	8	10
Griechenland	-	17	16	15,5	17	Albanien	9	-	13[a]
Türkei	-	-	20	23	19,5	Bosnien-Herz.	-	19	18[a]

Quelle: Eigene Berechnungen; Basis Zusammenstellung unterschiedlicher Quellen aus Umfragedaten; Messwert = Durchschnittlicher Gottesdienstbesuch der Bevölkerung auf das Jahr gesehen (Mittelwert bei Vorgaben, wöchentlich = 54, 2-3 mal im Monat = 30, monatlich = 12, seltener = 5, nie = 0); Jahresdaten = Zeitraumzentren; [a] = Ersatzwerte zwischen 2000 und 2004.

Diese Annahme knüpft an die zentrale Prämisse des Marktmodells des Religiösen an: Religiöse Konkurrenz auf einem freien und staatlich nicht reglementierten Markt belebt die religiöse Vitalität. Besteht auf dem religiösen Markt eine größtmögliche *Konkurrenz*, dann finden die (in sich individualisierenden Gesellschaften differenzierte Angebote suchenden) religiösen Nachfrager eher die für sie passenden Angebote, nach denen aus Sicht des Marktmodells eine konstante Nachfrage besteht (R. Stark/W.S. Bainbridge 1987). Aufgrund dieser Situation steigt gesamtgesellschaftlich gesehen die religiöse Vitalität, da die plurale Gemeinschaft der Individuen auf plurale und für sie zugeschnittene Angebote von hochmotivierten Anbietern, die um sie kämpfen, trifft. Religiöse Vitalität und damit auch religiöse Netzwerke sollten demnach unter den Bedingungen eines freien, nicht durch den Staat regulierten Marktes weit verbreitet sein, während eine durch enge Kirche-Staat-Beziehungen gekennzeichnete Situation eine geringere religiöse Pluralität und damit eine geringere religiöse Vitalität erzeugt.[18]

Mit dieser Argumentationsstruktur wird Abschied von dem Denkmodell genommen, dass sich allein eine negative *Beziehung zwischen Kirche und Staat* (zum Beispiel wie bei Repressionen gegen die Kirchen im Sozialismus) ungünstig für die soziale Repräsentanz von Religion in der Gesellschaft auswirkt. Vielmehr entfalten aus diesem Blickwinkel auch harmonische Kirche-Staat-Beziehungen eine die religiöse Vitalität hemmende Wirkung. Gerade die oftmals als förderlich gesehene Ausstattung der Kirchen mit finanziellen und organisatorischen Ressourcen seitens des Staates wendet sich gegen das freiwillige Engagement ihrer Mitglieder. Diese Vorstellung widerspricht diametral den Einschätzungen der Säkularisierungstheorie, welche staatliche Unterstützung als maßgebliche Hilfe beim Aufbau von Rahmenstrukturen für sich darum gruppierende Freiwilligennetzwerke ansieht. Würde in einer empirischen Analyse ein negativer Zusammenhang zwischen den Kirche-Staat-Beziehungen und dem religiösen Sozialkapital auf die Gültigkeit des Marktmodells hinweisen, spräche ein positiver Zusammenhang für die Gültigkeit der Säkularisierungstheorie.

Bevor man nun zur Untersuchung der Bedeutung religiösen Sozialkapitals für die Gesellschaft kommt, ist es notwendig die Beziehungen zu den politischen Aspekten zu operationalisieren und dadurch empirisch fassbar zu machen. Bei diesem schwierigen Unterfangen ist es unerlässlich zwischen *strukturellem* und *kulturellem* Sozialkapital zu unterscheiden. Bezieht sich ersteres konkret auf kirchliche und religiöse Netzwerke, so lässt sich das kulturelle religiöse Kapital nur über das Vertrauen in die Kirchen operationalisieren.[19]

---

[18] Vor diesem Hintergrund sehen Anhänger des religiösen Marktmodells gerade in dem Rückgang der sozialen Bedeutung der großen und eingesessenen Kirchen die Möglichkeit, dass Raum entsteht für freiwilliges Engagement und die Ausbildung neuer religiöser Anbieter, was mittel- bis langfristig die religiöse Vitalität der einzelnen Mitglieder eher steigern wird.

[19] Diese Operationalisierung ist ohne Zweifel problematisch, da sich die Frage ja auf eine Institution richtet (die Kirchen) und nicht, wie bei Putnams Ansatz auf eine soziale Größe (Mitmenschen), zumal auch nicht nur Kirchen als Träger religiösen Sozialkapitals auftreten. Optimal wäre eine Frage nach dem Vertrauen in andere Menschen des gleichen religiösen Netzwerkes oder zumindest der gleichen Konfession gewesen. Da diese allerdings leider bislang nicht vorliegt, muss ersatzweise auf die Frage nach dem Vertrauen in die Kirchen zurückgegriffen werden.

Abbildung 2:   Modell: Religiöses Sozialkapital und Zivilgesellschaft

Strukturelles Religiöses Sozialkapital	Kirchl. und religiöse soziale Netzwerke (Mitgliedschaft) (Engagement)	→		Intervenierend: Kirche-Staat-Beziehungen
Kulturelles Religiöses Sozialkapital	Vertrauen in die Kirche (und deren Mitglieder)	→	Soziales Vertrauen +	*Unterstützung der Demokratie*
Individuelle Bindung an Religion	Subjekt. Religiosität Wichtigkeit Religion (für den Alltag)	→	Soziale Integration (Toleranz)	Intervenierend: Kulturelle Prägung (Konfessionell) Modernisierung

Quelle: Eigene Zusammenstellung.

Zusätzlich erscheint es notwendig die individuelle Bindung an die Religion zu berücksichtigen, stellt sie doch das zentrale Unterscheidungsglied zwischen der Säkularisierungstheorie und der Individualisierungsthese des Religiösen dar (siehe D. Pollack/G. Pickel 2003). Dabei kann nicht geklärt werden, inwieweit nicht auch die subjektive Religiosität als ein Bestandteil des kulturellen Sozialkapitals angesehen werden muss. Aufgrund seiner Individualität und damit problematischen Zuweisung zu Gruppenbildungsprozessen erscheint aber eine gesonderte Berücksichtigung angebracht. Das religiöse Sozialkapital wirkt sich auf das soziale Vertrauen und die soziale Integration der entsprechenden Gruppen aus, und letztere wiederum – ganz in der Tradition der Argumentation Putnams – ist es förderlich für das Vertrauen in die Politik oder die politische Unterstützung allgemein (hier auch S. Pickel/G. Pickel 2006). Selbst wenn das vorgestellte Modell keinen Anspruch auf Vollständigkeit erheben kann, bietet es somit zumindest einen theoretisch reflektierten Ausgangspunkt für empirische Betrachtungen.

3   Die Entwicklung religiösen Sozialkapitals in Europa

In einem ersten Schritt ist es hilfreich, sich einen Überblick hinsichtlich der Existenz religiösen Sozialkapitals zu verschaffen. Da die Bedeutung des religiösen Sozialkapitals erst in Relation zu dem existierenden säkularen Sozialkapital richtig einzuschätzen ist, stellen wir in der Folge beide Formen des Sozialkapitals einander in Grafiken gegenüber. Dabei unterschieden wir das strukturelle Sozialkapital noch einmal in die Mitgliedschaft in Netzwerken[20] und eine aktive

---

[20] Die Mitgliedschaft in religiösen Netzwerken erfolgt anhand Selbstzuschreibung und unterscheidet sich von der Kirchenmitgliedschaft. Entsprechende Netzwerke können z.B. Betkreise, religiöse Jugendgruppen und Caritas sein.

Mitarbeit in diesen ehrenamtlichen Strukturen. Dies ist bedeutsam, weil Putnam bei seiner Beurteilung der Wirkungen des Sozialkapitals der aktiven Beteiligung eine höhere Bedeutung zuweist und sie als den eigentlichen Motor für die spätere gesellschaftspolitische Wirksamkeit ausmacht.

Abbildung 3:   Strukturelles Sozialkapital in Europa I

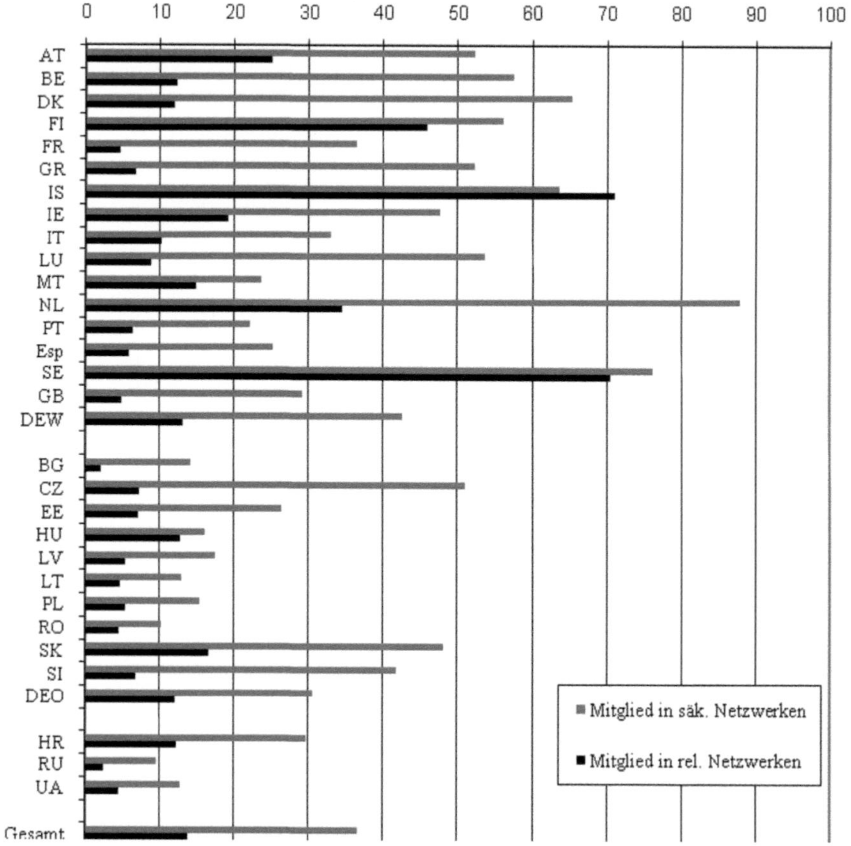

Quelle: EVS 1999/2000, eigene Berechnungen. Angaben in % der Bevölkerung.. AT Österreich, BE Belgien, DK Dänemark, FI Finnland, FR Frankreich, GR Griechenland, IS Island, IE Irland, IT Italien, LU Luxemburg, MT Malta, NL Niederlande, PT Portugal, Esp Spanien, SE Schweden, GB Großbritannien, DEW Deutschland (West), BG Bulgarien, CZ Tschechien, EE Estland, HU Ungarn, LV Lettland, LT Litauen, PL Polen, RO Rumänien, SK Slowakei, Sl Slowenien, DEO Deutschland (Ost), HR Kroatien, RU Russland, UA Ukraine

In der Verteilung über die Länder ergibt sich für beide Indikatoren ein ähnliches Bild, auch wenn natürlich die aktive Mitarbeit durchgehend geringer ausfällt als die rein formelle Mitgliedschaft. Zum einen bestehen in ganz Europa *religiöse Freiwilligennetzwerke.* Sie erreichen verglichen zu den säkularen Netzwerken zwar nicht die Bedeutung, die sie in den USA besitzen (nach Putnam sind dort über 50 Prozent der Netzwerke religiös geprägt), ihr Anteil an der Ausbildung netzwerkartigen Sozialkapitals ist aber bei weitem nicht irrelevant, stellen sie doch in der Regel über ein Fünftel aller Netzwerke.

Abbildung 4:   Strukturelles Sozialkapital in Europa II

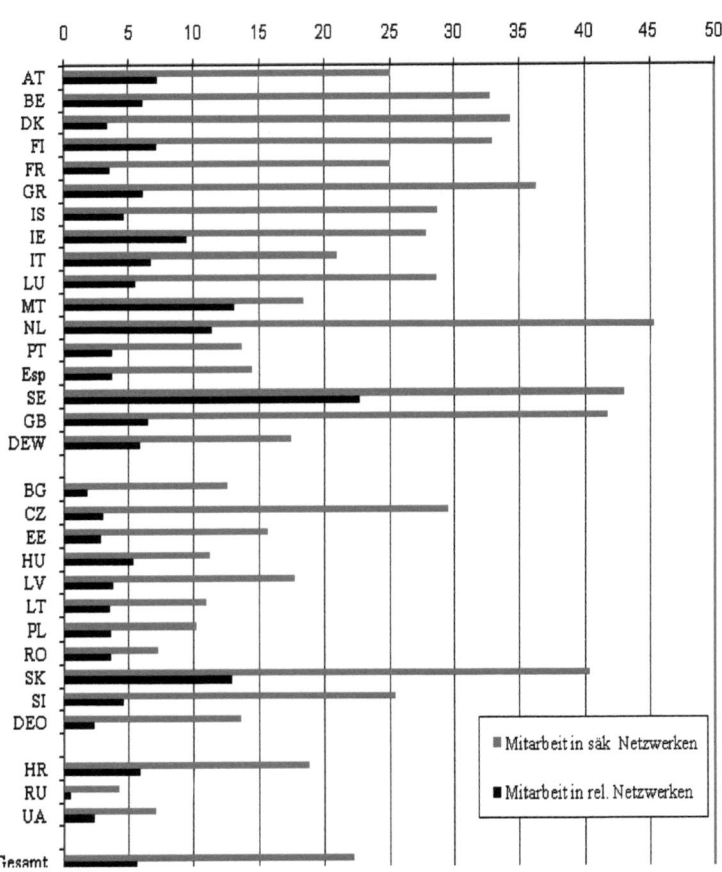

Quelle: EVS 1999/2000, eigene Berechnungen. Angaben in %.

Dabei sind deutliche *regionale Unterschiede* auszumachen. Es findet sich eine klare Differenz zwischen West- und Osteuropa: In den jungen Demokratien Osteuropas konnte dieser Ausdruck der Zivilgesellschaft bislang sowohl religiös als auch säkular nur in sehr engen Grenzen Fuß fassen. Dieser Befund ist aus der Sozialkapitalforschung und der modernisierungstheoretischen ausgerichteten Wertewandelsforschung (R. Inglehart 1990, 2000; R. Inglehart/C. Welzel 2005) recht gut zu erklären: So ist in sozioökonomisch besser gestellten Gesellschaften ein höheres Sozialkapital zu erwarten als in schlechter gestellten Gesellschaften. Der Grund ist, dass die von den materiellen Nöten entlasteten Bürger schlicht mehr Zeit und Raum besitzen sich zu engagieren (vgl. auch R. Inglehart 1990: 34-38.). Entsprechend können sich sozioökonomisch besser gestellte Bürger – und dies bestätigen Analysen auf der Individualebene – eher in Freiwilligennetzwerken engagieren als Menschen, die um ihre tägliche Existenz kämpfen müssen (D. Pollack 2009: 159). In Osteuropa bestehen nach dem Umbruch manifeste Alltagsprobleme für die Individuen (gerade auch in der sozioökonomischen Absicherung), welche die Bereitschaft sich freiwillig (und vor allem kostenfrei) zu betätigen untergraben. Kurz gesagt, es sind die Auswirkungen der sozioökonomischen *Modernisierung*, die für die beobachteten West-Ost-Unterschiede sorgen.

Ein weiterer Befund ist, dass es gerade in den *protestantisch* geprägten Gesellschaften zur Ausbildung von Freiwilligennetzwerken kommt. Inwieweit dies durch die besseren Struktur schaffenden Maßnahmen der protestantischen Kirche ausgelöst wird (S. Roßteutscher 2009) oder eine Folge der in protestantisch geprägten Ländern meist weiter vorangeschrittenen sozioökonomischen Modernisierung ist, muss an dieser Stelle offen bleiben. Es wäre aber nicht vollständig neu, wenn religiös-kulturell entstandene Überzeugungs- und Handlungsmuster Pfade legen, die durch Aspekte der Modernisierung überformt werden (G. Pickel 2009).

Bei der empirischen Erfassung des *kulturellen religiösen Kapitals* zeigen sich nun die bereits angesprochenen Operationalisierungsprobleme. So sind sowohl das soziale Vertrauen – also der übliche Kernindikator für kulturelles Sozialkapital – als auch das Vertrauen in die Kirchen in ihrer Stärke eher gleichmäßig über die Länder verteilt, und beide folgen keiner klar ersichtlichen Systematik. Entweder sind beide Indikatoren nur von einem begrenzten Nutzen für unsere Fragestellung oder aber es gibt so etwas wie einen von den Rahmenbedingungen unabhängigen Grundstock sozialen Vertrauens und eine eher der Modernisierung- und damit Säkularisierungslinie folgende Variation des Vertrauens in die Kirchen.

Abbildung 5:   Kulturelles Sozialkapital in Europa

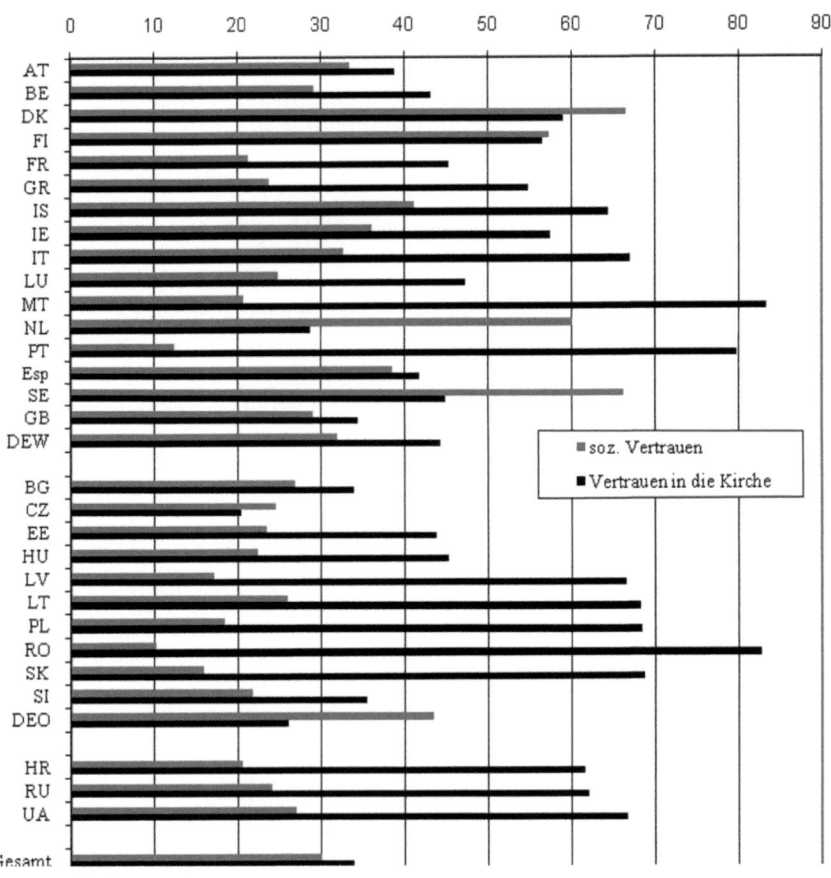

Quelle: EVS 1999/2000, eigene Berechnungen. Angaben in %.

Fasst man die Ergebnisse zusammen, so scheinen die Modernisierung sowie die konfessionelle Prägung eines Landes auf der Makroebene die situativen Rahmenbedingungen für die Ausbildung strukturellen und kulturellen Sozialkapitals auszubilden. Hier sind noch weitere empirische Klärungen von Nöten. Auch sind klare Differenzen in der Verteilung des religiösen (aber auch säkularen) Sozialkapitals zwischen West- und Osteuropa festzuhalten. Einiges spricht dafür, dass das immer wieder beklagte Fehlen einer Zivilgesellschaft in Osteuropa maßgeblich mit den dort entstandenen sozioökonomischen Rahmenbedingungen zu tun hat. Für das kulturelle religiöse Sozialkapital kann angesichts der Messproblematik des Indikators keine belastbare Bewertung vorgenommen werden. Hier scheinen noch Überlegungen hinsichtlich einer besseren Erfassung vonnöten.

4   Religiöses Sozialkapital und die Zivilgesellschaft

Doch hat das beobachtete religiöse Sozialkapital nun für die Gesellschaft eine Bedeutung?

Abbildung 6:   Religiöses Sozialkapital und soziales Vertrauen

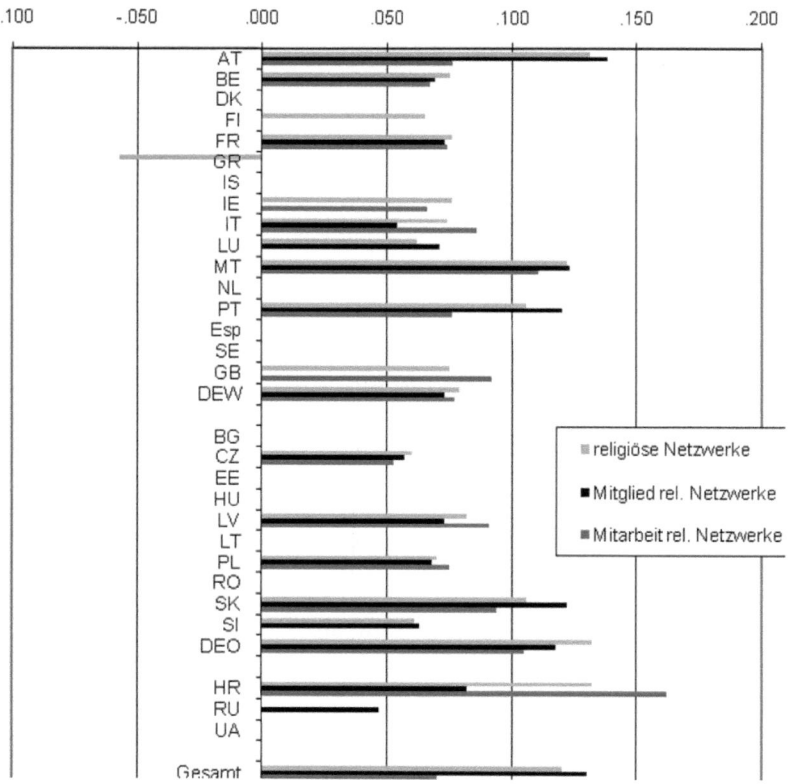

Quelle: EVS 1999/2000, eigene Berechnungen. Angaben sind signifikante bivariate Korrelationen (Pearson's r)

Untersuchen wir in den einzelnen europäischen Ländern die Beziehungen zwischen religiösen Netzwerken und sozialem Vertrauen, dann findet sich – von der bemerkenswerten Ausnahme Griechenlands abgesehen – zumeist ein positiver Zusammenhang. Theoriekonform steigert die Mitgliedschaft und/oder Mitarbeit in religiösen Netzwerken das Vertrauen in die Mitmenschen und schafft somit kulturelles Sozialkapital für die Gemeinschaft. Diese Beziehung lässt sich in West- wie auch in Osteuropa ermitteln. Allerdings gibt es auch Länder, in denen dieser Zusammenhang auf der Individualebene nicht besteht, was zumindest eine vorsichtige Deutung dieser Befunde einfordert.

Zwischen dem Vertrauen in die Kirchen und dem sozialen Vertrauen existieren keine vergleichbaren Korrelationen. Dies kann als weiterer Hinweis auf die begrenzte Abbildbarkeit kulturellen religiösen Sozialkapitals durch den Indikator „Vertrauen in die Kirchen" oder aber einer Unabhängigkeit beider Formen kulturellen Sozialkapitals voneinander angesehen werden. Möglicherweise handelt es sich aber auch um ein Problem des Indikators „soziales Vertrauen" als Maßstab für kulturelles Sozialkapital. Denn es existieren nicht wenige Ergebnisse, welche berechtigten Zweifel an dem Bezug zwischen politischem Vertrauen und kulturellem Sozialkapital aufkommen lassen (K. Newton 1999; B. Westle/O.W. Gabriel 2008; N. Lin 2009). Da ist es dann wenig überraschend, wenn sich in Abbildung 7 über die Länder hinweg positive Effekte des strukturellen religiösen Sozialkapitals auf alle hier verwendeten Indikatoren der politischen Unterstützung auffinden lassen, aber nur begrenzte für das kulturelle Sozialkapital.[21]

Dies bedeutet aber auch, dass religiöse Freiwilligennetzwerke einen positiven Beitrag zur Unterstützung demokratischer Systeme beisteuern – und damit Putnams Thesen erst einmal zu stützen scheinen. Allerdings sind die Bezüge nicht wirklich stark und mahnen zur Vorsicht. Dass die oben aufgezeigten unterschiedlichen Wirkungen strukturellen und kulturellen religiösen Sozialkapitals nicht unbedingt ein messtechnisches Artefakt darstellen müssen, zeigt eine weitere Analyse. In den einleitenden Überlegungen haben wir auf die religionssoziologisch wichtige Funktion der Religion für die *Integration* der Gesellschaft hingewiesen. Diese ist gerade hinsichtlich der unterschiedlichen Wirkungsbeschreibung von Sozialkapital seitens Putnam als brückenbildend („bridging") oder gruppenbindend („bonding") von hoher Relevanz.

---

[21] Der starke Bezug zwischen kulturellem religiösen Sozialkapital und politischem Vertrauen resultiert aus der vergleichbaren Fragestellung und der natürlichen Nähe von Vertrauensbekundungen zu Institutionen.

Abbildung 7:   Religiöses Sozialkapital und politische Unterstützung

	Demokr. Legitimität	Demokr. Effektivität	Polit. Netzwerke	Polit. Vertrauen	Polit. Partizipation
Strukturelles religiöses Sozialkapital	+	+	++	+	+
Kulturelles religiöses Sozialkapital	n.s.	++	n.s.	+++	--
Individuelle Bindung an Religion	n.s.	+	n.s.	++	--

Quelle: EVS 1999/2000, gepoolt, eigene Berechnungen. Angaben sind erstellt aus Pearsons r: +, ++, +++ schwacher, stabiler bzw. starker positiver Zusammenhang, - , --, --- schwacher, stabiler bzw. starker negativer Zusammenhang, n.s. nicht signifikant.

Prüft man inwieweit das Vorhandensein von Sozialkapital sich auf die Haltung zu verschiedenen sozialen Gruppen als Nachbarn auswirkt (also einem Maß für gelebte Toleranz; siehe Abbildung 8), dann kommt es zu einer klaren *Wirkungsunterscheidung* zwischen dem strukturellen und dem kulturellen religiösen Sozialkapital. Die Teilhaber in religiösen sozialen Netzwerken zeichnen sich grundsätzlich durch eine höhere Toleranz gegenüber anderen gesellschaftlichen Gruppen aus. Die dort gepflegten Kommunikationsstrukturen wirken scheinbar positiv auf das Verhältnis anderen Menschen gegenüber, auch wenn diese nicht zur eigenen Primärgruppe gehören.

Natürlich kann es auch sein, dass dies nicht ein Effekt des Netzwerkes an sich ist, sondern sich in diesen Netzwerken bereits Personen wiederfinden, die schon von Hause aus ein höheres Ausmaß sozialer Integrationsbereitschaft mitbringen. So haben sie doch den Schritt hin zu einer Mitgliedschaft oder Tätigkeit eigenbestimmt vorgenommen, was auf eine hohe Eingangsmotivation verweist. In diese Richtung deutet auch die überdurchschnittlich hohe Beteiligung von Personen mit höherer formaler Bildung in säkularen wie religiösen Netzwerken. Nichtsdestotrotz ist die Bedeutung der Gruppen als Bestärkung der Toleranzbereitschaft des Einzelnen und wechselseitiger Bestärkung in dieser Haltung nicht zu unterschätzen.

Abbildung 8:   Religiöses Sozialkapital und soziale Integration

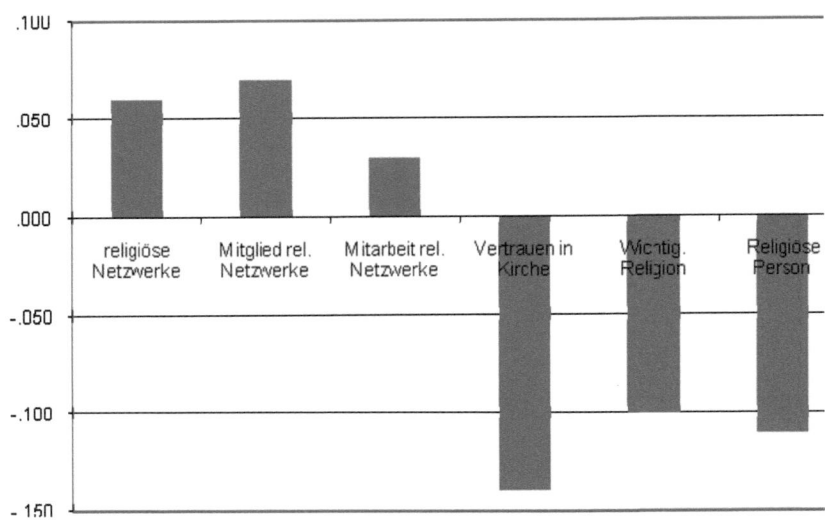

Quelle: EVS 1999/2000 (gepoolt), eigene Berechnungen. Angaben sind signifikante bivariate Korrelationen (Pearson's r)

Für die größere Gruppe der Personen, die nach unserer Vorgabe ein kulturelles
religiöses Kapital oder auch glaubensbasiertes *kulturelles Kapital* aufweisen,
sieht dies diametral anders aus. Sie stehen sozialen Referenzgruppen in der Gesellschaft (und dabei wahrscheinlich insbesondere anderen religiösen Gruppierungen) überdurchschnittlich häufig skeptisch und sogar ablehnend gegenüber.
Der gemeinsam geteilte Glauben erweist sich als Abgrenzungs- und gelegentlich
sogar Ausschlusskriterium alternativen Gruppen gegenüber. Diese Form des
Sozialkapitals ist nach Putnams Terminologie ganz eindeutig „bonding". Insbesondere Personen, die sich selbst als religiös einschätzen, konstruieren ihre (religiöse) Identität durch klare Grenzziehungen gegenüber anderen sozialen und
auch religiösen Gruppen – und dies in ganz Europa.

In den – trotz aller sozialstrukturellen Veränderungen im letzten Jahrhundert –
religiös oft relativ homogen Gesellschaften, wie sie über Jahrhunderte in vielen
Staaten Europas zu finden waren, hat diese Form der religiösen Identifikation
eine wichtige Rolle für die Integration ihrer Mitglieder gespielt. Zumindest wenn
die konfessionellen Identitätsunterschiede nicht bereits für Konfliktstoff sorgten.
In sich nun in den letzten Jahrzehnten immer stärker pluralisierenden modernen
Gesellschaften (vgl. M. Hero/V. Krech/H. Zander 2008) erweist sich aber genau

dieses „bonding"-Sozialkapital als ein Faktor für zukünftige soziale Konflikte, treffen doch jetzt in den religiös pluralisierten Gesellschaften die verschiedenen, in sich geschlossenen Identitäten aufeinander.[22] Debatten über Minarette, die Einführung von Religionsunterricht auch für andere als die traditionellen christlichen Konfessionen sowie über den EU-Beitritt der Türkei können als Indizien für diese Problematik im öffentlichen Raum angeführt werden.

5 Religion, religiöse Netzwerke, Zivilgesellschaft und Modernisierung – gesellschaftliche Beziehungen und religiöses Sozialkapital

Was bedeutet die religiöse Entwicklungsperspektive der europäischen Gesellschaften nun für die Verbreitung des religiösen Sozialkapitals und welche gesellschaftlichen Faktoren sind von Relevanz?

Die Ergebnisse auf der Makroebene sprechen eine deutliche, aber im Blick auf die Thesen Putnams auch überraschende Sprache. So scheint das (strukturelle) religiöse Sozialkapital[23] nicht nur auf der Länderebene mit dem sozialen Vertrauen in Beziehung zu stehen, es scheint auch mit einem höheren Modernisierungsgrad des Landes anzusteigen (Abbildung 9). Damit bewegt es sich entgegen der nach den Annahmen der Säkularisierungstheorie zu erwartenden Richtung, geht man doch dort davon aus, dass Modernisierung der zentrale Auslöser für Prozesse der Säkularisierung und damit dem Verlust der sozialen Bedeutung von Religion ist.

Es scheint nicht so zu sein, dass der nachweisbare Wegfall religiöser Bindekraft zu einer Desintegration der Gesellschaft auf der Ebene der Zivilgesellschaft führt. Im Gegenteil *Modernisierung* – und damit auch Säkularisierung – steigert die innergesellschaftliche Toleranz und wirkt allem Anschein nach günstig für die Ausbildung und Ausbreitung brückenbildender sozialer und religiöser Netzwerke. Dabei spielen die seitens des Marktmodells hervorgehobenen Beziehungen zwischen Kirche und Staat eine untergeordnete Rolle. Nimmt man einen Gesamtindex zu religiöser Regulation von Jonathan Fox (2008)[24] als Messgrundlage, dann ergibt sich für Europa kein signifikanter Zusammenhang.

---

[22] Hier ist darauf zu verweisen, dass entsprechende Homogenitätsannahmen an nicht wenigen Stellen in Europa bereits im letzten Jahrhundert durchbrochen wurden. Nichtsdestotrotz steigt diese Problematik von „bonding" Sozialkapital in den durch verstärkte Immigration gekennzeichneten europäischen Wohlfahrtsstaaten.

[23] Aufgrund der Messproblematik des kulturellen religiösen Sozialkapitals durch das Vertrauen in die Kirche und dem vollständigen Fehlen von signifikanten Beziehungen auf der hier präsentierten Makroebene wurde auf eine Darstellung und Diskussion dieses Indikators verzichtet.

[24] Die Indikatoren zu religiöser Regulierung werden durch Jonathan Fox jährlich erhoben. Es existieren derzeit Daten ab ca. 1990. Sie sind auf der „Religion and State"-Website als SPSS-Datensatz

Abbildung 9: Sozialkapital und gesellschaftliche Rahmenbedingungen

	Soz. Vertr.	Moderni- sierung [a]	Säkulari- sierungs- tendenzen	Kirche- Staat [b]	Prot. [c]	Brücken- bildend
Religiöse Netzwerke	+++	++	+	n.s.	+	++
Soziale Netzwerke	+++	++++	+	n.s.	+	+++
Soziales Vertrauen	.	+++	n.s.	n.s.	++++	+++
Brückenbil- dend	+++	+++	+	n.s.	+	.

Bemerkungen:
a) Die Modernisierungseffekte erweisen sich auch bei der Kontrolle von Drittvariablen stabil und sind auch in Regressionsanalysen (mit Einbezug konfessioneller Prägung, Kirchgang und Kirche-Staat-Beziehung) als stärkster Prädiktor.
b) Auch in der Regressionsanalyse blieben die Indikatoren für das Kirche-Staat-Verhältnis (in verschiedensten Modellvariationen) ohne signifikanten Einfluss.
c) Für die religiösen Netzwerkvariablen konnte sich die konfessionelle Prägung in den Regressionen als stärkster Einfluss durchsetzen.
Quelle: Eigene Berechnungen auf Makroebene. „Modernisierung": HDI 1998-2000 aus HDR 2000-2002 (entsprechend des jew. Erhebungsjahres der EVS 1999/2000). „Kirche-Staat": Staatliche Regulierung - kumulierter Indikator, Indikator „staatliche Unterstützung" aus Fox: Religion and State Project. Restliche Variablen erstellt aus EVS 1999/2000. Angaben sind erstellt aus Pearsons r: +, ++, +++, ++++ schwacher, mittlerer, stabiler bzw. starker positiver Zusammenhang, -, --, ---, ---- schwacher, mittlerer, stabiler bzw. starker negativer Zusammenhang, n.s. nicht signifikant.

Es sind also weniger die politisch-institutionellen Rahmenbedingungen als eher zivilgesellschaftlich-modernisierungstheoretische Momente, die zu greifen scheinen. Moderne Gesellschaften werden toleranter und verfügen über eine besser ausgebildete Zivilgesellschaft im Sinne freiwilliger Organisationen – und dies hat relativ wenig mit dem Verhältnis zwischen Staat und Kirche zu tun (vorausgesetzt dieses ist nicht gerade durch eine starke Repression der Kirchen seitens des Staates geprägt). Wenn wir angelehnt an die makrosoziologischen Überlegungen von Ronald Inglehart die dortige Zusammenhangsvermutung auf die Individualebene übertragen, dann zeigen die positiven Korrelationen zwischen

veröffentlicht (http://www.biu.ac.il/soc/po/ras/downloads.html). Der kumulierte Indikator „Regulierung Gesamtindex" besteht unter anderem aus Fox' Messungen für Illegalisierung, Diskriminierung, Regulierung von, staatliche Unterstützung für, und Gesetzgebung zu Religion (oder einzelnen Religionen).

sozioökonomischen Status bzw. Bildung und der Beteiligung an Netzwerken, dass sich der Befund auch dort bestätigt.

Damit hat man es mit zumindest zwei *Paradoxien* zu tun: Zum einen finden wir klare Hinweise auf eine Säkularisierung des Religiösen in Europa, aber gleichzeitig ein höheres religiöses Sozialkapital in modernen Gesellschaften. Zum anderen scheint im Zuge der Modernisierung zumindest in Europa keine grundsätzliche Erosion des Sozialkapitals stattzufinden. Dies widerspricht nun fundamental der zentralen Annahme Putnams eines Rückgangs des Sozialkapitals in der (Individualisierung hervorbringenden) Moderne, die er für die USA aufgestellt hat.[25] Führt man sich die starke „bonding" Wirkung des kulturellen religiösen Sozialkapitals vor Augen, so kann man – nimmt man eine Bewertung vor – möglicherweise sogar so weit gehen, zu sagen, dass der Prozess der Säkularisierung einen Gewinn für die demokratische Zivilgesellschaft darstellt. Schließlich bleiben zentrale gesellschaftsintegrierende Wertemuster auch in den säkularen Gesellschaften bestehen, sie werden nur in den säkularen Gesellschaften religiös entkernt. Gleichzeitig mildern sich die Abgrenzungstendenzen zwischen religiösen Gruppen mit zunehmender Säkularisierung ab: *Säkularisierung* erweist sich durch das Aufbrechen der kulturellen Abschottungstendenzen *als* ein heterogene Gesellschaften *integrierender Prozess*, der brückenbildendes strukturelles Sozialkapital nicht beeinträchtigt, aber konfliktträchtiges „bonding"-Sozialkapital abbaut.

Und diese Konstellation scheint sich mit fortlaufender Modernisierung über die Zeit hinweg auszubreiten. Ohne detailliert auf zeitliche Veränderungen in der Zusammensetzung im Sozialkapital einzugehen, lassen sich auf Basis dieser Zusammenhänge nun Schlüsse auf die zukünftige Entwicklung anstellen. So scheint auf Europa bezogen die Sozialform Religion ohne Frage im Rückgang begriffen zu sein, religiöse Netzwerke dagegen überwiegend nicht. Die religiösen Netzwerke unterliegen scheinbar eher, wie es Steve Bruce für Großbritannien herausarbeitet, einer inhaltlichen Wandlung und verlieren schrittweise ihren religiösen Flair. So ist die Zivilgesellschaft ein Profiteur der Modernisierung – und auch der Säkularisierung.

Eine Frage, die – auch aus Sicht der Kirchen – brisant bleibt, ist, inwieweit die Netzwerke, welche wir bislang als religiös (oder auch „faith-based") bezeichnet haben, diese Beschreibung in ihrem Alltagshandeln wirklich noch verdienen? Ist es nicht vielmehr so, dass diese sozialen Gruppen zwar positiv bewertete, aber kaum mehr als spezifisch religiös erkennbare Leistungen für die Gesellschaft erbringen? Diese verschaffen ihren Mitgliedern hohes Ansehen, werden aber

---

[25] So zeigen auch – aufgrund der etwas problematischen Datenlage allerdings mit Vorsicht zu bewertende – Zeitvergleiche für die meisten Länder Westeuropas eher Zuwächse an religiösen Netzwerkbeteiligungen.

kaum mit dem religiösen Hintergrund in Beziehung gesetzt und verschwinden dann teilweise sogar aus dem Alltagsgeschäft dieser sozialen Gruppen. Es ist dann nicht so, wie es Bruce (2002b) sieht, dass säkulare Netzwerke an die Stelle der religiösen Netzwerke treten, vielmehr werden die religiösen Netzwerke selbst „quasisäkular". Für die Kirchen stellt sich die Frage, ob solche Netzwerke, die ja die Brücke zur säkularen Gesellschaft darstellen, der immanenten Säkularisierung Vorschub leisten oder sie ein notwendiges und auf lange Sicht revitalisierendes Bindeglied in die Gesellschaft sind? Doch diese Frage muss an anderer Stelle ausführlich geklärt werden.

6   Säkularisierung als Gefahr für gesellschaftliches Sozialkapital?

Was kann man nach den vorgelegten Analysen hinsichtlich der Bedeutung des religiösen Sozialkapitals und den eingangs gestellten Fragen zur Bedeutung des religiösen Sozialkapitals für die modernen Gesellschaften Europas sagen?

Zur ersten Frage nach dem Bezug zwischen politischem Vertrauen und religiösem Sozialkapital sind die Ergebnisse unserer Analysen eher ernüchternd. So fallen die *Beziehungen* zwischen religiösen Netzwerken und sozialem Vertrauen sowie auch politischem Vertrauen – freundlich gesagt – widersprüchlich aus. Direkte Effekte des religiösen Sozialkapitals auf Indikatoren der *politischen Unterstützung* sind schwach oder kaum feststellbar. Einzig politisches Vertrauen und kulturelles religiöses Kapital stehen in einem stärkeren Zusammenhang. Da dies aber einerseits methodisch durch den Bezug beider Indikatoren auf „Vertrauen" begründet sein kann und zudem Ausdruck einer eher unkritischen und damit kaum die Zivilgesellschaft befördernden Haltung darstellt, sollte man diese empirische Beziehung wohl nicht überbewerten. Insgesamt unterscheidet sich dieses Ergebnis nicht wesentlich von den Resultaten ähnlicher Untersuchungen der Wirkung „säkularen" Sozialkapitals (K. Newton 1999; B. Westle/ O.W. Gabriel 2008), die eine ambivalente Beziehung zur politischen Unterstützung ausmachten.

Auf der Ebene der *Integration der Gesellschaft* sind dagegen sehr wohl Wirkungen des religiösen Sozialkapitals auszumachen. Und diese sind interessant. Scheint auf der einen Seite das religiöse Sozialkapital im Sinne von Netzwerken einen eher brückenbildenden und Toleranz gegenüber anderen religiösen Gruppierungen fördernden Charakter zu besitzen, so wirkt das kulturelle religiöse Sozialkapital und die Bindung des Einzelnen an die Religion für die eigene Bezugsgruppe integrierend aber massiv abgrenzend gegenüber alternativen sozialen Gruppen. Kulturelles religiöses Sozialkapital dient entsprechend als Identifikations- und Identitätsfaktor – ist also in der Terminologie Putnams *„bonding social* *capital*". Dieser Effekt trifft insbesondere auf die große Gruppe der in Netzwerken inaktiven Gläubigen zu. Denn umgekehrt stehen die im Umfeld der Kirchen auffindbaren mehr oder weniger aktiven Mitglieder religiöser Netzwerke anderen Gruppen deutlich offener gegenüber als diese passiven Angehörigen einer Religionsgemeinschaft. Letztere legen eher Wert auf eine (kollektive) Identität stiftende Integration, weniger auf eine zu anderen Gruppen brückenbildende.

Dieser Befund besitzt *Konsequenzen* für politische Gemeinschaften: So dürfte das kulturelle religiöse Sozialkapital in heterogenen, sich pluralisierenden oder gar multikulturellen Gesellschaften Konflikte eher fördern, während gleichzeitig die konkreten religiösen Netzwerke versuchen, Brücken zu Mitgliedern anderer Religionen aufzubauen. Entsprechend stellen die aktiven religiösen Netzwerke auch den Zugang zu der mittlerweile als säkular definierten Umwelt dar und übernehmen eine zentrale Vermittlungsposition zwischen den Kirchen und der Gesellschaft.[26]

Über diese Beziehungsstruktur ist auch eine Verbindung zu den *Entwicklungsprozessen* des Religiösen wie des Sozialkapitals herzustellen: Prozesse der *Modernisierung* erweisen sich, und dies zeigen sowohl Analysen auf der Mikroals auch auf der Makroebene, als förderlich für die Ausbildung von brückenbildendem Sozialkapital. Sie öffnen den Weg zu einer steigenden Toleranz gegenüber alternativen sozialen und religiösen Gruppen. Dieser Befund lässt nun einen weiteren Schluss zu: Die in Europa zu beobachtende Säkularisierung schwächt zwar einerseits die soziale Bedeutung von Religion und damit die gruppeninterne Integration der Gesellschaften, bricht aber gleichzeitig verstärkt religiöse Abgrenzungsprozesse auf.

Da für Europa eine weitere *Ausbreitung von Säkularisierung* die wahrscheinlichere Option gegenüber religiöser (Re)Vitalisierung darstellt und damit kulturelles religiöses Kapital abbaut, ist auch ein Wandel in der Struktur des religiösen Sozialkapitals nicht unwahrscheinlich. Die religiösen Netzwerke lösen sich im Prozess der Säkularisierung nicht unbedingt auf, sie werden aber in gewisser Hinsicht säkularer. Ihre Identitätsstiftung erfolgt vermehrt über die von ihnen bearbeiteten zentralen Handlungsfelder in der Gesellschaft und weniger über ihren religiösen Charakter. Dies liegt daran, dass sie ihre positive Bewertung seitens der Bürger vornehmlich aus sozialen Leistungen für die Gesellschaft ziehen und somit auf diesem säkularen Sektor eine hohe Reputation besitzen, während die religiöse Komponente einer größeren Skepsis gegenübersteht. Dabei sind die christlichen Großkirchen ein wichtiger Bestandteil der Zivilgesellschaft, stellen sie doch Organisationsstrukturen bereit, welche in vielerlei Hinsicht ehrenamtliche Arbeit erst ermöglichen (S. Roßteutscher 2009). Allerdings kann

---

[26] Und sind somit für die christlichen Kirchen die einzige Möglichkeit, neue Mitglieder zu erreichen, die sonst kaum in Gespräche verwickelt werden können.

man die Frage stellen, ob diese Netzwerke dann überhaupt noch als religiöses Sozialkapital einzustufen sind. Sind sie vielleicht nicht mehr nur formell an die Kirchen angeschlossen – dabei aber religiös so entkernt wie andere soziale Träger auch.[27]

Damit sind wir bei der *religionssoziologischen Bedeutung* der Befunde. Vom Befund abgesehen, dass Religion in ihrer kulturellen Form immer noch eine erhebliche Integrationskraft für große Teile der Gesellschaft besitzt, zeigt sich vor allem, wo die christlichen Kirchen heute ihre Möglichkeiten, aber auch ihre Grenzen besitzen. Auf der einen Seite steht das Gros ihrer Mitglieder großer Annäherung und Toleranz an andere religiöse Organisationen skeptisch bis ablehnend gegenüber. Auf der anderen Seite stellen die um die Kirchen gruppierten religiösen Netzwerkstrukturen die Brücke zur säkularen Gesellschaft dar, unterliegen dabei aber der Gefahr einer immanenten Säkularisierung (P. Berger 1967; K. Dobbelaere 2002). Will man als Kirche in diesem Umfeld bestehen, dann liegt es nahe, über die bestehenden und noch auszubildende Netzwerke zu zeigen, dass das Christentum etwas mit den positiv aufgenommenen Werken dieser – nun eher „religiös-säkularen" – Netzwerke zu tun hat. Offensichtlich ist aber auch, ohne diesen offenen Kontaktraum „religiös-säkularer" Netzwerke muss man sich auf eine zunehmend isolierte Position und einen fortschreitenden Mitgliederschwund einstellen.

Literatur

Almond, Gabriel/Verba, Sidney (1963): The Civic Culture. Political Attitudes and Democracy in Five Nations. Princeton: Princeton University Press.

Bellah, Robert N. (1967): Civil Religion in America. In: Daedalus. Journal of the American Academy of Arts and Sciences 96: 1-21.

Berger, Peter L. (1967): The Sacred Canopy. Elements of a Sociological Theory of Religion. New York: Anchor Books.

Bruce, Steve (2002a): God is Dead: Secularization in the West. Oxford: Blackwell Publishers.

Bruce, Steve (2002b): Praying Alone? Church-Going in Britain and the Putnam Thesis. In: Journal of Contemporary Religion 17, 3: 317-328.

Casanova, José (1994): Public Religions in the modern world. Chicago: University of Chicago Press.

Davie, Grace (2000): Religion in Modern Europe: A Memory Mutates. Oxford: University Press.

---

[27] In diese Richtung kann möglicherweise auch der Befund von Traunmüller in diesem Band gedeutet werden, dass sich die Vitalität religiöser Zivilgesellschaften von den Staat-Kirche-Beziehungen entkoppelt.

Davie, Grace (2002a): Europe: The Exceptional Case. Parameters of Faith in the Modern World. London: Darton, Longman & Todd.

Davie, Grace (2002b): Praying Alone? Church-Going in Britain and Social Capital: A Reply to Steve Bruce. In: Journal of Contemporary Religion 17, 3: 329-334.

Davie, Grace (2006) : Religion in Europe in the 21st Century : The Factors to Take into Account. In: Archive European Sociological 47/2: 271-296.

De Tocqueville, Alexis (1976): Über die Demokratie in Amerika. München: DTV [Orig. 1840].

Dobellaere, Karel (2002): Secularization. An Analysis at three Levels. Brussels: European Interuniversity Press.

Durlauf, Steven/Fafchamps, Marcel (2004): Social Capital. The Berkely Electronic Press. http://www.bepress.com/csae/paper214 (download 12.12.2007).

Durkheim, Emile (2005): Die elementaren Formen des religiösen Lebens. Frankfurt/Main: Suhrkamp [Orig. 1922].

European and World Values Surveys four-wave integrated data file, 1981-2004, v.20060423, 2006. Surveys designed and executed by the European Values Study Group and World Values Survey Association. File Producers: ASEP/JDS, Madrid, Spain and Tilburg University, Tilburg, the Netherlands. File Distributors: ASEP/JDS and GESIS, Cologne, Germany.

Field, John (2008): Social Capital. London: Routledge.

Finke, Roger/Stark, Rodney (2006): The Churching of America 1576-2005: Winners and Losers in our Religious Economy. New Brunswick: Rutgers.

Fox, Jonathan (2008): A World Survey of Religion and State. Cambridge: University Press.

Fox, Jonathan (2004): Religion, Civilization, and Civil War: 1945 Through the New Millennium. Lanham: Lexington.

Franzen, Axel/Freitag, Markus (Hrsg.) (2007): Sozialkapital: Grundlagen und Anwendungen. Wiesbaden: VS Verlag.

Gabriel, Oskar W./Kunz, Volker/Roßteutscher, Sigrid/Van Deth, Jan W. (2002): Sozialkapital und Demokratie: Zivilgesellschaftliche Ressourcen im Vergleich. Wien: Facultas.

Gill, Robin (2002). A Response to Steve Bruce´s „Praying Alone?" In: Journal of Contemporary Religion 17, 3: 335-338.

Graf, Friedrich Wilhelm (2004): Die Wiederkehr der Götter. Religion in der modernen Kultur. München: C.H. Beck.

Hall, Peter A. (1999): Social Capital in Britain. In: British Journal of Political Science 29, 3: 417-462.

Hero, Markus/Krech, Volkhard/Zander, Helmut (2008): Religiöse Vielfalt in Nordrhein-Westfalen: Empirische Befunde und Perspektiven der Globalisierung vor Ort. Paderborn u.a.: Schöningh.

Iannaccone, Laurence R. (1991): The Consequences of Religious Market Structure. Adam Smith and the Economics of Religion. In: Rationality and Society 3, 2: 156-177.

Iannaccone, Laurence R. (1994): Why strict churches are strong. In: The American Journal of Sociology. 99, 5: 1180-1211.

Inglehart, Ronald (1990): Culture Shift in Advanced Industrial Society. Princeton: University Press.

Inglehart, Ronald/Welzel, Christian (2005): Modernization, Cultural Change, and Democracy: The Human Development Sequence. Cambridge: University Press.

Lauth, Hans-Joachim/Pickel, Gert/Pickel, Susanne (2009): Methoden der vergleichenden Politikwissenschaft. Eine Einführung. Wiesbaden: VS Verlag.

Liedhegener, Antonius (2007): Civil Engagement by Religion. American Civil Society and the Catholic Case in Perspective. In: Liedhegener, Antonius/Kremp, Werner (Hrsg.): Civil Society, Civic Engagement and Catholicism in the U.S. Trier: Wissenschaftlicher Verlag: 3-15.

Lin, Nan (2009): Social Capital. A Theory of Social Structure and Action. Cambridge: University Press. (7. Ed.)

Luckmann, Thomas (1991): Die unsichtbare Religion. Frankfurt am Main: Suhrkamp.

Newton, Kenneth (1999): Social and Political Trust in Established Democracies. In: Norris, Pippa (Hrsg.): Critical Citizens. Global Support for Democratic Governance. Oxford: University Press.

Parsons, Talcott (1937): The Structure of Social Action. New York: McGraw Hill.

Pickel, Gert (2010): Religionssoziologie. Eine Einführung. Wiesbaden: VS-Verlag.

Pickel, Gert (2009): Secularization as an European Fate? Results from the Church and Religion in an Enlarged Europe Project 2006 In: Pickel, Gert/Müller, Olaf (Hrsg.): Church and Religion in Contemporary Europe. Results from Empirical and Comparative Research. Wiesbaden: VS Verlag: 89-123.

Pickel, Susanne/Pickel, Gert (2006): Politische Kultur- und Demokratieforschung. Grundbegriffe, Theorien, Methoden. Eine Einführung. Opladen: VS Verlag.

Pollack, Detlef (2003): Säkularisierung – ein moderner Mythos? Tübingen: Mohr.

Pollack, Detlef (2009): Rückkehr des Religiösen? (Studien zum religiösen Wandel in Deutschland und Europa, Bd. 2). Tübingen: Mohr.

Pollack, Detlef/Pickel, Gert (2007): Religious Individualization or Secularization? Testing hypotheses of religious change – the case of Eastern and Western Germany. In: British Journal of Sociology 58/4: 603-632.

Pollack, Detlef/Pickel, Gert (2003): Deinstitutionalisierung des Religiösen – Religiöse Individualisierung oder Säkularisierung in West- und Ostdeutschland. In: Kölner Zeitschrift für Soziologie und Sozialpsychologie 55, 3: 455-482.

Putnam, Robert (1993): Making Democracy Work. Civic Traditions in Modern Italy. Princeton: University Press.

Putnam, Robert D. (1995): „Bowling Alone": America´s Declining Social Capital. In: Journal of Democracy 6: 65-78.

Putnam, Robert (2000): Bowling Alone. The Collapse and Revival of American Community. New York: Touchstone.

Putnam, Robert D. (Hrsg.) (2002): Democracies in Flux: The Evolution of Social Capital in Contemporary Society. New York: Oxford University Press.

Putnam, Robert D. (2007): E Pluribus Unum. Diversity and Community in the Twenty-first Century. The 2006 Johan Skytte Price Lecture. In: Scandinavian Political Studies 30, 2: 137-174.

Riesebrodt (2001): Die Rückkehr der Religionen: Fundamentalismus und der ‚Kampf der Kulturen'. München: C.H. Beck.

Robertson, Roland (1972): Einführung in die Religionssoziologie. Mainz: Grünwald.

Roßteutscher, Sigrid (2009): Religion, Zivilgesellschaft, Demokratie. Eine international vergleichende Studie zur Natur religiöser Märkte und der demokratischen Rolle religiöser Zivilgesellschaften. Baden-Baden: Nomos.

Smidt, Corwin (2003): Religion as Social Capital. Producing the Common Good. Waco: Baylor.

Sherkat, Darren/Ellison, Christopher (1999): Recent Developments and Current Controversies in the Sociology of Religion". In: Annual Review of Sociology 25: 363-394.

Stark, Rodney/Bainbridge, William Sims (1987): A Theory of Religion. New Brunswick: Rutgers.

Stark, Rodney/Finke, Roger (2000). Acts of Faith: Explaining the Human Side of Religion. Berkeley: University Press.

Traunmüller, Richard (2009): Religion und Sozialintegration. Eine empirische Analyse der religiösen Grundlagen sozialen Kapitals. In: Berliner Journal für Soziologie 3: 435-468.

Traunmüller, Richard/Stadelmann-Steffen, Isabelle (2010): „Scheckbuch-Partizipation als moderne Form des Engagements. Die Spendenkulturen in den deutschen Kreisen", in: Freitag, Markus & Vatter, Adrian (Hrsg.): *Vergleichende subnationale Analysen für Deutschland. Institutionen, Staatstätigkeiten und politische Kulturen.* München: Lit-Verlag: 345-368.

Van Deth, Jan W. (2002): The Proof of the Pudding: Social Capital, Democracy and Citizenship. In: Van Deth, Jan W.: Social Capital in Democratic Politics. Exeter: University of Exeter. RUSSEL papers: Civic series 3/2002: 7-33.

Westle, Bettina/Gabriel, Oscar W. (2008): Sozialkapital. Eine Einführung. Baden-Baden: Nomos.

Wilson, Bryan R. (1982): Religion in Sociological Perspective. Oxford: University Press.

Wohlrab-Sahr, Monika/Karstein, Uta/Schmidt-Lux, Thomas (2009): Forcierte Säkularität. Religiöser Wandel und Generationendynamik im Osten Deutschlands. Frankfurt: Campus.

Zulehner, Paul (2002): Wiederkehr der Religion? In: Denz, Hermann (Hrsg.): Die europäische Seele. Leben und Glauben in Europa. Wien: Patmos: 23-42.

Religion, Organisationsstrukturen und Aktivbürger – oder: Ist der Protestantismus demokratischer als der Katholizismus?

Sigrid Roßteutscher

1 Demokratischer Vorteil des Protestantismus?

Der Protestantismus ist ein besserer Nährboden für die Demokratie als der Katholizismus. Für dieses von vielen geteilte Pauschalurteil über den demokratischen Vorteil des protestantischen Glaubens lassen sich – offensichtlich – eindeutige empirische Belege vorweisen: alle früh demokratisierenden Nationen sind protestantischer Prägung, katholische Länder gehören durchweg zu den Nachzüglern – Länder in denen die Durchsetzung säkular-demokratischer politischer Systeme erst sehr spät und häufig auch erst nach größeren Konflikten gelang. So hat sich nur die katholische Kirche – Stichwort „Kulturkampf" – regelrechte Schlachten mit dem sich säkularisierenden Staatswesen um Deutungs- und Erziehungshoheit in fast allen gesellschaftlichen Belangen geliefert. Noch gegen Ende des 19. Jahrhunderts untersagte der Papst in Rom den italienischen Bürgern die Teilnahme an demokratischen Wahlen. Der Vatikan und Teile der katholischen Kirche suchten zeitweise in ihrem Abwehrkampf gegen die Kräfte der Säkularisierung sogar den Schulterschluss mit den faschistischen Führern und Systemen Europas. Erst die doppelte Erfahrung von Kommunismus und Faschismus ließ sie ihren Frieden mit dem demokratischen Staatswesen finden, wie es dann während des Zweiten Vatikanischen Konzils in den 1960er Jahren schließlich auch formal bestätigt wurde. Nichts dergleichen passierte in den protestantisch geprägten Nationen. Hier entwickelten sich säkularer Rechtsstaat und demokratisches Regierungssystem in friedlicher Symbiose von Staat und Kirche (vgl. z.B. R. Rémond 2000; S. Roßteutscher 2009).

Auch heute noch zeigen für viele Autoren etliche Evidenzen in Richtung eines demokratischen Vorteils des Protestantismus. Die politischen Partizipations- und Wahlbeteiligungsquoten sind nirgends so hoch wie in protestantischen Ländern (z.B. O. W. Gabriel et. al. 2002; J. Teorell/M. Torcal/J. R. Montero 2007), die Fähigkeit, Mitbürgern Vertrauen zu schenken, ist deutlich stärker ausgeprägt (z.B. V. Kunz 2004; S. Roßteutscher 2010a; S. Zmerli/K. Newton/J. Montero

2007); politische Institutionen und Eliten erfahren eine größere Unterstützung (S. Zmerli 2004; O. Listhaug/K. Ringdal 2008); bürgerschaftliche Normen und Werte werden von mehr Menschen und mit stärkerer Vehemenz geteilt (S. Roßteutscher 2004; S. Zmerli 2010), zivilgesellschaftliche Strukturen und Netze sind dichter und lebendiger (W. Maloney/S. Roßteutscher 2007a; S. Roßteutscher 2009) – ganz allgemein: das Reservoir an Sozialkapital ist deutlich höher als in katholisch geprägten Nationen (S. Roßteutscher 2008; 2010b). So what?

Interessanterweise verweisen fast alle Autoren, die den katholischen Nachteil in punkto Demokratieverträglichkeit erklären wollen, auf spezifisch katholische und spezifisch protestantische Organisationsstrukturen. Selbst Autoren wie Putnam (1993), Inglehart (1999) oder Verba et al. (1995), die im Prinzip aus einer kulturalistischen Perspektive argumentieren, bemühen den Verweis auf grundsätzlich verschiedene Organisationsprinzipien, die dem protestantischen Vorteil bzw. dem katholischen Nachteil zu Grunde lägen. Empirische Belege finden sich allerdings ausgesprochen selten. Diese Lücke versucht dieser Beitrag zu schließen.

Auf der Basis einer Vollerhebung lokaler Zivilgesellschaften ist zunächst eine Antwort auf die Frage zu finden, ob protestantische und katholische Organisationen, Vereine und Netzwerke tatsächlich – wie so unisono vermutet – durch unterschiedliche Organisationsprinzipien gekennzeichnet sind. Im Mittelpunkt steht im Anschluss die Frage nach der Demokratierelevanz solcher Organisationsstrukturen. Konkret: Welchen Einfluss haben organisatorische Merkmale auf die Generierung einer aktiven und ehrenamtlich tätigen Bürgerschaft?[1]

2   Demokratische Organisationsstrukturen oder „Small is beautiful"

Es herrscht (fast) Konsens: die beste, die demokratischste, die zivilgesellschaftlich wertvollste Vereinigung ist klein und besitzt flache Hierarchien. Die Mitglieder sind aktiv, kennen sich unter einander gut und befleißigen sich des toleranten Umgangs miteinander und üben schließlich die hohe Schule deliberativer Konfliktlösung im Alltag des Vereinslebens. So beschreibt Schudson ironisch die gängige Sichtweise: kleine, intime Organisationen sind per se „inherently good", während die „professionalized, staffed, nationalized, computerized operation of the thousands of associations [...] are always bad" (M. Schudson 1998: 280). Fast paradigmatisch auch die Charakterisierung der Debatte seitens Bells: „the Tocquevillian view on civil society predicts that small, well-organized in-

---

[1] Seltenere (alternative) Erklärungen für den vermeintlichen demokratischen Vorsprung des Protestantism, die sich vor allem auf die historische Entwicklung und spezifische Wert- und Normsysteme beziehen, werden hier bewusst ausgeklammert (siehe Roßteutscher 2009: 67-90 für eine ausführlichere Diskussion).

termediary associations affording ample opportunity for participation in local public affairs transform individuals into public-spirited citizens with the capacity to exercise an effective influence on broader public issues" (D. A. Bell 1998: 248). Und umgekehrt: Komplexe und bürokratische Strukturen überfordern Individuen, führen zu ihrer Entfremdung und tragen somit zur Atomisierung moderner Gesellschaften bei (z.b. R. Bellah u.a. 1985: 203-207). Mit der Größe steigt die Bedeutung elitärer Zirkel, welche die Organisation übernehmen und die Rolle des Normalmitglieds marginalisieren. Dieser von der Größe einer Organisation abhängige Trend zur *Oligarchisierung* gilt spätestens seit Michels Untersuchung zur deutschen Sozialdemokratie in den ersten Jahren des vorherigen Jahrhunderts als eine der Grundweisheiten der Organisationssoziologie (R. Michels 1911): Größe führt zur Unüberschaubarkeit, mithin zur Unregierbarkeit, wenn nicht Wenige im Auftrag der Vielen die zentralen Aufgaben der Organisation übernehmen. Daher treffen Prozesse der Oligarchisierung auch Organisationen wie die Arbeiterbewegung, deren ursprüngliches Organisationsziel Mobilisierung und Erhöhung von Beteiligungschancen war. Auf der Ebene des einfachen Mitglieds sind die Effekte negativer Natur: sinkende Partizipationsbereitschaft und zunehmende Entfremdung (D. Knoke 1981). Religiöse Organisationen sind hier keine Ausnahme: „When applied to religious organizations this means that increasing church size will decrease member's ability to sway organizational decisions. [...] This increasingly centralized leadership robs individual members, especially the laity, of control over local church and erodes their commitment" (R. Finke 1994: 7-8).

Die Größe einer Organisation wird so zum entscheidenden Kriterium: je kleiner sie ist, desto aktiver sind ihre Mitglieder, desto besser gelingt die Bildung von Sozialkapital und desto höher ist die Bereitschaft, sich für die Gemeinschaft einzusetzen: „the members of small groups are quite often prompted to become more active in their communities, to help others who may be in need, and to think more deeply about pressing social and political issues" (R. Wuthnow 1994: 346). Kleingruppen minimieren die Neigung zum Trittbrettfahren, da Prestige und Position eines jeden Gruppenmitglieds davon abhängt, dass die anfallenden Aufgaben erfüllt werden. Zudem ist Trittbrettfahren in Kleingruppen weniger wahrscheinlich, da keiner behaupten könne, dass das Engagement des Einzelnen zur Erreichung des Gruppenziels irrelevant sei. Kleine Gruppen sind daher eher in der Lage, das Kollektivgut im Sinne des Gruppenziels zu erreichen und das Verhalten ihrer Mitglieder zu kontrollieren (M. Olson 1965). Dies ist auch ein Grund, warum religiöse Gruppierungen, gerade wenn ihr Anliegen sich sehr auf die Reglementierung der Lebensführung der Anhänger konzentriert, klein sein *müssen*. Und umgekehrt: je größer eine religiöse Organisation ist, desto weniger kann sie erwarten, dass sich ihre Mitglieder am Verhaltens- und Wertekodex der

Organisation orientieren. Sowohl Adam Smith als auch über ein Jahrhundert später Max Weber und vor allem Ernst Troeltsch betonen die Bedeutung der (kleinen) Größe für den Erfolg protestantischer Sekten hinsichtlich des religiösen Verhaltens ihrer Mitglieder: „In little religious sects, [...] the morals of the common people have been almost always remarkably regular and orderly." (A. Smith 1776/1976: 317) Die kleine Gruppe wird so zum Synonym für eine Reihe wünschenswerter Eigenschaften, die sozusagen von alleine aus der Gruppengröße resultieren. Geringe Größe erlaubt flache Hierarchien, demokratische Entscheidungsstrukturen, freien Diskurs, Elitenkontrolle, Offenheit und Partizipation. Nur so hat Partizipation in Gruppen den erzieherischen und sozialisierenden Effekt, fördert demokratische Tugenden und lehrt zivilgesellschaftliche Kompetenzen (z.b. A. Hadenius 2004; G. Fine/B. Harrington 2004). Daher, so Rudolph (2004), ist auch das Gegensatzpaar „hierarchisch – egalitär" zentral, um demokratische Effekte des zivilgesellschaftlichen Sektors bemessen zu können. Egalitäre Organisationen, so Rudolph, erlauben die Beteiligung der Mitglieder an der Zielformulierung und Durchführung assoziativer Tätigkeiten. Mitglieder partizipieren am Status und der Macht der Vereinigung. Hierarchische Organisationen dagegen erziehen Mitglieder zu Regelgehorsam und Befolgung der Direktiven anderer. Abhängigkeiten und klientelistische Beziehungen zwischen Mitglied und Patron werden gepflegt. Daher: „Hierarchical associations are not likely to create the sort of psychological and moral preconditions that generate the social capital considered a precondition for democracy" (S. H. Rudolph 2004: 77).

2.1 „Gute" protestantische und „schlechte" katholische Organisationsstrukturen

Diese kausale Verknüpfung von Vereinsgröße, flacher Hierarchie und innerorganisatorischen Partizipationschancen mit der demokratischen bzw. zivilgesellschaftlichen Qualität einer Gruppe verbirgt sich hinter der relativen Aufwertung des protestantischen Vereinslebens, das Teile der aktuellen amerikanischen Diskussion um Sozialkapital und Zivilgesellschaft charakterisiert: „Protestant and Catholic churches differ [...]. Protestant congregations tend, on average, to be smaller; most Protestant denominations allow for greater lay participation in the liturgy; and most Protestant denominations are organized on a congregational rather than a hierarchical basis" (S. Verba/K. L. Schlozman/H. Brady 1995: 245). Die Gründe, die für den Unterschied zwischen den Konfessionen verantwortlich gemacht werden, sind demnach struktureller oder organisatorischer Natur und haben keinen direkten ideologisch-theologischen Ursprung. Wer sich der „richtigen" Konfession anschließt, darf mit Vorteilen rechnen – für sich selbst und seine Gruppe: „In the United States, African Americans have historically gained greater social capital (networks, norms, and social trust) for civic engagement through horizontally structured Protestant denominations than through vertically structured Roman Catholic institutions" (F. Harris 1995: 279).

Auch Putnam bemüht organisationsstrukturelle Argumente. Die katholische Kirche ist für ihn nicht Teil der Zivilgesellschaft, da sie sich durch „vertical bonds of authority" und nicht durch „horizontal bonds of fellowship" (R. D. Putnam 1993: 107) auszeichne. Vertikale Beziehungen, so Putnam, verbinden Menschen ungleichen Ranges in einer asymmetrischen Beziehung von Hierarchie und Abhängigkeit. Solche vertikalen Beziehungen verstärken Passivität und Unterordnung (J. A. Coleman 2003: 36). In horizontalen Netzwerken dagegen verbinden sich Mitglieder gleichen Status und gleicher Macht miteinander: „Networks within Protestant congregations are traditionally thought to be more horizontal than networks in the Catholic Church" (R. D. 1993: 173).

Der Organisationsstruktur der katholischen Kirche – „the world's longeststanding hierarchical organization" (A. Gill 2001: 118) – wird somit ein starker und negativer Effekt zugeschrieben, der auf eine Unzahl prinzipiell erstrebenswerter demokratischer Tugenden wirkt: geringere Produktion sozialen Vertrauens; weniger Gelegenheiten, zivilgesellschaftliche Kompetenzen zu erlernen; größere *ingroup* Orientierung und Isolationismus; weniger Laienbeteiligung und ehrenamtliches Engagement (siehe z.B. E. M. Uslaner 2002: 242; R. La Porta u.a. 1997: 336; R. Inglehart 1999). Diese (amerikanische) politikwissenschaftliche Sichtweise erhält auch aus (europäischer) religionssoziologischer Perspektive Unterstützung: die „herkömmliche Logik", die den Katholizismus kennzeichne, so Ebertz (1998: 72), ist geprägt von den Zügen einer „Anstalt", in die man als Säugling hineingeboren wird „und deren oktroyierten wie sanktionierten Ordnungen man bis zu seinem Lebensende zur Vermittlung von Heil und Erlösung fraglos unterworfen ist". Die typische Sozialfigur der katholischen Gnadenanstalt ist der „geistliche Untertan" (M. N. Ebertz 1998: 73). Auch Religionshistoriker argumentieren ähnlich, allerdings mit einem sehr unterschiedlichen Blick auf die anglikanische und lutherische Kirche einerseits und Calvinisten und Presbyterianern auf der anderen Seite. So unterscheidet Rémond zwischen eher hierarchisch strukturierten Kirchen und solchen, die zumindest eine gewisse Demokratisierung des Kirchenlebens gestatten. Ganz im Einklang mit Putnam und Verba, Schlozman und Brady formuliert Rémond: „Der Typus der Disziplin lenkt nicht nur die Vorstellung über die Organisation der bürgerlichen Gesellschaft, sondern formt auch Verhaltensweisen, erzeugt Gewohnheiten und sorgt für Empfindlichkeiten. Unter diesem Aspekt unterscheiden sich der Katholizismus, die anglikanische und die lutherische Kirche, die alle die bischöfliche Hierarchie bewahrten, ganz deutlich von den eher presbyterial organisierten Konfessionen calvinistischer oder schottischer Art, die dem Prinzip der Beteiligung der Gläubigen an der Verwaltung des Kirchenlebens folgen" (R. Rémond 2000: 40).

2.2 Innerprotestantische Variationen: „Sekte" oder Kirche?

Die Unterscheidung zwischen „klein = flach = aktiv" und „groß = hierarchisch = passiv" hat – basierend auf Max Weber und von Ernst Troeltsch ins Detail weiter entwickelt – eine lange religionssoziologische Geschichte. Die Sekte gilt hier als Prototyp der exklusiven, kleinen Vereinigung, die Kirche oder Konfession als ihr inklusives, großes Gegenstück. Während die Kirche oder Konfession ihre Mitglieder qua Geburt (und/oder Kinder- bzw. Babytaufe) erhält und keine gesonderten Mitgliedskriterien aufbaut, beruht der Typ der Sekte auf Erwachsenenkonversion und verbindlichen sowie häufig anspruchsvollen Mitgliedschaftskriterien – eine „believers' church", eine „Gemeinschaft der persönlich Gläubigen und Wiedergeborenen" (M. Weber 1904/2000: 111). Allerdings: Weber bezieht sich nicht auf den Protestantismus an sich, sondern meint vor allem Baptisten, Mennoniten und Quäker – Sekten, die exklusive auf Erwachsenenkonversion und auf Engagement und religiöser Disziplin beruhende Mitgliedschaftskriterien besitzen. Luthertum, Katholizismus und Calvinismus dagegen sind in dem Sinne Kirche und nicht Sekte, da unter ihrem Dach Gläubige und Ungläubige, Aktive und Inaktive vereint sind (M. Weber 1904/2000: 111). Wie Weber betont Troeltsch das inklusive Element der Kirche: Sie will ein „universales alles beherrschendes Ideal" gegenüber der Welt und Masse geltend machen (E. Troeltsch 1922/1961: 368). Sekten zeichnen sich neben ihrer Exklusivität zudem durch Askese und ihren Kleingruppencharakter aus – Eigenschaften, welche die Sekte in den Gegensatz zur säkularen Gesellschaft, aber auch zur Kirche stellen. Sektiererische Traditionen leben von einer strengen Grenzziehung zwischen sich und der Umwelt und versuchen „unspotted from the world" zu verbleiben. Im Gegensatz dazu haben Kirchentraditionen gerade unter mono-konfessionellen Umständen weltliche Institutionen „umarmt" und zu leiten versucht (J. Madeley 2003: 36). Sekten zeichnen sich daher durch wenig komplexe, flache Organisationsprinzipien aus, besitzen hochgradig motivierte Mitglieder, die sich oft aus unteren Schichten speisen und bilden engmaschige gruppeninterne Beziehungen. Praktiziert wird ein „Laienchristentum" basierend auf religiöser Gleichheit und Brüderlichkeit. Die Ablehnung offizieller Kirchenvertreter, „Seelenführer" und Theologen resultiert aus der Berufung auf das Neue Testament und die Urkirche (E. Troeltsch 1922/1961: 370). Die Kirche oder Konfession repräsentiert das Gegenteil: groß, bürokratisch, hierarchisch, unpersönlich, angepasst an die gesellschaftlich dominanten Verhältnisse und mit den gehobenen Schichten verbündet: „Unter diesen

Umständen war dann aber auch der Kompromiß mit den Staatsgewalten, der gesellschaftlichen Ordnung, den ökonomischen Lebensbedingungen unausweichlich [...] (E. Troeltsch 1922/1961: 369). Die ganze lutherische Denkweise, schreibt Troeltsch gehört „von Hause aus wesentlich dem Kirchentypus" an (1922/1961: 448). Zwar tritt an die Stelle der (katholischen) hierarchischen Sakramentskirche die Schrift- und Predigerkirche, aber auch sie ist „Anstalt", „völlig unabhängig von dem Eintreten oder Nicht-Eintreten der subjektiven Bekehrungswirkungen" (449). Solche Kirchentraditionen haben jeweils spezifische Anpassungen an die „Welt" unternommen und Soziallehren entwickelt, welche die Autorität des Staates legitimieren. Luthers Vorstellung von Uniformität, Einheit und allgemeiner Herrschaft der Kirche mündet daher fast zwangläufig in die Errichtung einheitlicher Staats- und Landeskirchen (E. Troeltsch 1922/1961: 458-459).

Der Calvinismus schließlich geht einen großen Schritt Richtung Freiwilligkeitskirche, bleibt aber in vieler Hinsicht der Idee der Anstaltskirche verhaftet. Er besitzt daher eine Doppelstruktur, die ihn von Katholizismus und Luthertum unterscheidet: „Die Kirche des Calvinismus ist Bekenntnis- und Volkskirche; Heiligungsgemeinschaft und Heilsanstalt, Freiwilligkeits- und Zwangskirche zugleich, indem vorausgesetzt wird, daß alle Erwählten bei genügender Belehrung dem Geist der Wahrheit ihr Ohr öffnen, und indem gefordert wird, daß alle Nichterwählten Gott zur Ehre und zum Schutze der Erwählten niederzuhalten und an öffentlicher Aeußerung ihres Unglaubens wie ihrer Sittenlosigkeit gehindert werden müssen" (E. Troeltsch 1922/1961: 730). Erst dort, wo sich der Calvinismus mit Pietismus und Freikirchentum verbindet, und somit die Idee einer die gesamte Kultur einheitlich zu beherrschenden Autorität aufgibt, mutiert er zur Freiwilligkeitskirche und Sekte (E. Troeltsch 1922/1961: 733-734). Erst das freikirchliche Prinzip tritt in eine geistige und organisatorische „Verbindung mit der Demokratie" (E. Troeltsch 1922/1961: 733).

Ausgehend von Weber und Troeltsch ist das Luthertum so sehr „Anstaltskirche" wie der Katholizismus. Selbst der Calvinismus, auch wenn er gewisse Organisationsprinzipien der Sekte übernimmt, ist mindestens zur Hälfte Kirche, da er den Anspruch erhebt, Gläubige und Ungläubige, Aktive und Inaktive zu umfassen und zu reglementieren. Erst die Lösung von diesem Anspruch führt in der Freikirche zur Durchsetzung des Freiwilligkeitsprinzips, der Gleichheit der Gläubigen und somit auch zur Kreation flacher, dezentraler Strukturen innerkirchlicher Mitbestimmung. Wollte man somit eine Rangfolge der Konfessionen hinsichtlich ihres Kirchencharakters (und somit ihres Charakters als umfassende, große, hierarchische Organisationen) bilden, so würde man mit dem Katholizismus beginnen müssen, mit dem Luthertum quasi auf gleicher Höhe, gefolgt vom Calvinismus hin schließlich zum Organisationsprinzip der kleinen, dezentralen, nicht-hierarchischen Freiwilligkeitskirche, das sich erst in den post-calvinistischen Sekten bzw. dort, wo der Calvinismus die freikirchliche Form wählen musste, da ihm die Implementierung eines Staatskirchentums nicht gelang (E. Troeltsch 1922/1961: 739-740), in Reinform materialisierte. Nicht der Protestantismus an sich ist demokratischer als der Katholizismus, sondern eine ganz bestimmte Variante des Protestantismus, nämlich die von Weber und Troeltsch hervorgehobenen Täuferbewegungen, der Pietismus, der Kongregationalismus, die Mennoniten, Methodisten und Adventisten – Formen des Protestantismus, die das religiöse Leben Amerikas bestimmen. Hier liegt in der Tat die Wurzel der (amerikanischen) Gleichsetzung von Protestantismus mit kleinen, flachen Organisationsstrukturen, denn es sind diese Sekten, die in den USA den *mainstream* bilden und im europäischen Kontext nur Randerscheinungen geblieben sind.

2.3 Organisationsstruktur, Konfession und Demokratie

Aus der theoretischen Diskussion um Organisationsformen, Sozialkapital und Demokratie lässt sich zunächst ein Schluss ziehen: Konfession ist irrelevant; kleine Gruppen sind besser als große. Aus dem Kleingruppenprinzip werden alle weiteren demokratierelevanten Eigenschaften abgeleitet: flache Hierarchien, dezentrale Struktur, hohes Maß an innerorganisatorischer Partizipation. Aus dieser organisationstheoretischen Überlegung heraus lassen sich somit zunächst zwei Grundannahmen formulieren:

1. Kleine (mitgliederarme) Organisationen sind intern demokratisch, da sie flach und dezentral organisierbar sind. Da die Neigung zum Trittbrettfahren minimiert wird, ist die Mitgliederpartizipation hoch.

2. Umgekehrt gilt: große (mitgliederstarke) Organisationen neigen zur Ausbildung interner Hierarchien, die Differenzierung und Professionalisierung zur Folge haben, welche wiederum die Mitgliederpartizipation unterdrücken.

Aus diesen grundsätzlichen organisationstheoretischen Überlegungen wird der demokratische Vorteil protestantischer Organisationen abgeleitet. Dies geschieht, indem beide Organisationstypen mit Konfession in Beziehung gesetzt werden. Dem Protestantismus wird die kleine, flache, dezentrale Organisationsstruktur unterstellt, der Katholizismus mit großen, bürokratischen zentralistischen Organisationen gleichgesetzt. Nimmt man die Ursprungsargumente, wie sie von Weber und Troeltsch zu Beginn des 20. Jahrhunderts formuliert wurden, ernst, so sollten sich allerdings drittens große innerprotestantische Unterschiede ergeben: Lutherische Organisationen sind katholischen Organisationen sehr ähnlich. Größe, Hierarchie, Zentralismus und Mitgliederapathie verringern sich vom Luthertum über den Calvinismus und erreichen erst in den aus dem Calvinismus hervorgegangen Sekten den Idealtypus der kleinen, dezentralen, partizipativen Gruppe. Viele der hier angeführten Argumente zum Zusammenhang zwischen Organisationsstruktur und Konfession harren einer empirischen Bestätigung. Inwieweit unterschiedliche Konfessionen in der Tat zu unterschiedlichen Organisationsmustern neigen, und – das ist der entscheidende Punkt – diese Organisationsmuster tatsächlich erklären können, warum manche Gruppen Partizipation und Engagement fördern und andere nicht, ist zunächst eine empirische Frage. Immerhin sind auch die vorliegenden Studien zur Wirkung von Vereinsgröße und innerorganisatorischen Hierarchien alles anderer als eindeutig (siehe z.B. R. Finke 1994; L. J. Pinto/K. E. Crow 1982; J. L. Guth et al. 2003; C. Smidt et al. 2003, als Zusammenfassung siehe auch S. Roßteutscher 2009: 71ff.)

3 Datenbasis und empirische Ergebnisse

Den im Folgenden dargestellten Analysen liegen die Ergebnisse eines internationalen Verbundsprojektes zu „Citizenship, Involvement, Democracy (CID)" zu Grunde, das durch eine Mischfinanzierung seitens der European Science Foundation (ESF) für die internationale Kooperation, sowie der DFG und der Anglo-German Foundation for the Study of Industrial Societies (AGF) für die deutschen Studienkomponenten realisiert werden konnte. Die CID-Studie bestand aus zwei zentralen Komponenten, die von den nationalen Forscherteams in enger Kooperation und Abstimmung mit der CID-Gruppe durchzuführen waren: einer international vergleichenden Repräsentativstudie (vgl. J. W. van Deth/J. R. Montero/A. Westholm 2007) sowie einer Vollerhebung lokaler Zivilgesellschaften in insgesamt 8 Nationen und 12 Gemeinden und Städten Europas – die CID-Organisationsstudie (vgl. W. Maloney/S. Roßteutscher 2007b).[2] Alle im lokalen Umfeld aktiven Vereine, Organisationen und Netzwerke wurden im Kontext dieser Organisationstudie gebeten, einen circa vierseitigen Fragebogen auszufüllen mit der Bitte um Angabe zu zentralen Organisationsprinzipien, inhaltlicher Ausrichtung, finanzieller Ausstattung sowie diversen Angaben zu ihren Mitgliedern. Tabelle 1 präsentiert die Basiszahlen der Erhebung.

---

[2] Fragen der Repräsentativität stellen sich hier eigentlich nur indirekt, da die Studie auf Vollerhebungen lokaler Zivilgesellschaften beruhen, also kein wie auch immer geartetes Stichprobendesign angewendet wurde. Natürlich repräsentieren die ausgewählten Städte und Kommunen zunächst nur sich selbst und sind nur bedingt repräsentativ für Deutschland, Spanien, die Niederlande, etc. Für Details zu Studiendesign, Fallauswahl siehe Font et. al. 2007; Roßteutscher 2009: 22ff.) sowie die Projekt-Webseite unter http://www.mzes.uni-mannheim.de/projekte/cid.

Tabelle 1: Die CID-Organisationsstudie

	Zahl der Einwohner	Anzahl Vereine und Gruppen insgesamt	Rücklauf in Prozent	Vereine im Datensatz (Rücklauf)
Mannheim	319 944	5002	32,3	1618
Vaihingen	27 700	437	60,9	266
Althütte	4 044	49	71,4	35
Chemnitz	259 246	1388	49,5	687
Limbach	27 552	309	62,8	194
Bobritzsch	4 887	53	73,6	39
Enschede	150 499	1658	49,6	822
Lausanne	125 238	925	51,1	473
Bern	122 537	1198	55.5	665
Sabadell	185 270	1129	31,9	360
Aalborg	161 661	2031	50,4	1023
Aberdeen	212 650	1907	26,19	497
insgesamt	*1 601 228*	*16 086*	*41,5*	*6679*

Tabelle 2 zeigt die hochgradig unterschiedliche Position des religiösen Sektors im Kontext des gesamten Organisationssektors. In den westdeutschen Kleinstädten ist circa die Hälfte des gesamten organisatorischen Angebots religiöskonfessionell geprägt. In Mannheim und Chemnitz sind immerhin noch beinahe 30 Prozent aller Vereine konfessionell gebunden. Damit dokumentieren diese ersten Werte auch die relativ hohe Bedeutung der Religion in Deutschland im europäischen Kontext. Nur im schottischen Aberdeen mit 22 Prozent sowie im spanischen Sabadell mit 19 Prozent erreicht der religiöse Sektor einen Umfang, der ihn im Vergleich zum säkularen Sektor von Bedeutung erscheinen lässt. In allen anderen europäischen Gemeinden sind religiöse Organisationen an den Rändern des Organisationsspektrum angesiedelt, wenn nicht sogar – wie in Aalborg oder Lausanne – völlig marginalisiert. Überraschend ist zudem wie sehr die Vereinslandschaft zu Beginn des 21. Jahrhunderts noch immer die historischen Grundzüge der konfessionellen Prägungen widerspiegelt und auch auf der Basis lokaler Zivilgesellschaften Typen gemischt-konfessioneller Traditionen (Mannheim, Enschede, Bern, Lausanne), lutherischer Prägung (Chemnitz, Aalborg), calvinistischer Dominanz (Aberdeen) und katholischer Hegemonie (Sabadell) ersichtlich werden.

Tabelle 2:   Die konfessionelle Komposition europäischer Zivilgesellschaften

	Prozent religiöser Vereine/ Gruppen	Anteil Katholisch	Anteil lutherisch	Anteil calvinistisch	Anteil protestantische Sekten[2]	Anteil anderer Religionen[3]
Mannheim	27,0	51,7	33,6	-	0,5	10,8
Vaihingen	44,7	22,7	45,4	-	2,5	24,4
Althütte	51,4	11,1	88,9	-	-	-
Chemnitz	28,4	8,7	75,4	-	-	12,8
Limbach	29,4	3,5	89,5	-	-	1,8
Bobritzsch	43,6	-	100,0	-	-	-
Enschede	11,2	17,4	4,3	18,5	34,8	23,9
Lausanne	6,1	31,0	-	17,2	3,4	10,3
Bern	8,3	21,8	-	23,6	12,7	16,4
Sabadell	18,9	79,4	-	-	10,3	-
Aalborg	5,5	1,8	71,4	-	8,9	3,6
Aberdeen	21,7	1,9	1,9	62,0	16,7	4,6

Anmerkungen: zu 100 Prozent fehlen: nicht-konfessionelle Organisationen mit religiösen Anliegen (hauptsächlich Chöre), nicht codierbare Fälle.
[2] Baptisten, Pfingstbewegungen, Methodisten, Mennoniten, etc. In Enschede auch Neo-Calvinisten.
[3] Muslimisch, orthodox, jüdisch, hinduistisch etc.

3.1   Gibt es den organisatorischen Unterschied?

An dieser Stelle muss zunächst geklärt werden, ob sich katholische und protestantische Organisationen überhaupt strukturell grundsätzlich voneinander unterscheiden, wie dies so gerne vermutet wird. Mit anderen Worten: zeichnen sich katholische Vereine durch größere, hierarchischere und professionellere Strukturen aus als ihre protestantischen Gegenstücke? Ausgehend von Weber und Troeltsch behandelt die Organisationstheorie Gruppengröße als den ausschlaggebenden Faktor – alle anderen Wesensmerkmale sind Ausdruck und Ergebnis der numerischen Zahl. Sind Organisation groß, können sie nicht länger effizient von den Mitgliedern gesteuert werden, Organisationseliten entstehen, der Grad der Professionalisierung wächst und die gruppeninterne Arbeitsteilung steigt. Ergebnis ist der zunehmende Ausschluss einfacher Mitglieder von den zentralen Informationsflüssen und den vereinsinternen Entscheidungsprozessen (z.B. H. Kriesi 2007: 121f.). Großgruppen sind daher auch zunehmend von der Arbeit professioneller Angestellter abhängig, was wiederum den Finanzbedarf solcher Organisationen drastisch erhöht. Dieser lässt sich seltener über Beiträge der Mitglieder realisieren und die Abhängigkeit von externen Finanzierungsmöglichkeiten wächst. In der Denkweise der Rational Choice-Schule wird damit die Spirale der Entfremdung von der Mitgliederbasis weiter in Gang gesetzt, da sich einerseits die Interessen der Organisation stärker an den Interessen des Hauptfinanciers (Staat, Markt, etc.) ausrichten und die Mitglieder eine wichtige Kontrollfunktion und damit auch Drohpotential verlieren. Nur Organisationen, so das Argument, die auch finanziell von ihren Mitgliedern abhängen, werden versuchen sich an deren Interessen auszurichten und die Mitglieder zum Engagement zu bewegen: „Since organizations rely upon the people for their voluntary support of time and money, (...), organizations *must meet the needs of the people* to survive. In other words, the churches must effectively market their religion to the people, not the state" (R. Finke 1990: 617). Tabelle 3 zeigt zunächst die Verteilung solcher Organisationsmerkmale. Als Vergleichsmaßstab wird in allen Belangen die typische Organisationsstruktur säkularer Organisationen herangezogen.

Das vielleicht erstaunlichste Resultat vorweg: katholische Organisationen sind klein – sehr viel kleiner als die durchschnittliche nicht-religiöse Organisation, aber auch deutlich kleiner als Organisationen anderer Konfession. Die Ausnahme bilden lutherische Vereine, die im Schnitt sogar noch kleiner sind als katholische. Die größten Organisationen finden sich im calvinistischen Sektor, sie haben durchschnittlich sogar 44 Mitglieder mehr als säkulare Organisationen. Der Anteil sehr kleiner Organisationen (unter 50 Mitglieder) ist im religiösen Kontext generell hoch – mit Ausnahme der Calvinisten und Organisationen im Umfeld protestantischer Sekten. Hier finden sich sehr wenige Kleingruppen, aber erstaunlich viele Organisationsriesen mit mehr als 500 Mitgliedern. Übertragen sich diese deutlichen Unterschiede hinsichtlich der Organisationsgröße – wie theoretisch zu erwarten – in Unterschiede hinsichtlich Finanzierung und Grad der Professionalisierung?

Sigrid Roßteutscher

Tabelle 3: Organisationsgröße und Ausmaß der Profesionalisierung

Größe	Durschnitt Mitglieder	Unterschied zum säkularen Sektor	% kleiner Organisationen (< 50)	% sehr großer Organisationen (500 +)
Säkular	165		42,9	13,6
Katholisch	102	-63	64,5	8,4
Lutherisch	55	-110	82,8	2,5
Calvinistisch	209	+44	40,9	25,4
Protest. Sekten	133	-32	44,9	6,2
Andere Religion	128	-37	56,1	8,0

Personal	Durchschnitt bezahltes Personal	Unterschied zum säkularen Sektor	% ohne Angestellte	Unterschied zum säkularen Sektor
Säkular	11		68,2	
Katholisch	10	-1	70,9	+2,7
Lutherisch	9	-2	65,9	-2,3
Calvinistisch	13	+2	45,5	-22,7
Protest. Sekten	18	+7	54,3	-13,9
Andere Religion	3	-8	66,0	-2,2

Jahresbudget	Ohne oder weniger als 1000 € per anno	500.000 € und mehr	Durschnitt Jahresbudget[1] in €	Unterschied zum säkularen Sektor
Säkular	11,6	19,6	136.049	
Katholisch	31,4	17,8	111.035	-25.014
Lutherisch	43,9	7,6	58.523	-77.526
Calvinistisch	19,0	26,9	172.875	+36.826
Protest. Sekten	21,2	12,1	105.587	-30.462
Andere Religion	26,2	8,7	69.361	-66.688

Quelle des Einkommens	Privat (Mitgliederbeiträge/ Spenden)	Unterschied zum säkularen Sektor	Öffentlich (Kommune, Land, Staat)	Markt (Vermarktung, Dienstleistungen, Verkauf, etc.)	Dachorganisation
Säkular	46,1		13,5	15,0	4,2
Katholisch	45,0	-1,1	7,7	7,4	17,1
Lutherisch	45,1	-1,0	9,9	5,1	27,5
Calvinistisch	63,3	+17,2	0,8	12,5	8,2
Protest. Sekten	57,3	+11,2	6,4	10,0	6,0
Andere Religion	52,0	+5,9	11,4	7,1	8,5

Anmerkungen: Gewichtete Daten (N=1000, pro Gemeinde), ohne kleinere ost- und westdeutsche Gemeinden.

[2] Die finanzielle Ausstattung wurde in den beteiligten Gemeinden auf sehr unterschiedliche (offene und geschlossene) Weise erfragt. Zur Berechnung des durchschnittlichen Einkommens wurden die Mittelwerte der jeweiligen Kategorialspanne genutzt (z.B. Kategorie 0 bis 1000 € wurde als 500 € Einkommen codiert). Außerdem wurden die beiden höchsten Kategorien (mehr als 1 Mio € und mehr als 10 Mio €) zusammengefasst und als 1 Mio € codiert, um die Mittelwertberechnung nicht durch sehr wenige, extrem reiche *outliers* zu sehr zu irritieren (von insgesamt 6679 Organisationen sind nur 35 in der höchsten Einkommensklasse zu finden). Vgl. auch Kriesi 2007: 122f.

Lokale zivilgesellschaftliche Organisationen entsprechen noch heute in hohem Maße dem klassischen mitgliederbasierten Vereinsmodel wie es sich im 19. Jahrhundert entwickelte. Ungefähr zwei Drittel aller Organisationen operieren ohne angestelltes Personal. Ausnahmen finden sich nur dort, wo auch die Vereine überdurchschnittlich groß waren: bei calvinistischen Vereinen und Organisationen protestantischer Sekten. Hier dominiert die professionalisierte Organisation, die mit Hilfe bezahlter Beschäftigter gesteuert wird. Dieses Muster spiegelt sich in der Einkommensstruktur direkt wider. Während katholische und lutherische Organisationen häufig ganz ohne Einkommen rechnen müssen, ist der Anteil „armer" Vereine im calvinistischen Umfeld sehr viel geringer, der Anteil „reicher" Organisationen mit einem Jahresbudget über 500.000 Euro dagegen sehr viel größer. Erstaunlicherweise sind gerade calvinistische Organisationen und Vereine aus dem Sektenmilieu in ihrer Finanzierung sehr viel stärker von ihren Mitgliedern abhängig als dies bei katholischen oder lutherischen Organisationen der Fall ist. Damit weisen zwei der drei Organisationsmerkmale auf einen möglichen partizipatorischen Nachteil calvinistischer Vereine und Sektenorganisationen: sie sind groß und in relativ hohem Ausmaß professionalisiert. Das dritte Merkmal – die Quelle des Einkommens – sollte dagegen partizipationsanregend wirken, da die finanzielle Mitgliederabhängigkeit nirgends so ausgeprägt ist wie im Kontext des nicht-lutherischen Protestantismus.

Die Religionssoziologie seit Weber und Troeltsch verbindet Katholizismus zudem mit vertikalen und zentralisierten Strukturen, während der Protestantismus auch in gängigen Sozialkapital-Ansätzen mit flachen, horizontalen und dezentralisierten Organisationsstrukturen gleich gesetzt wird. Tabelle 4 spricht eine andere Sprache. Nirgendwo sind so viele Organisationen komplett informell und flach strukturiert wie im katholischen und lutherischen Sektor, dagegen sind ein Viertel aller calvinistischen Vereine hoch institutionalisiert, besitzen also alle Eigenschaften, die das moderne Vereinsrecht erlaubt: von der Vereinssatzung und der regelmäßigen Mitgliederversammlung über Vorsitzende, Schatzmeister, Protokollführer, Sekretariat, Geschäftsführungen bis hin zu spezifischen Unterausschüssen und Vorständen.

Tabelle 4 zeugt zudem von einer Spezialität des religiösen Sektors insgesamt: ein extrem hoher Anteil aller Vereine ist Mitglied einer Dachorganisation (in der Regel der Kirchengemeinde oder regionalen bzw. nationalen Verbänden). Nichtreligiöse Vereine dagegen organisieren sich sehr viel häufiger autark und dezentral. Aber ist aus dem Ausmaß der Institutionalisierung vereinsinterner Entscheidungs- und Arbeitsteilungsmechanismen oder der Einbettung in organisatorische Supra-Einheiten grundsätzlich ein partizipatorischer Nachteil zu erwarten? Ist Hierarchie und die mit ihr einhergehende Professionalisierung von Informationsflüssen vielleicht sogar mobilisierend und aktivitätssteigernd (M. A. Warren

2003: 55; C. Smith 2003: 26)? Immerhin entsprechen gewisse formale Regelungen der vereinsinternen Entscheidungsfindung der Grundidee demokratischen Regierens wie es sich im „classic secondary association model" (L. Torpe/M. Ferrer-Fons 2007: 96) bis heute verwirklicht und verhindern auch die einseitige Übernahme der Organisationsanliegen durch übereifrige Vereinseliten. Demokratisierung war auch historisch das Anliegen der „neuen" Vereine im 19. Jahrhundert, die gerade in Deutschland den monarchistischen Staat durch die bewusste Implementierung der Kernprinzipien demokratischen Regierens – Konstitutionalismus, Gleichheit der Mitglieder und Elitenselektion durch regelmäßige Wahlen – herauszufordern suchten (S. Roßteutscher 2002).

Tabelle 4: Ausmaß der Institutionalisierung

Interne Hierarchie	% völlig flach oder informell[1]	% völlig institutionalisiert oder formell[2]	Durchschnittsgrad der Institutionalisierung[3]	% Mit demokratischen Strukturen[4]	Unterschied zum säkularen Sektor	% mit professionellen Strukturen[5]	Unterschied zum säkularen Sektor
Säkular	3,8	11,6	5,5	74,9		29,5	
Katholisch	22,2	5,5	3,2	32,5	-42,4	22,1	-7,4
Lutherisch	32,9	4,1	2,6	34,4	-40,5	14,4	-15,1
Calvinistisch	11,3	25,5	5,0	55,1	-19,8	44,2	+14,7
Protest. Sekten	5,0	9,9	5,3	49,3	-25,6	40,6	+11,1
Andere Religion	6,1	14,1	4,8	56,1	-18,8	25,6	-3,9

Externe Hierarchie	Mitglied Dachorganisation	Unterschied zum säkularen Sektor	Organisation ist Dachorga.
Säkular	47,0		11,6
Katholisch	86,7	+39,7	7,9
Lutherisch	94,0	+47,0	2,1
Calvinistisch	86,3	+39,3	24,4
Protest. Sekten	63,7	+16,7	14,4
Andere Religion	69,6	+22,6	12,5

Anmerkungen: Gewichtete Daten verwendet (N=1000, pro Gemeinde), ohne kleinere ost- und westdeutsche Gemeinden. Einträge sind Mittelwerte und Prozentsatzdifferenzen zum säkularen Sektor. Gefragt wurde, ob die Organisation folgende Einrichtungen besaß: (1) Vorsitzenden, (2) Vorstand, (3) Geschäftsführung, (4) Sekretariat, (5) Schatzmeister/Kassenwart, (6) Ausschüsse/Arbeitskreise für besondere Aufgaben, (7) Mitgliederversammlung, (8) Satzung/Verfassung.
[1] Organisationen ohne all diese Einrichtungen.
[2] Organisationen mit all diesen Einrichtungen.
[3] Sumenindex aus allen 8 Items, Skala von 0 (nichts davon) bis 8 (alle).
[4] Summenindex aus (7) Mitgliederversammlung und (8) Satzung, Skala von 0 (nichts davon) bis 2 (beide).
[5] Summenindex aus (3) Geschäftsführung (6) Ausschüsse/Arbeitskreise für besondere Aufgaben, Skala von 0 (nichts davon) bis 2 (beide).

Ein Blick auf Tabelle 4 offenbart somit drei unterschiedliche Organisationsmo-
delle: im säkularen Organisationsumfeld vereinigen sich ein relativ hoher Grad
interner Formalisierung und Institutionalisierung demokratischer Grundprinzipien mit einem geringen Ausmaß externer Abhängigkeit bzw. dezentralen Vereinsstrukturen. Der Calvinismus (und dies trifft in hohem Maße auch auf die
protestantischen Sekten zu) steht für ein zweites Modell: Intern ebenfalls stark
formalisiert, wobei vor allem auch Mechanismen professioneller Arbeitsteilung
implementiert werden. Dies geht einher mit fast vollständiger Einbettung in
organisatorische Supra-Strukturen. Calvinistische Organisationen sind somit
sowohl intern als auch extern vertikal strukturiert. Katholische (und lutherische)
Organisationen folgen einem dritten Weg: intern flach und informell, extern an
hierarchische Supra-Strukturen gebunden. Ob und in welchem Umfang solche
Organisationsmerkmale und -modelle den postulierten Einfluss auf Mitgliederpartizipation ausüben, soll im Folgenden geklärt werden.

3.2 Organisationsstrukturen und aktive Zivilgesellschaften

Organisationen besitzen in der Regel drei Typen von Mitgliedern: zunächst den
oft sehr großen Pool an rein passiven Mitgliedern – Personen, die zwar ihren
Vereinsbeitrag regelmäßig überweisen und somit für die finanzielle Basis des
Vereins von großer Bedeutung sind, sich ansonsten aber so gut wie nie an den
Aktivitäten der Organisation beteiligen. Aktive Mitglieder dagegen sind im Verein präsent. Sie nehmen an Sitzungen und vereinsinternen Beratungen teil und
partizipieren – je nach Ausrichtung des Vereins – an den sozialen, religiösen,
sportlichen, musischen oder sonstigen Angeboten der Organisation. Ehrenamtli-
che sind schließlich die anspruchsvollste Kategorie der Mitgliedschaft, da sie mit
ihren Tätigkeiten das Vereinsangebot überhaupt erst ermöglichen. Sie stellen als
Vorsitzende, Protokollführer oder Schatzmeister die (ehrenamtliche) Vereinseli-
te, sie organisieren das Sommercamp für Jugendliche, sie sind die Trainer im
Freizeitverein oder die Organisatoren einer kirchlichen Suppenküche. Aus einer
Sozialkapitalperspektive aber auch aus der Sicht partizipativer und deliberativer
Demokratietheorien interessieren ausschließlich aktive und ehrenamtliche Mit-
glieder und viel weniger die Masse der passiven Mitglieder, da nur Aktive das
Einmaleins der kleinen Vereinsdemokratie erlernen, da vor allem sie soziales
Vertrauen und Reziprozitätswerte durch Umgang mit Menschen anderer Her-
kunft entwickeln, da sie Kollektivgutorientierung und Gemeinsinn verinnerli-
chen, da nur sie deliberative, kommunikative Kenntnisse erlangen und sich in
Toleranz im Umgang mit Andersdenkenden üben müssen und da nur sie über die
soziale Partizipation auch in eine politisch aktive Bürgerrolle wachsen (können).

Tabelle 5 dokumentiert die Verteilung der drei Mitgliedschaftstypen in den verschiedenen konfessionellen Organisationen im Vergleich zur säkularen Vereinslandschaft.

Tabelle 5: Zivilgesellschaftliche Partizipation

Partizipation	Mitglieder insgesamt		Aktive Mitgieder		Ehrenamtliche	
Säkular	165		88		23	
Katholisch	89	-76	49	-39	22	-1
Lutherisch	55	-110	27	-61	13	-10
Calvinistisch	211	+46	136	+48	61	+38
Protest. Sekten	129	-36	79	-9	48	+25
Andere Religion	165	0	54	-34	29	+6

	Verhältnis von ...			
Gruppeninterne Mobilisierung	Aktiven Mitgliedern zu Mitgliedern insgesamt[1]		Ehrenamtliche zu Mitgliedern insgesamt[1]	
Säkular	59		23	
Katholisch	69	+10	40	+17
Lutherisch	72	+13	37	+14
Calvinistisch	70	+11	28	+5
Protest. Sekten	74	+15	30	+7
Andere Religion	62	+3	39	+16

Anmerkungen: Gewichtete Daten verwendet (N=1000, pro Gemeinde), ohne kleinere ost- und westdeutsche Gemeinden. Einträge sind Mittelwerte und Prozentsatzdifferenzen zum säkularen Sektor.
[1] Skala von 0 bis 1, multipliziert mit 100, d.h. ein Wert von 0 bedeutet, daß kein Mitglied auch aktiv ist oder ehrenamtlich tätig ist, ein Wert von 50 bedeutet, daß 50 Prozent der Mitglieder auch aktiv/ehrenamtlich tätig sind und ein Wert von 100, daß alle Mitglieder auch aktiv/ehrenamtlich tätig sind.

Grundsätzlich finden sich in den untersuchten Städten und Gemeinden im säkularen Sektor mehr aktive und ehrenamtliche Partizipation als im religiösen Sektor – die Ausnahme stellen wiederum die Calvinisten. Hier scheint sich Vereinsgröße direkt in Partizipationsraten umzusetzen. Je höher die Mitgliederzahl insgesamt (also vor allem in der säkularen und calvinistischen Vereinswelt), desto höher ist auch das Ausmaß an Aktivität und Ehrenamtlichkeit. Katholische und lutherische Organisationen sind klein, müssen daher auch mit wenig Aktiven und Ehrenamtlichen auskommen. Da eine solch rein quantitative Betrachtungsweise nur einen Aspekt abbildet, zeigt die zweite Hälfte von Tabelle 5 vereinsinterne Mobilisierungskapazitäten. Zugrunde liegen nun die jeweiligen Mitgliederzahlen, evaluiert wird, welcher Anteil der Mitglieder von der Organisation zur Partizipation und Ehrenamtlichkeit aktiviert werden kann. Hier erweist sich nun ein eindeutiger Mobilisierungsvorteil religiöser Organisationen aller Couleur im Vergleich zur nicht-religiösen Vereinswelt. Während sich hinsichtlich der Generierung von Aktiven aus dem Mitgliederpool quasi keine konfessionellen Unterschiede zeigen, sind katholische und lutherische Organisationen außergewöhnlich erfolgreich in der Generierung ehrenamtlichen Engagements (erfolgreicher als säkulare aber auch als calvinistische oder Sektenorganisationen). Können wir nun schließlich den Partizipationsvorteil säkularer und calvinistischer Organisationen sowie den Mobilisierungsvorteil aller religiöser Organisationen mit Verweis auf spezifische Organisationsmerkmale erklären?

Die im Folgenden dargestellten Ergebnisse beruhen auf Mehrebenanalysen, um der geschichteten Struktur des zugrunde liegenden Datenmaterials gerecht zu werden. Auf der Ebene der einzelnen Organisationen (Ebene 1 oder Mikroebene im Mehrebenmodell) wird untersucht, inwieweit Organisationsmerkmale oder die konfessionelle Ausrichtung die Generierung von aktiven und ehrenamtlichen Mitgliedern beeinflussen. Als zusätzlicher Kontrollfaktor wurde das Alter einer Organisation berücksichtigt, da nicht auszuschließen ist, dass sowohl Partizipationsraten als auch gewisse organisatorische Formate mit dem Alter einer Organisation in Zusammenhang stehen. Auf der zweiten Ebene oder Makroebene, welche die lokalen Gemeinden, in denen zivilgesellschaftliche Organisationen operieren, bilden, werden drei zusätzliche Merkmale in die Analyse integriert. Zunächst ein Indikator für die lokale Vereinsdichte (Anzahl der lokalen Vereine im Verhältnis zur Zahl der Einwohner), da erwartet werden kann, dass die Zahl der lokal aktiven Vereine die Größe und Aktivitätsrate des einzelnen Vereins signifikant beeinflussen kann. Ein zweiter zu berücksichtigender Makrofaktor ist der Säkularisierungsgrad (Anteil religiöser Vereine an der Gesamtzahl der lokal aktiven Vereine). Hier ist in Analogie zu vermuten, dass Vereine in einem marginalisierten religiösen Sektor mehr Aktive und Ehrenamtliche beherbergen könnten als in einer religiösen Vereinslandschaft, die einen relativ hohen Anteil an der Gesamtzivilgesellschaft und damit auch entsprechend viele Vereine stellt. Schließlich soll die Einwohnerzahl der Gemeinde in die Analysen integriert werden, da kleine Gemeinden offensichtlich einen geringeren Mobilisierungspool für aktive und ehrenamtliche Bürger bieten als große, einwohnerstarke Kommunen. Diese Kontrollfaktoren sollen somit sicherstellen, dass sich Unterschiede in den Partizipationsraten tatsächlich auf die hier im Mittelpunkt der Untersuchung stehenden Organisationsmerkmale und konfessionellen Orientierungen zurückführen lassen.

Tabelle 6: Organisationsstrukturen und die Generierung aktiver und ehrenamtlicher Mitglieder

	Aktive Mitglieder N=4206		Ehrenamtliche N= 4180	
Organisation:				
Größe (Mitglied)	.61	***	.25	***
Zahl Angestellte	.00		.24	***
Jahresbudget	.09	***	.11	***
Quelle: privat	.05	**	-.03	
Quelle: öffentl.	-.01		-.02	
Inst. Demokratie	-.02		-.02	
Inst. Profess.	.07	***	.09	***
Hier. Einbettung	.01		.02	
Alter	.05	***	.04	
Konfession:				
Katholisch	.05		.19	***
Lutherisch	-.03		.10	
Calvinistisch	.13		.46	***
Prot. Sekten	.06		.40	**
Nicht-christl.	-.05		.19	*
Zivilgesellschaft:				
Vereinsdichte[1]	-.02		.02	
Säkularisierung[2]	.01		.02	
Gemeindegröße[3]	-.01		-.00	
	Kommune	Organisation	Kommune	Organisation
Varianzkomponenten %	3,0	97,0	1,2	98,8
Davon erklärt (in %)[4]	81,9	41,9	21,4	12,8

Anmerkungen: Mehrebenenanalysen. Level-2-Fallzahl: 12; Ausschluss aller Fälle mit fehlendem Wert auf einem der Indikatoren. Standardisierte Variablen. Ohne Gewichtung. Dargestellt sind feste Effekte. Signifikanzniveau: *** > 0,001 ** > 0,01 * > 0,05. Um den Verlust von Freiheitsgraden zu minimieren, wurden aus dem endgültigen Modell alle Organisationsindikatoren entfernt, deren Wert nicht signifikant war oder aber eine Effektgröße unter .10 auswiesen. Aus Gründen der vollständigen Darstellung sind dennoch sämtliche Koeffizienten in der Tabelle dargestellt.
[1] Berechnet durch Division der Gesamtzahl der Vereine/Organisationen durch die Zahl der Einwohner der Stadt/Kommune.
[2] Anteil säkularer Organisationen an Gesamtzahl aller Organisationen pro Stadt/Kommune.
[3] Einwohnerzahl
[4] Die Prozentwerte wurden ermittelt, indem die Covarianz-Parameter des Effektmodels in Beziehung zum Nullmodel gesetzt wurden; Covarianz (Nullmodel) − Covarianz (Effektmodel) / Covarianz (Nullmodel).

Die Größe, also die Zahl der Mitglieder, ist der Faktor, der mit Abstand die größte Wirkkraft entfaltet: Mit der Zahl der Mitglieder steigt die Zahl derer, die auch aktiv am Vereinsleben partizipieren. Dieser zunächst trivial anmutende Effekt – natürlich können kleine Vereine zwangsläufig nur wenige Aktive mobilisieren –

wird ein wenig spannender, wenn man betrachtet, welche weiteren Organisationsmerkmale den Effekt schierer Größe begleiten: Reiche Vereine, deren Wohlstand eher auf Mitgliederbeiträge zurückzuführen ist und welche die Basisformalia der kleinen Vereinsdemokratie implementiert haben – also das klassische Modell sekundärer Assoziationen – sind die Meister der Generierung aktiver Mitglieder. Die konfessionellen Nuancen, die in der deskriptiven Analyse festgestellt werden konnten, verschwinden in der multivariaten Betrachtung völlig. Hinsichtlich der Zahl der im Verein Aktiven unterscheiden sich konfessionelle Vereine aller Provenienz nicht grundsätzlich vom nicht-religiösen Verein. Die Analyse der Faktoren, die einen Verein reich an Ehrenamtlichen machen, ist hingegen deutlich komplexer. Größe ist zwar noch immer ein höchst wichtiger Aspekt, ist aber längst nicht mehr so dominant wie bei der Erklärung der Zahl der Aktiven, dafür kommen weitere signifikante Effekte hinzu. Zur Vereinsgröße kommt nun der Umfang des angestellten Personals als ein Wirkfaktor gleichen Ranges. Die Zahl der Ehrenamtlichen erhöht sich in mitgliederreichen Vereinen, die über professionelles Personal verfügen und reich an finanziellen Mitteln sind. Es kommt ein weiterer Faktor ins Spiel: Dort, wo Vereinsstrukturen arbeitsteilig und professionalisiert sind, gibt es mehr Ehrenamtliche als dort, wo solche Strukturen nicht implementiert wurden. Umgekehrt: Dort, wo die kleine Vereinsdemokratie institutionalisiert wurde, sind weniger Ehrenamtliche als in „undemokratischen" Vereinen – ein Ergebnis, das dem gängigen Mythos vom kleinen, flachen, demokratischen Verein als Inspiration ehrenamtlichen Engagements vollständig zuwider läuft.

Konfessionelle Eigenschaften wirken deutlicher als dies hinsichtlich der Zahl der Aktiven der Fall war. Die Analyse zeigt vom partizipativen Vorteil des gesamten religiösen Sektors. Bis auf lutherische Vereine, die keinen signifikanten Unterschied zum säkularen Verein aufweisen, sind religiöse Vereine „reicher" an Ehrenamtlichen als nicht-religiöse Vereine. Ein genereller Vorteil, der nicht über spezifische Organisationsmerkmale vermittelt ist, sondern wohl in der Tat im Zusammenhang mit einer allen Konfessionen eigenen Betonung von Altruismus, Mitmenschlichkeit und Sympathie zu erklären ist[3] – ein Vorteil, der allerdings wiederum im calvinistischen sowie im Sektenmilieu besonders deutlich aufscheint. Zivilgesellschaftliche Merkmale, die als Kontextfaktoren in die Berechnung eingehen, bleiben ohne jegliche Bedeutung. Dies gilt für beide Typen aktiver Mitgliedschaft gleichermaßen. Weder die Dichte der lokalen Zivilgesellschaft noch ihr Säkularisierungsgrad oder die Größe der Gemeinde beeinflussen die Fähigkeit des assoziativen Sektors, Aktive oder Ehrenamtliche zu generieren.

---

[3] Für Argumente, die den Glaubensinhalt im Mittelpunkt sehen, siehe z.B. Curtis/Baer/Grabb 2001; Casanova 2004, Carroll/Roof 1993.

Tabelle 7:   Zur Mobilisierung aktiver und ehrenamtlicher Mitglieder

	Innerorganisatorisches Verhältnis von …	
	aktiven Mitgliedern zu Mitgliedern insgesamt N=3972	Ehrenamtlichen zu Mitgliedern insgesamt N= 4062
Organisation:		
Größe (Mitglied)	-.22 ***	-.37 ***
Zahl Angestellte	.00	.08 ***
Jahresbudget	.07 ***	.11 ***
Quelle: privat	.03	-.12 ***
Quelle: öffentl.	-.02	.02
Inst. Demokratie	-.10 ***	-.14 ***
Inst. Profess.	.08 ***	.07 ***
Hier. Einbettung	.06 *	.05
Alter	.04 *	.00
Konfession:		
Katholisch	.23 ***	.33 ***
Lutherisch	.13 *	.13 *
Calvinistisch	.20	.30 ***
Prot. Sekten	.26 *	.10
Nicht-christl.	.03	.35 ***
Zivilgesellschaft:		
Vereinsdichte[1]	-.02	.08
Säkularisierung[2]	-.01	.06
Gemeindegröße[3]	-.04	.01

	Kommune	Organisation	Kommune	Organisation
Varianzkomponenten %	2,8	97,2	2,6	97,4
Davon erklärt (in %)[4]	42,1	4,4	56,6	24,0

Anmerkungen: Mehrebenenanalysen. Level-2-Fallzahl: 12; Ausschluss aller Fälle mit fehlendem Wert auf einem der Indikatoren. Standardisierte Variablen. Ohne Gewichtung. Dargestellt sind feste Effekte. Signifikanzniveau: *** > 0,001, ** > 0,01 * > 0,05. Um den Verlust von Freiheitsgraden zu minimieren, wurden aus dem endgültigen Modell alle Organisationsindikatoren entfernt, deren Wert nicht signifikant war oder aber eine Effektgröße unter .10 auswiesen.
[1] Berechnet durch Division der Gesamtzahl der Vereine/Organisationen durch die Zahl der Einwohner der Stadt/Kommune.
[2] Anteil säkularer Organisationen an Gesamtzahl aller Organisationen pro Stadt/Kommune.
[3] Einwohnerzahl
[4] Die Prozentwerte wurden ermittelt, indem die Covarianz-Parameter des Effektmodels in Beziehung zum Nullmodel gesetzt wurden; Covarianz (Nullmodel) − Covarianz (Effektmodel) / Covarianz (Nullmodel).

Bis hierhin standen quantitative Betrachtungen im Mittelpunkt: Wie viel Aktive oder Ehrenamtliche werden in Vereinen „produziert"? Tabelle 7 fokussiert einen alternativen Gesichtspunkt: die interne Mobilisierungskapazität lokaler Vereine. Mit anderen Worten, wie viele (welchen Prozentsatz) ihrer Mitglieder können

Vereine als Aktive oder Ehrenamtliche gewinnen? Als simples Beispiel: ein Verein mit einer kleinen Mitgliederbasis kann einen sehr hohen Mobilisierungsquotienten erreichen, wenn es ihm gelingt, acht seiner insgesamt zehn Mitglieder zu mobilisieren. Ein Großverein mit 1000 Mitgliedern mag zwar 100 Aktive oder Ehrenamtliche rekrutieren (den kleinen Verein in quantitativer Hinsicht also deutlich ausstechen), erbringt dennoch eine deutlich schlechtere Mobilisierungsleistung von nur 1:10.

Offensichtlich gelingt es kaum oder viel weniger, als dies hinsichtlich des quantitativen Aspekts der Fall war, durch organisatorische oder konfessionelle Merkmale zu erklären, warum manchen Vereinen die Mobilisierung aktiver Mitglieder besser gelingt als anderen: Während Organisationsmerkmale auf der Mikroebene zu über 40 Prozent erklären konnten (vgl. Tabelle 6), wie viele Aktive die Vereine beherbergen, ist die Aussagekraft des Modells hinsichtlich interner Mobilisierung deutlich beschränkter. Es bleibt somit zu konstatieren, dass die vereinsinterne Mobilisierung zu einem sehr großen Teil von Faktoren abhängt, die durch unsere Indikatoren nicht erfasst werden können. Dieser Einschränkung zum Trotz findet sich auch hier ein Aspekt, der eine gewisse Bedeutung erlangt – ein Aspekt, der bereits die bisherigen Analysen dominierte: Vereinsgröße. Allerdings: Der Vorteil geht nun – wie die Organisationstheorie besagt – ganz in Richtung kleine Gruppen. Je weniger Mitglieder ein Verein besitzt, desto eher gelingt ihm die Mobilisierung dieser Mitglieder. Umgekehrt: Mitgliederreiche Vereine müssen Trittbrettfahren in einem höheren Ausmaß tolerieren; das Verhältnis zwischen Mitgliedern und Aktiven ist deutlich schlechter als im kleinen Verein. Dies trifft auf die Mobilisierung Ehrenamtlicher genauso zu wie auf die Mobilisierung Aktiver. Eine überzeugende Bestätigung der Organisationstheorie liefern die Analysen dennoch nicht. Die Ergebnisse zeigen, dass neben dem Vorteil kleiner Größe wiederum vor allem die Kräfte der Professionalisierung wirken: reichen Vereinen, Vereinen, die intern arbeitsteilig und professionell arbeiten, Vereinen, die in hierarchische Supra-Strukturen eingegliedert sind und solche, die auf eine demokratische Verfassung verzichten, gelingt es eher, Aktive zu generieren, als dem flachen, wenig arbeitsteiligen, demokratisch und dezentral verfassten Ideal. Diese Zusammenhänge zeigen sich in identischer Form hinsichtlich der internen Mobilisierung von Ehrenamtlichen. Hier kommen noch zwei weitere Faktoren hinzu: fest angestelltes Personal, sowie die Unabhängigkeit von privaten Quellen der Finanzierung. Damit bestätigt sich auch bezüglich interner Mobilisierungskapazitäten die Bedeutung der *professionals*. Ein von festen Angestellten geprägtes Organisationsumfeld ist der Generierung ehrenamtlich Tätiger in jeder Hinsicht – quantitativ und qualitativ – von Nutzen. Damit sind hinsichtlich Mobilisierung mehrere Faktoren wirksam, die abgesehen von der kleinen Größe allesamt verschiedene Aspekte der Professionalisierung und Institutionalisierung abdecken: Personal, Reichtum, mitgliederunabhängiges Budget, keine demokratischen Strukturen, dafür aber ein arbeitsteiliger, professionalisierter Vereinsaufbau. Im Vergleich zum säkularen Sektor zeigt sich allerdings der Mobilisierungsvorsprung des religiösen Sektors. Vor allem katholischen Vereinen und Vereinen aus dem Umfeld protestantischer Sekten gelingt es – abzüglich aller Vorteile, die gerade im katholischen Fall bereits durch die kleine Gruppengröße erfasst werden – vergleichsweise effizient, den vorhanden Mitgliederpool zu aktivieren.

4   Schlussbetrachtung: Organisation ist (fast) alles!

Die diskutierten Ergebnisse widersprechen in eklatanter Weise einer gern gehegten Vorstellung: katholische Organisationen sind klein, arm an Ressourcen, kaum professionalisiert und intern durch einen flachen Organisationsaufbau gekennzeichnet. In der Tat entsprechen katholische (und lutherische) Organisationen fast perfekt dem Idealbild der kleinen, flachen, partizipativen Organisation, das in den aktuellen Theorien so viel Aufmerksamkeit genießt. Ganz im Gegenteil dazu sind calvinistische Organisationen und Vereine, die dem protestantischen Sektenmilieu angehören, durch Mitgliederstärke, hohes Einkommen, Professionalisierung und hierarchische Organisationsprinzipien geprägt. Wie können so viele Theorien so falsch liegen? Ohne Frage, die katholische Kirche ist eine weltweit operierende, zentralistisch und hierarchisch gegliederte Großorganisation. Das lutherische Prinzip hat manche dieser Grundzüge erhalten, vollständig fremd werden sie erst den calvinistischen und vor allem post-calvinistischen freikirchlichen Konfessionen. Was aber hat dies alles mit den zivilgesellschaftlichen Vereinen und Netzwerken zu tun, die sich um die Kirchen entwickeln. Warum sollte sich eine katholische Sängervereinigung oder ein katholischer Fußballclub nach dem Vorbild der Papstkirche modellieren? Hierarchie auf einer Ebene muss keinesfalls Hierarchie auf allen Ebenen ihrer Organisationswelt mit sich bringen: „Organizations like the Catholic Church may appear to be vertically organized and yet contain numerous opportunities for horizontal engagement within their midts" (C. Boix/D. N. Posner 1996: 3).

Ist der Katholizismus deshalb demokratischer als der Protestantismus? Die Antwort ist ein klares Nein. Es sind die großen, professionalisierten und finanzstarken, eher hierarchisch gegliederten Organisationen, die gerade für das aktuelle Umfeld des Calvinismus und der protestantischen Sekten typisch sind, die am effektivsten zu einer aktiven und engagierten Bürgerschaft beitragen. Kleingruppen, auch dies zeigten die dargestellten Analysen, sind effiziente interne Mobilisierungsagenten und minimieren tatsächlich die Neigung zum Trittbrettfahren, ihr Beitrag zur Generierung von Sozialkapital und bürgerschaftlichem Engagement ist aber marginal.[4] Ist denn alles durch Organisation erklärbar? Zählen konfesionelle oder religiöse Besonderheiten gar nicht? Während sich konfessionelle Unterschiede fast auflösen, sobald Organisationsmerkmale in die Gleichung einbezogen werden, bleibt ein spezifscher Unterschied zwischen religiösen Organisationen fast aller Couleur und der Mehrheit der säkularen Vereine bestehen: religiöse Vereine sind Meister in der Generierung von Ehrenamtlichen. Ihnen gelingt auch – im Vergleich zu nicht-religiösen Vereinen – die vereinsinterne Mobilisierung in besonderem und nicht über Organisationsstrukturen zu erklärendem Maße. Hier zeigt sich ein religiöser Faktor „X", der über profane Fragen organisatorischen Designs hinausreicht. Hier wirkt ganz offensichtlich ein sozialisatorischer Impuls, der vielen Autoren als Kernstück religiöser Erziehung gilt: die Vermittlung von Normen des Mitgefühls und der Mitverantwortung – „pro-soziale" Wertorientierungen im weiteren Sinne, die Menschen zu sozialem Engagement motivieren (siehe dazu z.b. R. A. Cnaan et al 2003: 20ff; C. Smith 2003: 21; A. B. Yeung 2004: 401; R. Wuthnow 1996: 9; S. Roßteutscher 2009: 21ff.).

Zum Schluß noch eine kritische Anmerkung. Dieser Beitrag hat sich für die Sozialkapitaltheorien aber auch Parizipations- und Deliberationstheorien typische Vorstellung zu eigen gemacht: der demokratische Wert zivilgesellschaftlichen Engagements geht über die eigentliche Beteiligung hinaus: In und durch die Partizipation in Vereinen und Netzwerken üben Bürger kommunikative Fähigkeiten und demokratische Tugenden, sensibilisieren sich hinsichtlich einer allgemeineren Kollektivgutorientierung, entwickeln Sinn für das Gemeinwohl, üben sich in Toleranz und – ganz allgemein – in den Grundprinzipien demokratischer Entscheidungsfindung. Nichts davon konnte der vorliegende Beitrag tatsächlich beweisen. Ob und inwieweit zivilgesellschaftliche Partizipation tatsächlich diesen demokratischen „Mehrwert" erbringt, und ob dieser wiederum im Zusammmehang mit spezifischen organisatorischen Charakteristika und konfessionellen Prägungen steht – diese Fragen harren der Überprüfung.

---

[4] In der Tat zeigten Berechnungen auf der Basis dieser Studie, dass fast 12.000 kleine Vereine künstlich kreiert werden müssten, um das Aktivitätspotential von weniger als 800 Großvereinen ausgleichen zu können (ausführlicher dazu Roßteutscher 2009: 404-409).

Literatur

Bell, Daniel A. (1998): Civil Society Versus Civic Virtue. In: Gutmann, Amy (Hrsg.) (1998): The Freedom of Association. Princeton, NJ: Princeton University Press: 239-272.

Bellah, Robert N./Madsen, Richard/Sullivan, William M./Swidler, Ann/Tipton, Steven M. (1985): Habits of the Heart. Individualism and Commitment in American Life. New York: Harper & Row.

Boix, Charles/Posner, Daniel N. (1996): Making Social Capital Work. A Review of Robert Putnam's Making Democracy Work. Civic Traditions in Modern Italy (Working Paper Series 96, 4). Cambridge: Harvard University.

Carroll, Jackson W./Roof, Wade C. (1993): Introduction. In: Carroll, Jackson W./Roof, Wade C. (Hrsg.) (1993): Beyond Establishment. Protestant Identity in a Post-Protestant Age. Louisville, KY: Westminster/John Knox Press: 11-27.

Cnaan, Ram A./Boddie, Stephanie C./Yancey, Gaynor I. (2003): Bowling Alone but Serving Together. The Congregational Norm of Community Involvement. In: Smid (2003): 20-31.

Coleman, John A. (2003): Religious Social capital. Its nature, social location, and limits, in: Smidt, Corwin (Hrsg.): Religion as Social Capital. Waco, Texas: Baylor University Press, 33-47.

Curtis, James E./Baer, Douglas E./Grabb, Edward G. (2001): Nations of Joiner. Explaining Voluntary Association Membership in Democratic Societies. In: American Sociological Review 66: 783-805.

Ebertz, Michael N. (1998): Jenseits der „Gnadenanstalt" – auf dem Weg zur „Beteiligungskirche"? In: Schweizerisches Pastoralsoziologisches Institut (Hrsg.) (1998): Jenseits der Kirchen. Analyse und Auseinandersetzung mit einem neuen Phänomen in unserer Gesellschaft. Zürich: NZN Buchverlag: 71-97.

Fine, Gary A./Harrington, Brooke (2004): Tiny Publics. Small Groups and Civil Society. In: Sociological Theory 22, 3: 341-356.

Finke, Roger (1990): Religious De-Regulation. Origins and Consequences. In: Journal of Church and State 32: 609-626.

Finke, Roger (1994): The Quiet Transformation. Changes in Size and Leadership of Southern Baptist Churches. In: Review of Religious Research, 36, 1: 3-22.

Font, Juan et al. (2007): Organizations in Context. Politics and Culture Shaping Associational Life. In: Maloney/Roßteutscher (2007b): 19-38.

Gabriel, Oscar W./Kunz, Volker/Roßteutscher, Sigrid/van Deth, Jan W. (2002): Sozialkapital und Demokratie. Zivilgesellschaftliche Ressourcen im Vergleich. Wien: WUV-Universitäts-Verlag.

Gill, Anthony (2001): Religion and Comparative Politics. In: Annual Review of Political Science 4: 117-138.

Guth, James L. et al. (2003): The Political Activity of Evangelical Clergy in the Election of 2000. A Case Study of Five Denominations. In: Journal for the Scientific Study of Religion 42: 501-514.

Hadenius, Axel (2004): Social Capital and Democracy. Institutional and Social Preconditions?. In: Prakash/Selle (2004): 47-63.

Harris, Frederick (1995): Religious Institutions and African American Political Mobilization. In: Petersen, Paul E. (Hrsg.) (1995): Classifying by Race. Princeton, NJ: Princeton University Press: 278-310.

Inglehart, Ronald (1999): Trust, Well-Being and Democracy. In: Warren, Marc E. (Hrsg.) (1999): Democracy and Trust. Cambridge: Cambridge University Press: 88-120.

Knoke, David (1981): Commitment and Detachment in Voluntary Associations. In: American Sociological Review 46: 141-158.

Kriesi, Hanspeter (2007): Organizational Resources. Personnel and Finances. In: Maloney/Roßteutscher (2007b): 118-152.

Kunz, Volker (2004): Soziales Vertrauen. In: van Deth, Jan W. (Hrsg.) (2004): Deutschland in Europa. Wiesbaden: VS Verlag Sozialwissenschaften: 201-227.

La Porta, Rafael et al. (1997): Trust in Large Organizations. In: American Economic Review Papers and Proceedings 87: 333-338.

Listhaug, Ola/Ringdal, Kristen (2008): Trust in Political Institutions. In: Ervasti, Heikki et al. (Hrsg.) (2008): Nordic Social Attitudes in A European Perspective. Cheltenham: Edward Elgar: 131-151.

Madeley, John T.S. (2003b): A Framework for the Comparative Analysis of Church-State Relations in Europe. In: Madeley, John T.S./Zsolt, Enyedi (Hrsg.) (2003): Church and State in Contemporary Europe. The Chimera of Neutrality. London: Frank Cass: 23-50.

Maloney, William/Roßteutscher, Sigrid (2007a): The Associational Universe in Europe. Size and Participation. In: Maloney/Roßteutscher (2007b): 39-51.

Maloney, William/Roßteutscher, Sigrid (2007b) (Hrsg.): Social Capital and Associations in European Democracies. A Comparative Analysis, London: Routledge.

Michels, Robert (1911): Zur Soziologie des Parteiwesens in der Modernen Demokratie. Untersuchungen über die Oligarchischen Tendenzen des Gruppenlebens, Leipzig: Klinkhardt.

Olson, Mancur (1965): The Logic of Collective Action. Cambridge, MA: Harvard University Press.

Pinto, Leonard J./Kenneth E. Crow (1982): The Effects of Size on other Structural Attributes of Congregations within the same Denomination. In: Journal for the Scientific Study of Religion 21: 304-316.

Prakash, Sanjeev/Selle, Per (Hrsg.) (2004): Investigating Social Capital. Comparative Perspectiveson Civil Society, Participation and Governance. New Delhi et. al.: Sage.

Putnam, Robert D. (1993): Making Democracy Work. Civic Traditions in Modern Italy. Princeton, NJ: Princeton University Press.

Rémond, René (2000): Religion und Gesellschaft in Europa. Von 1789 bis zur Gegenwart. München: C.H. Beck.

Roßteutscher, Sigrid (2002): Advocate, or Reflection? Associations' and Political Culture. In: Political Studies 50, 3: 514-528.

Roßteutscher, Sigrid (2004): Die Rückkehr der Tugend?. In: van Deth (Hrsg.) (2004): 175-200.

Roßteutscher, Sigrid (2008): Social Capital and Civic Engagement. A Comparative Perspective. In: Castiglione, Dario/van Deth, Jan W./Wolleb, Guglielmo (Hrsg.) (2008): The Handbook of Social Capital. Oxford: Oxford University Press: 208-240.

Roßteutscher, Sigrid (2009): Religion, Zivilgesellschaft, Demokratie. Eine international vergleichende Studie zur Natur religiöser Märkte und der demokratischen Rolle religiöser Zivilgesellschaften. Baden-Baden: Nomos.

Roßteutscher, Sigrid (2010a): Vertrauen – Eine Quelle von Lebenszufriedenheit und Glück? In: Becker, Maya/Krätschmer-Hahn, Rabea (Hrsg.): Fundamente sozialen Zusammenhalts. Frankfurt/Main: Campus, 244-258.

Roßteutscher, Sigrid (2010b): Social Capital Worldwide. Potential for Democratisation or Stabiliser of Authoritarian Rule? In: American Behavioral Scientist 53, 5: 737-757.

Rudolph, Susanne Hoeber (2004): Is Civil Society the Answer? In: Prakash/Selle (2004): 64-87.

Scheitle, Christopher/Dougherty, Kevin D. (2008): The Sociology of Religious Organizations. Sociology Compass 2: 1-19.

Schudson, Michael (1998): The Good Citizen. A History of American Civic Life. Cambridge, MA: Harvard University Press.

Smidt, Corwin (Hrsg.) (2003): Religion as Social Capital. Producing the Common Good, Waco, Texas: Baylor University Press.

Smidt, Corwin et al. (2003): Religious Involvement, Social Capital, and Political Engagement. A Comparison of the United States and Canada. In: Smidt (2003): 153-169.

Smith, Adam (1776/1976): The Wealth of Nations, Chicago: The University of Chicago Press.

Smith, Christian (2003): Theorizing Religious Effects Among American Adolescents. In: Journal for the Scientific Study of Religion 42, 1: 17-30.

Teorell, Jan/Torcal, Mariano/Montero, José R. (2007): Political Participation. Mapping the Terrain. In: van Deth/Montero/Westholm (2007): 334-357.

Torpe, Lars/Ferrer-Fons, Mariona (2007): The Internal Structure of Associations. In: Maloney/Roßteutscher (2007b): 96-117.

Troeltsch, Ernst (1922/1961): Die Soziallehren der christlichen Kirchen und Gruppen, Bd.1, Aalen: Scientia.

Uslaner, Eric M. (2002): Religion and Civic Engagement in Canada and the United States. In: Journal for the Scientific Study of Religion 41, 2: 239-254.

Van Deth, Jan W./Montero, José R./Westholm, Anders (Hrsg.) (2007): Citizenship and Involvement in European Democracies. A comparative analysis. London: Routledge.

Verba, Sidney/Schlozman, Kay L./Brady, Henry (1995): Voice and Equality. Civic Voluntarism in American Politics. Cambridge, Mass.: Harvard University Press.

Warren, Mark A. (2003): Faith and Leadership in the Inner City. How Social Capital Contributes to Democratic Renewal. In: Smidt, Corwin (Hrsg.): Religion as Social Capital. Producing the Common Good, Waco, Texas: Baylor University Press, 49-68.

Weber, Max (1904/2000): Die protestantische Ethik und der „Geist" des Kapitalismus. 3. Aufl. Weinheim: Beltz Athenäum.

Wuthnow, Robert (1994): Sharing the Journey. Support Groups and America's new Quest for Community. New York: Free Press.

Wuthnow, Robert (1996): Learning to Care, New York: Oxford University Press.

Yeung, Anne Brigitta (2004): An Intricate Triangle – Religiosity, Volunteering, and Social Capital: The European Perspective, the Case of Finland, Nonprofit and Voluntary Sector Quaterly 33, 401-422.

Zmerli, Sonja (2004): Politisches Vertrauen und Unterstützung. In: Van Deth (2004): 229-256.

Zmerli, Sonja (2010): Social Capital and Norms of Citizenship. An Ambiguous Relationship? In: American Berhavioral Scientist 53, 3: 657-676.

Zmerli, Sonja/Newton, Kenneth/Montero, José (2007): Trust in People, Confidence in Political Institutions, and Satisfaction with Democracy. In: van Deth (2007): 35-65.

Segen oder Fluch? Zum Einfluss von Staat-Kirche-Beziehungen auf die Vitalität religiöser Zivilgesellschaften im europäischen Vergleich

Richard Traunmüller

„Wenn sich die Religion mit politischen Mächten verbindet,
kann sie nur ein Bündnis eingehen, das sie belastet.
Sie bedarf ihrer Hilfe zum Leben nicht,
und ihnen dienend kann sie untergehen."
(Alexis de Tocqueville)

1   Einleitung

In diesem Beitrag wird der Frage nachgegangen, welchen Einfluss Staat-Kirche-Beziehungen und insbesondere die staatliche Unterstützung von Religion auf die Vitalität religiöser Zivilgesellschaften in Europa haben. Die Rolle, welche politische Institutionen in der Generierung und Aufrechterhaltung des Sozialkapitals einer Gesellschaft spielen, erfährt in der Forschung in letzter Zeit erhöhte Aufmerksamkeit (M. Freitag/M. Bühlmann 2009; M. Freitag 2006; M. Hooghe/D. Stolle 2003; S. Kumlin/B. Rothstein 2005; D. Stolle/B. Rothstein 2007). Vor allem die Wirkung des Wohlfahrtsstaates auf das zivilgesellschaftliche Engagement der Bürger ist dabei gegenwärtig Gegenstand lebhafter Diskussion (J. Kääriäinen/H. Lehtonen 2006; C. A. Larsen 2007; P. Scheepers et al. 2003; W. van Oorschot/W. Arts 2005; W. van Oorschot et al. 2005). In dieser als *‚crowding out'*-Debatte bekannten Auseinandersetzung stehen sich zwei konkurrierende Sichtweisen gegenüber. Während die eine Seite argumentiert, dass die Fürsorge des Staates das aktive Engagement der Bürger verdrängt, sieht die andere Seite gerade in einer ausgeprägten Wohlfahrtsstaatlichkeit die Grundlage für zivilgesellschaftliche Strukturen und Praktiken.

Der vorliegende Beitrag nimmt diese Debatte zum Ausgangspunkt und überträgt sie auf den *religiösen* Zivilgesellschaftssektor. Konkret soll untersucht werden, inwieweit staatliche Unterstützung von Religion in der Form von Privilegien, Subventionen und Finanzierung einen förderlichen oder hinderlichen

Einfluss auf das glaubensbasierte Sozialkapital (,*faith-based social capital*')
einer Gesellschaft, namentlich auf Mitgliedschaftsraten in religiösen Organisationen, aktives Engagement in religiösen Vereinen sowie Spendentätigkeit in religiösen Kontexten, ausübt. Dabei werden analog zur ,*crowding out*'-Debatte zwei
konkurrierende Hypothesen formuliert und einer empirischen Überprüfung unterzogen. Die erste Hypothese sieht in der staatlichen Unterstützung vor allem
einen Segen für religiöse Zivilgesellschaften, da sie Kirchen und religiöse Einrichtungen mit jenen Ressourcen versorgt, die diese zur Hervorbringung von
glaubensbasierten Sozialkapital dringend benötigen. Die zweite Hypothese argumentiert dagegen, dass die Involvierung des Staates vielmehr einen Fluch mit
genau gegenteiligem Effekt darstellt und das aktive Engagement der Bürger im
religiösen Zivilgesellschaftssektor verdrängt.

Die Frage nach dem Einfluss staatlicher Unterstützung von Religion auf religiöse Zivilgesellschaften ist sowohl von theoretischer als auch von praktischer
Relevanz. Für Robert D. Putnam und Kirstin Goss etwa stellen die Wirkungen
von Staat-Kirche-Beziehungen eine der „unexplored frontiers in social capital
research" dar (2002: 17). Antonius Liedhegener forderte jüngst, vergleichende
Untersuchungen sollten sich der Rolle des Staates in der Restriktion oder Förderung religiösen zivilgesellschaftlichen Engagements annehmen (2007: 13).
Schließlich wird ganz allgemein argumentiert, staatliche Patronage von Religion
sei „a fundamental issue in any polity" und die Politikwissenschaft habe die
dringende Aufgabe, deren Einfluss auf die Gesellschaft zu untersuchen (M.
Chaves et al. 1994: 1088).

Doch jenseits dieser theoretischen Interessen gibt es auch eine Reihe ganz
praktischer Gründe, sich mit glaubensbasiertem Sozialkapital und der Frage, wie
es durch staatliches Handeln beeinflusst wird, auseinanderzusetzen. Zahlreiche
empirische Studien legen nahe, dass hohe Bestände an Sozialkapital dazu beitragen, Armut zu reduzieren, Gesundheit und subjektives Wohlbefinden zu verbessern, Kriminalität zu senken, ökonomische Produktivität zu erhöhen, politische
Partizipation zu fördern und schließlich die Effizienz von politischen Institutionen und Verwaltungen zu steigern. Umgekehrt geht mangelndes Engagement der
Bürger mit einer Reihe sozialer, ökonomischer und politischer Fehlentwicklungen einher (R.D. Putnam 2000).

Kirchen und religiöse Organisationen stellen eine bedeutende Quelle dieser
sozialen Ressource dar. Natürlich kann argumentiert werden, dass es vor allem
die Mitglieder von Religionsgemeinschaften selbst sind, die von spezifisch glaubensbasiertem Sozialkapital profitieren. Möglicherweise nimmt es sogar die
Form exklusiver und nach außen abgegrenzter Netzwerke an, die mit Misstrauen
und Intoleranz gegenüber Außenstehenden und Nicht-Gläubigen einhergehen
und der Gesellschaft im Ganzen eher schaden als nützen. Doch ist dies nur ein

Aspekt unter vielen. Tatsächlich zielen eine Vielzahl der von religiösen Organisationen erbrachten Leistungen und Aktivitäten unmittelbar auf die Förderung des Gemeinwohls und kommen der Gesellschaft als Ganzes zugute (R.D. Putnam 2000; R. Wuthnow 2004; R. Wuthnow/V.A. Hodgkinson 1990).

Es lassen sich mindestens drei Gründe nennen, warum glaubensbasiertes Sozialkapital als wichtige soziale Ressource für die weitere Gesellschaft betrachtet werden kann. *Erstens* erfüllen Kirchen und kirchennahe Organisationen eine große Zahl an sozialen, kulturellen und erzieherischen Aufgaben und sind damit zentrale Akteure und Stützen der Gemeinschaft (N.T. Ammerman 1997; M. Chaves/W. Tsitsos 2001; R.A. Cnaan/S.C. Boddie 2003; R.D. Putnam 2000; R. Wuthnow 2004). *Zweitens* sind Kirchen und religiöse Einrichtungen wichtige Katalysatoren zivilgesellschaftlichen Engagements. Sie stellen Orte dar, an denen Menschen für aktives Engagement rekrutiert werden und die Gelegenheit haben, wichtige Fertigkeiten zu erlernen, die sie wiederum wirksam auf andere, säkulare zivilgesellschaftliche Bereiche transferieren können. In diesem Sinne können religiöse Organisationen als ‚Schulen der Demokratie' betrachtet werden (R.D. Putnam 2000; S. Roßteutscher 2009; R. Traunmüller 2009a; R. Wuthnow 1996; S. Verba et al. 1995). *Drittens* bieten religiöse Organisationen insbesondere auch sozial benachteiligten und weniger privilegierten Gruppen, wie etwa Einkommensschwachen und Ausländern, aber auch Frauen und Alten, die Gelegenheit zur aktiven zivilgesellschaftlichen Teilhabe. Tatsächlich stellen Kirchen oftmals die wichtigsten Orte für das Engagement dieser sozialen Gruppen dar (G. Davie 2000; S. Verba et al. 1995).

Vor diesem Hintergrund muss es erstaunen, dass bislang kaum Studien zum Zusammenhang von Staat-Kirche-Beziehungen und der Vitalität religiöser Zivilgesellschaften vorliegen. Mit der Ausnahme von G. Davie, welche in einer knappen Betrachtung eine „apparent *absence* of relationship" feststellt (2000: 43), hat sich lediglich S. Roßteutscher (2009) eingehend mit dieser Frage beschäftigt. Basierend auf einer Studie der religiösen Zivilgesellschaften in 12 europäischen Städten kommt sie zu dem Schluss, dass vom Staat gewährte Privilegien und Subventionen die Vitalität religiöser Zivilgesellschaften ganz eindeutig fördern. Im vorliegenden Beitrag soll nun an diese Bemühungen angeschlossen werden und der Einfluss staatlicher Unterstützung von Religion auf glaubensbasiertes Sozialkapital in einem makro-quantitativen Vergleich von 24 europäischen Ländern empirisch untersucht werden.

Das Vorgehen gestaltet sich folgendermaßen. Zunächst erfolgt ein kurzer deskriptiver Überblick über den Bestand und die Variation glaubensbasierten Sozialkapitals im europäischen Vergleich. In einem zweiten Schritt werden theoretische Argumente für die zwei konkurrierenden Hypothesen zum Einfluss staatlicher Unterstützung von Religion auf die Vitalität religiöser Zivilgesellschaften vorgestellt. Danach werden die verwendeten Daten und Methoden beschrieben und die beiden Hypothesen einer systematischen empirischen Überprüfung unterzogen. Zuletzt werden die zentralen Ergebnisse zusammengefasst und diskutiert.

2 Religion als Teil der Zivilgesellschaft im europäischen Vergleich

Die herausragende Rolle, welche Religion und religiöse Akteure in der US-amerikanischen Zivilgesellschaft spielen, ist seit den Tagen Tocquevilles ([1840] 1976) bestens bekannt. Erneut wurde diese Einsicht vor allem von Putnam in die Debatte eingebracht, der bemerkt dass „nearly half of all associational memberships in America are church related, half of all personal philanthropy is religious character, and half of all volunteering occurs in a religious context" (R.D. Putnam 2000: 66). Weitaus seltener wird dagegen gewürdigt, dass Religion auch in vielen europäischen Ländern eine bedeutende mobilisierende Kraft bürgerschaftlichen Engagements darstellt und somit einen wichtigen Platz in vielen europäischen Zivilgesellschaften einnimmt.

Abbildung 1:   Religiöse Zivilgesellschaften im Europäischen Vergleich

| Anteil religiöser Mitgliedschaften an Gesamtmitgliedschaften | Anteil religiösen Engagements an Gesamtengagement | Anteil religiöser Spendentätigkeit an Gesamtspendentätigkeit |

Anmerkung: Je dunkler die Fläche, desto größer der Anteil religiösen Sozialkapitals am gesamten Sozialkapital einer Gesellschaft; weiße Flächen zeigen Länder mit fehlenden Werten an (Luxemburg, Norwegen und die Schweiz); die Darstellung basiert auf den Zahlen in Tabelle A1 im Anhang.

Dies wird beispielsweise deutlich, wenn man sich den Anteil vor Augen führt, den Mitgliedschaften in religiösen Vereinen und Organisationen an der Gesamtzahl aller Mitgliedschaften innerhalb eines Landes einnehmen (siehe Abbildung

1 und Tabelle A1 im Anhang). Neben Schweden, wo fast die Hälfte aller Mitgliedschaften religiös definiert ist, sind immerhin ein Drittel aller Vereinsmit-
gliedschaften in so diversen Ländern wie Großbritannien, den Niederlanden,
Portugal oder Ungarn religiöser Natur. Ebenso sind rund 25 Prozent aller Mitgliedschaften in Dänemark, Österreich, der Slowakei und in Irland glaubensbasiert. Selbst in Ländern wie Litauen und Ungarn wo gerade einmal fünf Prozent
der Bevölkerung Mitglieder in einer religiösen Vereinigung sind, macht dieser
Anteil nicht weniger als ein Viertel aller Mitgliedschaften überhaupt aus.

Natürlich investieren nicht alle Mitglieder einer religiösen Organisation Zeit
oder Geld, um aktiv an der Zivilgesellschaft teilzuhaben und zur Förderung des
Gemeinwohls beizutragen. Dennoch zeigen die Zahlen sehr deutlich, dass sowohl das glaubensbasierte Engagement als auch das Spenden an religiöse Organisationen einen erheblichen Teil der gesamten zivilgesellschaftlichen Partizipation und Philanthropie in Europa ausmacht. Ein Drittel aller Freiwilligen in
Großbritannien und Rumänien gehen ihrem Engagement in religiösen Kontexten
nach. In Portugal beträgt der Anteil glaubensbasierten Engagements am Gesamt-
engagement sogar 40 Prozent. In Ländern wie Italien, Irland, Lettland, den Niederlanden, Polen und der Slowakei liegt dieser Anteil zwischen 24 und 28 Prozent. Die Zahlen für die Spendentätigkeit liegen sogar noch höher. In Litauen
geben beispielsweise 70 Prozent aller Spender Geld an religiöse Organisationen.
Über die Hälfte der Spendentätigkeit in Polen, Portugal und Rumänien sind
glaubensbasiert, ebenso wie über ein Drittel in Ländern wie Griechenland, Italien, Irland, Lettland, den Niederlanden und der Slowakei. Kurzum, Religion und
glaubensbasiertes Sozialkapital spielen eine herausragende Rolle in vielen europäischen Zivilgesellschaften.

Gleichwohl darf trotz dieses Befundes nicht außer Acht gelassen werden, dass
sich die Gesellschaften Europas hinsichtlich der Vitalität des religiösen Zivilgesellschaftssektors zum Teil deutlich voneinander unterscheiden und die Bestände
glaubensbasierten Sozialkapitals europaweit stark variieren. Bemerkenswert ist
hierbei vor allem die Beobachtung, dass diese Variation kaum typischen politischen, kulturellen oder geographischen Mustern zu folgen scheint. Ausgeprägte
religiöse Zivilgesellschaften lassen sich sowohl im Norden, als auch im Süden
Europas finden, in etablierten Demokratien des Westens ebenso wie in den noch
jungen Demokratien des ehemaligen Ostblocks. Auch sind hohe Bestände an
religiösem Sozialkapital sowohl in protestantisch geprägten als auch in traditionell
katholischen Gesellschaften zu beobachten. Wie lässt sich die unterschiedliche
Vitalität religiöser Zivilgesellschaften im europäischen Vergleich dann erklären?

3 Staatliche Unterstützung von Religion und die Vitalität religiöser Zivilgesellschaften

Zwischen Europa und den USA bestehende Unterschiede hinsichtlich der Vitalität religiöser Zivilgesellschaften werden öfters auf die jeweils vorherrschenden Staat-Kirche-Verhältnisse zurückgeführt (S. Pfaff 2008). Es war wiederum Tocqueville ([1840] 1976), welcher – die amerikanische Situation mit jener in seinem Heimatland Frankreich vergleichend – argumentierte, dass das religiöse Leben gedeiht, wenn Staat und Kirche klar voneinander getrennt sind, und verkümmert, wenn beide eine enge Beziehung miteinander eingehen. Lassen sich die Unterschiede innerhalb Europas dann ebenfalls mit Verweis auf institutionelle Staat-Kirche-Arrangements erklären?

Eine Analyse, die nach dem Einfluss von politischen Institutionen im Allgemeinen und von Staat-Kirche-Beziehungen im Speziellen fragt, reiht sich theoretisch in die Perspektive des Neo-Institutionalismus ein. Während der klassische Institutionalismus sich auf die Beschreibung politischer Institutionen und ihrer Beziehungen beschränkte, werden Institutionen im Neo-Institutionalismus vor allem als erklärende Größen aufgefasst, welche menschliches Handeln maßgeblich strukturieren (P.A. Hall/R.C.R. Taylor 1996; V. Lowndes/D. Wilson 2001; R. Mayntz/F.W. Scharpf 1995). Dabei betont eine *rational choice* basierte Version des Neo-Institutionalismus, dass Institutionen menschliches Handeln vor allem über das Setzen von konkreten Anreizstrukturen beeinflussen. Aus stärker historisch-institutionalistischer Perspektive wird argumentiert, dass Institutionen affektive Normen und Verhaltensgewohnheiten durch langfristige Sozialisationsmechanismen prägen. Politische Institutionen stellen demnach die strukturellen und kulturellen Rahmenbedingungen für die Zivilgesellschaft und die Generierung sozialen Kapitals dar (M. Freitag 2006).

Vor diesem Hintergrund ist gegenwärtig vor allem der Einfluss des Wohlfahrtsstaats auf Zivilgesellschaft und Sozialkapital Gegenstand einer regen Debatte (J. Kääriänen/H. Lethtonen 2006, S. Kumlin/B. Rothstein 2005, W. van Oorschot/W. Arts 2005). Innerhalb dieser Debatte stehen sich zwei konkurrierende Sichtweisen gegenüber. Der einen Seite zufolge trägt der ‚aktivierende Staat' zur Förderung zivilgesellschaftlichen Engagements und des Sozialkapitals der Bürger bei, indem er die generelle Infrastruktur sowie die notwendigen Ressourcen für die Zivilgesellschaft bereitstellt (S. Mettler 2002; OECD 2001; R. D. Putnam 2000; B. Rothstein/D. Stolle 2003; L.M. Salomon/S.W. Sokolowski 2003). Im Gegensatz dazu sieht die andere Seite in der übermäßigen Einflussnahme und Einmischung des Staates den Grund für schwach entwickelte Zivilgesellschaften, da sie das aktive Engagement der Bürger obsolet werden lassen (A. Etzioni 1994; F. Fukuyama 2000; A. Wolfe 1989).

Diese Diskussion lässt sich nutzbringend auf den Bereich der Staat-Kirche-Beziehungen und deren Einfluss auf religiöse Zivilgesellschaften übertragen. In diesem Sinne stellen institutionelle Staat-Kirche-Arrangements Opportunitätsstrukturen und kulturelle Schablonen für religiös motiviertes Verhalten und damit die Generierung glaubensbasierten Sozialkapitals dar. Die spezifische Natur des Staat-Kirche-Verhältnisses determiniert in weiten Teilen, ob Kirchen und religiöse Organisationen eher als staatliche Institutionen oder aber als mehr oder weniger unabhängige Akteure der Zivilgesellschaft operieren und wahrgenommen werden. Dies wiederum hat offensichtliche Konsequenzen für die Vitalität des religiösen Zivilgesellschaftssektors (J. Casanova 1994; M. Minkenberg 2003; S. Roßteutscher 2009).

Staat-Kirche-Beziehungen lassen sich jedoch nicht sinnvoll mittels einer einfachen Dichotomie erfassen, welche lediglich einen Idealtyp – etwa ein *Staatskirchentum* – von einem anderen – der *Trennung von Staat und Kirche* – abgrenzt. Vielmehr stellen Staat-Kirche-Beziehungen ein komplexes und vielschichtiges Bündel an offiziellen Gesetzen, politischen Maßnahmen und administrativen Handlungen dar, welche auf die Regulierung von Religion zielen (M. Chaves/D.E. Cann 1992; J. Fox 2008, 2006; J.T.S. Madeley 2003; S. Roßteutscher 2009). Gleichwohl lassen sich zwei grundlegende Formen staatlicher Regulierung von Religion unterscheiden – *Restriktion* und *Unterstützung* (R. Finke 1997; B.J. Grim/R. Finke 2006). Auf der einen Seite können Staaten die Ausübung religiöser Glaubenspraktiken und die Aktivitäten von Religionsgemeinschaften mit gesetzlichen Restriktionen und administrativen Einschränkungen versehen. Auf der anderen Seite können Staaten den Kirchen und Religionsgemeinschaften aber auch konstitutionelle Privilegien gewähren und ihre Aktivitäten mit finanziellen oder anderen Mitteln subventionieren. Beide Formen der Regulierung definieren die Opportunitätsstruktur, mit denen sich Akteure des religiösen Zivilgesellschaftssektors konfrontiert sehen und innerhalb derer sie operieren.

Während staatliche Restriktionen als die offensichtlichere Form der Regulation meist besser wahrgenommen werden, stellt der vorliegende Beitrag mit der staatlichen Unterstützung von Religion vor allem den zweiten Aspekt von Staat-Kirche-Beziehungen in den Vordergrund, da sich dieser unmittelbar zur generellen Diskussion um die zivilgesellschaftlichen Konsequenzen von Wohlfahrtsstaatlichkeit in Beziehung setzen lässt. Die Art und das Ausmaß staatlicher Unterstützung für den religiösen Sektor der Zivilgesellschaft bestimmen massgeblich den Grad seiner Formalisierung und Professionalisierung. In direkter Analogie zur ‚crowding out'-Debatte existieren zwei konkurrierende Sichtweisen darüber, wie sich dies auf die Vitalität religiöser Zivilgesellschaften und die Generierung glaubensbasierten Sozialkapitals auswirkt. Der ersten Perspektive zufolge stärkt staatliche Unterstützung die zivilgesellschaftliche Position von Kirchen und religiösen Organisationen und trägt damit zur Förderung glaubensbasierten Sozialkapitals bei. Demgegenüber argumentiert die gegenteilige Perspektive, dass die staatliche Verantwortlichkeit und Einmischung im religiösen Zivilgesellschaftssektor die Möglichkeiten und Motivation der Bürger schwächt, sich in religiösen Organisationen zu engagieren.

Nach der Argumentation der *ersten Perspektive* sorgen staatliche Subvention und Finanzierung dafür, dass religiöse Organisationen über jene grundlegende Infrastruktur verfügen, derer sie bedürfen, um aktiv engagierte Mitglieder zu akquirieren und auf diese Weise Sozialkapital hervorzubringen. Wie jede andere Organisation benötigen auch religiöse Organisationen Finanzierungsquellen für ihre zahlreichen Ausgaben und Kosten sowie fest angestelltes Personal, wenn sie effektiv funktionieren wollen (G. Davie 2000: 38). Um gute Vorsätze wirksam in aktives Engagement umzusetzen, müssen Kirchen und religiöse Vereinigungen über Versammlungsorte, Transportmittel, Büroausstattung und viele andere Ressourcen verfügen (R. Wuthnow 2004). Staatliche Unterstützung vermehrt die zur Verfügung stehenden Ressourcen und erlaubt es religiösen Organisationen dadurch, die Vielfalt und Reichweite ihrer Dienste und Aktivitäten auf eine Vielzahl von Zwecken auszuweiten. Dies wiederum steigert die Attraktivität für eine größere Zahl von Mitgliedern und Freiwilligen, da unterschiedliche Neigungen und Präferenzen befriedigt werden können (M. Bühlmann/M. Freitag 2004). Darüber hinaus beschränken sich die Tätigkeiten von professionellen und qualifizierten Angestellten nicht nur auf die Leitung und Koordination von zivilgesellschaftlichem Engagement, was es effektiver und erfüllender werden lässt. Vielmehr können sie auch aktiv engagementbereite Bürger rekrutieren und Spenden eintreiben und dadurch soziales Kapital fördern (W.A. Maloney/S. Roßteutscher 2005; S. Roßteutscher 2009). Die Kontinuität, die ein System staatlicher Unterstützung mit sich bringt, garantiert zugleich die längerfristige Stabilität aktiven Engagements und stellt es damit auf Dauer. Zuletzt erhöht die staatliche Unterstützung von Religion auch den symbolischen Status, das Prestige und die Sichtbarkeit von religiösen Organisationen in der Gesellschaft und ermutigt mehr Menschen, sich zu beteiligen und für deren Zwecke zu engagieren (R.M. Kramer 1989). Diese verschiedenen Argumente lassen sich in einer einzelnen empirisch überprüfbaren Hypothese zusammenfassen:

H1: Je stärker die staatliche Unterstützung von Religion in einem Land, desto größer ist sein Bestand an glaubensbasiertem Sozialkapital in der Form von Mitgliedschaften in religiösen Organisationen, aktivem Engagement in religiösen Vereinen und Spendentätigkeit in religiösen Kontexten.

In direktem Widerspruch dazu argumentiert die *zweite Perspektive*, dass staatliche Förderung von Religion Anreize setzt, welche einem regen Engagement im religiösen Sektor der Zivilgesellschaft gerade entgegengesetzt sind. Besonders prominent wird diese Sichtweise von Vertretern der *economics of religion* vertreten (R. Finke 1997; L. Iannaccone 1991; R. Stark/R. Finke 2000). Dieser Denkschule zufolge gedeiht aktive Partizipation am religiösen Leben am ehesten, wenn Kirchen und religiöse Organisationen in einem ‚freien Markt' um Mitglieder werben müssen und daher gezwungen sind, attraktive ‚Güter' bereitzustellen. Unter den Bedingungen geringer staatlicher Regulierung floriert dieser religiöse Wettbewerb am besten und stimuliert damit das Interesse und die Bindung an Kirchen und religiöse Gemeinschaften. Religiöse Organisationen die allerdings öffentliche Subventionen vom Staat erhalten, werden – wenn der religiöse Markt wie andere Märkte funktioniert – weniger glaubensbasiertes Sozialkapital hervorbringen als unter vollständig de-regulierten Bedingungen mit freiem Marktwettbewerb (L. Iannaccone 1991).

Staatliche Unterstützung produziert demnach nicht responsive religiöse Organisationen und unmotivierte religiöse Professionelle, da sie nicht um Mitglieder, Freiwillige und private Spenden konkurrieren müssen. „When the state pays the clergy's salaries, the clergy have little incentive to mobilize popular support" (R. Finke 1997: 51). Als Konsequenz engagieren sich auch weniger Menschen und tragen nicht zur Generierung sozialen Kapitals bei. Darüber hinaus führt staatliche Förderung dazu, dass religiöse Organisationen unter staatlicher Aufsicht stehen und dem Staat gegenüber rechenschaftspflichtig sind, was zu Zielkonflikten mit den ursprünglichen religiösen Idealen und Motivationen führen kann. Dies beeinträchtigt wiederum ihre Attraktivität und ihr Potential, Mitglieder und aktiv engagierte Bürger an sich zu binden (C.E. Smidt 2007). Aus der Sicht der Laien kann weiterhin argumentiert werden, dass diese keine Verantwortung und aktiven Rollen übernehmen werden, wenn die meisten Aufgaben bereits durch professionelles Kirchenpersonal und andere fest Angestellte übernommen werden. Tatsächlich kann es schlicht an Platz und Notwendigkeit für unbezahlte und freiwillige Helfer mangeln (G. Davie 2000: 47). Zuletzt und in perfekter Übereinstimmung mit dem ‚*crowding out*'-Argument, werden die Bürger unter solchen Bedingungen daran gewöhnt, glaubensbasierte Dienste und Aktivitäten als kostenlos zu betrachten, da der Staat bereits für sie aufkommt und sie den Bürgern zur Verfügung stellt. Gerade wenn der Staat Kirchensteuern zur Unterstützung von Religionsgemeinschaften erhebt, werden die Menschen wenig Anreize besitzen, sich darüber hinaus selbst zu engagieren. Dies schwächt die Bindung an Kirchen und religiöse Organisationen in der Form von Mitgliedschaften, Freiwilligentätigkeit und monetären Spenden (R. Stark/R. Finke 2000). Aus diesen vorangegangen Argumenten lässt sich folgende Hypothese ableiten:

H2: Je stärker die staatliche Unterstützung von Religion in einem Land, desto geringer ist sein Bestand an glaubensbasiertem Sozialkapital in der Form von Mitgliedschaften in religiösen Organisationen, aktivem Engagement in religiösen Vereinen und Spendentätigkeit in religiösen Kontexten.

4 Daten und Methoden

Um im Folgenden diese beiden konkurrierenden Hypothesen einer empirischen Überprüfung zu unterziehen, werden verschiedene Datenquellen herangezogen. Informationen über die abhängige Größe *glaubensbasierten Sozialkapitals* werden den Umfragedaten des *Eurobarometer 62.2* aus dem Jahr 2004 entnommen und liegen für insgesamt 24 europäische Staaten vor.[1] Die Bestände an glaubensbasiertem Sozialkapital werden in der vorliegenden Analyse als kollektive Merkmale der Länder aufgefasst und im Rahmen eines makro-quantitativen Vergleichs[2] über die prozentualen Bevölkerungsanteile derer gemessen, die Mitglied einer religiösen oder kirchlichen Organisation sind, sich gegenwärtig aktiv in einer religiösen Organisation engagieren und jenen die Geld an religiöse Organisationen spenden (vgl. die Beschreibung und Daten in Tabelle A1 im Anhang). Alle drei Bevölkerungsanteile werden getrennt von einander als abhängige Variablen untersucht.

Die zentrale erklärende Größe der Analyse – *staatliche Unterstützung von Religion* – setzt sich aus einer Vielzahl von verschiedenen gesetzlichen Regelungen sowie aus einer Reihe direkter und indirekter Formen der Finanzierung und Subvention zusammen. Aus diesem Grund wird eine breite Palette an Indikatoren für verschiedene Aspekte von Staat-Kirche-Beziehungen herangezogen, welche als staatliche Unterstützung von Religion gelten können. Zugleich erlaubt die Verwendung multipler Messungen einen breiteren Test der Hypothesen und gibt zudem Auskunft über die Robustheit der Befunde über verschiedene Indikatoren hinweg.

---

[1] Ost- und Westdeutschland wurden abweichend von der ursprünglichen Klassifikation des Eurobarometers zu einem einzigen Fall zusammengefasst. Ebenso wurden Nordirland und Großbritannien miteinander kombiniert. Aufgrund geringer Befragtenzahlen und der Tatsache, dass es sich bei allen dreien um starke Ausreißer handelt, wurden Luxemburg, Malta und Zypern aus der Analyse ausgeschlossen. Im Ländersample enthalten sind: Österreich, Belgien, Bulgarien, Tschechien, Dänemark, Estland, Finnland, Frankreich, Deutschland, Griechenland, Ungarn, Irland, Italien, Lettland, Litauen, die Niederlande, Polen, Portugal, Rumänien, die Slowakei, Slowenien, Spanien, Schweden und Großbritannien.
[2] Für eine alternative Analysestrategie derselben Daten mittels Mehrebenenanalysen und unter Einbezug individueller Kontrollvariablen sei auf R. Traunmüller/M. Freitag 2010 verwiesen. Die substantiellen Ergebnisse sind jedoch nahezu dieselben.

Speziell wird dabei auf Informationen des von Jonathan Fox (2008) gesammelten und codierten *Religion and the State* (RAS) Datensatzes sowie auf die von Brian Grim und Robert Finke (2006) bereitgestellten *International Religion Indexes* (IRI) zurückgegriffen (siehe Tabelle 1). Bei beiden Quellen handelt es um die methodisch hochwertigsten Messkonzepte im Bereich der Staat-Kirche-Verflechtungen, die zur Zeit existieren (R. Traunmüller 2009b). Um die allgemeine staatliche Unterstützung von Religion in einem Land zu messen, werden insbesondere der IRI *Government Favoritism Index*, der IRI *Government Funding of Religion Index* sowie die RAS *Religious Legislation Scale* herangezogen. Bei allen drei Indizes handelt es sich um reliable, aus mehreren Komponenten zusammengesetzte Maße, die verschiedene legale, politische und ökonomische Aspekte staatlicher Unterstützung von Religion erfassen.

Tabelle 1:   Staatliche Unterstützung von Religion in Europa

	IRI Government Favoritism Index 2003	IRI Government Funding of Religion Index 2003	RAS Religious Legislation Index 2002	RAS Kirchensteuer 2002	IRI Finanzierung von Kirchenpersonal 2003	RAS Finanzierung von Kirchenpersonal 2002	IRI Finanzierung von Wohlfahrtsaktivitäten 2003	RAS Finanzierung von Wohlfahrtsaktivitäten 2002
Griechenland	7,8	3	9	1	1	1	0	0
Spanien	7,8	3	7	1	1	1	0	0
Belgien	7,5	5	10	1	1	1	1	1
Bulgarien	7,5	0	7	0	0	0	0	0
Tschechien	7,3	6	6	0	1	1	1	1
Portugal	7,0	2	5	0	0	1	0	0
Ungarn	6,8	3	7	1	1	0	0	0
Dänemark	6,7	2	9	0	1	1	0	1
Finnland	6,5	6	9	1	1	1	1	1
Österreich	6,2	1	6	1	0	0	0	0
Lettland	6,2	1	5	0	0	0	0	0
Litauen	6,2	1	6	0	0	0	0	0
Rumänien	6,0	4	6	0	1	1	0	0
Frankreich	5,5	3	6	0	0	0	1	1
Slowakei	5,5	4	7	0	1	1	1	0
Italien	5,3	1	6	1	1	1	0	0
Slowenien	5,0	1	4	0	1	0	0	0
Deutschland	4,7	2	7	1	0	0	0	1
Niederlande	3,0	1	2	0	0	0	0	1
Polen	3,0	2	5	0	1	0	0	0
Sschweden	2,7	0	8	1	0	0	0	0
Irland	1,8	1	6	0	0	0	0	0
Estland	1,0	0	4	0	0	0	0	0
Großbritannien	1,0	0	10	0	0	1	0	1

Anmerkung: IRI = International Religion Indexes (B. J. Grim/R. Finke 2006); RAS = Religion and the State Project (J. Fox 2008)

Um zusätzlich die Wirkung einzelner, konkreter *policies* zu evaluieren, werden noch binäre Indikatoren für das Vorhandensein von *Kirchensteuern*, staatlicher *Finanzierung von Kirchenpersonal* sowie für staatliche *Finanzierung religiöser Wohlfahrtsaktivitäten* aus dem RAS berücksichtigt. Da sich die genaue Codierung einzelner Fälle zwischen den beiden Datenquellen unterscheidet, werden auch die Indikatoren *Finanzierung von Kirchenpersonal* und *Finanzierung religiöser Wohlfahrtsaktivitäten* der IRI noch einmal getrennt betrachtet.

Alle Maße des RAS Datensatzes beziehen sich auf die Situation des Jahres 2002, die IRI Indikatoren auf das Jahr 2003. Da es allerdings in den letzten Jahren in einigen europäischen Ländern zu Veränderungen im Staat-Kirche-Verhältnis gekommen ist, werden für die entsprechenden Indikatoren, für die das der Fall war – für die RAS *Religious Legislation Scale* und den RAS Indikator für staatliche *Finanzierung von Kirchenpersonal* – zusätzlich noch die Werte von 1992 berücksichtigt, um mögliche Effekte früherer institutioneller Arrangements zu testen. Insgesamt werden also die Effekte von jeweils zehn unterschiedlichen Maßen staatlicher Unterstützung von Religion auf die drei Ausprägungen glaubensbasierten Sozialkapitals überprüft.

Selbstverständlich können neben den Staat-Kirche-Beziehungen noch weitere Faktoren einen Einfluss auf die Vitalität des religiösen Zivilgesellschaftssektors haben. Aus diesem Grund und um Scheinkorrelationen auszuschließen, wird zusätzlich noch für das BIP pro Kopf (UN 2003) und den Anteil Protestanten in der Bevölkerung (A. Alesina et al. 2003) kontrolliert.[3]

Da alle der hier betrachteten abhängigen Variablen als prozentuale Anteile nur positive Werte annehmen können und zudem schief verteilt sind, werden im Folgenden jeweils *Gamma Generalized Linear Models* (GGLM) geschätzt. Diese sind den vorliegenden Bedürfnissen in höherem Maße angemessen als die weitverbreitete Anwendung herkömmlicher linearer Regressionen (S. R. Eliason 1993; J. Gill 2001).[4]

---

[3] Aufgrund der geringen Fallzahl werden nur diese beiden Kontrollvariablen in die Modelle aufgenommen. Weitere Faktoren wie etwa der Urbanisierungsgrad, Kirchgangsraten oder sozialistische Vergangenheit sind kaum von Bedeutung für das glaubensbasierte Sozialkapital in den europäischen Ländern. Vor allem aber ändert deren Berücksichtigung nichts an den generellen empirischen Befunden.

[4] *Gamma Generalized Linear Models* (GGLM) können in folgenden zwei Gleichungen geschrieben werden:

$$Y_i \sim G(y_i \mid \mu_i, v\,), \qquad (1)$$

$$E(Y_i) = \mu_i = -(X_i \beta)^{-1}, \qquad (2)$$

wobei sich die abhängige Variable Y_i ($i = 1, \ldots, n$) als Gamma von y_i mit den Verteilungsparametern μ_i und v verteilt und ihr Erwartungswert $E(Y_i)$ (d.h. ihr Mittelwert μ_i) eine inverse Funktion der erklärenden und kontrollierenden Variablen X_i (inklusive einer Konstanten) sowie deren zu schätzenden Koeffizienten β ist.

Allerdings lassen sich die Regressionskoeffizienten einer Gamma-Regression – wie bei allen nicht-linearen Regressionsverfahren – nur schwer interpretieren und vermitteln kaum Information von substantiellem Interesse, namentlich tatsächliche Effektgrößen sowie deren Schätzunsicherheit in der Einheit der abhängigen Variable. Daher erfolgt die Ergebnisdarstellung anhand von *first differences*, also Differenzen im Erwartungswert bei unterschiedlichen Konstellationen der erklärenden Variablen (G. King et al. 2000).[5]

Die Differenz in den Erwartungswerten der abhängigen Variable kann dann sinnvoll als Effekt der Veränderung der erklärenden Variable von ihrem Startpunkt hin zu ihrem Endpunkt (unter Konstanthaltung weiterer Größen) interpretiert werden. In den hier präsentierten Analysen wurde zur Veranschaulichung der Effektstärken der Maße staatlicher Unterstützung von Religion jeweils das empirische Minimum als Start- und das Maximum als Endpunkt festgelegt.[6]

Da die Anzahl der verschiedenen Maße zur staatlichen Unterstützung von Religion groß, die der Länder dagegen relativ klein ist, wird jede Staat-Kirche-Variable einzeln in die Modellgleichung eingeführt. Dies resultiert in jeweils zehn Modelle für die drei verschiedenen abhängigen Größen glaubensbasierten Sozialkapitals. Aus Platzgründen werden die Effekte und Konfidenzintervalle der kontrollierenden Größen nicht dargestellt.[7]

---

[5] Diese Differenzen errechnen sich wie folgt:
$$E(Y_e) - E(Y_s), \quad (3)$$

$$E(Y_s) = -(X_s \hat{\beta})^{-1}, \; E(Y_e) = -(X_e \hat{\beta})^{-1}, (4)$$

wobei $E(Y_s)$ der Durchschnittswert von Y, gegeben der Variablenkonstellation X_s darstellt. X_s ist hierbei ein Vektor in dem die interessierende erklärende Variable – staatliche Unterstützung von Religion – auf einen bedeutsamen Startpunkt gesetzt und alle übrigen auf ihrem Mittelwert fixiert werden. $E(Y_e)$ ist analog dazu der Erwartungswert von Y, gegeben X_e, also der Variablenkonstellation in welcher die interessierende Erklärungsgröße auf einen bedeutsamen Endpunkt gesetzt wird und die Kontrollvariablen auf ihrem Mittelwert fixiert bleiben.

[6] Die Differenzen in den Erwartungswerten sowie die dazugehörigen 95 Prozent-Konfidenzintervalle wurden mit Hilfe des Pakets *Zelig* des Statistikprogramms *R* simuliert (K. Imai et al. 2008) und werden im Folgenden zur intuitiveren Verständlichkeit graphisch dargestellt (J. P. Kastellec/E. L. Leoni 2007).

[7] Tabellen mit den vollständigen Ergebnissen werden auf Wunsch vom Autor gerne bereitgestellt.

5 Empirische Befunde

Im Folgenden werden die oben formulierten konkurrierenden Hypothesen einer empirischen Überprüfung unterzogen. In Abbildung 2 sind zunächst die Befunde zum Einfluss staatlicher Unterstützung von Religion auf die *Mitgliedschaftsraten in religiösen Vereinen und Organisationen* dargestellt. Für alle der hier berücksichtigten Maße staatlicher Unterstützung zeigen sich negative Effekte – und alle dieser Effekte sind statistisch signifikant, wie an den jeweiligen Konfidenzintervallen zu sehen ist. Dies deutet daraufhin, dass bei gleichen ökonomischen und kulturellen Bedingungen in Ländern mit stark unterstützender Religionspolitik in der Regel *weniger* Menschen Mitglieder in religiösen Vereinen sind und der religiöse Zivilgesellschaftssektor damit *schwächer* entwickelt ist.

Der Unterschied zwischen dem niedrigsten und höchsten Wert auf dem *Government Favoritism Index* – dies entspricht den Werten von Großbritannien und Estland einerseits, jenen von Griechenland und Spanien andererseits – schlägt sich in einer Differenz von drei bis fünf Prozentpunkten in der Mitgliedschaftsrate nieder. Eine entsprechende Veränderung vom Minimum auf das Maximum des *Government Funding of Religion Index*, welche einem Vergleich von Bulgarien und Finnland entsprechen würde, hat einen negativen Einfluss der gleichen Größenordnung. Mit Blick auf religionsfördernde Gesetzgebung – gemessen an der *Religious Legislation Scale* – ist der negative Effekt auf die Mitgliedschaft in religiösen Vereinen und Organisationen sogar noch deutlicher. Hier führt eine Differenz zwischen dem niedrigsten Skalenwert wie in den Niederlanden und dem höchsten Skalenwert wie in Belgien oder Großbritannien zu Unterschieden in den Mitgliedschaftsraten von sieben bis zehn Prozentpunkten. Dies ist in der Tat ein Effekt von beträchtlicher Größe. Nachdem es jedoch in den letzten Jahren in einigen europäischen Ländern zu religionspolitischen Gesetzesänderungen gekommen ist, wurde die Situation im Jahre 2002 mit jener von 1992 kontrastiert. Dabei zeigt sich, dass der negative Effekt robust bleibt, von der gegenwärtigen Gesetzessituation allerdings ein leicht stärkerer Einfluss auf die Mitgliedschaftsrate ausgeht, als von vergangenen Regelungen.

Betrachtet man den Einfluss einzelner, spezifischer Maßnahmen und Regelungen staatlicher Unterstützung von Religion, so wird deutlich, dass in Staaten die Kirchensteuern erheben, das Kirchenpersonal bezahlen und religiöse Wohlfahrtsaktivitäten finanzieren, *weniger* Bürger eine Mitgliedschaft in einer religiösen Vereinigung aufweisen. Diese Befunde zeigen sich sowohl für die Indikatoren des RAS Projekts, als auch für die der IRI. Die Effektstärken bewegen sich dabei zwischen minus einem halben und minus vier Prozentpunkten.

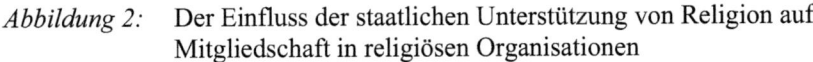

Abbildung 2: Der Einfluss der staatlichen Unterstützung von Religion auf
Mitgliedschaft in religiösen Organisationen

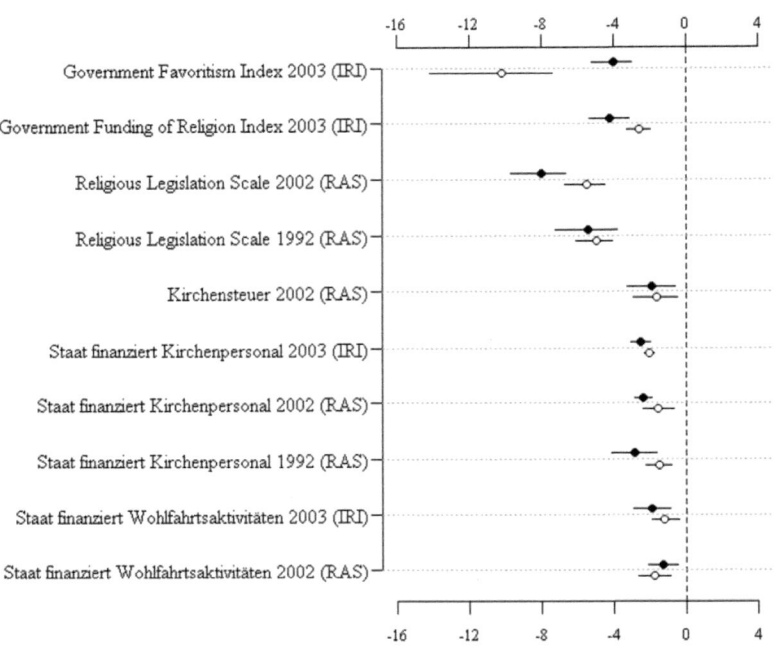

Anmerkung: Differenzen im Erwartungswert der Mitgliedschaftsraten in religiösen Organisationen
bei Veränderung der erklärenden Variablen von ihrem Minimum zu ihrem Maximum (Prozentpunkte
mit 95% Konfidenzintervallen); Ergebnisse basieren auf zehn getrennten Gamma Regressionsgleichungen, in denen jeweils auch für BIP pro Kopf und Protestantenanteil kontrolliert wurde; schwarze
Punkte geben den Effekt für das Gesamtsample (N =24) an, weiße Punkte den Effekt nach Ausschluss von einflussreichen Ausreißern.

Nachdem die Fallzahl in der vorliegenden Analyse mit 24 Ländern sehr klein ist,
ist es notwendig, die Sensitivität dieser Befunde gegenüber einzelnen einflussreichen Ausreißern zu überprüfen. In der Tat ließen sich für alle Modellglei-
chungen ein oder mehrere abweichende Fälle mit einem *Cook's D* Wert von über
4/N identifizieren. Wenngleich es unter Ausschluss dieser Fälle zum Teil zu
Veränderungen in den Effektstärken kommt (auffallend etwa bezüglich des *Government Favoritism Index*), so bleibt der generelle Befund eines negativen Einflusses von staatlicher Unterstützung auf die Vitalität religiöser Zivilgesellschaften eindeutig bestehen. Während sich also hinsichtlich der Mitgliedschaft in
religiösen Vereinen und Organisationen kein Hinweis für die optimistische erste

Hypothese finden lässt, wird die konkurrierende zweite Hypothese durch die empirischen Befunde gestützt. Ein ganz ähnliches Bild ergibt sich auch für den Einfluss staatlicher Unterstützung von Religion auf das *aktive Engagement in religiösen Vereinigungen* (siehe Abbildung 3). Insgesamt weisen acht der zehn betrachteten Größen einen statistisch signifikanten negativen Effekt auf. Staatliche Begünstigung von Religion geht ebenso mit geringerem Engagement der Bürger einher (minus 2-4%), wie die staatliche Finanzierung und Subventionierung von Religionsgemeinschaften (minus 0,5-2,5%) oder religiöse Gesetzgebung (minus 2,5-4,5% für Regelungen von 2002 bzw. minus 2-3,5% für Regelungen von 1992).

Abbildung 3: Der Einfluss der staatlichen Unterstützung von Religion auf aktives Engagement in religiösen Organisationen

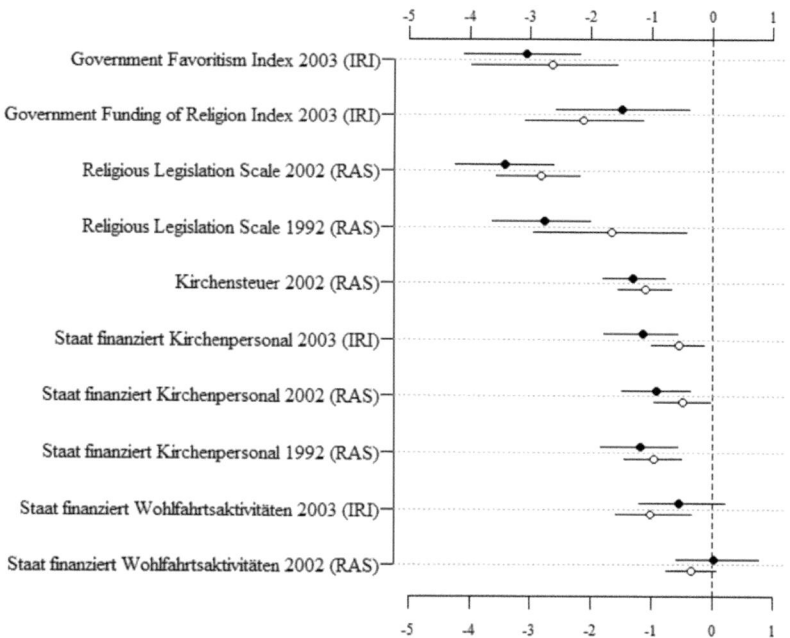

Anmerkung: Differenzen im Erwartungswert des aktiven Engagements in religiösen Organisationen bei Veränderung der erklärenden Variablen von ihrem Minimum zu ihrem Maximum (Prozentpunkte mit 95% Konfidenzintervallen); Ergebnisse basieren auf zehn getrennten Gamma Regressionsgleichungen, in denen jeweils auch für BIP pro Kopf und Protestantenanteil kontrolliert wird; schwarze Punkte geben den Effekt für das Gesamtsample (N =24) an, weiße Punkte den Effekt nach Ausschluss von einflussreichen Ausreißern.

Geringeres Engagement in religiösen Vereinen lässt sich weiterhin in Staaten mit einem Kirchensteuersystem und dort, wo Angestellte der Kirchen vom Staat bezahlt werden, feststellen (minus 0,5-2%). Kein Einfluss auf das Niveau des aktiven Engagements lässt sich dagegen von der staatlichen Förderungen wohltätiger Aktivitäten von Religionsgemeinschaften ausmachen. Die Konfidenzintervalle der hier betrachteten Indikatoren beinhalten jeweils den Wert null. Demnach fördert die staatliche Finanzierung religiöser Wohlfahrt das Engagement der Bürger zwar nicht, aber immerhin schadet es auch nicht.

Die ermittelten Zusammenhänge zwischen staatlicher Unterstützung von Religion und aktivem Engagement in religiösen Vereinen und Organisationen bleiben auch unter Ausschluss einflussreicher Ausreißer robust. Tatsächlich zeigt sich für das reduzierte Sample nun auch noch ein negativer Effekt für den IRI-Indikator staatlicher Finanzierung von religiösen Wohlfahrtsaktivitäten. Abermals steht die pessimistische Perspektive von Hypothese zwei in Einklang mit den Daten, während sich die optimistische Sichtweise der Hypothese eins empirisch nicht belegen lässt. Daher gilt insgesamt: Staatliche Involvierung in religiöse Angelegenheiten verdrängt das Engagement der Bürger anstatt es zu beleben.

Zuletzt wird diese negative Einschätzung auch durch die Befunde für das *Spenden an religiöse Organisationen* untermauert (siehe Abbildung 4). Neun der zehn berücksichtigen Maße staatlicher Unterstützung von Religion zeigen einen statistisch signifikant negativen Einfluss auf die Spendenbereitschaft in der Bevölkerung. Die Effektstärken fallen dabei für die Spendentätigkeit deutlich größer aus, als dies für die Mitgliedschaftsraten und das aktive Engagement der Fall war. Gleichzeitig sind die Schätzungen aber auch mit größerer Unsicherheit behaftet und weisen daher weitere Konfidenzintervalle auf. Eine Veränderung auf dem *Government Favoritism Index* von seinem Minimum zu seinem Maximum verringert den Anteil der Spender beispielsweise um fünf bis neunzehn Prozentpunkte. Der negative Effekt der staatlichen Finanzierung bewegt sich zwischen vier und fünfzehn Prozentpunkten und der Effekt religiöser Gesetzgebung liegt zwischen neun und neunzehneinhalb Prozentpunkten für die Situation in 2002 und zwischen sieben und sechzehn Prozentpunkten für die Lage im Jahr 1992.

Der negative Einfluss von Kirchensteuern, der staatlichen Bezahlung von Kirchenpersonal sowie den IRI-Indikator für staatliche Finanzierung kirchlicher Wohlfahrt in einem Land bewegt sich in einer Größenordnung von drei bis neun Prozentpunkten weniger Spendenbeteiligung für religiöse Zwecke.

Der Ausschluss von einflussreichen Ausreißern ändert an diesem Befund nichts. Vielmehr ist dann auch der RAS-Indikator für staatliche Finanzierung kirchlicher Wohlfahrt signifikant negativ. Somit bestätigt sich ein weiteres Mal die Einschätzung, dass die staatliche Unterstützung von Religion mit dem Rückzug der Bürger einhergeht und damit zur Verkümmerung religiöser Zivilgesellschaften beiträgt.

Abbildung 4:   Der Einfluss der staatlichen Unterstützung von Religion auf die Spendentätigkeit für religiöse Organisationen

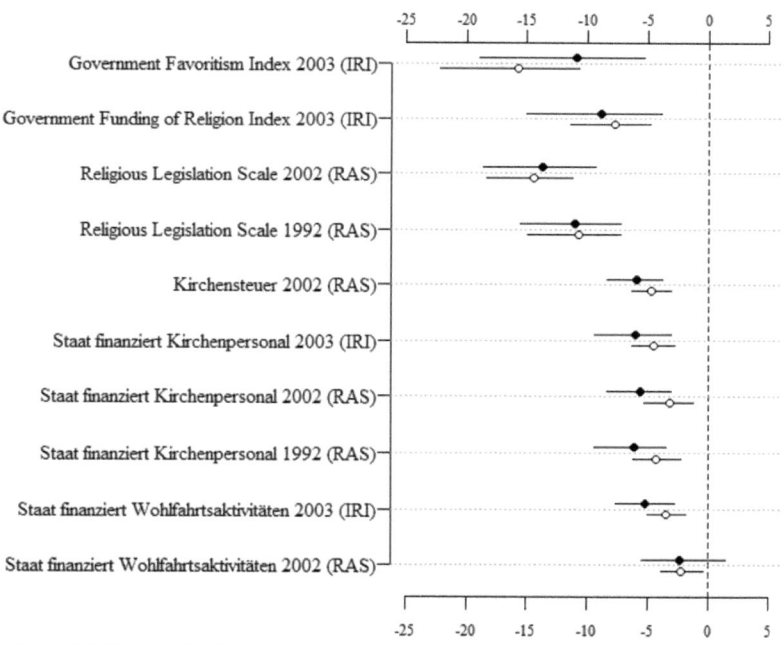

Anmerkung: Differenzen im Erwartungswert der Spendentätigkeit für religiösen Organisationen bei Veränderung der erklärenden Variablen von ihrem Minimum zu ihrem Maximum (Prozentpunkte mit 95% Konfidenzintervallen); Ergebnisse basieren auf zehn getrennten Gamma Regressionsgleichungen in denen jeweils auch für BIP pro Kopf und Protestantenanteil kontrolliert wird; schwarze Punkte geben den Effekt für das Gesamtsample (N =24) an, weiße Punkte den Effekt nach Ausschluss von einflussreichen Ausreißern.

6   Diskussion

Der vorliegende Beitrag hat sich zum Ziel gesetzt, den Einfluss staatlicher Unterstützung von Religion auf die Vitalität des religiösen Zivilgesellschaftssektors und die Generierung glaubensbasierten Sozialkapitals zu untersuchen. Basierend auf einer Stichprobe von 24 europäischen Ländern wurden zwei konkurrierende Hypothesen einer empirischen Überprüfung unterzogen. Während laut der ersten

Hypothese staatliche Unterstützung von Religion ein Segen ist, der das zivilgesellschaftliche Engagement in religiösen Kontexten fördern sollte, argumentiert die zweite Hypothese, dass staatliche Involvierung eher als Fluch zu betrachten ist, der mit dem Rückzug der Bürger und der Verkümmerung glaubensbasierten Sozialkapitals einhergeht.

Die empirischen Befunde haben gezeigt, dass Staat-Kirche-Beziehungen tatsächlich einen messbaren Einfluss auf die Vitalität religiöser Zivilgesellschaften und die Formierung glaubensbasierten Sozialkapitals haben. Allerdings deutet keines der ermittelten Ergebnisse darauf hin, dass dieser Einfluss in irgendeiner Weise positiver Natur ist – ganz im Gegenteil. Tatsächlich ergab ein Test von insgesamt zehn verschiedenen Maßen staatlicher Unterstützung von Religion für jeweils drei verschiedene Größen glaubensbasierten Sozialkapitals in 27 von 30 Fällen einen statistisch signifikanten *negativen* Effekt. Eine Wiederholung dieser Analyse unter Ausschluss von einflussreichen Ausreißern lieferte negative Ergebnisse in sogar 29 von 30 Fällen. Demgegenüber konnte nicht ein einziger positiver Effekt ermittelt werden. Mit anderen Worten zeigen die Daten mit überwältigender Klarheit, dass staatliche Einflussnahme in religiöse Angelegenheiten mit geringerem glaubensbasierten Sozialkapital in der Form von Mitgliedschaften, aktivem Engagement und Spendentätigkeit in religiösen Kontexten einhergeht und bestätigen damit die Vorhersage der zweiten Hypothese.

Mit Blick auf einzelne *policies* zeigte sich, dass wo immer Staaten in Europa Kirchensteuern erheben, die Bürger weniger motiviert – oder, da diese eine beträchtliche finanzielle Bürde bedeuten können, schlicht nicht in der Lage – sind, sich darüber hinaus zu engagieren und zusätzlich Zeit oder Geld für religiöse Organisationen aufzubringen. Als Konsequenz sind religiöse Mitgliedschaften, aktives Engagement und Spendentätigkeit in Staaten mit Kirchensteuersystem schwächer entwickelt. Die staatliche Finanzierung von Kirchenpersonal und anderen Angestellten sowie – in geringerem Ausmaß – die Subventionierung von kirchlichen Wohlfahrtsaktivitäten geht ebenfalls mit geringeren Niveaus an glaubensbasiertem Sozialkapital einher. Staatliche finanzierte religiöse Organisationen scheinen ihren potentiellen Mitgliedern gegenüber weniger responsiv und dadurch weniger attraktiv zu sein. Darüber hinaus haben religiöse Professionelle, die von Seiten des Staates bezahlt werden, nur wenige Anreize diese Situation zu verändern. Natürlich können diese Befunde auch weniger negativ, etwa als kollektives ‚*contracting out*' interpretiert werden: Die Bürger kümmern sich kollektiv um die zahlreichen Dienstleistungen und Aktivitäten religiöser Organisationen, indem sie diese in Form von Steuern bezahlen und geben sich zufrieden damit, die Arbeit professionellen und qualifizierten Kräften in religiösen und kirchennahen Organisationen zu überlassen.

Allerdings stehen die Ergebnisse des vorliegenden Beitrags im Widerspruch zu den anderen Studien, welche sich mit dem Einfluss von Staat-Kirche-Beziehungen auf religiöse Zivilgesellschaften befasst haben. Roßteutscher (2009) etwa ermittelte in ihrer Studie einen positiven Effekt für staatliche Subventionen und Privilegien. Die Diskrepanz zu den hier berichteten Ergebnissen dürfte vor allem zentralen Unterschieden im Untersuchungsdesign geschuldet sein. Damit wird freilich die Notwendigkeit weiterer Forschungsbemühungen mit alternativen Analysestrategien deutlich, bevor definitive Schlüsse gezogen werden können. Immerhin lässt sich aber Davies (2000) Einschätzung qualifizieren, institutionelle Arrangements zwischen Staat und Kirche seien ohne Belang für die Vitalität religiöser Zivilgesellschaften. Während Davie stattdessen auf tiefverwurzelte kulturelle Unterschiede verweist, hat ein systematischer Vergleich der europäischen Länder unter Kontrolle kultureller Unterschiede gezeigt, dass gegenwärtige Staat-Kirche-Beziehungen sehr wohl mit dem Ausmaß des glaubensbasierten Sozialkapitals einer Gesellschaft in Verbindung stehen.

Alles in allem ist festzuhalten, dass die ermittelten Ergebnisse den ursprünglichen Beobachtungen Tocquevilles ([1840] 1976) zum Einfluss der Staat-Kirche-Beziehungen auf die Vitalität der religiösen Zivilgesellschaften entsprechen. Auch die theoretischen Argumente des *rational choice* Zweiges innerhalb der Religionssoziologie werden durch die empirischen Befunde gestützt (R. Finke 1997, R. Stark/R. Finke 2000). Die Nähe von Staat und Kirche erzeugt strukturelle und kulturelle Bedingungen, die der Generierung von glaubensbasiertem Sozialkapital zuwiderlaufen und diese verhindern. Damit erweist sich die Unterstützung von Religion durch den Staat ganz offenbar als Fluch für religiöse Zivilgesellschaften.

Literatur

Alesina, Alberto/Devleeschauwer, Arnaud/Easterly, William/Kurlat, Sergio/Wacziarg, Romain (2003): Fractionalization. In: Journal of Economic Growth 8: 155-194.

Ammerman, Nacy Tatom (1997): Congregation and Community. New Brunswick: Rutgers University Press.

Bühlmann, Marc/Freitag, Markus (2004): Individuelle und kontextuelle Determinanten der Teilhabe an Sozialkapital. Eine Mehrebenenanalyse zu den Bedingungen des Engagements in Freiwilligenorganisationen. In: Kölner Zeitschrift für Soziologie und Sozialpsychologie 56: 326-349.

Casanova, José (1994): Public Religions in the Modern World. Chicago: University of Chicago Press.

Chaves, Mark/Cann, David E. (1992): Regulation, Pluralism, and Religious Market Structure: Explaining Religion's Vitality. In: Rationality and Society 4, 3: 272-290.

Chaves, Mark/Schraeder, Peter J./Sprindys, Mario (1994): State Regulation of Religion and Muslim Religious Vitality in the Industrialized West. In: The Journal of Politics 56, 4: 1087-1097.

Chaves, Mark/Tsitsos, William (2001): Congregations and Social Services: What They Do, How They Do It, and with Whom. In: Nonprofit and Voluntary Sector Quarterly 30, 4: 660-683.

Cnaan, Ram A./Boddie, Stephanie C. (2003): Bowling Alone but Serving Together: The Congregational Norm of Community Involvement. In: Smidt, Corvin E. (Hrsg.): Religion as Social Capital: Producing the Common Good. Waco: Baylor University Press: 19-31.

Davie, Grace (2000): Religion in Modern Europe: A Memory Mutates. Oxford: Oxford University Press.

Eliason, Scott R. (1993): Maximum Likelihood Estimation. Logic and Practice. Newbury Park: Sage.

Etzioni, Amitai (1994): The Spirit of Community: The Reinvention of American Society. New York: Touchstone.

Finke, Roger (1997): The Consequences of Religious Competition: Supply-Side Explanations for Religious Changes. In: Young, Lawrence A. (Hrsg.): Rational Choice Theory and Religion. Theory and Assessment. London: Routledge.

Fox, Jonathan (2006): World Separation of Religion and State Into the 21st Century. In: Comparative Political Studies 39, 5: 537-69.

Fox, Jonathan (2008): A World Survey of Religion and the State. Cambridge: Cambridge University Press.

Freitag, Markus (2006): Bowling the State Back. In. Political Institutions and the Creation of Social Capital. In: European Journal of Political Research 45: 123-152.

Freitag, Markus/Bühlmann, Marc (2009): Crafting Trust: The Role of Political Institutions in a Comparative Perspective. In: Comparative Political Studies 42, 12: 1537-1566.

Fukuyama, Francis (2000): The Great Disruption: Human Nature and the Reconstitution of Social Order. New York: The Free Press.

Gill, Jeff (2001): Generalized Linear Models: A Unified Approach. Thousand Oaks: Sage.

Grim, Brian J./Finke, Roger (2006): International Religion Indexes: Government Regulation, Government Favoritism, and Social Regulation of Religion. In: Interdisciplinary Journal of Research on Religion 2: 2-40.

Hall, Peter A./Taylor, Rosemary C. R. (1996): Political Science and the Three New Institutionalisms. Köln: Max-Planck-Institut für Gesellschaftsforschung.

Hooghe, Marc/Stolle, Dietlind (2003): Generating Social Capital. Civil Society and Institutions in Comparative Perspective. New York: Palgrave Macmillan.

Iannaccone, Laurence (1991): The Consequences of Religious Market Structure: Adam Smith and the Economics of Religion. In: Rationality and Society 3: 156-177.

Imai, Kosuke/King, Gary/Lau, Olivia (2008): Toward A Common Framework for Statistical Analysis and Development. In: Journal of Computational and Graphical Statistics 17, 4: 892-913.

Kääriäinen, Juha/Lehtonen, Heikki (2006): The Variety of Social Capital in Welfare State Regimes - a Comparative Study of 21 Countries. In: European Societies 8: 27-57.

Kastellec, Jonathan P./Leoni, Eduardo L. (2007): Using Graphs Instead of Tables in Political Science. In: Perspectives on Politics 5, 4: 755-771.

King, Gary/Tomz, Michael/Wittenberg, Jason (2000): Making the Most of Statistical Analyses: Improving Interpretation and Presentation. In: American Journal of Political Science 44, 2: 341-55.

Kramer, Ralph M. (1989): The Use of Government Funds by Voluntary Social Service Agencies in Four Welfare States. In: James, Estelle (Hrsg.): The Nonprofit Sector in International Perspective. Oxford: Oxford University Press: 217-244.

Kumlin, Staffan/Rothstein, Bo (2005): Making and Breaking Social Capital: The Impact of Welfare-State Institutions. In: Comparative Political Studies 38, 4: 339-65.

Larsen, Christian Albrekt (2007): How Welfare Regimes Generate and Erode Social Capital. The Impact of Underclass Phenomena. In: Comparative Politics 40: 83-101.

Liedhegener, Antonius (2007): Civic Engagement by Religion. American Civil Society and the Catholic Case in Perspective. An Introduction. In: Liedhegener/Kremp (2007): 3-15.

Liedhegener, Antonius/Kremp, Werner (2007): Civil Society, Civic Engagement and Catholicism in the U.S. Trier: Wissenschaftlicher Verlag.

Lowndes, Vivien/Wilson, David (2001): Social Capital and Local Governance: Exploring the Institutional Design Variable. In: Political Studies 49: 629-647.

Madeley, John T. S. (2003): A Framework for the Comparative Analysis Church-State Relations in Europe. In: Madeley, John/Enyedi, Zslot (Hrsg.): Church and Stata in Contemporary Europe. The Chimera of Neutrality. London: Frank Cass: 23-50.

Maloney, William A./Roßteutscher, Sigrid (2005): Welfare through Organizations. In: Roßteutscher, Siegrid (Hrsg.): Democracy and the Role of Associations. Political, Organizational and Social Contexts. London: Routledge, 89-112.

Mayntz, Renate/Scharpf, Fritz W. (1995): Der Ansatz des Akteurszentrierten Institutionalismus. In: Mayntz, Renate/Scharpf, Fritz W. (Hrsg.): Gesellschaftliche Selbstregelung und Politische Steuerung. Frankfurt/Main: Campus: 39-72.

Mettler, Suzanne (2002): Bringing the State Back In to Civic Engagement: Policy Feedback Effects of the G.I. Bill for World War II Veterans. In: American Political Science Review 96, 2: 351-365.

Minkenberg, Michael (2003): The Policy Impact of Church-State Relations: Family Policy and Abortion in Britain, France, and Germany. In: Z. Enyedi/J. T. S. Madeley (Hrsg.): Church and State in Contemporary Europe. The Chimera of Neutrality. London: Frank Cass: 195.217.

OECD (2001): The Well-being of Nations: The Role of Human and Social Capital. Paris: OECD Publishing.

Pfaff, Steven (2008): The Religious Divide. In: Kopstein, Jeffrey/Steinmo, Sven (Hrsg.): Growing Apart? America and Europe in the Twenty-First Century. Cambridge: Cambridge University Press: 24-52.

Putnam, Robert D. (2000): Bowling Alone: The Collapse and Revival of American Community. New York: Simon & Schuster.

Putnam, Robert D./Goss, Kristin A. (2002): Introduction. In: Putnam, Robert D. (Hrsg.): Democracies in Flux. The Evolution in Social Capital in Contemporary Society. Oxford: Oxford University Press: 3-19.

Roßteutscher, Sigrid (2009): Religion, Zivilgesellschaft, Demokratie: Eine international vergleichende Studie zur Natur religiöser Märkte und der demokratischen Rolle religiöser Zivilgesellschaften. Baden-Baden: Nomos.

Rothstein, Bo/Stolle, Dietlind (2003): Social Capital, Impartiality and the Welfare State: An Institutional Approach. In: Hooghe, Marc/Stolle, Dietlind (Hrsg.): Generating Social Capital. Civil Society and Institutions in Comparative Perspective. New York: Palgrave Macmillan: 191-210.

Salomon, Lester M./Sokolowski, S. Wojciech (2003): Institutional Roots of Volunteering: Towards a Macro-Structural Theory of Individual Voluntary Action. In: Dekker, Paul/Halman, Loek (Hrsg.): The Values of Volunteering. Cross-Cultural Perspectives. New York: Kluwer: 71-90.

Scheepers, Peer/Grotenhuis, Manfred Te/Gelissen, John (2003): Welfare States and Dimensions of Social Capital: Cross-National Comparisons of Social Contacts in European Countries. In: European Societies 4: 185-207.

Smidt, Corwin E. (2007): Faith-Based Initiatives: A New Chance or a Political Threat to American Civil Society? In: Liedhegener/Kremp (2007.): 45-62.

Stark, Rodney/Finke, Roger (2000): Acts of Faith: Explaining the Human Side of Religion. Berkeley: University of California Press.

Stolle, Dietlind/Rothstein, Bo (2007): Institutionelle Grundlagen des Sozialkapitals. In: Franzen, Axel/Freitag, Markus (Hrsg.): Sozialkapital. Grundlagen und Anwendungen (Sonderheft 47 der Kölner Zeitschrift für Soziologie und Sozialpsychologie). Wiesbaden: VS Verlag: 113-140.

Tocqueville, Alexis de ([1840] 1976): Über die Demokratie in Amerika. München: DTV.

Traunmüller, Richard (2009a): Religion und Sozialintegration. Eine empirische Analyse der religiösen Grundlagen sozialen Kapitals. In: Berliner Journal für Soziologie 19, 3: 435-468.

Traunmüller, Richard (2009b): Zur Messung von Staat-Kirche-Beziehungen: Neuere Indizes im Vergleich. Vortragspapier für den Autorenworkshop des AK Demokratieforschung in Verbindung mit der Zeitschrift für Vergleichende Politikwissenschaft zum Thema „Indizes in der Vergleichenden Politikwissenschaft" an der Universität Leipzig, 14.-16. Mai.

Traunmüller, Richard/Freitag, Markus (2010): State Support of Religion: Making or Breaking Faith-Based Social Capital? In: Comparative Politics, im Erscheinen.

van Oorschot, Wim/Arts, Wil (2005): The Social Capital of European Welfare States: The Crowding out Hypothesis Revisited. In: Journal of European Social Policy 15: 5-26.

van Oorschot, Wim/Arts, Wil/Halman, Loek (2005): Welfare State Effects on Social Capital and Informal Solidarity in the European Union: Evidence from the 1999/2000 European Values Study. In: Policy & Politics 33: 33-54.

Verba, Sidney/Schlozman, Kay Lehman/Brady, Henry E. (1995): Voice and Equality: Civic Voluntarism in American Politics. Cambridge, Mass. u.a.: Harvard Univ. Press.

Wolfe, Alan (1989): Whose Keeper? Social Science and Moral Obligation. Berkeley: University of California Press.

Wuthnow, Robert (1996): Christianity and Civil Society. The Comparative Debate. Valley Forge: Trinity Press.

Wuthnow, Robert (2004): Saving America? Faith-Based Services and the Future of Civil Society. Princeton: Princeton University Press.
Wuthnow, Robert/Hodgkinson, Virginia A. (1990): Faith and Philanthropy in America: Exploring the Role of Religion in America's Voluntary Sector. San Francisco: Jossey-Brass.

Tabelle A1: Glaubensbasiertes Sozialkapital in Europa (Anteile in Prozent)

	Mitgliedschaft in religiösen Organisationen	Anteil an Gesamtmit- gliedschaften	Aktives Enga- gement in religiösen Organisationen	Anteil am Gesamt- engagement	Spendentätig- keit für religiö- se Organisa- tionen	Anteil an Gesamt- spenden- tätigkeit
Schweden	44,2	47,3	7,3	14,4	11,1	18,2
Niederlande	28,5	33,8	13,5	27,6	28,6	35,7
Dänemark	22,7	25,3	3,9	9,2	7,5	13,5
Großbritan- nien	17,9	32,1	11,3	34,0	17,7	30,1
Österreich	15,1	25,8	7,8	18,6	12,5	21,6
Irland	14,9	25,5	9,8	23,9	32,6	47,0
Deutschland	11,1	20,4	6,5	18,9	14,0	26,0
Finnland	10,9	14,4	8,0	17,7	12,0	18,1
Slowakei	9,7	24,7	6,0	23,6	12,0	39,2
Slowenien	9,0	15,9	6,0	18,6	18,2	35,4
Portugal	7,6	34,5	4,2	40,0	18,3	55,1
Lettland	7,3	26,6	5,9	27,4	13,6	48,2
Estland	7,0	19,7	3,3	12,2	9,6	28,2
Italien	7,0	21,2	6,3	27,9	12,9	39,3
Belgien	6,7	11,8	5,3	14,1	7,3	15,1
Frankreich	5,6	10,3	3,8	10,7	10,9	20,8
Ungarn	5,6	29,0	2,6	18,6	10,2	31,8
Litauen	5,3	24,9	3,9	25,5	33,1	69,8
Polen	4,5	18,2	4,8	24,1	14,0	52,2
Tschechien	4,0	12,2	1,9	9,0	4,6	20,7
Spanien	3,3	12,1	2,7	18,4	3,3	20,4
Rumänien	3,3	17,9	3,6	34,6	9,4	57,7
Griechen- land	3,0	12,0	3,1	14,3	13,4	41,2
Bulgarien	1,6	9,9	1,6	15,8	3,1	18,5

Anmerkung: eigene Berechnung auf Basis des 2004 Eurobarometer 62.2; die genauen Frageformulierungen lauten: „Now, I would like you to look carefully at the following list of organisations and activities. Please say, in which, if any, you are a member. (Religious or church organisation)", „And to which, if any, do you donate money? We do not talk about any membership fees. (Religious or church organisation)", „And for which, if any, do you currently participate actively or do voluntary work? (Religious or church organisation)".

III. Religion als zivilgesellschaftliche Ressource

Katholisch-charismatische Armutsbekämpfung in den Philippinen. „Gawad Kalinga" als zivilgesellschaftlicher Akteur

Christl Kessler

In der politischen wie in der wissenschaftlichen Debatte werden zivilgesellschaftliche Akteure in der Regel als demokratisierende Kräfte begriffen. Kirchen spielten als Teil dieser Zivilgesellschaft eine zentrale Rolle in friedlichen Demokratisierungsprozessen der letzten Jahrzehnte. Die Rolle der katholischen Kirche beim Sturz des philippinischen Diktators Marcos oder der protestantischen Kirche in der DDR sind prominente Beispiele. Im folgenden Beitrag möchte ich dieser überwiegend positiven Sicht auf christliche zivilgesellschaftliche Akteure folgende These gegenüberstellen: Zivilgesellschaftliches christliches Engagement kann bestehende Machtstrukturen stärken und damit Demokratisierungsprozesse schwächen, auch und obwohl es antritt, die Position marginalisierter Gruppen zu stärken. Diese These werde ich am Beispiel der philippinische Organisation „Gawad Kalinga", einer NGO, die aus einer katholischen charismatischen Laienorganisation hervorgegangen ist, erläutern. Der Beitrag basiert auf einem kürzeren Forschungsaufenthalt in Manila im Sommer 2008, mit dem ich an ein umfangreicheres Forschungsprojekt zu religiösem Wandel auf den Philippinen anknüpfte.[1]

Im Folgenden wird zunächst der hier verwendete Zivilgesellschafsbegriff und dann schlaglichtartig der philippinische Kontext skizziert. Im dritten Teil stelle ich die Organisation Gawad Kalinga vor. Die religiösen Ursprünge und die daraus resultierenden Konflikte um Gawad Kalinga sind Gegenstand des vierten Teiles. Abschließend diskutiere ich die demokratische Qualität des zivilgesellschaftlichen Engagements von Gawad Kalinga.

---

[1] Bei diesem Forschungsprojekt handelt es sich um eine Studie des Arnold Bergstraesser Institutes in Kooperation mit dem Institute of Philippine Culture, Ateneo de Manila University, finanziert durch die Arbeitsgruppe Weltkirche der Deutschen Bischofskonferenz. Die Ergebnisse der Studie finden sich in Ch. Kessler/J. Rüland 2008.

1   Zivilgesellschaft – Begriffsklärung

Die positive Verbindung von Zivilgesellschaft und Demokratie in der sozialwissenschaftlichen Debatte lässt sich auf zwei zentrale Argumentationsfiguren zurückführen: Einmal ist dies die Auffassung von Zivilgesellschaft als einem Ort
des Widerstands und der demokratischen Praxis in autoritären und totalitären
Systemen. Zivilgesellschaftliche Zusammenschlüsse sind demnach zentrale Akteure im Widerstand gegen autoritäre und totalitäre Regime. Nach dem Sturz solcher Regime ist die Zivilgesellschaft die Basis eines erfolgreichen Demokratisie-
rungsprozesses, weil innerhalb der Zivilgesellschaft demokratische Verfahren
eingeübt werden. Der letztere Aspekt schließt die zweite zentrale Argumenta-
tionsfigur von Zivilgesellschaft als Grundlage von Demokratie an: In zivilgesellschaftlichen Zusammenschlüssen entsteht gegenseitiges Vertrauen, Kooperati-
onsfähigkeit und Gemeinwohlorientierung, kurz: Sozialkapital, und damit die
gesellschaftliche Grundlage eines demokratischen Gemeinwesens (R. Putnam
1993: 89-90).

Diese Auffassungen von Zivilgesellschaft implizieren, dass die „bereichslogische" Definition von Zivilgesellschaft als abgegrenzt von Staat, Markt und Familie, durch eine „handlungslogische" ergänzt wird: Zivilgesellschaftliches Handeln ist eine spezielle Form sozialen Handelns, das durch Selbstorganisation,
Selbstständigkeit, Akzeptanz von Vielfalt und Heterogenität, Gewaltlosigkeit
und Gemeinwohlorientierung gekennzeichnet ist (D. Gosewinkel et al. 2004:
11). Mit dieser Definition sind alle „die Legitimität des Pluralismus verweigern-
den Initiativen, Gruppen und Organisationen" (D. Gosewinkel et al 2004: 12) aus
der Zivilgesellschaft ausgeschlossen.

In der Zivilgesellschaft werden so demokratische Werte und Verfahren gelebt,
zivilgesellschaftliche Akteure sind damit per definitionem demokratieförderlich.
In Gesellschaften, in denen demokratische Institutionen und Verfahren kein gesellschaftlicher Konsens, sondern umkämpftes Terrain sind, ist es jedoch sinnvoll, die Zivilgesellschaft nicht per se als pro-demokratisch zu begreifen, sondern als ein Ort der Auseinandersetzung zwischen pro- und anti-demokratischen
Akteuren (vgl. R. Buergin/C. Kessler 1999; 2000). Guan (2004: 8) warnt mit
Blick auf Südostasien vor einem handlungslogischen und normativen Zivilgesellschaftsbegriff: Gesellschaften ohne zivilgesellschaftliche Akteure nach westlichen Kriterien würden mit einem solchen Zivilgesellschaftskonzept die Fähigkeit zum Aufbau und zur Konsolidierung demokratischer Strukturen abgesprochen. Er schlägt statt dessen eine breite Definition vor: „the presence of an associational space located between the private and public spheres which has existed
in most societies, albeit in different forms." (L. H. Guan 2004: 8)

Im folgenden Beitrag verwende ich eine solche bereichslogische Auffassung: Zivilgesellschaftliche Akteure sind freiwillige Assoziationen und Netzwerke, die weder dem Bereich Staat, noch den Bereichen des Marktes oder der Familie zugeordnet werden können. Ihre innere Struktur und ihre Beziehungen zu anderen Akteuren werden daher weder durch die Aufgabe der staatlichen Herrschaftsausübung geprägt, noch vom Streben nach Gewinn in Tauschbeziehungen des Marktes. Sie folgen auch nicht Mustern familiärer Beziehungen, die wiederum je nach Geschlechter- und Generationenverhältnissen sowie Sozialstaatsausprägung unterschiedlich stark von Hierarchie- und Abhängigkeitsverhältnissen geprägt sind. Die innere Struktur und die Außenbeziehungen zivilgesellschaftlicher Akteure werden maßgeblich von den Organisationszielen geprägt, von den Interessen also, die die Mitglieder zivilgesellschaftlicher Akteure zur freiwilligen Assoziation bewogen haben.

Die Zivilgesellschaft kann und darf allerdings nicht mehr allein national gedacht werden. Die Philippinen, in denen etwa 10 Prozent der Bevölkerung außerhalb des Landes arbeitet, können schon allein aus diesem Grund als nationale Gesellschaft nicht mehr eindeutig territorial bestimmt werden. Während die analytische Trennung zwischen Zivilgesellschaft und Staat/Markt/Familie eindeutig ist, sind die Grenzen in der Realität fließend. So lassen sich Parteien und Gewerkschaften an der Grenze zu Staat bzw. Markt verorten und Religionsgemeinschaften im Grenzbereich zwischen Familie und Zivilgesellschaft.

Über die demokratische Qualität der Ziele und der inneren Verfasstheit zivilgesellschaftlicher Organisationen ist mit dieser Definition noch nichts gesagt. Sie erlaubt daher die empirische Frage, ob und auf welche Weise zivilgesellschaftliche Akteure zur Stabilisierung und Etablierung demokratischer Verfahren, Institutionen und Werte beitragen. Dies ist im Kontext der Philippinen nach wie vor eine relevante Frage, da hier angesichts der politischen Marginalisierung breiter Bevölkerungsschichten, politischer Gewalt und extremer sozialer Ungleichheit von einer Konsolidierung der Demokratie nicht die Rede sein kann (A. Croissant 2002; P.N. Abinales/D. J. Amoroso 2005).

2   Philippinen – demokratische Tradition und politische Wirklichkeit

Die Demokratie hat eine lange Tradition in den Philippinen. Schon 1899 wurde eine demokratische Verfassung verabschiedet, nachdem die Philippinen ein Jahr zuvor ihre Unabhängigkeit erklärt hatten. In der Verfassung von 1899 wurde die Trennung von Kirche und Staat festgelegt, die seither in keiner Verfassung mehr zur Debatte stand. Diese Trennung wurde jedoch mit nur einer Stimme Mehrheit verabschiedet (E. Dagdag 1998: 53), ein Hinweis auf die starke Verankerung des katholischen Glaubens in der nationalen Befreiungsbewegung des 19. Jahrhunderts. Der Ruf nach Selbstverwaltung und Freiheit richtete sich gegen die Amtskirche und den Klerus als Vertreter der Kolonialmacht, der katholische Glaube aber lieferte der Unabhängigkeitsbewegung mit der Idee der Gleichheit vor Gott und dem Erlösungsgedanken wichtige ideelle Grundlagen. Zudem war die gemeinsame katholisch geprägte Religiosität der breiten Bevölkerung eines der verbindenden Elemente der Inselgruppe, die vor der spanischen Kolonialherrschaft keine politische Einheit bildeten (S. J. Schumacher 1991; R. Reyes 1985: 208).

Die erste demokratische Verfassung der Philippinen wurde nie die Grundlage eines unabhängigen Staates. Die USA hatte im spanisch-amerikanischen Krieg die aufständischen Filipin@s[2] unterstützt, erkannte ihre Unabhängigkeitserklärung aber nicht an, sondern führte stattdessen Krieg gegen die Befreiungsarmee. Dieser Krieg endete 1902 mit der verlustreichen Niederlage der Filipin@s.

Die US-Kolonialmacht führte relativ schnell eine begrenzte Selbstverwaltung ein. Bereits 1907 wurden die ersten Wahlen zu einer nationalen Versammlung durchgeführt. Wahlberechtigt war jedoch nur die kleine Minderheit der philippinischen Elite (P. N. Abinales/D. J. Amoroso 2005: 135). Die einheimische Elite, deren Macht auf Großgrundbesitz beruhte, übernahm relativ früh demokratische Spielregeln. Dies führte zu wechselnden Machtkonstellationen innerhalb dieser Elite. Nach der Unabhängigkeit 1946 etablierte sich eine Zwei-Parteien-Präsidialdemokratie, die stark an das amerikanische Vorbild angelehnt war. Die politische Führung blieb jedoch auch mit der Einführung des allgemeinen Wahlrechts auf den engen Kreis der Besitzelite beschränkt. Mit der Ausrufung des Kriegsrechts durch Präsident Marcos 1972 begann die Zeit der Diktatur. Durch die „Peoples Power", in der die katholische Kirche eine tragende Rolle spielte, wurde Ferdinand Marcos 1986 gestürzt. Die ökonomisch marginalisierte Mehrheit der Bevölkerung war jedoch auch nach der Demokratisierung im politischen System so gut wie gar nicht repräsentiert, ein Befund, der im Wesentlichen bis heute gültig ist (J. Rüland et al. 2005: 168, 170-171; K. Priwitzer/P. Ziegenhain 2009). Die Demokratisierung wurde daher nie zu einer Bedrohung der gesamtgesellschaftlichen Machtverhältnisse – so kam es zum Beispiel nie zu einer wirksamen und umfassenden Landreform (J. Putzel 1992; H.-P. Foth 1996; N. Reese 2002).

Die Kolonialherrschaft hinterließ nicht nur in den politischen Machtverhältnissen ihre Spuren, sondern auch in der religiösen Struktur. Die katholische Kirche ist bis heute die größte Glaubensgemeinschaft auf den Philippinen. Allerdings pluralisierte sich die religiöse Landschaft mit dem Ende der spanischen Kolonialherrschaft. Es kam zu erfolgreichen philippinischen Kirchengründungen

---

[2] Diese Schreibweise ist eine in den Philippinen häufig anzutreffende geschlechtsneutrale Form, die Filipinos und Filipinas einschließt.

und amerikanische protestantische Missionare brachten unterschiedliche christliche Glaubensrichtungen auf die Inseln. Nachdem die US-amerikanische Kolonialmacht seit 1913 auch den Süden (Mindanao) des Landes unter ihre Kontrolle gebracht hatte (was der spanischen Kolonialmacht nie gelungen war), sah sich die christliche Mehrheit auch einer substantiellen muslimischen Minderheit gegenüber. Ungeachtet dieser religiösen Vielfalt dominiert die katholische Mehrheitsreligion jedoch bis heute das nationale Selbstbild: Die Frage, ob der Protestantismus der philippinischen Kultur fremd sei („alien to Philippine culture") bejahten 41% der Befragten einer landesweiten Umfrage (C. Kessler/J. Rüland 2008: 60).

Vor der Marcosdiktatur galten die Philippinen mit ihren natürlichen Ressourcen und einer dank dem US-amerikanischen Kolonialschulsystem vergleichsweise gut ausgebildeten Bevölkerung als einer der ökonomischen viel versprechenden jungen Staaten in Südostasien. Heute zählen sie zu den ärmsten Staaten der Region, weit entfernt von den südostasiatischen Erfolgsgeschichten.

Laut der letzten nationalen Statistik von 2003 leben 30 Prozent der Bevölkerung unter der Armutsgrenze (NSCB 2007). Diese Grenze ist in den Philippinen nicht wie in Europa relational definiert, sondern absolut. Wer dort unter der Armutsgrenze lebt, hat nicht genügend Einkommen, um die „minimum basic needs, food and non food" zu decken (NSCB o. D.). Die Armut großer Teile der Bevölkerung zeigt sich auch in den aktuellsten „Hungerdaten" von Social Weather Stations, des renommiertesten unabhängigen philippinischen Umfrageinstitutes. In der jüngsten repräsentativen Erhebung im Dezember 2009 gaben 24% der Befragten an, in den letzten drei Monaten Hunger gelitten zu haben, 4,7% davon hatten „oft" oder „immer" Hunger. 46% der Befragten schätzen sich selbst als arm ein, 39% als „Food-Poor" (SWS 2010: 1).

Für viele Haushalte sind die Rücküberweisungen der ArbeitsmigrantInnen unverzichtbares Einkommen. Die Remissen liegen schon seit Jahren bei nahezu 10 Prozent des Bruttoinlandsprodukts (MPI staff 2003; R. J. Calzado 2007: 5). Der philippinische Staat unterstützt diesen Export von Arbeitskräften massiv (D. R. Agunias 2008). Über 8 Millionen Filipino@s leben außerhalb des Landes. Für 2008 gibt die philippinische Regierungskommission für Filipinos im Ausland an, dass 3,6 Millionen BürgerInnen als temporäre ArbeitsmigrantInnen und 3,9 Millionen dauerhaft im Ausland lebten. Hinzu kommen geschätzte 650.000 Filipin@s, die „irregulär", also ohne legalen Aufenthaltsstatus im Ausland leben (Commission on Filipinos overseas o.D.).

Die „Kultur der Migration" (M. Asis 2006) beeinflusst auch die Struktur der Zivilgesellschaft. So sind die im Folgenden behandelte Couples for Christ Global Mission Foundation und ihre Tochterorganisation Gawad Kalinga vor allem durch die ArbeitsmigrantInnenen zu internationalen Organisationen geworden.

Das politische System ist von Korruption und Gewalt geplagt. Im Korruptions-Perzeptions-Index von Transparency International stehen die Philippinen 2009 auf Rang 139 von 180. Unter der gegenwärtigen Präsidentin kam es von 2001 bis Ende 2008 zu 62 Morden an Journalisten, die nur sehr schleppend verfolgt werden (IFJ 2009: 18). Ermordet wurde neben Journalisten auch zahlreiche Aktivisten aus linken NGOs und Gewerkschaften, angeblich unter Beteiligung der lokalen Militärs (IBON 2007). Im November 2009 schockierte das „Massaker von Ampatuan" die philippinische Öffentlichkeit. 57 Menschen, darunter 31 JournalistInnen und zwei RechtsanwältInnen wurden ermordet. Sie waren Teil eines Schutzkonvois der Ehefrau eines Kandidaten für die Gouverneurswahl der Provinz. Der Kandidat selbst hatte nach eigener Aussage bereits Morddrohungen von der Familie des amtierenden Gouverneurs erhalten. Daher sollte nicht er selbst, sondern seine Frau im Schutz von JournalistInnen und RechtsanwältInnen die Kandidaturunterlagen einreichen. Der Konvoi wurde von mehr als 100 bewaffneten Männern überfallen, der Sohn des amtierenden Gouverneurs und Gegenkandidaten als Drahtzieher anschliessend verhaftet. Polizeibeamte stehen in Verdacht, an der Tötung beteiligt zu sein und die Familie des Tatverdächtigen pflegt enge Beziehungen zur Präsidentin (Philippinenbüro 2009b: 87; 2009a: 1-3, Schmidt-Häuer 2010: 5). Die Präsidentin selbst wurde nach dem Auftauchen von Mitschnitten ihrer Telefonate mit dem Präsidenten der Wahlkommission des Wahlbetrugs verdächtigt. Im Freedomhouse Index werden die Philippinen 2009 denn auch als „partly democratic" gewertet, 2007 wurde das Land zum letzten Mal als „electoral democracy" gelistet.[3]

Dies sind schlaglichtartig die politischen und gesellschaftlichen Rahmenbedingungen zivilgesellschaftlichen Engagements in den Philippinen. Trotz und teilweise in Reaktion auf diese Bedingungen existiert in den Philippinen eine sehr aktive und breit gefächerte NGO-Landschaft und Zivilgesellschaft (M. Racelis 2000). Die philippinische Zivilgesellschaft leidet jedoch ebenso wie die philippinische Gesellschaft als Ganze unter Spaltung und Fragmentierung. Aus diesen Defiziten der philippinischen Demokratie speist sich die zentrale Rolle der katholischen Kirche als zivilgesellschaftlichem Akteur in den Philippinen: Die katholische Kirche verfügt nicht nur über moralische Legitimität, sondern auch über funktionierende Netzwerke und dadurch über ein breites Mobilisierungspotential (J. Carroll 2004: 74).

---

[3] „Civil Liberties" und „Political Rights" werden im Freedomhouse Index jeweils auf einer Skala von 1 bis 7 bewertet, wobei 7 („unfree") der schlechteste Wert ist. Die Philippinen wurden für 2009 mit 4 für Political Rights und 3 für Civil Liberties bewertet.

3   Gawad Kalinga: der nationale Kampf gegen die Armut

Zu den religiösen Akteuren dieser Zivilgesellschaft zählt auch Gawad Kalinga. Gawad Kalinga bedeutet wörtlich übersetzt „umsorgen, versorgen". Gawad Kalinga ist aus der katholischen charismatischen Laienorganisation Couples for Christ Global Mission Foundation[4] hervorgegangen. Mittlerweile versteht Gawad Kalinga sich nicht mehr als Wohlfahrts- und Evangelisierungsprogramm charismatischer Katholiken, sondern als eine überkonfessionelle „nationale Bewegung gegen Armut". Der Anspruch, nicht nur NGO, sondern soziale Bewegung zu sein, wird durch den beeindruckenden Umfang ihrer Aktivitäten gestützt. Laut meinem Gesprächspartner bei Gawad Kalinga wurden bis Mitte 2008 etwa 1700 Gawad Kalinga-Dörfer in fast 400 verschiedenen Orten in den Philippinen gebaut. Auf der Homepage von Gawad Kalinga ist 2010 von mehr als 2000 Gemeinden die Rede, darunter auch Gemeinden in Papua Neu Guinea, Kambodscha und Indonesien (Gawad Kalinga 2010a).

Die Anfänge von Gawad Kalinga datieren Mitte der 1990er Jahre, als Mitglieder der Mutterorganisation Couples for Christ Global Mission Foundation mit dem Bau von Häusern in städtischen Armutsgebieten begannen. 2003 startete Gawad Kalinga die Kampagne 777: Innerhalb von sieben Jahren sollten in 7.000 Gemeinden 700.000 Häuser gebaut werden. Dieses ehrgeizige Ziel konnte nur durch die Ausweitung von Gawad Kalinga über Couples for Christ hinaus erreicht werden. Gawad Kalinga begann daher auch ausserhalb der Mutterorganisation um Partner und ehrenamtliches Engagement zu werben. Formal wurde Gawad Kalinga 2003 eine eigenständige Organisation, faktisch rekrutierten sich die Mitglieder von Gawad Kalinga nach wie vor mehrheitlich aus den Gruppen von Couples for Christ.

Konnten in den Anfängen nur Mitglieder der charismatischen Laienorganisation Couples for Christ ein Haus bekommen, so ist Gawad Kalinga heute prinzipiell für alle offen. Voraussetzung für die Entstehung eines Gawad Kalinga-Dorfes ist die Initiative der künftigen BewohnerInnen, die auf Gawad Kalinga zukommen müssen. Die künftigen HausbesitzerInnen müssen sich zu einer Assoziation zusammenschließen, dann wird in Gawad Kalinga eine feste Gruppe gebildet, die sich um den Aufbau dieses Dorfes kümmert und alle Aktivitäten koordiniert.

Der Bau von Gawad Kalinga-Dörfern steht nach wie vor im Zentrum der Aktivitäten. Beim Bau eines solchen Dorfes werden die existierenden Behausungen zerstört und durch solide Häuser von 20 qm Grundfläche ersetzt, in der Regel

---

[4] Seit 2007 existiert neben der Couples for Christ Global Mission Foundation auch die Couples for Christ Family Life Foundation. Wenn im Folgenden von Couples for Christ die Rede ist, ist immer die Couples for Christ Global Mission Foundation gemeint.

mit Zugang zu Wasserversorgung und Kanalisation. Gebaut werden nicht nur Häuser für einzelne Familien, sondern auch Infrastruktur für die Dorfgemeinschaft als Ganzes: Straßen, Gemeinschaftshaus und Kirche. Das hervorstechende Kennzeichen der Gawad Kalinga-Dörfer ist die farbige Gestaltung der Häuser. In diesem Erscheinungsbild von bunten Fassaden, sauberen Wegen und Blumen in winzigen „Vorgärten", zeigt sich die Philosophie von Gawad Kalinga, nach der die materielle Umwelt den Charakter der Menschen beeinflusst. Menschen, die in schmutzigen, aus Abfällen gebauten Hütten hausen, werden nicht die Kraft haben, sich aus dem Teufelskreis der Armut zu befreien. Menschen, die hingegen in sauberen, hell und freundlich gestrichenen kleinen Häusern leben, können ihre Würde wiedergewinnen und damit den ersten Schritt aus der Armut tun.

Entsprechend dieser Philosophie sehen die AktivistInnen von Gawad Kalinga ihre eigentliche Aufgabe nicht im Hausbau, sondern in der Befähigung der BewohnerInnen, ihren Lebensunterhalt zu bestreiten und ein menschenwürdiges Leben zu führen. Die Hausbauaktivitäten werden deshalb von einem vielfältigen Begleitprogramm flankiert. Zentral sind die „Value Formation"-Kurse, deren Curriculum aus den Evangelisierungskursen der katholischen charismatischen Mutterorganisation Couples for Christ hervorgegangen ist. Diese Kurse sollen die BewohnerInnen charakterlich festigen und dazu befähigen, ihr Zusammenleben friedlich zu organisieren. An Kinder und Jugendliche richten sich Ausbildungs-, Rehabilitations- und zielgruppenspezifische „Value Formation"-Programme. Zum Spektrum von Gawad Kalinga-Aktivitäten zählt auch die Bereitstellung medizinischer Versorgung, meist durch den ehrenamtlichen Einsatz medizinischer Fachkräfte. In den „Livelihood"-Programmen von Gawad Kalinga findet sich die gesamte Palette klassischer Armutsbekämpfungsmaßnahmen der Entwicklungszusammenarbeit wieder: handwerkliche Lehrgänge, Kleinkreditprogramme und Vermarktungshilfen, bis hin zur Vermarktung des jeweiligen Gawad Kalinga-Dorfes als touristische Attraktion.

Die weitaus meisten dieser Angebote beruhen auf dem ehrenamtlichen Einsatz der Gawad Kalinga-Aktivistinnen und -Aktivisten. Bezahlte Kräfte sind fast ausschließlich auf Organisations- und Koordinationsaufgaben beschränkt.

Das zeigt sich auch am geringen Anteil der Personalkosten im Budget von Gawad Kalinga. Laut des im Netz bereitgestellten Finanzberichts für das Jahr 2007 liegen die Kosten für Gehälter bei ungefähr 27 Mio. Peso; dies entspricht etwa 450.000 Euro. Dem stehen Ausgaben für die oben genannten Programme von circa 5,5 Millionen Euro entgegen (Gawad Kalinga 2010b). Mit umgerechnet fast sieben Millionen Euro überstieg das Spendenaufkommen von 2007 deutlich die Ausgaben.

Die Spenden kommen nicht zuletzt aus Übersee. MigrantInnen, oft in Couples for Christ-Gruppen im Ausland organisiert, finanzieren ganze Gawad

Kalinga-Dörfer in ihrer Heimat. Couples for Christ, die katholische charismatische Mutterorganisation von Gawad Kalinga, ist ebenso wie Gawad Kalinga selbst mittlerweile eine internationale Organisation. Beide Organisationen werden nach wie vor von Filipin@s dominiert – aber eben nicht nur von Filipin@s in den Philippinen, sondern von den unzähligen EmigrantInnen und ArbeitsmigrantInnen.

Neben privaten Spenden sind philippinische und internationale Konzerne wichtige Geldquellen, so die philippinischen Mobilfunkanbieter Globe und Smart, die Kaufhauskette SM, die Fastfoodkette Jollibee und internationale Konzerne wie McDonalds, Procter and Gable oder Unilever. Die Unterstützung durch diese Unternehmen beschränkt sich nicht auf Geldspenden. Häufig leisten die Angestellten der Firmen in den Gawad Kalinga-Programmen oder im Hausbau selbst ehrenamtliche Arbeitseinsätze (über deren „Freiwilligkeit" spekuliert werden kann).

In den zehn Jahren ihres Bestehens hat sich Gawad Kalinga von der Wohlfahrtstätigkeit einer charismatischen Laienorganisation zu einem Armutsbekämpfungsprogramm nationalen Ausmaßes gewandelt. Das immense Wachstum an Projektumfang erklärt auch die Selbstwahrnehmung als nationale Bewegung. Ihre katholisch-charismatischen Wurzeln kann und will Gawad Kalinga jedoch nicht verleugnen.

4 Katholische charismatische Erneuerungsbewegung – Wurzeln zivilgesellschaftlichen Engagements

In unserer oben zitierten Studie zu religiösem Wandel auf den Philippinen von 2003 ergab die landesweite Befragung, dass 15 Prozent aller Katholiken in einer charismatischen Laienorganisation aktiv waren (C. Kessler/J. Rüland 2008: 93). Die Religiosität, die dort gelebt wird, ist in Praxis und Theologie stark pfingstlich ausgerichtet und in den Laienorganisationen in ein dichtes soziales Netz eingebettet. Neben unzähligen kleinen, lokalen charismatischen Gruppen existieren zwei überregionale, mittlerweile internationale charismatische Laienorganisationen: El Shaddai und Couples for Christ. Couples for Christ, die Mutterorganisation von Gawad Kalinga, hat überdurchschnittlich viele Mitglieder in der dünnen philippinischen Mittel- und Oberschicht.

Die Ursprungsidee von Couples for Christ war die Erneuerung christlichen Familienlebens durch das Wirken des Heiligen Geistes. Vor der Mitgliedschaft in Couples for Christ stand und steht ein zwölfwöchiger Kurs zu christlichen Werten, christlichem Familienleben und charismatischer religiöser Praxis, zu dem auch das spirituelle Erlebnis der „Taufe im Heiligen Geist" gehört. Dieses

„Christian Life Programm" zur Evangelisierung bildete die Basis der bereits erwähnten „Value Formation" Kurse in Gawad Kalinga-Dörfern.

AbsolventInnen des Christian Life Kurses können sich am Ende entscheiden, ob sie Couples for Christ beitreten wollen. Die Aufnahme ist mit einem feierlichen Gelöbnis verbunden, indem die neuen Mitglieder unter anderem versprechen, Couples for Christ mit ihrer Zeit und Arbeitskraft zur Verfügung zu stehen. Couples for Christ ist in sogenannte Haushalte gegliedert. Neue Mitglieder gehören einem Baby-Haushalt an, der untersten Hierarchiestufe innerhalb des Systems. Dieser Baby-Hauhalt wird von einem Paar geleitet, das mindestens ein Jahr Mitglied eines solchen Babyhaushaltes war. Das leitende Paar wird gleichzeitig Mitglied eines Haushaltes, dessen leitendes Ehepaar wiederum Mitglied einer „Unit" ist. Dieses System setzt sich bis zur höchsten Hierarchieebene der Couples for Christ-Leitung fort. Die Haushalte treffen sich einmal die Woche zum Gebet; die Inhalte der Wortgottesdienste sind dabei von der Couples for Christ-Führungsebene bestimmt und werden nach unten weitergeleitet.

Mitglieder von Couples for Christ verbringen in diesem System mindestens einen Abend die Woche mit einem Wortgottesdienst und sind eng in zwei Kleingruppen eingebunden. Durch diese Zellgruppenstruktur verfügt die Massenorganisation über ein dichtes soziales Netzwerk, das sowohl persönliche Beziehungen als auch soziale Kontrolle ermöglicht.

Waren es anfänglich tatsächlich nur Ehepaare, die in Couples for Christ zusammenkamen, entstanden unter dem Dach von Couples for Christ nach und nach analoge Strukturen für Kinder und Jugendliche (Youth for Christ), für unverheiratete junge Leute (Singles for Christ) und nach Geschlechtern getrennte Gruppen für ältere Alleinstehende (Servants for Christ, Handmaids for Christ).

Gawad Kalinga entstand aus einer Initiative einer Youth for Christ-Gruppe, welche 1995 begann, jugendliche Bandenmitglieder in einem der größten Armutsviertel in Metro Manila zu evangelisieren. Sie mussten die Erfahrung machen, dass die neuen Mitglieder trotz intensiver Value Formation – weiterführende Kurse nach dem Muster der Eingangsseminare für potentielle Mitglieder – immer wieder in alte „Sünden" zurückfielen: Konsum von Alkohol und illegalen Drogen, Promiskuität, Glücksspiel, Gewalttätigkeit und Kleinkriminalität.

Die Gruppe von Youth for Christ machte das soziale Umfeld für den mangelnden Erfolg der Evangelisierung verantwortlich und begann, die Familien der Jugendlichen in die Evangelisierung mit einzubeziehen. Als auch das keinen nachhaltigen Erfolg zeitigte, schlossen sie daraus, dass sich nicht nur das soziale Umfeld der Evangelisierten verändern müsse, sondern auch das materielle. Die Youth for Christ-Gruppe baute das erste Haus für die neuen Mitglieder und hatte Erfolg. Dieser Familie schien dauerhaft ein christlicher Lebenswandel zu gelingen. Aus dem einen Haus wurde ein Nachbarschaftsprogramm, mehr Häuser wurden gebaut und damit war der Startschuss für Gawad Kalinga gegeben. Mit dem Wachstum von Gawad Kalinga wuchs die Belastung der Couples for Christ - Mitglieder, die in den Gawad Kalinga-Projekten ehrenamtliche Arbeit leisteten. Aufgrund der sozialen Kontrolle der Zellgruppenstruktur, verbunden mit dem Eintrittsgelöbnis, konnten sich die Mitglieder solchen Arbeitseinsätzen nur schwer entziehen. Neben ihrer praktischen Wirkung waren diese Arbeitseinsätze in ihrer Symbolik der Solidarität auch ein wichtiger Teil der Evangelisierungsbemühungen. Es war eine Demonstration christlicher Demut, wenn sich AkademikerInnen aus dem philippinischen Mittelstand die Hände schmutzig machten, indem sie den Armen Häuser bauten.

Diese Art der christlichen Demutsübung stieß nicht bei allen auf Gegenliebe. Der interne Widerstand gegen Gawad Kalinga speiste sich daraus, dass die Mitglieder erwarteten, in eine katholische Laienorganisation einzutreten, die sie in ihrer persönlichen spirituellen Entwicklung unterstützt. Stattdessen sahen sie sich in immer größerem Ausmaß zu karitativer und sozialer Arbeit herangezogen. In den Begriffen der Zivilgesellschaftsdebatte ausgedrückt, herrschte in Couples for Christ in der Intention der GründerInnen die Logik privater Beziehungen und individueller Frömmigkeit. Eine zivilgesellschaftliche Organisation war Couples for Christ nur insofern, als sie den Bereich des Familiären im Rahmen ihres Evangelisierungszieles überschritt. Mit der Schwerpunktverlagerung auf Gawad Kalinga wurde Couples for Christ jedoch immer mehr zu einem zivilgesellschaftlichen Akteur. Das eigentliche Ziel der Evangelisierung, so der Vorwurf, rückte in den Hintergrund. Ein ehemaliges Mitglied sagt dazu:

„it started to become an NGO, very, very secular and in fact started to downplay our being a Christian group. The Christian symbols have been hidden from Gawad Kalinga. They talk about nation building rather than kingdom building, started talking about heroism instead of holiness. Those are the things emphasized and then the evangelization of the beneficiaries are really being downplayed." (Interview mit einem Mitglied der Couples for Christ Family Life Foundation, Manila, Juli 2008)

Ein Gesprächspartner bei Gawad Kalinga, der diese Schwerpunktverlagerung positiv bewertet, beschrieb den Prozess so:

„Initially, for a time in GK, you could not go in, if you were not CFC [gebräuchliche Kurzform für Gawad Kalinga und Couples for Christ, CK], or you could get in, but eventually, you would become CFC. That was a de-facto reality in that phase. I mean it was an evangelical community doing social work, so either by force or by circumstance, it [die Evangelisierung und die Mitgliedschaft in Couples for Christ, CK] happens. But since we began engaging people who are not in the community [in Couples for Christ, CK] it became a sensitivity in a way that they, we must be more sensitive to this. Because if we are perceived as evangelizing, then this work cannot grow. So we started then reformulating then the values formation, I couldn't call it more secular, but, you know, we made it less exclusive." (Interview mit einem hauptamtlichen GK-Koordinator und CFC-Mitglied, Juli 2008)

Die Konflikte um Gawad Kalinga in Couples for Christ führten 2007 zur Spaltung. Der Gründer von Couples for Christ Global Mission Foundation, so der vollständige, offizielle Name von Couples for Christ, gründete eine neue Organisation, die Couples for Christ Family Life Foundation. Bezeichnenderweise war der Vorwurf, dass Gawad Kalinga Spenden von einem Pharmaunternehmen annahm, das auch „die Pille" vertreibt, ein wesentlicher Grund für die endgültige Trennung. Ebenso bezeichnenderweise hat Gawad Kalinga viel Energie darauf verwendet, nachzuweisen, dass dieses Unternehmen keine Kontrazeptiva mehr herstellt und der Vatikan keine Einsprüche gegen eine Zusammenarbeit mit dieser Firma hat. Die Bindung an die katholische Kirche und an die amtskirchentreue katholische Organisation Couples for Christ war und ist trotz formeller Unabhängigkeit zu eng, als dass man solch einen Vorwurf hätte ignorieren können.

Die Konflikte um Gawad Kalinga haben Couples for Christ geschwächt. Von etwa eineinhalb Millionen Mitgliedern Anfang des Jahrtausends sank die Mitgliederzahl im Jahr vor der Spaltung nach Angaben des Gründers auf 900.000 Mitglieder, für das Jahr 2008 schätzte er die Mitgliederzahl beider Couples for Christ Organisationen auf etwa die Hälfte dieser Zahl (Interview, Manila, Juli 2008).[5]

Für Gawad Kalinga selbst scheint die Abspaltung eher förderlich gewesen zu sein: „so when they were gone, we were able to move much faster" (Interview mit einem hauptamtlichen GK-Koordiniator und CFC-Mitglied, Juli 2008).

Nach der aktuellen Rolle von Couples for Christ innerhalb Gawad Kalinga, gefragt, bestätigte mein Gesprächspartner bei Gawad Kalinga die anhaltende Dominanz im gleichen Atemzug, in dem er versuchte, sie zu verneinen:

---

[5] Mitgliedszahlen sind schwer zu ermitteln. Während unserer Erhebung 2003 sprachen unsere Gesprächspartner bei Couples for Christ von 1,4 Millionen Mitgliedern für das Jahr 2001 (Ch. Kessler/J. Rüland 2008: 3). In einer repräsentativen Umfrage der philippinischen Umfrageinstitutes Social Weather Stations gaben im Jahr 2002 2,7% der Befragten an, Mitglieder von Couples for Christ zu sein (SWS 2002). Legt man die Zensuszahlen von 2000 zugrunde entspräche das etwa 2 Millionen Mitgliedern. In unserer Umfrage von 2003 gaben 3,7% der Befragten an, Couples for Christ anzugehören. Diese hohen Mitgliedszahlen Anfang des Jahrtausends scheinen jedoch die Hochzeiten der Organisation gewesen zu sein. Der Gründer der Organisation, der sich aufgrund der Auseinandersetzungen um Gawad Kalinga von Couples for Christ trennte, bestätigte im Interview 2008 die Zahl von 1,4 Millionen Mitglieder, allerdings als Höhepunkt der Mitgliederzahl, die schon 2006 auf 900.000 gesunken sei.

„everyone in the GK leadership is from CFC. (…) it is, I would not say dominated, but it is still led by CFC. It is still led by the CFC spirit, by the CFC people, but it is dominated by a spirit of faith and patriotism. If there is one thing that unites us it is the larger sense of country." (Interview mit einem hauptamtlichen GK-Koordiniator und CFC-Mitglied, Juli 2008)

Zur Zeit des Interviews äußerte sich die Leitung Gawad Kalingas durch Couples for Christ darin, dass die Mitglieder des Leitungsgremiums von Couples for Christ qua Amt auch Mitglied des Aufsichtsrats der Gawad Kalinga Foundation waren. Ein Jahr nach diesem Interview wurde diese personelle Verflechtung beendet. Couples for Christ gab im Mai 2009 bekannt, dass Gawad Kalinga nun in die Selbstständigkeit entlassen werde. Im Interview mit dem Nachrichtenmagazin der katholischen Bischofskonferenz der Philippinen begründet ein Mitglied des Leitungsgremiums von Couples for Christ die Trennung:

„While CFC is pursuing the fullness of the mission, GK is focused on nation building and poverty alleviation, which necessitate that it mainstreams and partners with all sectors of society. It is even poised to enter non-Christian countries (such as India, Indonesia and the Middle East) as a non-religious organization" (John Tale, 5. Mai 2009, zitiert nach CBCP news, Mai 2009).

Gleichzeitig macht er deutlich, dass diese Trennung keine Distanzierung von Gawad Kalinga bedeutet:

„CFC members who are currently involved in GK are enjoined to continue their presence and work in the GK communities. CFC and GK, while with distinct governance and corporate structure, will continue to collaborate in the GK villages. This is because of CFC's solidarity with and commitment to the poor" (John Tale, 5. Mai 2009, zitiert nach CBCP news, Mai 2009).

Mit dem der Fokus auf „Nationbuilding" rückte die Evangelisierung in den Hintergrund. Dies wird auch in der oben zitierten Aussage „because if we are perceived as evangelizing, then this work cannot grow" deutlich.

Der „CFC spirit" bleibt in Gawad Kalinga jedoch nicht nur durch die Doppelmitgliedschaften in Couples for Christ und Gawad Kalinga präsent. Dieser Geist zeigt sich vor allem in der katholisch-charismatischen Herangehensweise Gawad Kalingas an die Armutsbekämpfung und in ihrer Ursachenanalyse. In ihrem Internetauftritt beantwortet Gawad Kalinga die plakative Frage danach, was Armut „wirklich" sei:

„Poverty is not an economic problem, but a behavioral one. Slum behaviour breeds slum mentality." (Gawad Kalinga 2010c)

Diese Sichtweise deckt sich mit der Herangehensweise der katholischen charismatischen Erneuerungsbewegung an gesellschaftliche Probleme. Diese sieht in der individuellen spirituellen Erneuerung den einzigen Weg aus der politischen und ökonomischen Krise des Landes. Zwei Zitate mögen dies illustrieren. So sagte mir der ursprüngliche Gründer von Couples for Christ, dass der Kampf gegen Armut zwar in erster Linie Aufgabe des Staates sei, Christen in ihrer Verantwortung für den Nächsten jedoch auch zu Engagement gegen ungerechte Gesellschaftsstrukturen aufgerufen sind. Die einzig wirkungsvolle Form dieses Engagements sieht er jedoch in der Evangelisation:

„the dismantling of the unjust structures of society (…) Well, the structures of corruption for example. Cause for example, the reasons why the Philippines, there are a lot of poor people, it's because of corruption. Because it is a rich land, talented people, natural resources, but almost half of the government revenues go into the pockets of corrupt people. (…) Then of course, if you talk about corruption, ultimately, what is the ultimate solution? Evangelization." (Interview, Manila, 2008)

Ein Mitglied einer kleineren katholischen charismatischen Gemeinschaft beschreibt die spirituelle Erneuerung von Grundbesitzern gegenüber einer Befreiungstheologie als den besseren Weg zu Landreform

„They [hier bezieht er sich auf die Theologen der philippinischen Variante der Befreiungstheologie, Ch.K.] polarized the social strata and those who have, got threatened by those who have less, because those who have less took arms, you know, and subscribed the socialist kind of doctrine. (...) But once they [those, who have, Ch.K.] were, once they entered the renewal, their outlook about their tenants changed. Somehow they become co-owners of the farming, the agricultural industry and component, sugar industry basically. So, that's one good thing that happened here, when those who were touched were able to realize they were being unfair to those employees of theirs, tenants of theirs. Some even donated land for their tenants to till, title and all." (Interview, Manila, September 2003, zitiert in Kessler/Rüland 2008: 192)

Diese individualistische Lösungsstrategie gesellschaftlicher und politischer Missstände ist auch die Grundlage der Armutsbekämpfungsstrategie von Gawad Kalinga. Gawad Kalinga stellt diese individuelle Erneuerung jedoch in den Kontext eines nationalen Aufbruchs. Ich hatte 2008 im Rahmen meines Feldforschungsaufenthaltes Gelegenheit, bei einem gemeinsamen Arbeitseinsatzes von Gawad Kalinga-Freiwilligen der katholischen Eliteuniversität Ateneo de Manila die Rhetorik des gemeinsamen Kampfes gegen die Armut zu erleben. In der Rede, die dort eingangs gehalten wurde, wurde deutlich, dass man sich als soziale Bewegung begreift, die in der Tradition der anti-kolonialen Befreiungskriege und des Kampfes gegen die Marcos-Diktatur steht – dies seien die nationalen

Aufgaben früherer Generationen gewesen, die nationale Aufgabe der heutigen Generation von Filipin@s sei es, die Armut zu bekämpfen.

Die folgende Interviewpassage mit einem hauptamtlichen Mitarbeiter illustriert Gawad Kalingas Zugang zu Armut und ihre Ursachenanalyse. Mein Interviewpartner beschreibt hier verschiedene Inhalte, talks oder „talk points" des „Value Formation" Kurses:

> „we zero in on poverty mainly as a loss of dignity. As communal shame. If it's a scandal in the eyes of God and it's a scandal in the eyes of men, you know, as a Filipino, we can never be proud as people if we allow this to happen. We always use an example that being colonial, being a colonial people, we always carry that burden of being down there. And that has never been lifted, no matter if you graduated from the Ateneo, if you are rich, if you are part of the 20 percent who are not poor in this country, it will not matter. Once you step out of this country you are viewed as a Filipino and you carry the shame. In the eyes of the world, you are poor, no matter where you come from. That is the stigma.

> (…) and we begin to talk about poverty yes, as a reality that is very material, it is very obviously material. But when you go deeper, it is for GK basically not a material problem. Because if you look at it from a national perspective, we do not lack resources as a country, as I said. But as a people, it seems that it is also not a monetary problem. Because we have malls sprouting all around us, we can compete globally with the most beautiful malls, we have a lot of luxury cars in this country. So it is not a problem of money, because it seems that we do have the money. Except that, it is not being shared. But instead pitting of one group against the other, we just really call on people and say hey, this is not a money problem, this is a problem, it is a problem of shame, a problem of character, of the heart, it is a problem of values. We are poor, because we have failed to care for each other. (…)

> We are poor because we are a divided people. We always fight. You know, politicians in this country, this is one observation we make, we are colonial people for the longest time, we blame the colonizers, we blame the Spanish for all our woes, then the Americans, then the Japanese and then when they were all gone, there was no one to blame and then they started looking at each other, so the Filipinos started blaming the politicians, the politicians started blaming the business men, the business men started blaming the people, specially the poor for being lazy and then the poor, who suffer most, blame everyone. So you have a country that blames everyone. So we say, lets stop blaming each other. We are poor precisely because we are divided." (Interview mit einem hauptamtlichen GK-Koordinator und CFC-Mitglied, Juli 2008)

Es geht also um die Beseitigung einer nationalen Schande und um ein Überwinden der gesellschaftlichen Spaltung durch charakterliche Erneuerung und gemeinsame Anstrengung. Damit steht Gawad Kalinga ganz in der Tradition der katholischen charismatischen Bewegung. Dass Gawad Kalinga sich selbst in die Tradition des Kampfes gegen Marcos einreiht, entbehrt nicht einer gewissen Ironie, waren es doch lange Zeit die linken Kräfte in der katholischen Kirche, die Vertreter einer marxismusnahen Theologie des Kampfes, die innerhalb der Kirche den Widerstand gegen Marcos trugen. Diese Christen sahen nicht in der individuellen spirituellen Erneuerung im Glauben, sondern in der Bekämpfung struktureller Ursachen, vor allem durch eine Landreform, die Lösung des Problems.

In der katholischen charismatischen Bewegung und in Gawad Kalinga werden die mangelnde politische Vertretung der Armen, der unterschiedliche Zugang zu Ressourcen, die ungleiche Besitz- und Landverteilung nicht als strukturelle Probleme thematisiert, sondern als charakterliche. Alle, arm wie reich, sollen durch Charakterbildung geläutert – in der säkulären Variante der Value Formation oder der christlichen Variante des Christian Life Programms – den Kampf gegen die Armut führen.

Armut ist damit letztlich ein Problem der Werte. Zwar ausdrücklich der Werte des gesamten Volkes, – die Gier der Reichen wird mit deutlichen Worten angeprangert – aber auch das Glücksspiel, die Promiskuität und die Drogensucht der Armen. Konsequenterweise steht die direkte politische Organisation der Armen nicht auf der Agenda von Gawad Kalinga.

Diese Sichtweise markiert einen Bruch mit einer Tradition des katholischen sozialen Engagements, die sich in den Jahren der Opposition gegen Marcos bildete. In dieser Tradition wird die Ursache von Armut in ungerechten gesellschaftlichen Strukturen gesehen, die Politisierung der Armen ist damit integraler Teil von Armutsbekämpfung. Armutsbekämpfung in katholisch-charismatischer Weise ersetzt diese Politisierung der Armen durch Charakterschulung.

Der Anthropologe Michael Pinches interpretiert diese Charakterschulung durch Gawad Kalinga als einen Versuch, die Werte der Mittelklasse zu den Armen zu bringen, Vorstellungen von Ordnung, Sauberkeit und Privatheit, aber auch von Arbeitsmoral und Familienwerten (persönliches Gespräch, Juli 2008). Armutsbekämpfung wird so mit der Durchsetzung von Moral- und Ordnungsvorstellungen der (katholischen) Mittelschicht verknüpft. Gawad Kalinga legt ausdrücklich Wert auf das äußere Erscheinungsbild: saubere Wege, Blumen statt Wäscheleinen vor dem Haus, farbige Fassaden. Dem Ansatz der Gawad Kalinga-Dörfer liegt die Idee zugrunde, dass eine ordentliche, saubere Umgebung mit einem anständigen Lebenswandel korrespondiert.

In gewisser Weise versprechen Gawad Kalinga-Dörfer den Armen den Aufstieg in die Bürgerlichkeit, erreicht durch die Verinnerlichung bürgerlicher Normen und Werte. Institutionen wie die Home Owner Associations, die sonst eher mit gated communities verbunden werden, sprechen für sich.[6] Interessanterweise sind die BewohnerInnen der Gawad Kalinga-Dörfer tatsächlich Home Owners. Gawad Kalinga-Dörfer werden nur dort gebaut, wo die künftigen BewohnerInnen der Häuser Landrechte besitzen. In den Philippinen können Landrechte gewohnheitsrechtlich erworben werden. Wer ein paar Jahren illegal siedelt, erwirbt dadurch Entschädigungs- und Umsiedlungsrechte, bzw., wenn es sich um staatliches Land handelt, auch Landrechte. Da der Aufbau von Dörfern nur sinnvoll ist, wenn gesicherte Landrechte existieren, bietet der Ansatz von Gawad Kalinga nicht allen Armen gleichermaßen eine Chance. Dieses Problem zeigt sich in den Konflikten um das Gawad Kalinga-Dorf, in dem ich an einem Arbeitseinsatz teilnahm. Vor dem Eingang des Dorfes steht ein handgemaltes Schild „no demolition" vor einem notdürftigen Wetterschutz. Die Geschichte, die mir von einer Informantin im Gawad Kalinga-Dorf erzählt wurde, lautet wie folgt: Im Zuge des Dorfaufbaus sollte eine Straße gebaut werden, auf der eine Hütte einer später hinzugekommenen Familie stand, die keine Landrechte hatte. Laut meiner Gesprächspartnerin wurde dieser Familie eine Entschädigung und die Umsiedlung angeboten. Nachdem sie dies ablehnten, wurde ihre Hütte für den Bau der Straße im Dorf geräumt. Die Familie strengte daraufhin einen Prozess gegen die Home Owners Association des Gawad Kalinga-Dorfes an. Konflikte zwischen Siedlern, die mittlerweile Landrechte haben und denen, die noch nicht lange genug auf dem Land siedeln, um juristisch gewohnheitsrechtliche Ansprüche durchzusetzen, wurden durch die Herangehensweise von Gawad Kalinga in diesem Fall anscheinend verschärft.

5 Katholisch-charismatische Armutsbekämpfung: zivilgesellschaftliches Engagement als zweischneidiges Schwert

Als Wohlfahrtsprogramm von Couples for Christ zielte Gawad Kalinga noch auf die Erneuerung der privaten spirituell-religiösen Praxis ab. In dem Maße, in dem die Armutsbekämpfung ins Zentrum von Gawad Kalinga rückte, trat die Evangelisierung in den Hintergrund. Als eigenständige Nicht-Regierungsorganisation ist Gawad Kalinga heute eindeutig ein zivilgesellschaftlicher Akteur. Mit dem Framing von Armut als nationaler Schande und von Gawad Kalinga als nationaler Bewegung gegen Armut ist das karitative Engagement der katholisch-charismati-

---

[6] „Home Owner Societies" ist die in den Philippinen gebräuchliche Bezeichnung der Zusammenschlüsse von Hausbesitzern in den Wohngebieten der Reichen. Diese Zusammenschlüsse kommen gemeinsam für Sicherheitsmassnahmen wie Wachpersonal und bemannte Kontrollpunkte auf den Zugangsstrassen des Viertels auf.

schen Erneuerungsbewegung politisiert worden, aber unter demokratischen Gesichtspunkten auf eine fragwürdige Weise.

Die übergeordnete Gemeinschaft, auf die man sich bezieht, ist nicht mehr die katholische Kirche, sondern die philippinische Nation. Letztere wird jedoch implizit als christliche, wenn nicht gar katholische gedacht. Die Vorstellung, dass die Verhältnisse in den Philippinen besonders skandalös seien, weil sie einer christlichen Nation nicht würdig seien, ist weit verbreitet. Wie die eingangs zitierte Wahrnehmung von Protestantismus als Fremdkörper in der philippinischen Kultur zeigt, überlappen sich die beiden imaginierten Gemeinschaften ‚Kirche' und ‚Nation' stark. Auch wenn Gawad Kalinga selbst explizit die muslimische Minderheit einbezieht und mit Muslimen zusammenarbeitet, knüpft ihre Erneuerungsrhetorik an die Rhetorik der *katholisch*-charismatischen Erneuerungsbewegung an. Die Inklusion der muslimischen Minderheit in den nationalen Kampf gegen die Armut wird durch diese Bezüge zumindest erschwert.

Die Beschwörung der nationalen (christlichen/katholischen) Ehre im Kampf gegen die Armut ist jedoch nicht nur unter Inklusionsgesichtspunkten fragwürdig, sondern auch weil die Verwerfungen der philippinischen Gesellschaft im Pathos des nationalen ‚Wir' unsichtbar und damit unbearbeitbar werden.

Weder die Machtverhältnisse zwischen informellen Siedlern städtischer Armutsgebiete und Couples for Christ-Mitgliedern aus der philippinischen Oberschicht, noch die Machtverhältnisse zwischen alteingesessenen informellen Siedlern mit Landtiteln und rechtlosen Neuankömmlingen werden thematisiert. Dies ist nicht nur auf die Rede vom gemeinsamen nationalen Kampf, sondern auch auf Gawad Kalingas Analyse der Armutsursachen zurückzuführen. Wenn Armut als ein Verhaltens- und Mentalitätsproblem von SlumbewohnerInnen gesehen wird, gerät die ungleich verteilte Verfügungsgewalt über die Ressourcen des Landes nicht in den Blick. Die Problematik einer Ursachenanalyse, die die ‚Schuld' in einer ‚Slummentalität' sieht, wird dadurch verschärft, dass der politische Streit nicht als demokratische Praxis der Auseinandersetzung zwischen verschiedenen Interessensgruppen, sondern als Ursache von Armut dargestellt wird: „We are poor, precisely because we are divided".

Diese Form des zivilgesellschaftlichen Engagements trägt daher nicht dazu bei, demokratische Prinzipien wie Inklusion, Akzeptanz religiöser Heterogenität und friedliche Aushandlung von konfliktiven Interessensgegensätzen zu stärken. Dies ist die eine Seite.

Andererseits ermöglicht der Appell an die nationale Solidarität eine breite Mobilisierung von Ressourcen in Form von Spenden, ehrenamtlichem Engagement und Kooperationspartnern in der Privatwirtschaft. Diese Ressourcen verbessern einerseits ganz praktisch die materiellen Lebensbedingungen vieler Armer, sei es durch den Hausbau, die medizinische Hilfe oder die Unterstützung der Kinder im Zugang zu Bildung. Da die Wahrnehmung demokratischer Rechte ohne ein Minimum an materieller Absicherung fast unmöglich ist, trägt Gawad Kalinga allein schon durch diese Leistungen zur Demokratisierung bei. Dies lässt sich jedoch für jede Form von karitativem Engagement behaupten.

Ein spezifischer ‚demokratischer Mehrwert' des zivilgesellschaftlichen Engagements von Gawad Kalinga ist dagegen die Generierung von Sozialkapital über unterschiedliche Schichten hinweg. In den freiwilligen Arbeitseinsätzen treffen junge Mittelklasseangehörige Arme nicht als Hausangestellte oder Chauffeur, als Bettler oder Kleinkriminelle, sondern als gleichberechtigte Partner auf Augenhöhe. Dieser Aspekt ist in einer so zerklüfteten Gesellschaft wie den Philippinen von besonderer Relevanz. Sozialkapital wird jedoch nicht nur schichtübergreifend, sondern auch innerhalb der Armen generiert. Gawad Kalinga-Dörfer entstehen nur, wenn sich die künftigen Hausbesitzer als Gruppe organisieren. Dass politische Organisation nicht intendiert ist, bedeutet nicht, dass die entstandenen Strukturen nicht auch für eine politische Mobilisation genutzt werden können, zumal die Home Owners Associations als Repräsentanten der BewohnerInnen des jeweiligen Gawad Kalinga-Dorfes demokratisch legitimiert sind.

Die Gawad Kalinga-Botschaft von Armut als nationaler Schande statt individueller Schuld würde auch ermöglichen, Armutsbekämpfung als nationale *politische* Aufgabe zu betrachten. Dass Gawad Kalinga das nicht tut, hängt auch mit den Erfahrungen nach dem Sturz von Marcos zusammen. Der Rückzug auf individuelle spirituelle und charakterliche Erneuerung als Quelle politischer Veränderung wird auch gespeist von den enttäuschten Hoffnungen auf strukturellen Wandel durch die Redemokratisierung. Nicht wenige LeiterInnen von charismatischen Gruppen sind im Kampf gegen Marcos politisch sozialisiert worden und von der real existierenden Demokratie, für die sie teilweise unter Einsatz ihres Lebens gekämpft haben, zu Recht mehr als enttäuscht.

Die katholische charismatische Bewegung in den Philippinen ist ein ambivalenter Faktor im Konsolidierungsprozess der philippinischen Demokratie (C. Kessler/J. Rüland 2008: 180ff). Ähnlich ambivalent ist das zivilgesellschaftliche Engagement von Gawad Kalinga unter Demokratiegesichtspunkten: Einer Verbesserung der materiellen Lebensverhältnisse der Begünstigten und einer Generierung von Sozialkapital steht die Verklärung der nationalen Einheit unter Leugnung struktureller Interessenskonflikte entgegen. Politische Auseinandersetzungen werden als Angriff auf diese nationale Einheit kritisiert. Die mehr als ungleichen Machtverhältnisse in der philippinischen Nation werden nur insofern thematisiert, als eine charakterliche Erneuerung der Mächtigen wie der Ohnmächtigen diesen Graben überwinden soll, nicht aber die politische Repräsentation der Armen in den demokratischen Institutionen der Nation. Erschwerend kommt hinzu, dass sich die marginalisierte Minderheit der Muslime nur schwer in eine christlich oder gar katholisch gedachte Nation integrieren lässt.

Ich habe mich in diesem Beitrag implizit auf die Erwartung bezogen, dass religiös motiviertes zivilgesellschaftliches Engagement, soweit es sich nicht um eine ,fundamentalistische' Variante von Religion handelt, eine demokratisierende Kraft ist. Die katholische Kirche hat sich in der jüngeren Geschichte in vielen Fällen als solche erwiesen; Philpott (2004) spricht sogar von einer „Catholic wave". Das Beispiel Gawad Galingas, eines in der katholisch-charismatischen Erneuerungsbewegung verwurzelten zivilgesellschaftlichen Akteurs, zeigt jedoch, dass eine jeweils spezifische Analyse für die Bewertung religiöser Akteure weiterhin nötig ist.

Literatur

Abinales, Patricio N./Amoroso, Donna J. (2005): State and society in the Philippines. Lanham: Rowman & Littlefield.

Agunias, Dovelyn Ranveig (2008): Managing temporary migration: Lessons from the Philippine model. Migration Policy Institute Insight, October 2007. Washington D.C.: Migration Policy Institute, http://www.migrationpolicy.org/pubs/Insight_POEA_Oct07.pdf (Zugangsdatum 17.11. 2008).

Asis, Maruja M.B. (2006): The Philippines' Culture of Migration. Migration Information Source, Washington, DC: Migration Policy Institute, January 2006. http://www.migrationinformation.org/ Profiles/display.cfm?id=364 (Zugangsdatum 10.3.2009).

Buergin, Reiner/Kessler, Christl (1999): Das Janusgesicht der Zivilgesellschaft: Demokratisierung und Widerstand im thailändischen Umweltdiskurs. (SEFUT Working Paper No. 6, AG Sozioökonomie der Waldnutzung in den Tropen) Freiburg: Albert-Ludwigs-Universität.

Buergin, Reiner/Kessler, Christl (2000): Inclusions and exclusions: Democratization in Thailand in the context of environmental and resource conflicts. In: Geojournal 52, 1: 71-80.

Calzado, Rebecca J. (2007): Labour Migration and development goals: The Philippine experience. Presentation at the International Dialogue on Migration, Workshop on „Making Global labour mobility a catalyst for development", Session II: Key policy elements in comprehensive labour migration management. 8 October 2007, WMO Conference Center, Geneva. http://www.iom.ch/jahia/webdav/shared/shared/main site/microsites/IDM/workshops/global_labour_mobility_0809102007/presentations/ paper_calzado.pdf (Zugangsdatum 10.2.2010)

Carroll, John, S.J. (2004): Cracks in the wall of separation? The church, civil societ,y and state in the Philippines. In: Guan (2004):54-77.

CBCP news, 5. May 2009: CFC lest go of GK control. http://www.cbcpnews.com/?q=node/858 (Zugangsdatum 10.2.2010).

Commission on Filipinos overseas: Stock estimate of overseas Filipinos as of December 2008, http://www.cfo.gov.ph/pdf/statistics/Stock%202008.pdf (Zugangsdatum 10.2. 2010).

Croissant, Aurel (2002): Von der Transition zur defekten Demokratie. Demokratische Entwicklung in den Philippinen, Südkorea und Thailand, Wiesbaden: Westdeutscher Verlag.

Dadag, Eduardo (1998): The politicization of the Philippine Catholic Church. In: Asian Studies 34 (Centennial Issue): 50-77.

Foth, Hans-Peter (1996): Landreformpolitik auf den Philippinen. Die Ära Aquino. (= Mitteilungen des Instituts für Asienkunde Hamburg, Bd. 260) Hamburg: Institut für Asienkunde.

Freedomhouse:
    http://www.freedomhouse.org/uploads/fiw09/tablesandcharts/Table%20of%20 Independent%20Countries%20FIW%202009.pdf (Zugangsdatum 4.2.2010).

Gawad Kalinga (2010a): What ist he GK solution? http://www.gk1world.com/Home (Zugangsdatum 10.2.2010).

Gawad Kalinga (2010b.): Financial Statement. http://gk1world.com/Media/Images/ ABOUT_GK-FinancialStatement.pdf (Zugangsdatum 10.2.2010).

Gawad Kalinga (2010c): What is poverty really? http://www.gk1world.com/Home (Zugangsdatum 10.2.2010).

Gosewinkel, Dieter/Rucht, Dieter/van den Daele, Wolfgang (Hrsg.) (2004): Zivilgesellschaft – national und transnational. (= WZB Jahrbuch 2003) Berlin: edition sigma.

Gosewinkel, Dieter/Rucht, Dieter/van den Daele, Wolfgang/Kocka, Jürgen (2004): Einleitung: Zivilgesellschaft – national und transnational. In: Gosewinkel, Dieter/ Rucht, Dieter/ van den Daele, Wolfgang (Hrsg.) (2004): 11-26.

Graf, Arndt/Kreuzer, Peter/Werning, Rainer (Hrsg.) (2009): Conflict in Moro Land: prospects for peace. Malaysia: USM Press.

Guan, Lee Hock (2004): Introduction: Civil Society in Southeast Asia. In: Guan (Hrsg.) (2004):1-26.

Guan, Lee Hock (Hrsg.) (2004):Civil Society in Southeast Asia. Singapore: ISEAS.

IBON (2007): Stop the Killings, abductions and involuntary of enforced disappearances in the Philippines (=Third of a series on state terror and human rights), Quezon City: IBON Foundation.

IFJ (International Federation of Journalists) (2009): Perilous Assignments. Journalists and media staff killed in 2008. Bruxelles: IFJ, http://www.ifj.org/assets/docs/051/ 004/eb26233-0f25804.pdf (Zugangsdatum 28.5.2009).

Kessler, Christl/Rüland, Jürgen (2008): Give Jesus a Hand! Populist Religion in the Philippines. Quezon City: Ateneo de Manila University Press.

MPI staff (Migration Policy Institute) (2003): Remittance Data. In: Migration Information Source June 2003. http://www.migrationinformation.org/feature/display.cfm?ID= 137 (Zugangsdatum 12.2.2010).

NSCB (National Statistical Coordination Board) (2007): Our nation's future, the children, still account for the largest poor population in 2003. Press Release (PR-200709-SS1-04, Posted 21 September 2007. http://www.nscb.gov.ph/pressreleases/2007/Sept21 _PR-200709-SS1-04_Poor.asp (Zugangsdatum 4.2.2010).

NSCB (National Statistical Coordination Board) (o.D.): Technical Notes. Notes on the Official Poverty Statistics in the Philippines. http://www.nscb.gov.ph/technotes/ poverty/concept.asp (Zugangsdatum 4.2.2010).

Ottaway, Marina/Carothers, Thomas (Hrsg.) (2000): Funding virtue. Civil society aid and democracy promotion. (= Global Policy Books) Washington C.C.: Carnegie Endowment of International Peace.

Philpott, Daniel (2004) The Catholic wave. In: Journal of Democracy 15, 2:32-46.

Philippinenbüro (2009a): Philippinen aktuell im November 2009 (Pressespiegel).

Philippinenbüro (2009b): Massaker in Maguindanao. Pressemitteilung des Philippinenbüros, 25.11.2009. In: südostasien 2009, 4: 87.

Priwitzer, Kerstin/Ziegenhain, Patrik (2009): Representatives from Muslim Mindanao in the Congress of the Philippines: Intermediaries for the people or self-interested local bosses? In: Graf, Arndt/Kreutzer, Peter/Werning, Rainer (Hrsg.) (2009): 96-127.

Putnam, Robert (1993): Making democracy work: Civic traditions in modern Italy. Princeton: Princeton University Press.

Putzel, James (1992): A captive land. The politics of agrarian reform in the Philippines. Quezon City: Ateneo de Manila University Press.

Racelis, Mary (2000): New visions and strong actions: Civil society in the Philipines. In: Ottawa, Martina/Cothers, Thomas (Hrsg.) (2000): 159-187.

Reese, Niklas (2002): Entwicklungspolitik: Landreform statt Bauernkrieg. Zur Kritik am „Bondoc Development Program". In: Blätter des iz3w April/Mai 2002, 260: 13-14.

Reyes, Ramon C. (1985): Religious Experience in the Philippines: From Mythos Through Logos to Kairos. In: Philippine Studies 33, 203 – 212.

Rüland, Jürgen/Jürgenmeyer, Clemens/Nelson, Michael H./Ziegenhain, Patrick (2005) Parliaments and Political Change in Asia. Singapore: ISEAS (Institute of Southeast Asian Studies).

Schmidt-Häuer, Christian (2010): Wer kandidiert, stirbt. Die ZEIT vom 8.April 2010: 5.

Schumacher S.J., John N. (1991): The Making of a Nation. Essays on Nineteenth-Century Filipino Nationalism. Quezon City: Ateneo de Manila University Press.

SWS (Social Weather Stations) (2002): SWS selected surveys on Filipino religiosity (= Snapshots. A review of surveys conducted by Social Weather Stations Bd. 33, Nr. 3, March 2002)

SWS (Social Weather Stations) (2010): Fourth Quarter 2009 Social Weather Survey: Hunger at new record-high 24.0%. SWS Media Release: 12. January 2010. www.sws.org.ph (Zugangsdatum: 1.2.2010).

Transparency International: Coruption Perception Index 2010. http://www.transparency. org/ policy_research/surveys_indices/cpi/2009/cpi_2009_table (Zugangsdatum 4.2. 2010).

Repressive Religionspolitik und zivilgesellschaftliches Engagement. Das Verhältnis zwischen Kirchen und staatlichen Autoritäten in Belarus

Martin Schön

1 Einleitung

Belarus wird in der westeuropäischen Presselandschaft oft als „letzte Diktatur Europas" bezeichnet[1] und von Politologen als autoritäres Regime „mit totalitären Zügen" eingestuft (E. Phiel 2004: 67). Dementsprechend erweckt Belarus nicht selten das Interesse von Politikwissenschaftlern (A. Sahm 1994), wohingegen es bei Religionssoziologen bestenfalls als Randnotiz erwähnt wird (E. van der Zweerde 2009: 54). Diese beziehen sich oft auf die Nähe zu Russland und leiten daraus eine ähnliche quasi-Monopolstellung der Orthodoxen Kirche in Belarus ab. Eine solche oberflächliche Darstellung ignoriert nicht nur die im Vergleich zu Russland wesentlich stärkere gesellschaftliche Stellung der Katholischen Kirche. Sie wird dadurch auch der wesentlich komplexeren Staat-Kirche-Beziehung nicht gerecht. Diese näher zu bestimmen, ist Ziel dieses Beitrags. Zu untersuchen sind die Institutionen dreier Konfessionen, die das religiöse Feld am stärksten prägen: Die Belarussische Orthodoxe Kirche (Belarusskaja Pravoslavnaja Cerkov', hier BPC), die Katholische Kirche in Belarus sowie protestantische Kirchen. Der Beitrag fokussiert dabei insbesondere die zivilgesellschaftlichen Aktivitäten[2] der Kirchen und deren Einfluss auf das Staat-Kirche-Verhältnis. Angenommen wird, dass dieses ‚zivilgesellschaftliche Engagement' der Kirchen von den politischen Autoritäten in Bezug auf das politische System entweder als destabilisierende oder stabilisierende Tätigkeiten im Sinne der Terminologie David Eastons angesehen werden (D. Easton 1965). Quellen für

---

[1] Vgl. Beispielsweise: „Letzte wirkliche Diktatur in Europa. Verheugen: Weißrussland kein Partner für die EU." (dradio.de 20.3.2006) oder „Europas letzte Diktatur. Weißrusslands Künstler kämpfen für einen Machtwechsel" (3sat.de 30.9.2005).
[2] Diese werden definiert als Aktivitäten, die in den öffentlichen Raum hinein reichen, gesamtgesellschaftliche Bedeutung haben und nach Adloff „die plurale Gesamtheit der öffentlichen Assoziationen, Vereinigungen und Zusammenkünfte" umfassen, „die auf einem freiwilligen Zusammenhandeln der Bürger und Bürgerinnen beruhen" (Adloff 2005: 8).

die Bestimmung des Staat-Kirche-Verhältnisses in Belarus sind Gesetzestexte, Abkommen, Presseberichte sowie Angaben der Kirchen. Zur Bestimmung der gesellschaftlichen Stellung der Kirchen werden zudem quantitative Befragungen verschiedener Umfrageinstitute angeführt.

2   Die Beziehung zwischen Staat und Belarussischer Orthodoxer Kirche

2.1   Mitgliederstruktur und gesellschaftliche Stellung der BPC

Historisch wie gegenwärtig hat die orthodoxe Konfession im Vergleich zu anderen Konfessionen eine dominante Stellung in der belarussischen Bevölkerung. Bei staatlichen und unabhängigen Umfragen gaben zwischen 1997 und 2004 zwischen 70 und 80 Prozent der Befragten an, sie gehörten der orthodoxen Konfession an (D. Beznjuk 2003: 73; M. Zvilik 2005: 308-324; P. Rudkoŭski 2007).[3] Außerdem verfügt die BPC seit Jahren über die meisten registrierten Kirchengemeinden in Belarus.[4] Sozialstrukturell fällt auf, dass eine Mehrheit der Orthodoxen älter als 45 Jahre alt ist und ein vergleichsweise geringes Einkommensniveau hat. Die orthodoxe Kirche hat nach unabhängigen Umfrageergebnissen von 2003 die höchsten Vertrauenswerte unter allen staatlichen und nichtstaatlichen Organisationen in Belarus: 64,7 Prozent vertrauten der Kirche. Umfragen zeigen übereinstimmend, dass Orthodoxe mehrheitlich nicht staatskritisch sind: 2001 waren nur 15,5 Prozent der Orthodoxen der Meinung, dass Staatsorgane verschiedene Konfessionen unterschiedlich behandelten (D. Beznjuk 2003: 130). Fast 50 Prozent der Orthodoxen sagten in derselben Umfrage, sie unterstützten die Politik des Präsidenten. Nur 4,1 Prozent würden an einer illegalen Demonstration teilnehmen, 7,1 Prozent an einem Streik. Zu ähnlichen Ergebnissen kommt der Leiter des NISPI, Oleg Manaev, in seiner Untersuchung (O. Manaev 2006).
     Die BPC scheint also ein potenter Partner für den Staat zu sein. Deshalb bietet es sich für die Regierung bzw. den Staat an, sich mit jener Institution zu arrangieren, der fast 80 Prozent der Bevölkerung angehören und die die höchsten Vertrauenswerte genießt. Gleichzeitig bedeuten die demografischen Daten, dass die Mehrzahl der orthodoxen Gläubigen im sowjetischen System sozialisiert wurden, was sie eventuell weniger affin für die demokratischen Werte einer

---

[3] Hier und im folgenden können dort keine Seitenzahlen angegeben werden, wo Texte von Autoren im elektronischen Original vorliegen oder von Internetseiten stammen. Im vorliegenden Fall handelt es sich um Zahlen aus der Tabelle Nr.1 des Artikels, die Daten stammen in erster Linie vom Staatlichen Komitee für Religions- und Nationalitätenfragen.
[4] Rudkoŭski zitiert das Staatliche Komitee für Religionen und Nationalitäten der Republik Belarus. Demnach waren 1999 1081, Anfang 2005 1245 und Ende 2005 1351 orthodoxe Gemeinden registriert.

Bürgergesellschaft macht. Die orthodoxen Gläubigen sind zudem, wie oben angeführt, der Staatsführung gegenüber vergleichsweise positiv eingestellt. Die BPC selbst ist strukturell eine Einheit der Russischen Orthodoxen Kirche und weist wie diese eine stark hierarchische Struktur auf. Eine solche Struktur macht sie zu einer potentiell systemstabilisierenden Organisation, da mit der Kirchenleitung getroffene Übereinkünfte in der gesamten Institution zur Anwendung kommen.

2.2 Zusammenarbeit zwischen Staat und BPC

Obwohl in Belarus Staat und Kirche offiziell getrennt sind, bekommt die BPC regelmäßig Finanzhilfen vom belarussischen Staat. Diese umfassen in erster Linie Zuzahlungen für den Bau von Kirchen, Klöstern und kirchlichen Bildungseinrichtungen. Diese staatlichen Zuwendungen haben seit 1998 deutlich zugenommen: 1998 betrugen sie noch eine Milliarde Belarussischer Rubel, also über 330.000 Euro (naviny.by 1.3.2005); 2006 war es allein für den Umbau der theologischen Akademie in Minsk der fünffache Betrag (president.gov.by 21.12.2006).[5] Für 2007 waren für den Bau eines theologischen Bildungszentrums in Minsk sogar sechs Milliarden Belarussischer Rubel eingeplant. Präsident Aleksandr Lukašenko hat die staatliche Hilfe klar begründet: Er wolle jene unterstützen, „die dabei helfen, den Staat zu stabilisieren und das Volk (...) (dazu /M.Sch.) erziehen, keine radikalen Lösungen zu suchen, die die gesellschaftlichen Beziehungen destabilisieren könnten." (S. Davydenko 2002: 65)

Von direkten staatlichen Finanzhilfen ist die komplexere wechselseitige Zusammenarbeit zwischen BPC und belarussischem Staat zu trennen. Die vielfältige Zusammenarbeit beider Seiten zeigt sich besonders deutlich in öffentlichkeitswirksamen Ritualen und gemeinsamen sozialpolitischen Projekten sowie entsprechenden Abkommen. Betrachtet man erstens christliche Feiertage in Belarus, so fällt auf, dass die Staatsführung sie bis 2005 ausschließlich mit der orthodoxen Kirche gemeinsam zelebrierte. Bei den Feierlichkeiten ist regelmäßig die gesamte staatliche Führungsriege anwesend. Beispielsweise nahmen am Osterfest 2007 neben dem Präsidenten Vertreter von Regierung, Parlament und Minsker Stadtverwaltung teil (church.by 8.4.2006). Des öfteren werden symbolische Geschenke überreicht (ebd.)[6] sowie Reden gehalten, in denen Staats- und Kirchenvertreter gemeinsame Normen und Werte betonen. Metropolit Filaret

---

[5] Aleksandr Lukašenko sprach bei seinem Treffen mit Metropolit Filaret im Dezember 2006 von 5 Milliarden BYRUB.
[6] „Das Oberhaupt der Kirche begrüßte ... Präsident Lukašenko und überreichte ihm ein Osterei aus Porzellan – ein Geschenk des höchst heiligen Patriarchen Moskaus und der ganzen Rus', Alexej II."

erklärte beispielsweise in seiner Rede zur Weihnachtsfeier 2007: „In der heutigen Zeit nennen wir unseren Kirchendienst einen patriotischen Dienst, weil wir an das Wohl unseres Volkes und unseres Landes denken. Wir alle wollen Patrioten unseres Vaterlandes sein" (church.by 7.1.2007). Darauf entgegnete Präsident Lukašenko: „Das wichtigste, was unsere Kirche charakterisiert, ist ihr Patriotismus (...) Die orthodoxe Kirche war immer beim Volk und schützte ihr Vaterland." Metropolit Filaret bekräftigte diese Beziehung noch mit der Aussage: „Ich diene der Republik Belarus und der Russischen Orthodoxen Kirche!" - eine Anspielung auf den Eid, den belarussische Soldaten zu leisten haben („Ich diene der Republik Belarus!"). Ein anderer Aspekt, der bei Ritualen regelmäßig betont wird, ist die Einheit zwischen dem belarussischen und dem russischen Volk (church.by 24.10.2008). Es ist in diesem Zusammenhang von nicht unerheblicher Bedeutung, dass die Russische Orthodoxe Kirche ausgezeichnete Beziehungen zur russischen Staatsführung unterhält. Somit wäre der „direkte Draht" der BPC nach Moskau eine weitere Eigenschaft der BPC, die sie in den Augen der belarussischen Staatsführung höchstwahrscheinlich als stabilisierend für das politische System qualifiziert.

Darüber hinaus muss hervorgehoben werden, dass die BPC die erste und bislang einzige religiöse Organisation ist, mit welcher der junge belarussische Staat offizielle Abkommen geschlossen hat. Vor Abschluss des Konkordats vom 12. Juni 2003 (church.by 12.6.2003) wurde schon im August 1999 mit dem Komitee für Strafvollzug ein Abkommen abgeschlossen (church.by 8.1999). Es folgte das Konkordat und 13 gesonderte Programme über die Zusammenarbeit mit staatlichen Einrichtungen. Diese Art der Zusammenarbeit soll hier exemplarisch anhand eines Abkommens mit dem belarussischen Verteidigungsministerium näher analysiert werden (church.by 12.3.2004). Es enthält gleich in der Präambel ein markantes Zitat: „Der orthodoxe Glauben war immer die religiöse Basis der Mentalität des belarussischen Volkes und seiner christlichen Kämpfer, der Verteidiger des Vaterlandes". Unter den vereinbarten Punkten sind besonders erwähnenswert: Die Wiedereinführung von orthodoxen Ritualen in der Armee, die Pflege von Gedenkstätten durch die BPC; die Förderung der soldatischen Disziplin und die Verminderung des Einflusses „pseudoreligiöser Kulte", die Durchführung gemeinsamer Sitzungen, Konferenzen und Seminare zur „religiösen und patriotischen Erziehung der Soldaten" sowie die Einführung eines Koordinationsrats, der die Umsetzung der Programmpunkte steuern soll. Armee und Kirche diskutieren ihre Zusammenarbeit regelmäßig in Expertenrunden, zum Beispiel bei der Sitzung von Vertretern der Bischofssynode und des Verteidigungsministeriums (church. by 13.14.2007) oder Runden Tischen (church.by 30.01.2008); Zudem gibt es in jeder der zehn belarussischen Diözesen einen Pfarrer der BPC, der für die Zusammenarbeit mit der Armee verantwortlich ist (Kuz'menkov 2005).

Eine Analyse der gemeinsamen öffentlichkeitswirksamen Aktionen von Verteidigungsministerium und BPC im Zeitraum 2002 bis 2009 zeigt, dass Staat und BPC seit 2006 besonders der „religiösen und patriotischen Erziehung" Jugendlicher viel Aufmerksamkeit schenken, indem sie regelmäßig gemeinsam „kirchlich-patriotische Wehrlager" für Jugendliche durchführen. In die Organisation dieser Veranstaltungen wird auch das Staatliche Ideologiekomitee mit einbezogen (church.by 24.7.2007). Es handelt sich bei den Veranstaltungen um Jugendlager, in denen junge Seminaristen, Kadetten und Soldaten gemeinsam Wehrsportspiele durchführen. Die Wettkampfkategorien sind dabei beispielsweise „Granatenweitwurf", „Auseinanderbauen einer Kalašnikov" oder „Scharfschützenschießen". Die ‚sportlichen' Aktivitäten werden in ein Rahmenprogramm eingebettet, welches stark auf einer Erinnerungskultur sowjetischen Typus basiert (J. Scherrer 2005). Einen zweiten zentralen Teil des Rahmenprogramms bilden christlich-kirchliche Rituale, die mit soldatischer Erziehung verbunden werden – beispielsweise das allabendliche gemeinsame Beten in Reih und Glied (church.by 24.7.2007). Das pädagogische Ziel lautet: „Die jungen Verteidiger des Vaterlands, die sich in ihrem Leben auf ihren Gottesglauben stützen, werden niemals ihr Volk verraten." (ebd.) Das Projekt bringt beiden Seiten Vorteile: Die BPC bekommt Zugriff auf das symbolische Feld der nationalen Identität, der Staat bekommt eine einflussreiche Institution zum Bündnispartner, die stabilisierend wirkt und kollektive Erinnerungen stützt. Auch in zahlreichen weiteren Bereichen kooperieren Regierung und BPC intensiv, so beispielsweise in der Familienpolitik zwecks „demografischer Sicherheit".[7]

2.3 Zivilgesellschaftliche Aktivitäten der BPC

Die BPC übernimmt in Belarus die klassische karitative Rolle christlicher Kirchen und agiert auch hier in enger Abstimmung mit dem Staat. Im Programm über Zusammenarbeit mit dem Ministerium für Soziale Sicherheit ist festgelegt, dass sie mit praktisch allen sozialen Problemgruppen im Bereich der „sozialpsychologischen Rehabilitation" arbeiten soll (church.by 26.3.2004 (1)). Seelsorge ist ein anderer wichtiger Aspekt von Programmen und Abkommen: Beispielsweise arbeitet die BPC mit Strafgefangenen, verletzten und pensionierten Sportlern (vgl. das Abkommen zwischen der BPC und dem Ministerium für

---

[7] Der Begriff wird von der belarussischen Regierung verwendet, um die Überalterung der Gesellschaft in den öffentlichen Fokus zu rücken. Die BPC soll durch Anti-Abtreibungs- und Anti-Verhütungskampagnen positiv auf die demografische Lage einwirken. Zum Beispiel beschäftigte sich der Koordinationsrat von Staat und BPC im März 2008 schwerpunktmäßig mit dieser „moralischen und physischen Gesundheit des Volkes" (church.by 28.3.2008).

Sport und Tourismus in church.by 26.3.2004 (4)) und Tschernobylopfern (vgl. das Programm über Zusammenarbeit mit Umweltministerium: church.by 26.3.2004 (3)).

Allerdings ergeben sich im Bereich der Sozialarbeit auch Reibungspunkte mit dem Staat. Dazu gehören vor allem Themen wie Schwangerschaftsabbrüche und Verhütung, die zwar einerseits einen Teil der Zusammenarbeit im Rahmen gemeinsamer Familienpolitik ausmachen, andererseits jedoch für Konflikte sorgen, da die BPC eine kategorische Ablehnung beider Praktiken fordert. Dem entspricht der Staat jedoch nicht: Abtreibungen sind in Belarus legal, und die Nutzung von Verhütungsmitteln wird in staatlichen Einrichtungen im Rahmen von Anti-AIDS-Programmen propagiert (hiv-aids.by 20.3.2009). Gründe für diese ‚antikirchliche‘ Politik sind höchstwahrscheinlich gesundheitspolitische Erwägungen sowie die hohe Abtreibungsrate in Belarus (Kirchenseite.de 9.3.2005, rebenok.by 30.12.2004)[8], die die politischen Kosten für ein Abtreibungsverbot in die Höhe treiben würden. Beim Runden Tisch „Moralische Aspekte der demografischen Sicherheit in der Republik Belarus" (church.by 29.5.2007) sprach Metropolit Filaret den Konflikt offen an. Filaret kritisiert insbesondere die Unterrichtung von Sexualkunde, „die Gott ablehnt und die Geburt als Gefahr ansieht", sowie ein entsprechendes „Lehrbuch der Sexualkunde und AIDS-Prophylaxe unter Schülern" das skandalöserweise vom Bildungsministerium für gut befunden worden sei. Ebenso kritisiert Filaret die seiner Ansicht nach zu liberale Abtreibungspolitik des Staates. Auch im Bereich der Seelsorge im Strafvollzug distanziert sich die BPC vom Staat, trotz der aktiven und erfolgreichen Zusammenarbeit, die ja die „Geburtsstunde" kirchlich-staatlicher Abkommen markierte (church.by 8.1999). Metropolit Filaret ermahnte bei einem Treffen Richter und Mitarbeiter des Obersten Gerichtshofs im Juli 2008 (church.by 10.7.2008), es sei besser, „zehn Schuldige freizusprechen, als einen Unschuldigen anzuklagen", was durchaus als Kritik an den belarussischen Richtern verstanden werden kann, die dafür bekannt sind, die hohen belarussischen Strafmaße voll auszunutzen.

Ein weiterer Bereich, in dem die BPC Bürger- vor Staatsinteressen stellt, ist der Datenschutz. Bei seinem Treffen mit Präsident Aleksandr Lukašenko Ende Januar 2008 wies Metropolit Filaret darauf hin, dass sich vermehrt Bürger bei der Kirche über „immer effektivere und zentralisiertere Techniken zum Sammeln und Aufbewahren von Informationen" beschwerten (patriarchia.ru 24.1.2008). Filaret erklärte, die Bürger wüssten nicht, was mit den Informationen geschehe, insbesondere, ob diese ausreichend vor illegalem Zugriff und der Einspeisung in „globale Datensysteme" geschützt seien. Zudem setzt sich die BPC für orthodo-

---

[8] Nach Angaben des Gesundheitsministeriums wurden 2004 62.492 Abtreibungen durchgeführt. Zum Vergleich: Im selben Jahr fanden in Deutschland nach Angaben des statistischen Bundesamtes 129.600 Abtreibungen statt, wobei die Bevölkerungszahlen sich in etwa 1:8 verhalten

xe Gläubige ein, die es ablehnen, die in Belarus obligatorische persönliche Identifikationsnummer zugewiesen zu bekommen (naviny.by 15.5.2008). Das Innenministerium lehnte die Forderung mit Hinweis auf die Gesetzeslage ab. Besonders kritisch geht die BPC mit staatlichen Medien um. Für einen Skandal sorgte beispielsweise im Dezember 2006 der Artikel des stellvertretenden Leiters der Präsidialadministration, Anatoli Rubinov, in der „SB – Belarus' Sevodnja". Darin hieß es:

> „Die unnötige Aktivität der Kirche, ihr Streben danach, in die Schul- und Hochschulausbildung einzudringen, sind besorgniserregend (...) Die Religion sollte nicht die Normen des weltlichen Teils der Gesellschaft bestimmen, Bedingungen diktieren oder Verbote aufstellen." (naviny.by 2.12.2006)

Mögliche negative Folgen für die Gesellschaft, so Rubinov, seien beispielsweise ein geringerer Einfluss staatlicher Ideologie. Metropolit Filaret schrieb einen offenen Brief an die Administration, in dem er erklärte, der Artikel enthalte „falsche Aussagen und für Gläubige beleidigende Stellen" (ebd.). In der umgehenden Antwort unterstrich Genadi Nevyglas, Leiter der Präsidialadministration, unter anderem die bedeutende Rolle der BPC für die belarussische Kultur, wies jedoch auch darauf hin, dass Belarus ein säkularer Staat sei (church.by 3.1.2007). Es bleibt festzuhalten, dass die BPC auf die Publikation eines der höchsten Beamten des Landes[9] mit offener Kritik reagierte und daraufhin eine „versöhnliche" Antwort von Staatsseite bekam. Ähnlich kritisch ging Metropolit Filaret mit der seiner Ansicht nach zu laxen staatlichen Reaktion auf die Werbung „okkulter Organisationen" um, die als psychologische Hilfe getarnt sei (patriarchia.ru 24.1.2008; churchby.info 30.3.2008). Präsident Lukašenko unterschrieb sechs Monate später ein Dekret, wodurch ein staatliches Lizensierungsverfahren eingeführt wurde, um zu verhindern, dass „unter dem Deckmantel psychologischer Hilfe Hypnotiseure (...) Astrologen, Zauberer (...) ihre Dienste anbieten." (president.gov.by 19.12.2008)

---

[9] Die Präsidialadministration ist das Machtzentrum der Präsidial- und damit der Exekutivgewalt in Belarus.

3   Protestantische Kirchen

3.1   Mitgliederstruktur und Position protestantischer Kirchen in der belarussischen Gesellschaft

Gegenwärtig sind die protestantischen Kirchen unter den drei zu untersuchenden religiösen Grossgruppen jene mit den vergleichsweise geringsten Mitgliederzahlen. In Umfragen gaben zwischen 1997 und 2004 zwischen 2 und 5 Prozent der Befragten an, der protestantischen Konfession anzugehören (D. Beznuk 2003, P. Rudkoūski 2007, M. Zvilik 2005: 130).[10] Der Protestantismus ist in Belarus eine heterogene Konfession, deren Mitglieder sich auf mindestens sechs Assoziationen protestantischer Kirchen verteilen. Im Folgenden wird auf die Dynamik der Gemeindezahlen zweier öffentlich besonders präsenter und mitgliederstarker Kirchen eingegangen.[11]

Die meisten Gemeinden zählt die Pfingstlerassoziation „Christen Evangelischen Glaubens" („Christijane Very Evangel'skoj" – abgekürzt CHVE), die 2006 488 Gemeinden besass. Die Zahl ihrer Mitglieder wurde von der Staatszeitung „SB – Belarus' Sevodnja" 2003 auf „etwa 60.000" geschätzt (A. Nekrasov 2003), was realistisch erscheint, da sie nach Angaben der CHVE selber drei Jahre zuvor bei über 54.000 lag (Blagodat' 2001: 9). Gemessen an den Gemeindezahlen folgen die „Evangelischen Christen – Baptisten" (265 Gemeinden, 2002: 13510 Mitglieder (S. Mandrik 2002: 60), die „Adventisten des 7. Tages" mit 72 Gemeinden (allerdings nur 4633 Mitgliedern; belarussda.narod.ru 20.2.2009) und die charismatischen „Christen des Vollständigen Evangeliums" (OCHPE) mit 54 Gemeinden. Dazu kommen die zahlenmäßig schwachen Lutheraner, deren 25 Gemeinden 2006 laut Zahlen des Komitees für Religion und Nationalitäten der Republik Belarus auf drei rivalisierende Organisationen verteilt waren (belembassy.co.il 30.12.2006). Mehrere Protestantische Kirchen wiesen zwischen 1999 und 2006 ein starkes Wachstum von etwa 20 Prozent auf, darunter die Pfingstler (1999: 414 Gemeinden, 2006: 488 Gemeinden, 2008: 500 Gemeinden) und Adventisten des 7. Tages (1999: 45 Gemeinden, 2006: 72 Gemeinden). Ein moderates Wachstum konnten auch die charismatischen „Christen des Vollständigen Evangeliums" verzeichnen (1999: 47, 2006: 54 Gemeinden)

---

[10] Beznjuk vergleicht Zahlenreihen von 1997 bis 2004 und kommt zu ebendieser Spanne von 2 bis 5 Prozent; Zvilik kommt 1999 auf genau 2 Prozent; das NISPI kommt 2004 laut Rudkoūski ebenfalls auf 2 Prozent; Beznjuk (2006): 131, Zvilik (2005); 130, Rudkoūski (2007).
[11] Grundsätzlich wäre ein Vergleich der realen Mitgliederzahlen selbstverständlich vorzuziehen. Allerdings führen viele Gemeinden keine offiziellen Statistiken über ihre Mitglieder oder veröffentlichen diese nur teilweise. Wenn Angaben vorliegen, werden diese zitiert.

sowie die Baptisten (199: 233, 2006: 265) (belembassy.co.il 30.12.2006; bela-rus21.by 30.12.2008, P. Rudkoūski 2007). Die positive Dynamik der Gemeindezahlen spiegelt nach Meinung von staat-lichen Forschern eine grundsätzliche Tendenz zur Verbreitung des Protestantis-mus wieder (S. Davydenko 2002: 73). Beznjuk bekräftigte 2006: „Am dyna-mischsten entwickeln sich die Protestanten, vor allem die Pfingstler". Der Pres-sedienst des belarussischen Außenministeriums bestätigte diese Aussage (belam-bassy.co.il 30.12.2008)· Allerdings scheint sich diese Tendenz nach Zahlen des staatlichen Komitees für Religionen und Nationalitäten 2008 abzuschwächen (belarus21.by 30.12.2008). Im Blick auf ihre Sozialstruktur fällt auf, dass Gläu-bige protestantischer Kirchen grundsätzlich jünger, besser ausgebildet und besser verdienend sind als Gläubige anderer christlicher Kirchen in Belarus (D. Beznjuk 2003: 132). Protestanten haben nach staatlichen Umfragen auch eine deutlich kritischere Einstellung zur staatlichen Religionspolitik. 64 Prozent meinten 2001, dass Staatsorgane sich „unterschiedlich loyal gegenüber unterschiedlichen Kon-fessionen" verhielten. 20 Prozent der Protestanten meinten 2006, Belarus entwi-ckele sich „in die falsche Richtung" (gegenüber 14 Prozent der Orthodoxen, aber 35 Prozent der Katholiken; Manaev 2006). Gleichzeitig haben die protestanti-schen Kirchen die geringsten Vertrauenswerte in der Gesamtbevölkerung – 2003 erklärten 14,6 der Befragten, sie vertrauten ihnen, 55,5 Prozent hingegen nicht (P. Rudkoūski 2007).

3.2 Verhältnis zwischen Staat und protestantischen Kirchen

Die Beziehungen zwischen religiösen Organisationen und dem belarussischen Staat sind allgemein im Gesetz „Über die Glaubensfreiheit und religiöse Organi-sationen" geregelt. Dieses wurde am 27. Juni 2002 wesentlich verändert (Graž-danskaja iniciativa 2002: 5-19). Von besonderer Bedeutung für protestantische Kirchen waren folgende Punkte des neuen Gesetzes:

1. Der BPC wird eine bestimmende Rolle für die „historische Entwicklung der geistigen, kulturellen und staatlichen Traditionen des belarussischen Vol-kes" zugeschrieben.
2. Artikel 14 setzt eine Mindestanzahl von 20 volljährigen Mitgliedern für die Legalisierung einer religiösen Gemeinde fest.

3. Artikel 15 führt Barrieren für die Registrierung von religiösen Vereinigungen[12] ein.
4. Religiöse Vereinigungen bestehen aus religiösen Gemeinden, von denen eine bereits 20 Jahre auf dem Territorium von Belarus tätig gewesen sein muss.
5. Laut Artikel 25 können religiöse Rituale generell nur in extra dafür vorgesehenen „Kultgebäuden" stattfinden (von Ausnahmen abgesehen).
6. Nach Artikel 29 dürfen Ausländer nur ein Jahr religiöse Tätigkeiten in Belarus mit Genehmigung der Behörden praktizieren.

Die genannten Bestimmungen im neuen Religionsgesetz hatten juristisch weit reichende Folgen, besonders für die Protestanten, von denen viele legal erst seit dem Zusammenbruch der Sowjetunion in Belarus agieren und somit oft keine 20-jährige Tätigkeit in Belarus nachweisen können. Pfingstlergemeinden sind besonders hart von Artikel 25 des Religionsgesetzes betroffen, da der Staat es oft ablehnt, ihren Kirchengebäuden den Status von „Kultgebäuden" zuzugestehen. Deshalb konnten 2007 197 Kirchengebäude – fast 45 Prozent der Pfingstler-Kirchen – nicht genutzt werden (bchd.info 8.6.2007). Dies betrifft auch Gemeinden in der Hauptstadt Minsk. Die Leiterin der Abteilung für Religion und Nationalitäten der Stadt, Anna Robicova, begründete dies nach Aussage eines Gemeindepfarrers im Oktober 2007 damit, dass „ihr euch wie junge Katzen vermehrt." (forreligiousfreedom.info 22.10.2007) Eine Aussage, die den Eindruck nahe legt, dass der Staat die dynamische Entwicklung der Pfingstlerkirche kritisch betrachtet.

Ähnliche Probleme hat die Minsker Pfingstlergemeinde „Johannes des Täufers". Das von ihr angemietete Gebäude wurde von der Stadtverwaltung nicht als Kultgebäude registriert. Als die Gemeinde dennoch ihre Gottesdienste weiter darin abhielt, wurde Pfarrer Antoni Bokun mehrfach zu administrativen Strafen verurteilt (bchd.info 16.7.2007). Gleichzeitig positioniert sich die Gemeinde dezidiert als regimekritisch: Mehrere Mitglieder gehören der radikaloppositionellen Jugendorganisation „Junge Front" an (naviny.by 1.11.2006).[13] Gastpfarrer Jaroslav Lukasik bestätigte, er habe „mit der patriotisch gesinnten Elite gearbeitet, mit jungen demokratischen Politikern, Lehrern, Künstlern, Journalisten" (invictory.org 12.6.2007). Auch andere Pfingstlergemeinden haben Probleme mit Staatsorganen und werden häufig aus ihren „Kultgebäuden" unter formalen

---

[12] Religiöse Vereinigungen sind nach Artikel 15: Zusammenschlüsse von mindestens zehn Gemeinden, welche das Recht haben, auf dem gesamten Gebiet von Belarus tätig zu werden, religiöse Schulungszentren einzurichten und Bruderschaften oder ähnliche Zusammenschlüsse zu gründen.
[13] Beispielsweise Dmitri Daškevič, Vorsitzender der „Jungen Front", der 2006 zu anderthalb Jahren Gefängnis verurteilt wurde für seine Tätigkeit im Namen einer nicht registrierten Organisation.

Vorwänden vertrieben (churchby.info 18.2.2008; belta 16.1.2009; invictory.org 2.7.2006), es gibt sogar Fälle, in denen Pfingstlergermeinden verdächtigt werden, Menschenoper durchzuführen (spring96.org 19.3.2008). Die Soziologin E. Pastuchova stellte 2002 fest, dass die Beziehungen zwischen CHVE-Gemeinden und Staatsorganen sich „immer weiter verschlechtern" (E. Pastuchova 2002: 67). Auffällig ist deshalb, dass CHVE-Gemeinden trotzdem zum Teil gut mit staatlichen Einrichtungen im Bereich der Sozialarbeit kooperieren, zum Beispiel in der Arbeit mit Strafgefangenen (E. Pastuchova 2002: 66). Dies unterscheidet sie, wie im Folgenden gezeigt wird, von den „Christen des Vollständigen Evangeliums" unterscheidet. Der CHVE-Verband hat auch eine vergleichsweise gute Presse (G. Ulitёnok 2004; A. Nekrasov 2003; A. Babenko 2005: 4), was durchaus ungewöhnlich ist.[14] Ihre Leiter unterstreichen dabei ihre Loyalität zum Staat: „Wir schätzen die Staatsmacht sehr und beten für sie." (A. Nekrasov 2003; vgl. auch invictory.org 30.12.2008). Allerdings sollte berücksichtig werden, dass sowohl CHVE als auch OCHPE Dachverbände sind und ihre Gemeinden relativ unabhängig agieren können (G. Ulitёnok 2004). Die CHVE finanziert sich aus dem „Zehnten" und über Spenden ausländischer Pfingstlergemeinden, insbesondere aus den USA (E. Pastuchova 2002: 63), ein potentieller ‚Dorn im Auge' der Staatsmacht.[15] Zusammenfassend kann gesagt werden, dass das Verhältnis des Staates zu Pfingstlern je nach Adressat stark divergiert: die Staastführung geht repressiv gegen einzelne, staatskritische Gemeinden vor, toleriert jedoch den weitestgehend loyalen Dachverband CHVE .

3.3 Zivilgesellschaftliche Aktivitäten

In der Debatte um die Reform des Religionsgesetzes verfassten CHVE, OCHPE, Baptisten und Adventisten gemeinsam Protestbriefe und Anfragen an die höchsten Staatsorgane. Dialogangebote an den Staat (Sinkovec / Chomič / Sakovič / Ostrovski 2002: 119) blieben ohne Erfolg, so dass sich mehrere Vertreter protestantischer Kirchen zu der NGO „For Religious Freedom" zusammenschlossen

---

[14] Protestantische Kirchen im allgemeinen werden in Belarus von der staatlichen Presse scharf attaktiert: Sie werden regelmäßig als „destruktive Sekte" bezeichnet (Chomič 2002), das belarussische Fernsehen sendete sogar einen speziellen Dokumentarfilm unter dem Titel „Expansion" (Gesendet beispielsweise auf dem staatlichen Fernsehkanal BT am 26.10. und 2.11.2000) . In Zeitungsartikeln wird regelmäßig auf die „bedrohliche Perspektive" eingegangen, „eine protestantische Republik zu werden." (Janovič 2000: 12)

[15] Der belarussische Staat sieht ausländische Finanzhilfen grundsätzlich als potentiellen politischen Unsicherheitsfaktor an, besonders jedoch amerikanische, weshalb der belarussische Präsident 2001 ein Dekret unterschrieb, das humanitäre Hilfe aus dem Ausland registrierungs-pflichtig machte (president.gov.by 2001).

(Graždanskaja Iniciativa 2002: 128). OCHPE-Mitglieder waren dabei besonders aktiv.[16] Im Jahr 2007 initiierte „For Religious Freedom" eine erfolgreiche Unterschriftenkampagne zur Änderung des Religionsgesetzes (tut.by 23.4.2007). Es gelang, die laut Verfassung nötigen 50.000 Unterschriften für eine Gesetzesinitiative zu sammeln (bdg.by 14.2.2008). Allerdings lehnte es das Verfassungsgericht ab, eine entsprechende Gesetzesänderung zu initiieren (bchd.info 19.3.2008). Protestantische Kirchen übten zudem offen Kritik an der Mitgliederwerbung quasi-staatlicher Jugendorganisation, zum Beispiel in offenen Briefen (nn.by 16.1.2008). Die OCHPE versucht besonders offensiv, zu für sie relevanten Themen eine staatskritische Öffentlichkeit zu mobilisieren und übt offen Kritik an staatlichen Institutionen. Beispielsweise erklärte Pfarrer Boris Černoglaz, Mitglied des vierköpfigen Leitungsrats der OCHPE: „Jedes diktatorische Regime wünscht sich, die Kindererziehung aus der Familie fern zu halten." (naviny.by 18.4.2008) Ebenso systemkritisch äußert sich das Oberhaupt der OCHPE, Bischof Vladislav Gončarenko (invictory.org 1.2.2007). In Protestbriefen droht die OCHPE sogar Präsident Lukašenko, sie nehme „sich das Recht, an Aktionen zivilen Ungehorsams in ganz Belarus teilzunehmen." (spring96.org 11.2.2008). Die OCHPE beschäftigt sich auch intensiv mit Fragen der Erinnerung an die Stalinschen Repressionen (bchd.info 16.5.2008; rus.gospel.by 2.11.2007). In einem offenen Brief an die Nation kritisierte Boris Černoglaz, dass „nicht in einem einzigen Schulbuch für Geschichte heute die Fakten (...) der Repressionen (...) zu finden sind." (invictory.org 7.11.2007) Die Aktionen der OCHPE zielen offenbar auf eine staatskritische Uminterpretation der kollektiven Erinnerungskultur in Belarus ab und bedrohen damit potentiell die systemstabilisierenden kollektiven Erinnerungen, die von den staatlichen Autoritäten verbreitet werden.

Die CHVE verhält sich zu systemkritischen Äußerungen einzelner Gemeinden (bchd.info 11.6.2007) ambivalent. Zwar ist Bischof Chomič bereit, politisch radikale Gemeinden wie „Johannes des Täufers" öffentlichkeitswirksam zu unterstützen, zum Beispiel durch Massengebete (bchd.info 3.6.2007). Er schlägt dabei aber lange keinen so regimekritischen Ton an wie die OCHPE. Vermutlich können Pfingstlergemeinden deshalb in ganz Belarus relativ ungestört in der Sozialarbeit tätig sein: Sie betreiben drei Zentren für Drogenabhängige (G. Ulitĕnok 2004) sowie Suppenküchen und Kleiderausgabepunkte für Bedürftige.[17] Besonders aktiv sind CHVE-Gemeinden in der Gefangenenseelsorge (E. Pastu-

---

[16] Zum Beispiel die Juristen Dina Ševcova und Juri Ševcov, die auch die juristische Vertretung der OCHPE innehaben, oder der Jurist der Gemeinde „Neues Leben", Sergej Ljukanin.
[17] Episkop Chomič erklärt, seine Minsker Kirche „Gottes Gnade" versorge etwa 300 Menschen monatlich mit Kleidung, Schuhen, Essen und Hygieneartikeln.

chova 2002: 66) und in der Abtreibungsberatung.[18] Es wird angenommen, dass der Staat die CHVE-Führung (nicht einzelne systemkritische Gemeinden) aufgrund ihres kooperativen Auftretens als weniger destabilisierend und ‚bedrohlich' wahrnimmt. Andererseits werden CHVE-Gemeinden, die politisch aktiv sind, vom Staat in ihrer Gemeindetätigkeit stark eingeschränkt. Dies lässt den Schluss zu, dass der belarussische Staat auch innerhalb religiöser Organisationen zwischen ‚Freund und Feind' differenziert und seine Religionspolitik dementsprechend ausrichtet. Abschließend sollte erwähnt werden, dass beide Kirchen intensive internationale Kontakte pflegen, vor allem in die USA.[19] Dies betrifft Finanzhilfen, die Ausbildung von Pfarrern und gemeinsame Seminare mit amerikanischen Geistlichen, die sich systemkritisch äußern (nn.by 5.12.2005). Vor dem Hintergrund der angespannten außenpolitischen Beziehungen (A. Alexandrowitsch 2008: 5) kann davon ausgegangen werden, dass der Staat die USA-Kontakte der Protestanten als destabilisierend einschätzt.

4 Belarussische Katholische Kirche

4.1 Mitgliederstruktur und Position der katholischen Kirche in der belarussischen Gesellschaft

Aufgrund der historischen polnischen Dominanz (im Westen des heutigen Belarus) bzw. russischen Dominanz (im Osten) verlaufen die konfessionellen Grenzen heute entlang früherer politischer Einflusssphären. Deshalb weist das westbelarussische Grodnoer Gebiet nach Angaben der katholischen Kirche 2002[20] die höchste Zahl von katholischen Gläubigen pro Einwohner auf (600.000 Gläubige auf 1,065 Millionen Einwohner, was in etwa 60 Prozent entspricht (catholic.by 1.3.2009). Gemessen an der Gesamtbevölkerung nehmen die Katholiken mit bis zu 15 Prozent den zweiten Platz hinter der Orthodoxie ein (D. Beznjuk 2006: 131; M. Zvilik 1999; 311, P. Rudkoūski 2007). Gemessen an der Gemeindezahl nimmt die katholische Kirche den dritten Platz in Belarus hinter der BPC und der CHVE ein (2008: 467 registrierte katholische Gemeinden; belarus21.by 30.12. 2008). Wie alle anderen christlichen Konfessionen, wächst auch die katholische Kirche in den letzten zehn Jahren. Die Zahl ihrer Gemeinden stieg zwischen 1999 und 2008 auf 467 und damit um 68 Gemeinden oder rund 17 Prozent (ebd.). Der Katholischen Kirche vertrauten 2003 immerhin 32,5 Prozent der

---

[18] Internetseite „Rettung der Babys": http://salvation.iatp.by/page5.htm
[19] Pastuchova erwähnt als wichtigste ausländische Partner der CHVE die amerikanische Presbyterianische Kirche „Grace" und die Pfingstlerkirche „Assembly of God".
[20] Offizielle Statistiken bietet die katholische Kirche auf ihrer Internetseite nur für das Jahr 2002 an.

Befragten. Es muss allerdings festgehalten werden, dass das Misstrauen (42 Prozent) den Vertrauenswert um fast 10 Prozent überstieg. Damit ist die katholische Kirche in den Augen der Belarussen zwar etwas vertrauenswürdiger als die protestantischen Kirchen (55,5 Prozent). Zugleich misstrauen ihr aber wesentlich mehr Menschen als der BPC (21,1 Prozent).

Von der Mitgliederstruktur her sind die Katholiken mehrheitlich über 45 Jahre alt und haben ein niedriges Einkommen (D. Benzjuk 2006: 130). In Bezug auf ihre politische Orientierung fällt auf, dass sie dem politischen Kurs der Staatsführung mehr misstrauen als die Orthodoxen (O. Manaev 2006). Zudem gaben nur 27,2 Prozent der Katholiken an, den Kurs des Präsidenten zu unterstützen (49,9 Prozent der Orthodoxen); 8,6 Prozent würden an einer illegalen Demonstration teilnehmen (4,1 Prozent), und 14,6 Prozent an einem Streik (7,1 Prozent). 35 Prozent der Katholiken finden, Belarus entwickle sich „in die falsche Richtung", was den Spitzenwert unter den Christlichen Kirchen darstellt (O. Manaev 2006). Die katholische Kirche ist, ähnlich der BPC, streng nach dem Hierarchieprinzip aufgebaut (vatikan.va 1.2.2009). Bei der Bewertung des regimekritischen Potentials ist zu berücksichtigen, dass es innerhalb der belarussischen katholischen Kirche zwei Flügel gibt: Einen polnischen und einen belarussisch-nationalen (P. Rydkovski 2007). Streitpunkte sind sowohl die Sprache der Liturgie als auch die strategische Ausrichtung der Kirche. Erstere orientieren sich an der polnischen katholischen Kirche, letztere an der Idee einer eigenständigen belarussischen Nationalkirche. Vor allem der intensive Kontakt zur polnischen katholischen Kirche,[21] die bekanntlich am Sturz des totalitären Sowjetregimes maßgeblich beteiligt war, dürfte von den belarussischen Autoritären als destabilisierend eingeschätzt werden.

4.2 Konflikte mit dem Staat

Die katholische Kirche hat, ähnlich wie viele protestantische Kirchen, in erster Linie mit zwei Artikeln des Religionsgesetzes von 2002 zu kämpfen: Artikel 25 (zu der Lizenzierung von „Kultgebäuden") und Artikel 29 (über die religiöse Tätigkeit von Ausländern). Letzterer Punkt trifft die katholische Kirche besonders hart, weil etwa 50 Prozent ihrer Pfarrer Polen sind (catholic.by 19.6.2007; spring96.org 7.2.2008). Allein 2006 wurde sieben Pfarrern und fünf Schwestern der katholischen Kirche ohne Begründung ein Visum für Belarus verweigert (A. Kaškevič 2006; invictory.org 30.1.2007). Die Intervention von Bischof Kaškevič für einzelne Pfarrer war jedoch nicht erfolgreich, wie das Beispiel von Pfarrer

---

[21] 50 Prozent der belarussischen katholischen Geistlichen sind Polen. Sie werden grundsätzlich in polnischen Priesterseminaren ausgebildet. Auch die Liturgie wird oft in polnischer Sprache gehalten.

Marijusz Iliaszevicz zeigt (bchd.info 8.1.2007). Obwohl die Gläubigen, unzufrieden mit der unbegründeten Ausweisung ihres Pfarrers, erst in Hungerstreik traten und dann einen Protestbrief an den Präsidenten verfassten, durfte Iljaszevicz nicht zurückkehren. Im Laufe des Jahres 2008 wurden alleine in Grodno weitere drei katholische Pfarrer ausgewiesen (charter97.org 16.12.2008). Im Februar 2008 verschärfte der belarussische Ministerrat sogar noch die Gesetze zur Ausweisung ausländischer Geistlicher (spring96.org 7.2.2008). Außerdem wurde den Pfarrern die Bedingung auferlegt, sie müssten der russischen oder belarussischen Sprache mächtig sein.[22] Dies weist darauf hin, dass der belarussische Staat versucht, einen starken Einfluss des polnischen Flügels innerhalb der katholischen Kirche zu verhindern (P. Rudkjovski 2007).

Ein weiteres Problem der katholischen Kirche ist die Registrierung von „Kultgebäuden", wie Erzbischof Kandrusevič im November 2008 erklärte (Z. Pankavec 2008). In Minsk gebe es nur „vier Kirchen und zwei Kapellen bei 300.000 Katholiken." (Tvr.by 6.2.2008) In der belarussischen Medienöffentlichkeit wurde intensiv über das Schicksal des griechisch-katholischen Bernhardiner-Klosters im Zentrum von Minsk diskutiert, das die Minsker Stadtverwaltung seit 2007 an einen Investor verkaufen will (bchd.info 21.3.2007). Die Uniatengemeinde[23] des Heiligen Joseph organisiert deshalb seit 2005 zwei Mal wöchentlich ein öffentliches Protestgebet. Interessant ist vor diesem Hintergrund das Verhalten der Kirchenspitze: Erzbischof Kandrusevič und andere hochgestellte Kirchenvertreter nehmen regelmäßig an Feiertagen der Gemeinde teil (catholic.by 30.12.2006; catholic.by 30.12.2007) und betonen, wie Bischof Dzjam'janka, die „geistige Einheit der Gläubigen beider katholischer Riten" (catholic.by 30.12.2006). Allerdings hat die Kirchenleitung das Komitee der Gemeinde zur Rückführung des Gebäudes nicht anerkannt (N. Vasilevič 2008: 18).

4.3   Zusammenarbeit mit dem Staat

Nach Meinung des regimekritischen Journalisten Valer' Karbalevič verhielt sich Präsident Lukašenko seit seinem Amtsantritt 1994 „reserviert" gegenüber der katholischen Kirche (svaboda.org 18.06.2008). Für diese These spricht die Tatsache, dass Lukašenko sich zehn Jahre lang nur sporadisch mit katholischen

---

[22] Das ist keine Selbstverständlichkeit, da viele polnische Pfarrer ihre Gottesdienste in belarussischen Kirchen auf Polnisch abhalten.

[23] Die Uniatische Kirche – die dem Papst untersteht, sich jedoch an orthodoxe Rituale hält – wurde im 16. Jahrhundert in Brest gegründet und hatte auf dem heutigen belarussischen Staatsgebiet eine lange Tradition. Bis zur Eroberung des Litauer Großfürstentums durch Katharina II. im 18. Jahrhundert war der Großteil der ethnisch belarussischen Bevölkerung Mitglied der uniatischen Kirche. Im heutigen Belarus' ist sie, im Gegensatz zur Ukraine, völlig marginalisiert.

Kirchenvertretern traf und an Weihnachts- und Osterfeiern der katholischen Kirche nicht teilnahm. Ein möglicher Grund für diese Zurückhaltung des pro-russischen Präsidenten könnten die beiden rivalisierenden Strömungen innerhalb der belarussischen katholischen Kirche sein, die beide einen Unsicherheitsfaktor für das politische System darstellen: Einerseits der polnische Flügel, der einen Einfluss der staatskritischen polnischen Kirche bedeutet, und andererseits die belarussisch-nationale Strömung, welche gemeinsame Schnittmengen mit national-oppositionellen Kreisen aufweist (S. Davydenko 2002: 26). Die reservierte Haltung des Staates gegenüber der katholischen Kirchenleitung änderte sich jedoch 2004. Lukašenko stattete zum ersten Mal der katholischen Bischofskonfe-renz einen Besuch ab (tut.by 21.10.2004 (1)). Er betonte, der Staat werde die katholische Kirche unbedingt unterstützen,

> „allerdings unter einer Bedingung: Wenn Sie Belarus so lieben werden, wie ich es lie-be, wenn Sie Belarus schätzen werden wie ihr eigenes Land, und wenn Sie für seine Geschlossenheit und Unabhängigkeit kämpfen werden." (tut.by 21.10.2004 (2))

Erzbischof Svĕntek betonte bei dem Treffen, beide Seiten hätten gemeinsame Interessen, insbesondere in der Sozial- und Familienpolitik (catholic.by 29.10.2004). Bei dem Treffen wurde vereinbart, dass der belarussische Staat die Restaurierung der Minsker Kathedrale unterstützen werde, und es wurden 554,4 Mio. belarussische Rubel (etwa 185.000 Euro) bereit gestellt (president.gov.by 25.12.2005). In Minsk bekam die katholische Kirche 2007 zum ersten Mal seit fast 100 Jahren die Erlaubnis zum Bau einer neuen Kirche (catholic.by 19.6.2007). Im Jahr 2005 nahm Präsident Lukašenko erstmals an der katholi-schen Weihnachtsfeier teil. 2008 kam er das erste Mal zu den katholischen Os-terfeierlichkeiten (president.gov.by 24.3.2008). Einen Höhepunkt erreichten die Beziehungen zum Vatikan mit dem Besuch von Kardinalstaatssekretär Tarcisio Bertone im Juni 2008 (president.gov.by 20.6.2008) und vor allem mit dem Tref-fen von Aleksandr Lukašenko mit Papst Benedikt XVI in Rom (dw-world.de 27.4.2009). Die Treffen hatten jedoch vor allem symbolischen Charakter. Auch in Rom wurde kein Konkordat abgeschlossen. Die dargestellten Probleme, wel-che katholische Gemeinden mit Kirchengebäuden und polnischen Pfarrern ha-ben, bestehen nach wie vor. Grund für die geschilderte staatliche Annäherung könnte sowohl der Versuch sein, die Beziehungen zum Westen zu verbessern,[24] als auch der „Wunsch danach, sich die Unterstützung einer sehr einflussreichen Institution zu sichern." (svaboda.org 27.5.2008) Nicht zu vernachlässigen ist dabei die hierarchische Organisation der Kirche, die eine Kooperation auf der Führungsebene für den Staat praktikabel macht.

---

[24] Zur Annäherung vgl. beispielsweise Wolf 2009: 2.

4.4 Zivilgesellschaftliche Aktivitäten

Wie die BPC und die protestantischen Kirchen so übernimmt auch die katholische Kirche klassische karitative Aufgaben der Sozialarbeit mit Jugendlichen, Drogenabhängigen, Kranken, Alten und Menschen mit Behinderungen (catholic.by 29.10.2004). Bemerkenswert ist dabei, dass die katholische Kirche, im Unterschied zur BPC, nicht offiziell in Staatseinrichtungen arbeiten kann, da kein Abkommen existiert. Die katholische Kirche definiert, wie die BPC und die protestantischen Kirchen, gesellschaftliche Problemfelder, derer sie sich annimmt. Dazu gehören vor allem Abtreibungen (catholic.by 12.8.2007), die Scheidungsrate und ‚jugendgefährdende' moderne Medien.[25] Die Bischofskonferenz wandte sich mehrfach in Briefen an die katholischen Gemeinden sowie an katholische Mitarbeiter des Gesundheitswesens und kritisierte dabei die hohen Abtreibungsraten (catholic.by 28.10.2003; catholic.by 24.12.2007). Am 25. März 2006 wurde in allen Diözesen für das ungeborene Leben gebetet (catholic.by 25.3.2006). Allerdings, und dies ist vor allem im Vergleich zu anderen Kirchen bemerkenswert, blieben die Aktivitäten fast immer auf den kirchlichen Rahmen beschränkt. Während sich die BPC und die protestantischen Gemeinden mit Kritik und Forderungen in Bereichen wie Familienpolitik, Datenschutz und Erinnerungskultur an den Staat und die Öffentlichkeit wandten, startete die katholische Kirche zu keinem dieser Themenfelder eine öffentlichkeitswirksame Aktion, führte keine Konferenzen durch, schrieb als ganze keine Protestbriefe. Einzelne katholische Kirchengemeinden greifen zumindest dann zu zivilgesellschaftlichen Protestmethoden wie Unterschriftenaktionen, wenn sie sich vom Staat bedroht fühlen. Grundsätzlich ist also, ähnlich wie im Falle der CHVE, eine Diskrepanz zwischen dem Staat-Kirche-Verhältnis auf verschiedenen Hierarchieebenen festzustellen: Auf höchster Ebene sind die Beziehungen gut, auf Gemeindeebene hingegen teilweise sehr schlecht. Die Kirchenleitung betont ihre Loyalität, während Kirchengemeinden vereinzelt Protestaktionen organisieren.

5 Ergebnisse

Das Ziel dieses Beitrags war es, die Staat-Kirche-Beziehungen in Belarus vor dem Hintergrund des zivilgesellschaftlichen Engagements der Kirchen zu bestimmen. Zusätzlich wurde eine Reihe weiterer potentiell wichtiger Einflussfaktoren untersucht, von denen angenommen wurde, dass sie die staatliche Religionspolitik wesentlich beeinflussen. Diese Faktoren waren: Normen, internatio-

---

[25] Vgl. ebenfalls Äußerungen von Svĕntek und Kardinalstaatssekretär Bertone bei ihrem Treffen.

nale Kontakte, Organisationsstruktur, institutionelle Position und Mitglieder-struktur. Es kann festgehalten werden, dass staatliche Religionspolitik in Belarus wesentlich komplexer ist, als es auf den ersten Blick den Anschein haben mag. Offensichtlich beruht die Religionspolitik auf differenzierten staatlichen Ein-schätzungen der einzelnen Kirchen. Dies äußert sich beispielweise darin, dass der Staat zwischen loyalen Dachverbänden und kritischen Gemeinden unter-scheidet oder sich auf Führungsebene mit der Katholischen Kirche arrangiert, gleichzeitig jedoch den polnischen Einfluss in der Kirche durch eine rigorose Ausweisungspraktik einzudämmen sucht.

Der Staat scheint zudem nicht nur zwischen Kirchen zu unterscheiden, son-dern auch ihr zivilgesellschaftliches Engagemennt differenziert zu analysieren, vermutlich nach dichotomen Kriterienpaaren wie sozialpolitische Stabilität und potentielle Bedrohung für den Staat. Als Beispiel kann hier die Sozialarbeit fun-gieren. Der belarussische Staat toleriert einerseits die Sozialarbeit der protestan-tischen CHVE; er behindert jedoch eine andere protestantische Kirche, die OCHPE, wesentlich bei ihrem sozialen Engagement. Die orthodoxe Kirche hin-gegen unterstützt der Staat sogar bei ihrer Tätigkeit in Bereichen Jugendarbeit. Auch andere Aktivitäten der Orthodoxen Kirche tragen offensichtlich dazu bei, dass der Staat die BPC als zentrale Stütze gesellschaftlicher Ordnung akzeptiert. Höchstwahrscheinlich spielt die Verbreitung systemstabilisierender Normen und Werte eine zentrale Rolle, insbesondere von Patriotismus und kollektiver Opfer-bereitschaft in der Sozialarbeit mit Soldaten und Jugendlichen. Im Gegensatz dazu werden einige der Aktivitäten protestantischer Kirchen vom Staat als sys-temkritisch wahrgenommen; sie betonen partizipative Normen und Werte, for-dern eine Uminterpretation der Geschichte und eine gesellschaftliche Erneuerung durch das Engagement ‚aktiver' Christen. Dies kommt dem Konzept aktiver *Citoyens* prinzipiell nah und widerspricht den Grundlagen des autoritären bela-russischen politischen Systems. Die normative Position der katholische Kirche wiederum ist aufgrund ihrer Komplexität und der Differenzen auf verschiedenen Hierarchieebenen nicht einfach zu bestimmen. Während sich ihre Führung seit 2008 auf einen Dialog mit der Staatsführung eingelassen hat und auf Loyalität bedacht ist, sind die einzelnen Kirchengemeinden oft wesentlich gesellschafts-kritischer. Hinzu kommt, dass es innerhalb der katholischen Kirche zwei Flügel gibt, einen belarussisch-nationalen und einen polnischen; Letzterer ist der Staats-führung höchstwahrscheinlich aufgrund des Fremdeinflusses besonders suspekt.

Es hat sich gezeigt, dass die Art und Form des zivilgesellschaftlichen Enga-gements ebenfalls von Bedeutung sind: Die BPC löst Konflikte entweder direkt im Dialog mit dem Staat oder äußert öffentliche Kritik, die sich jedoch primär gegen konkrete Outputs richtet, z.B. Maßnahmen zur Datenarchivierung, nicht jedoch gegen das politische System als Ganzes. Die protestantischen Kirchen griffen hingegen zu zivilgesellschaftlichen Protestmethoden, insbesondere zu Unterschriftensammlungen und Hungerstreiks. Katholische Gemeinden wandten diese Methoden ebenfalls an. Allerdings verteidigen sie fast ausschließlich institutionelle Kircheninteressen und beteiligten sich beispielsweise kaum an der Unterschriftensammlung zur Änderung des Religionsgesetzes. Die Führung der katholischen Kirche distanziert sich von den Aktionen und betont ihre Loyalität zum Staat.

Der Kontakt zu internationalen Organisationen unterscheidet die drei Kirchen ebenfalls deutlich voneinander. Im Falle der BPC scheint ihr Kontakt zur Russischen Orthodoxen Kirche eine stabilisierende Rolle zu spielen. Im Gegensatz dazu haben protestantische Kirchen gute Beziehungen in den USA, die die diplomatischen Beziehungen zu Belarus abgebrochen haben. Auch die sehr engen Kontakte der katholischen Kirche zum Nachbarland Polen wirken auf belarussische Autoritäten vermutlich bedrohlich.

Neben der zivilgesellschaftlichen Rolle der Kirchen waren Organisationsstruktur, institutionelle Position und Mitgliederstruktur Gegenstand der Untersuchung. Die Organisationsstruktur katholischer und orthodoxer Kirche weist einen ähnlich hohen Zentralisierungsgrad auf, was aus staatlicher Sicht wohl zusätzlich für eine Kooperation spricht. Protestantische Gemeinden hingegen sind in Dachverbänden organisiert, die dezentral aufgebaut und vergleichsweise schwer kontrollierbar sind. Eine Analyse der gesellschaftlichen Position dieser drei Kirchen förderte ebenfalls deutliche Unterschiede zu Tage: Die BPC bietet sich aufgrund ihrer dominanten Position in der Gesellschaft Belarus' als Kooperationspartner für den Staat an, ebenso die katholische Kirche, deren Mitgliederzahlen sie zur zweitstärksten Kirche des Landes machen. Protestantische Kirchen sind hingegen gesamtgesellschaftlich relativ stark isoliert. Die politischen Einstellungen der Mitglieder zeigen, dass Protestanten wesentlich kritischer gegenüber dem belarussischen politischen System eingestellt sind als orthodoxe Gläubige, jedoch weniger stark als katholische. Das hohe Bildungsniveau der Protestanten sowie die Tatsache, dass sie den jüngeren Alterskohorten angehören, macht sie affin für gesellschaftspolitische Veränderungen. Anzunehmen ist deshalb, dass der Staat sie als destabilisierend einschätzt.

Inwieweit Teile der protestantischen Kirchen bzw. der katholischen Kirche ihr destabilisierendes Potential wirklich entfalten, wird eine zukünftige Analyse der politischen Entwicklung des Landes zeigen. Wandlungsprozesse werden in Belarus durch die Weltwirtschaftskrise und die Annäherung an die EU wahrscheinlicher. Mit ihnen würden Kirchen, die eine Distanz zum Regime wahren und zivilgesellschaftlich gut verankert sind, womöglich eine zentrale Rolle in einem gesellschaftlichen Reformprozess spielen. Die engen Kontakte der katholischen Kirche und protestantischen Kirchen nach Europa und die USA prädestinieren sie gleichzeitig vor und während einer Umbruchsphase als Ansprechpartner für „westliche" policy-maker, die an einem Umschwung im Lande interessiert sind. Bisher haben diese jedoch das Potential der Kirchen kaum zu nutzen gewusst. Der belarussische Staat indes hat begonnen, zumindest die katholische Kirche geschickt in seine außenpolitische Strategie der Annäherung einzubinden. Wie auch immer sich die politischen Verhältnisse im Land mittelfristig entwickeln werden: Dieses vom Regime selbst initiierte Aufbrechen des orthodoxen Monopols auf einen „direkten Draht" zum Staat hat bereits heute die gesellschaftspolitische Rolle der anderen Kirchen nachhaltig gestärkt.

Literatur

Adloff, Frank (2005): Zivilgesellschaft. Theorie und politische Praxis. Frankfurt/N.Y.: Campus Verlag.

Alexandrowitsch, Andrej (2008): USA machtlos? In: Belarus-Perspektiven 41: 5.

Babenko, Anatoli (2005): Žit' v soglasii. In: SB-Belarus' Sevodnja 239: 4.

Beznjuk, D. (2003): Religioznaja situacija v Belarusi (opytkompleksnovo opisanija). In: Sociologija 2: 70-82.

Beznjuk, D. (2006): Sostojanije i Specifika sovremennoj religioznoj situacii v Belarusi. In: Sociologičeskije issledovanija 2: 128-135.

Blagodat' (2001), 12.

Chomič, Sergej (2002): „Daroga k chramu edina". In: SB – Belarus' Sevodnja 13.11.2002 (zit. nach http://new.sb.by/post/22842/, 15.02.2010).

Danilova, A. (Hg.) (2002): Postkommunistićeskaja Belarus' v processe religioznoj transformacii. Minsk: Centr meždunarodnych issledovanij.

Davydenko, Svetlana (2002): Veroispovednaja politika v Respublike Belarus'. Minsk: Belgosuniversitet.

Easton, David (1965): A Systems Analysis of Political Life. New York: Wiley.

Graždanskaja iniciativa „Za svobodnoje veroispovedanie" (2002): Belja Kniga. Materialy po proektu zakona „O svobode sovesti i religioznych organizacijach". Minsk.

Haravy, Marat: Biskup Dziam'anka: nam haloūnae – dazvol' na novyja kascëly. In: nn.by 3.4.2007 (zit. nachhttp://www.nn.by/index.php?c=ar&i=7801, 20.02.2010).

Janovič, N. (2000): Belarusi ugrožaet perspektiva prevratit'sja v protestantskuju respubliku, ili Nas nastojčivo tolkajut k predatel'stvu very našich predkov". In: Narodnaja Gazeta 19.

Kaškevič, Aljaksandr (2006): Isnujučaja situacija pradyktavala. In: nn.by 15.12.2006 (zit. nach http://www.nn.by/index.php?c=ar&i=5274, 20.02.2010).

Kuz'menkov, Sergij (2005): Cerkov' i Armija sevodnja. In: Stupeni, 1, 17: 25-35.

Manaev, Oleg (2006): Religija kak faktor sozialno-političeskovo razvitija v Belarusi. Minsk.

Mandrik, S. (2002): Sojuz Evangelskich christijan-baptistov v Belarusi. In: Danilova 2002: 60-63

Nekrasov, Andrej (2003): Mify i zapovedi. In: SB - Belarus' Sevodnja 11.9.2003 (zit. nach http://new.sb.by/post/30894/fontsize/9/, 20.02.2010).

Pankavec, Z'micier (2006): Imklivaja peramoha haradzenskich katalikoŭ. In: nn.by 6.12.2006 (zit. nach http://www.nn.by/index.php?c=ar&i=5186, 01.03.2010).

Pankavec, Z'micer (2008 (1)): Misija kardynala Bėrtonė. In: nn.by 26.6.2008 (zit. nach http://www.nn.by/index.php?c=ar&i=17907, 10.03.2010).

Pankavec, Z'micer (2008 (2): Metropolit Kandrusevič as'cjarožna raskritikavaŭ uladu. In: nn.by 12.11.2008 (zit. nach http://www.nn.by/index.php?c=ar&i=21421, 10.03.2010)

Pastuchova, E. (2002): Sovremennoe Sostojanie pjatidesjatničeskovo dviženija v Respublike Belarus' (Sojuz Christijan Very Evangel'skoj"). In: Danilova 2002: 64-70.

Phiel, Ernst (2004): Zivilgesellschaften in den vier östlichen Nachbarstaaten der Europäischen Union. Brüssel/Bordeaux: Europäischer Wirtschafts- und Sozialausschuss.

Rydkovski, Pëtr (2007): O položenii katoličeskoj cerkvi v Belarusi. In churchby.info 3.10.2007 (zit. nach http://churchby.info/rus/154/, 10.03.2010).

Rudkoŭski, Pëtra (2007): Relihija jak faktar heopalitičnaha samavyznačennja Belarusi. In: IISEPS News 43, 1: 63-79.

Sahm, Astrid (1994): Die weißrussische Nationalbewegung nach der Katastrophe von Tschernobyl. Münster: Lit Verlag.

Scherrer, Jutta (2005): Sowjetunion/Russland: Siegesmythos versus Vergangenheitsaufarbeitung. In: Flacke, Monika (Hg.) (2005): Mythen der Nationen. 1945 – Arena der Erinnerungen. Berlin: Deutsches Historisches Museum: 619-662.

Sinkovec / Chomič / Sakovič / Ostrovski (2002): Obraščenie k Zamestitelju. In: Graždanskaja iniciativa „Za svobodnoje veroispovedanie": 119.

Ulitënok, Galina (2004): „Žyvëm v obščej sem'e". In: SB – Belarus' Sevodnja 5.3.2004 (zit. nach http://new.sb.by/post/34885/fontsize/8/, 12.03.2010)

van der Zweerde, Evert (2009): Permanennte Asymmetrie. Kirche und Staat, Staat und Kirche. In: Osteuropa 59, 6: 47-62.

Vasilevič, Natallja (2008): „Kantrol', neakrėslanas'c', ryzyka. Moladzevyja chrycijanskija inicyjatyvy ŭ Belarusi". In: Asambleja 3: 18.

Wolf, Dorothea (2009): „Wandel scheint möglich". In: Belarus-Perspektiven 43: 2-3.

Zvilik, M. (2005): Sovremennaja konfessionalnaja žisn' v Belarusi. In: Zvilik, M./ Novicki, V. (2005): Voprosy svobody sovesti i religioznych organizacii v Respublike Belarus': sbornik dokumentov i materialov. Minsk: Četyre Četverti: 308-324.

Internetquellen:

bdg.by 14.2.2008: http://bdg.by/news/news.htm?115281,68
belta.by 19.6.2006: http://www.belta.by/ru/news/econom?id=235941
belta 16-01-2009: http://www.belta.by/ru/news/society?id=322969
bchd.info 21.3.2007: http://bchd.info/modules.php
bchd.info 3.6.2007: http://bchd.info/modules.php?name=News&file=view&news_id=1092

bchd.info 7.6.2007: http://www.bchd.info/modules.php?name=News&file=view&news_
id=1110
bchd.info .8.6.2007: http://www.bchd.info/modules.php?name=News&file=print&news_
id=1116
bchd.info 11.6.2007: http://bchd.info/modules.php?name=News&file=view&news_id=
1122
bchd.info 16.7.2007: http://www.bchd.info/modules.php?name=News&file=view&news_
id=1238
bchd.info 8.1.2007: http://bchd.info/modules.php?name=News&file=view&news_id=539
bchd.info 19.3.2008: http://bchd.info/modules.php?name=News&file=view&news_id=
1671
bchd.info 16.5.2008: http://www.bchd.info/modules.php?name=News&file= view&news
_id=1842
belambassy.co.il 30.12.2006: http://www.belembassy.co.il/index.php?sub_cat=19
belarussda.narod.ru: 20.2.2009: http://belarussda.narod.ru/churches.htm
belarus21.by 30.12.2008: http://www.belarus21.by/ru/main_menu/religion/new_url_2564
78563
church.by 8.1999: http://www.church.by/resource/Dir0009/Dir0015/Page0030.html
church.by 12.6.2003: http://www.church.by/resource/Dir0009/Dir0015/index.html
church.by 12.3.2004: http://www.church.by/resource/Dir0009/Dir0015/Dir0442Page0457.
html
church.by 26.3.2004 (1), http://www.church.by/resource/Dir0009/Dir0015/Dir0442/Page0
462.html
church.by 26.3.2004 (3): http://www.church.by/resource/Dir0009/Dir0015/Dir0442/Page0
460.html
church.by26.3.2004(4):
http://www.church.by/resource/Dir0009/Dir0015/Dir0442/Page0461.html
church.by 28.3.2008: http://www.church.by/resource/Dir0301/Dir0302/Page2031.html
church.by 3.1.2007: http://www.church.by/resource/Dir0301/Dir0302/Page0755.html
church.by 7.1.2007: http://www.church.by/resource/Dir0301/Dir0302/Page0808.html
church.by 8.4.2007: http://www.church.by/resource/Dir0301/Dir0302/Page1107.html
church.by 13.4.2007: http://www.church.by/resource/Dir0301/Dir0302/Page1091.html
church.by 8.5.2007: http://www.church.by/resource/Dir0301/Dir0302/Page0332.html
church.by 29.5.2007: http://www.church.by/resource/Dir0301/Dir0302/Page1289.html
church.by 24.7.2007: http://www.church.by/resource/Dir0301/Dir0302/Page1358.html
church.by 30.1.2008: http://www.church.by/2007/index01_07.html
church.by 10.7.2008: http://www.church.by/resource/Dir0301/Dir0302/Page2113.html
church.by 24.10.2008:http://www.church.by/resource/Dir0301/Dir0302/Page2172.html
catholic.by 28.10.2003: http://www.catholic.by/port/documents/belarus/siamja.htm
catholic.by 29.10.2004: http://catholic.by/port/news/belarus/2/2004-10-21p.htm
catholic.by 25.3.2006: http://www.catholic.by/port/news/belarus/2-1/2006-03-25.htm
catholic.by 30.12.2006: http://www.catholic.by/port/news/belarus/2-2/2006-12-30.html,
catholic.by 19.6.2007: http://www.catholic.by/port/news/belarus/2-3/2007-06-19s.htm;
catholic.by 12.8.2007: http://www.catholic.by/port/news/belarus/2-3/2007-12-08g.htm
catholic.by 22.12.2007: http://www.catholic.by/port/documents/belarus/siamja2008.htm

catholic.by 24.12.2007: http://www.catholic.by/port/news/belarus/2-3/2007-12-23r.htm
catholic.by 30.12.2007: http://www.catholic.by/port/news/belarus/2-3/2007-12-30h.html
catholic.by 20.06.2008: http://catholic.by/p2/index.php?option=com_content&task=view
    &id=4858& Itemid=48&rrr
catholic.by 1.3.2009: http://www.catholic.by/port/dioceses/grodna/
cb.iatp.by 1999: http://cb.iatp.by/orthodox/t6.htm
charter97.org 16.12.2008: http://www.charter97.org/ru/news/2008/12/16/13168/
churchby.info 18.2.2008: http://churchby.info/rus/news/2008/02/18-4/
churchby.info 30.3.2008: http://churchby.info/rus/news/2008/03/29-5/
dradio.de 20.3.2006: http://www.dradio.de/dkultur/sendungen/interview/480915/
dw-world.de 27.4.2009: http://www.dw-world.de/dw/article/0,,4209774,00.html
forreligiousfreedom.info   22.10.2007:   www.forreligiousfreedom.info/news2007.phpsub
    action=showfull&id=1193081088&archive=&cnshow=news&start_from=&ucat
    =3&
hiv-aids.by 20.3.2009
invictory.org 2.7.2006: http://news.invictory.org/issue21432.html
invictory.org 30.1.2007: http://news.invictory.org/issue10093.html
invictory.org 1.2.2007: http://news.invictory.org/issue10152.html
invictory.org 12.6.2007: http://news.invictory.org/issue12391.html
invictory.org 7.11.2007: http://news.invictory.org/issue14920.html
invictory.org 24.3.2008: http://news.invictory.org/issue17022.html
kirchenseite.de, 9.3.2005: http://kirchensite.de/index.php?myELEMENT=86244
naviny.by 01-03-2005: http://naviny.by/rubrics/finance/2007/03/01/ic_news_114_267518/
naviny.by 01-11-2006: http://naviny.by/rubrics/politic/2006/11/01/ic_news_112_261422/
naviny.by 20-12-2006: http://naviny.by/rubrics/society/2006/12/20/ic_articles_116_14906
    4/
naviny.by 18.4.2008: http://naviny.by/rubrics/society/2008/04/18/ic_news_116_289351/
naviny.by 15.5.2008 http://naviny.by/rubrics/society/2008/05/15/ic_news_116_290541/
nn.by 5.12.2005: http://www.nn.by/index.php?c=ar&i=104
nn.by 16.1.2008: http://www.nn.by/index.php?c=ar&i=14383
patriarchia.ru 24.1.2008: http://www.patriarchia.ru/db/text/355725.html
president.gov.by 2001: president.gov.by/press15696.html#doc
president.gov.by 25.12.2005: http://www.president.gov.by/press12152.html
president.gov.by 21.12.2006: http://www.president.gov.by/press35011.print.html
president.gov.by 24.03.2008: http://www.president.gov.by/press55566.html
president.gov.by 20.06.2008: http://www.president.gov.by/press53692.print.html
president.gov.by 19.12.2008: http://www.president.gov.by/press66263.html#doc
rebenok.by 30.12.2004: http://rebenok.by/inf/state/~id=702
rus.gospel.by 2.11.2007: http://rus.gospel.by/index.php?newsid=21
spring96.org 7.2.2008: http://spring96.org/be/news/20339/
spring96.org 11.2.2008: http://spring96.org/be/news/20402/
spring96.org 19..3.2008: http://spring96.org/be/news/20970/
svaboda.org 27.5.2008: http://www.svaboda.org/content/Transcript/1117824.html
svaboda.org 18.6.2008: http://www.svaboda.org/content/Transcript/1140478.html
tvr.by 6.2.2008: http://www.tvr.by/rus/online.asp?pr=conf26

tut.by 21.10.2004 (1) : http://news.tut.by/society/45488.html
tut.by 21.10.2004 (2): http://news.tut.by/society/45502.html
tut.by 23.4.2007: http://news.tut.by/society/86644.html
vatikan.va 1.2.2009, Römische Kurie: http://www.vatican.va/roman_curia/index_ge.htm
3sat.de 30.92005: http://www.3sat.de/3sat.ph; http://www.3sat.de/kulturzeit/themen/834
    80/index. html

Religiöse Mobilisierung?
Religiöse Traditionen in der deutschen und niederländischen Arbeiterbewegung[1]

Peter van Dam

1 Einleitung

Wie steht es in der heutigen Gesellschaft um die Bedeutung von Religion? Titel von Büchern, die sich mit dieser Frage beschäftigen, lauten beispielsweise „Wiederkehr der Götter" (F.W. Graf 2004) und „Rückkehr der Religionen" (M. Riesebrodt 2000). Solche Überschriften suggerieren, dass Religion vorübergehend aus unserer Gesellschaft verschwunden war, nun aber zurückgekehrt ist. Diese Beobachtung mag vor allem auf die Wissenschaft selbst zutreffen. In der Zivilgesellschaftsforschung wurde das Thema Religion von manchen vernachlässigt, von anderen gar ausgeblendet, weil es nicht zur mit dem Begriff Zivilgesellschaft oftmals verbundenen säkularen Utopie passte (M. Borutta 2005: 1-3). Die Aktualität beider Größen jedoch drängt dazu, ihr Verhältnis aus historischer Sicht aufzuarbeiten.

Das Verhältnis von Religion und Zivilgesellschaft ist vielschichtig und veränderlich. Sowohl die Zivilgesellschaft als auch religiöse Traditionen haben sich in den letzten hundertfünfzig Jahren stark gewandelt. Die 1960er Jahre stellen in der Geschichtsschreibung über Religion in Europa eine Epoche des tiefgreifenden Wandels dar (H. McLeod 2007; W. Damberg 1997). Auch in der Gesellschaftsgeschichte gelten die 1960er Jahre als eine Epoche des Umbruchs (vgl. R. Inglehart 1977; H. Righart 2004). Deshalb nimmt diese Epoche auch für ein besseres Verständnis des Verhältnisses von Religion und Zivilgesellschaft eine Schlüsselstellung ein. Es wird sich in diesem Beitrag zeigen, dass die Veränderungen einen gemeinsamen Ausgangspunkt in einem neuen Denken über Gemeinschaft finden: Nicht ‚schwere' – geschlossene, verbindliche und organisatorisch ausgedehnte – Gemeinschaften, sondern ‚leichte' – offene und weniger

---

[1] Dieser Beitrag fasst die Hauptargumentation meines Dissertationsprojektes „Religion in der Zivilgesellschaft. Religiöse Traditionen in der niederländischen und deutschen Arbeiterbewegung" zusammen. Für eine ausführliche Darstellung der historischen Fallstudie muss hier auf die voraussichtlich 2010 beim Waxmann-Verlag erscheinende Publikation meiner Dissertation verwiesen werden.

verbindliche – Gemeinschaften sind seit den 1960er Jahren dominant. Diese
Idealtypen der schweren und leichten Gemeinschaft werden hier aus der niederländischen Soziologie übernommen, um darauf aufmerskam zu machen, dass
sich seit den 1960er Jahren keinesfalls nur eine Auflösung von Gemeinschaften,
sondern auch eine Neueinbindung von Individuen in weniger verbindliche Gemeinschaften feststellen lässt (J.W. Duyvendak/M. Hurenkamp 2004).

Im Folgenden wird dieser Übergang von schweren zu leichten Gemeinschaf-
ten dargelegt, der das Verständnis für die Transformation sowohl religiöser Traditionen als auch der Zivilgesellschaft in West-Europa erweitern kann. Nach
einigen theoretischen Bemerkungen, die eine Einordnung der hier vorgestellten
Fallstudie erleichtern sollen, folgt eine Analyse des Verhältnisses von religiösen
Traditionen und Zivilgesellschaft anhand der deutschen und niederländischen
Arbeiterbewegung. Die wichtigsten Ergebnisse dieser Fallstudie werden in einer
Schlussfolgerung zusammengetragen und in eine breitere Forschungsperspektive
eingeordnet.

2   Theoretische Vorbemerkungen

Die Organisationen, die sich seit dem 18. und verstärkt im 19. Jahrhundert zwischen Staat, Markt und privatem Raum etablierten, gründeten in zweierlei Weise
in religiösen Traditionen. Erstens haben religiöse Traditionen Individuen Inspiration geboten, sich in der Zivilgesellschaft persönlich zu engagieren. Zweitens
haben religiöse Traditionen auch die Identität zivilgesellschaftlicher Organisationen geprägt. Dahinter verbirgt sich die Auffassung der Mitglieder solcher Organisationen, dass religiöse Traditionen nicht nur das individuelle Handeln, sondern auch das Handeln der Organisation insgesamt anleiten sollten.

Untersucht man die Rolle religiöser Traditionen in der Zivilgesellschaft in historischer Perspektive, so fällt auf, dass diese in der Ausprägung zivilgesellschaftlicher Organisationen zwar großen, aber alles andere als uniformen Einfluss
ausgeübt haben. Die Vielzahl der Formen, die Organisationen unter dem Einfluss
von religiösen Traditionen angenommen haben, lässt sich in einer Rückschau auf
das 19. und 20. Jahrhundert grob in zwei Kategorien unterteilen (Abb. 1). Einerseits gibt es Organisationen, die ihre Bindung an eine religiöse Tradition als
primäres Organisationsmerkmal definieren. Hier kann man beispielsweise an
eine katholische Gewerkschaft denken, die nur Mitglieder aufnimmt, die den
katholischen Charakter dieser Gewerkschaft akzeptieren. Eine Organisation, die
Religion als primäres Funktionsmerkmal zugrunde legt, kann diese Bindung
anschließend auf verschiedene Weise gestalten: Sie kann sich auf eine konfessionelle, auf eine interkonfessionelle oder auf eine ‚gläubige' Identität festlegen.

Andererseits gibt es Organisationen, die sich primär über ihre gesellschaftliche Funktion definieren. Hier ist beispielsweise an eine sogenannte Einheitsgewerkschaft zu denken, die sich als eine Organisation aller Arbeitnehmer – unabhängig ihrer jeweiligen Weltanschauung – betrachtet. Nicht die Zugehörigkeit zu einer weltanschaulichen Gruppe, sondern die Frage, ob die von der Organisation angebotene gesellschaftliche Funktion von dem Individuum sinnvoll in Anspruch genommen werden kann, entscheidet über die Frage, ob jemand Mitglied in dieser Organisation werden kann bzw. wird.

Abbildung 1:   Typen religiöser oder funktionierender Organisationsbildung

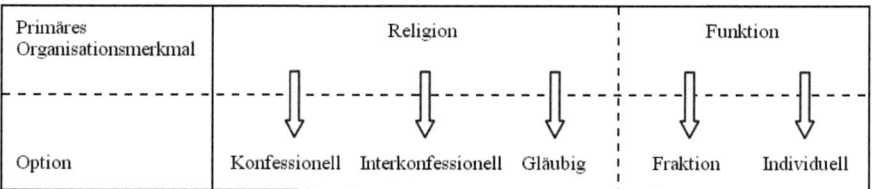

Quelle: Eigene Darstellung

Wie die Auseinandersetzungen um die Rolle religiöser Traditionen in der Zivilgesellschaft seit 1850 verlaufen sind, lässt sich an der Arbeiterbewegung in Deutschland und in den Niederlanden beispielhaft beobachten. In dieser Bewegung trafen fast alle gesellschaftlich relevanten Kräfte aufeinander: Laien und Geistliche beider großen Konfessionen, politische Parteien jeglicher weltanschaulicher Richtung, Gewerkschaften, Kirchen, und religiös geprägte Vereinigungen. Außerdem stellte die Arbeiterbewegung mit Hinblick auf Religion im 19. Jahrhundert eine weitgehend neue Herausforderung dar: hier ging es nicht nur um geistige, sondern auch um materielle Hebung. Deshalb lässt sich in der Arbeiterbewegung gut beobachten, wie bestehende religiöse Traditionen mit neuen Herausforderungen der gesellschaftlichen Organisation umgegangen sind.

3   Religiöse Traditionen in der deutschen und niederländischen Arbeiterbewegung

Um das, was sich in den 1960er Jahren im Verhältnis von Religion und Zivilgesellschaft veränderte, verstehen zu können, ist es sinnvoll, einen Blick zurück ins 19. Jahrhundert zu werfen. In diesem „Jahrhundert der Vereine" liegen die Wurzeln der Zivilgesellschaft, wie wir ihr in den 1960er Jahren begegnen.

3.1 1850-1914: Expansion, Extrovertierung, schwere Gemeinschaften

Der Bereich zwischen Staat, Markt und privatem Raum differenzierte sich im Laufe des 18. und 19. Jahrhunderts vielerorts in Europa heraus. Er hatte ältere Wurzeln in den Kirchen, in den religiösen Bruderschaften, Gemeinschaften und Körperschaften, in den Zünften und in den Schützengilden (vgl. W. Hardtwig 1997; S. Hoffmann 2003; T. Nipperdey 1972). Der entscheidende Wandel in dieser Epoche bestand einerseits im Aufkommen freiwilliger Assoziationen, die sich an individuelle Bürger richteten. Diese lösten nach und nach die standesgebundenen Korporationen ab (O. Dann 1993: 121). Außerdem strebten die neuen Assoziationen vorsichtig eine größere Unabhängigkeit von der Staatsmacht an, die jedoch auf großes Misstrauen seitens der staatlichen Behörden stieß. So bildeten sich unter anderem Clubs, Lesegesellschaften, Freimaurerlogen, Kreise zur gemeinsamen Bildung und karitative Vereinigungen.

Die Zivilgesellschaft, die auf diese Weise entstand, war zunächst ein bürgerliches und aristokratisches Phänomen. Sie zielte vor allem auf Geselligkeit, daneben auch auf gegenseitige Hilfe, Aufklärung und Meinungsbildung ab (W. Hardtwig 1984: 13-15). In der Atmosphäre eines grundsätzlichen Misstrauens der Regierungen gegenüber politisch anmutenden Aktivitäten im Vereinswesen wurden brisante Themen wie Politik und Religion in diesen Vereinigungen in der Regel gemieden; Soziabilität und Harmonie waren die höchsten Ziele (B. de Vries 2005: 16-20). Öffentlichkeitswirksame Vereine suchten meist die friedliche Zusammenarbeit oder zumindest Koexistenz – auch mit dem Staat, der in der Öffentlichkeit aktiven Vereinen nicht zu viel Eigenständigkeit überlassen wollte (A. Kolle 2005: 40-48). Als sich im Laufe des 19. Jahrhunderts sowohl in Deutschland als auch in den Niederlanden die Gründungsbedingungen für Vereinigungen verbesserten und sich der Kreis an potentiellen Mitgliedern erweiterte, gewann die zivilgesellschaftliche Mobilisierung deutlich an Dynamik (K. Tenfelde 1984: 58-68; B. de Vries 2006: 108-111). Daneben erlaubten neue Kommunikationsmöglichkeiten und eine größere Mobilität eine zunehmende organisatorische Verdichtung. So kam es zu einer raschen Expansion der Zahl der zivilgesellschaftlichen Organisationen. Diese Expansion lässt sich nicht nur bezüglich der Zahl der Vereine und der von ihr erfassten Bürger, sondern auch bezüglich der Bandbreite der von der Zivilgesellschaft tangierten gesellschaftlichen Felder beobachten.

Mit dieser Expansion der Zivilgesellschaft ging ihre ,Extrovertierung' einher: Organisationen profilierten sich öffentlich, erhoben Vertretungsansprüche und thematisierten offen Konflikte mit dem Staat und mit anderen zivilgesellschaftlichen Organisationen. Die Profilierung, die sie damit erreichen konnten, gab weiteren Antrieb zur Mobilisierung, die sich bis zum Ende des 19. Jahrhunderts auch auf die nationale und sogar auf die internationale Ebene ausdehnte. Im Rahmen dieser Extrovertierung wurden religiöse Traditionen für die zivilgesellschaftliche Mobilisierung bedeutsamer. Zuvor hatte Religion vor allem als individuelle Inspiration eine Rolle gespielt – manche Organisationen hatten sich außerdem christlich inspirierte Einzelziele auf die Fahne geschrieben. Im Zuge der Extrovertierung der Zivilgesellschaft bezogen sich Organisationen nun aber ausdrücklicher auf religiöse Traditionen. Diese ermöglichten eine Abgrenzung gegenüber anderen Organisationen. In Abgrenzung zum Sozialismus, zum Liberalismus und zu konfessionellen Gruppen erlangte der Bezug auf eine religiöse Tradition somit eine neue Bedeutung für die zivilgesellschaftliche Mobilisierung.

Organisationen auf der Basis einer spezifischen Weltanschauung entstanden in Deutschland und in den Niederlanden nicht vereinzelt, sondern in vielen Bereichen. Diese Organisationen vernetzten sich untereinander zu sogenannten ‚schweren Gemeinschaften'. Solche Gemeinschaften orientieren sich idealtypisch an einem hohen Maß der Verbindlichkeit, einer exklusiven Identität und eine umfassende Integration der eigenen Gemeinschaft in zivilgesellschaftlichen Organisationen. Eine Zusammenarbeit mit Organisationen über die Grenzen der eigenen Gemeinschaft hinweg wird dagegen häufig als unerwünscht betrachtet. Ihren idealtypischen Gegenpol finden diese schweren Gemeinschaften in ‚leichten Gemeinschaften'. Sie grenzen sich weniger nach außen ab und beanspruchen keine umfassenden Identitäten.[2] Schwere Gemeinschaften sind in der deutschen Historiographie als sozialmoralische Milieus (M.R. Lepsius 1966; K. Rohe 1992; C. Kösters/A. Liedhegener 2001), in der niederländischen als ‚Säulen' thematisiert worden (P. van Dam 2008). Diese beiden Ansätze werden hier durch die Idealtypen der schweren und leichten Gemeinschaften ersetzt, weil diese Perspektive sichtbar macht, dass die Erosion von Milieus oder Säulen häufig nicht das Verschwinden, sondern eine Transformation von weltanschaulichen Gemeinschaften andeutet. Die schwere Gemeinschaft löst sich in dem Fall nicht vollständig auf, sondern transformiert sich zu einer leichten Gemeinschaft.

In der skizzierten dreifachen Entwicklung von Expansion, Extrovertierung und der Entstehung schwerer Gemeinschaften ist auch das Aufkommen der Arbeiterbewegung zu verorten. In Deutschland entstanden zunächst christliche Vereine, die sich der von der Industrialisierung verstärkten Not der Arbeiterschaft annahmen. Es ging diesen christlichen Vereinigungen vor allem um die geistig-religiöse Hebung der Arbeiterschaft. Materielle Interessenvertretung über diakonische Initiativen hinaus war dagegen umstritten. Zu Initiativen zur materiellen Besserstellung der Arbeiterschaft kam es erst, nachdem einerseits ver-

---

[2] Vgl. Duyvendak/Hurenkamp (2004). Duyvendak und Hurenkamp bewerten leichte Gemeinschaften positiver als schwere. Diese Bewertung wird hier nicht übernommen. Diese Idealtypen können außerdem bei der Netzwerksoziologie von Mark S. Granovetter anschließen, vgl. Granovetter (1973).

schiedene katholische und protestantische Meinungsführer sich für eigenständige Organisation der Arbeiterschaft ausgesprochen hatten. Andererseits erfuhr man innerhalb christlicher Gemeinschaften die Mobilisierung der sozialistischen Bewegung im Laufe der 1860er und 1870er Jahre immer stärker als eine Bedrohung. Daher versuchten christliche Gruppierungen, zunächst aus den zur geistigen Bildung der Arbeiterschaft gegründeten Vereinigungen heraus, auch die materielle Hebung der Arbeiterschaft zu berücksichtigen (N. Friedrich/T. Jähnichen 2005: 922-981; P. Langhorst/F.S. Stegmann 2005: 613-712; M. Schneider 1982: 11-50).

Diese Form der Interessenvertretung erwies sich jedoch als unzureichend. Deshalb übernahm man aus der sozialistischen Arbeiterbewegung ab den 1890er Jahren das Modell der gewerkschaftlichen Interessenvertretung. Wie wichtig dabei die Abgrenzung zu eben dieser sozialistischen Bewegung war, zeigte sich im Bezug zur christlichen Tradition: Während die geistig ausgerichteten Arbeitervereine seit dem Kulturkampf fast überall nach Konfession organisiert waren, beriefen sich die überwiegend von Katholiken gegründeten Gewerkschaften auf eine breite, interkonfessionelle Identität. Die Abgrenzung gegenüber der unchristlichen sozialistischen Arbeiterbewegung war wichtiger als die konfessionellen Trennlinien (M. Schneider 1982: 48-49). Auch für die Vertretung materieller Interessen brachte diese breite Orientierung Vorteile. Schließlich war es dazu wichtiger, eine möglichst große Zahl der Mitglieder zu mobilisieren als eine spezifische Konfession zu vertreten.

In den Niederlanden verlief die Mobilisierung der christlichen Arbeiterschaft ähnlich, im Vergleich zu Deutschland jedoch zeitversetzt. Die spätere Industrialisierung in den Niederlanden ist dafür wohl die wichtigste Ursache (J. Peet 1993: 24-26). Seit den 1870er Jahren formierten sich in industriellen Gegenden der Niederlande verstärkt Arbeitervereine und erste Gewerkschaften, seit den 1890er Jahren auch christliche Gewerkschaften auf lokaler Ebene. Auch hier war die materielle Interessenvertretung der Arbeiterschaft umstritten. Nachdem verschiedene Versuche, aus den an geistiger Hebung orientierten Vereinigungen heraus materielle Interessen zu vertreten, fehlgeschlagen waren, gründeten Arbeitnehmer 1909 einen nationalen interkonfessionellen Gewerkschaftsbund, den *Christelijk Nationaal Vakverbond* (CNV) (P. Hazenbosch 2009: 27-53).

Sowohl in Deutschland als auch in den Niederlanden stieß die interkonfessionelle Zusammenarbeit in den christlichen Gewerkschaften jedoch an die Grenzen der schweren Gemeinschaften. Das führte in beiden Ländern vor allem im Katholizismus, wo eine starke Orientierung an schweren Gemeinschaften vorherrschte, zu Konflikten. Diese Konflikte über die Grenzen schwerer Gemeinschaften sollten in den Jahren 1914-1945 eine wichtige Rolle spielen.

3.2 1914-1945: Sonnen- und Schattenseiten der Zivilgesellschaft

Die Jahre 1914-1945 sind in der Perspektive einer gemeinsamen Geschichte der Zivilgesellschaft von drei Entwicklungen geprägt worden. Erstens zeigte sich die Fähigkeit der Zivilgesellschaft, durch Mittlerorganisationen die nationale Gesellschaft zu konsolidieren. Zweitens zeigte sich aber auch, dass die Zivilgesellschaft eine demokratische Gesellschaft bedrohen konnte. Drittens suchte man in diesen Jahren nach den Grenzen der schweren Gemeinschaften. Die Mobilisierung unter Bezugnahme auf religiöse Traditionen in jener Zeit muss im Rahmen dieser drei Entwicklungen gesehen werden.

Weil die Zivilgesellschaft in Deutschland und in den Niederlanden seit der zweiten Hälfte des 19. Jahrhunderts stark expandiert war, spielten zivilgesellschaftliche Organisationen in der ersten Hälfte des 20. Jahrhunderts in beiden Ländern eine immer größere Rolle. Nicht nur klagten beispielsweise die Organisationen der Arbeiterbewegung aktiv eine Funktion im gesellschaftlichen System für sich ein, die staatlichen Behörden erkannten – verstärkt von den Notwendigkeiten des Ersten Weltkriegs – die Möglichkeiten, zivilgesellschaftliche Organisationen zur Koordination der nationalen Gesellschaft einzubinden. So entstanden in diesen Jahren in beiden Ländern politisch gewollte Gremien und Organisationen, in denen Vertreter des Staates, der Wirtschaft und der Gewerkschaften zusammengeführt wurden. Ebenso bauten beispielsweise die demokratischen Systeme im 20. Jahrhundert auf politische Parteien, die in der Zivilgesellschaft entstanden waren.

Beide Demokratien sahen sich aber gleichzeitig von Organisationen bedroht, die in der Zivilgesellschaft entstanden. Linke und rechte radikale Organisationen bekämpften die Demokratie und bedrohten durch ihr Auftreten die Existenz der Zivilgesellschaft selbst. Vor diesem Hintergrund wuchs die Kritik an den ,Schattenseiten' der Zivilgesellschaft in diesen Jahren (A. Klein 2001: 88-89; A. Bauerkämper 2003: 16). Sie lässt sich in vier Punkten zusammenfassen. Erstens führe der Wildwuchs an zivilgesellschaftlichen Organisationen zu einer Verwässerung der moralischen Triebfeder, die am Anfang der zivilgesellschaftlichen Mobilisierung gestanden hätten. Zweitens habe die Expansion zu einer gesellschaftlichen Zersplitterung geführt. Aufgrund dieser Zersplitterung konzentriere man sich drittens vor allem auf Partikularinteressen. Gemeinschaften würden – abgeschottet in ihren eigenen Organisationsnetzwerken – Nabelschau betreiben. In christlichen Kreisen bemängelte man in diesem Sinne, die für die gesamte Gesellschaft bestimmte christliche Botschaft trete durch die Organisationen in schweren Gemeinschaften nicht aus dem eigenen Kreis heraus. Schließlich führe die Zersplitterung viertens auch zu gesellschaftlicher Immobilität. Die Organisationen in jenem Bereich der Gesellschaft, der in diesem Beitrag als Zivilgesellschaft angesprochen wird, könnten nichts zur Lösung der wirtschaftlichen und politischen Krisen beitragen, weil sie zu sehr zersplittert seien, so kritisierte man in den 1920er und 1930er Jahren. Der Bedrohung durch extremistische linke und rechte Gruppen könnten die Organisationen aus diesem Bereich durch ihre Uneinigkeit ebenfalls zu wenig entgegensetzen.

Diese Kritik war zugleich auch eine Kritik an der Rolle religiöser Traditionen in der Zivilgesellschaft. Die Organisation in schweren Gemeinschaften aufgrund einer religiösen Tradition trage schließlich zur kritisierten Segmentierung bei. In beiden Ländern suchte man vor dieser Kulisse nach den Grenzen der schweren Gemeinschaften. Diese Suche wurde besonders deutlich im Streit um den Interkonfessionalismus, der in der Arbeiterbewegung ausbrach. Die ersten Gewerkschaftsgründungen von katholischen und protestantischen Christen, die sich ausdrücklich auf eine religiöse Tradition beriefen, hatten zumeist einen interkonfessionellen Charakter, da es ihre primäre Zielsetzung war, eine Alternative zu den „unchristlichen" sozialdemokratischen Gewerkschaften zu bilden. Teile der katholischen Kirche zeigten sich seit dem Anfang des 20. Jahrhunderts unglücklich darüber, dass die christlichen Gewerkschaften nicht nahtlos in die schwer Gemeinschaft des Katholizismus integriert waren. Der Streit um diese Fragen brach in Deutschland bereits um die Jahrhundertwende aus, in den Niederlanden entbrannte ein ähnlicher Streit einige Jahre später. Im letzteren Fall setzten sich die Gegner des Interkonfessionalismus durch: Die Mitgliederschaft von Katholiken in eigenen katholischen Gewerkschaften wurde mit einem bischöflichen Machtwort erzwungen (J. Roes 1985: 33-37; J. Koppenjan 1986). In Deutschland konnten sich die Bischöfe untereinander nicht einigen. Unter diesen Umständen hatten hier die Christlichen Gewerkschaften Bestand, obwohl sie ihre interkonfessionelle Ausrichtung auch seitdem immer wieder verteidigen mussten (M. Schneider 1982: 172-211).

Dieser Streit um den Interkonfessionalismus in der Arbeiterbewegung war für die Geschichte der Zivilgesellschaft in beiden Ländern wichtig: In den Niederlanden wurden die Grenzen der schweren Gemeinschaften schärfer gezogen als in Deutschland. Weder in Deutschland noch in den Niederlanden umfassten die schweren Gemeinschaften jedoch zu irgendeinem Zeitpunkt alle zivilgesellschaftlichen Organisationen. Auch wenn die Orientierung an schweren Gemeinschaften sich in den Niederlanden stärker etablierte als in Deutschland – in den Niederlanden erfasste sie auch erhebliche Teile des Protestantismus – mussten ihre Grenzen auch in den Niederlanden immer wieder neu ausgehandelt werden. Auf der internationalen Ebene waren niederländische konfessionelle Organisationen beispielsweise häufig in interkonfessionellen Konstellationen aktiv (P. Pasture 1999). Schließlich führten Uneinigkeiten innerhalb der eigenen schweren Gemeinschaft, zumal im zersplitterten niederländischen Protestantismus, in vielen Fällen zur Konkurrenz von gleichartigen Organisationen innerhalb einer schweren Gemeinschaft, die manchmal sogar eine Aufspaltung in mehrere schwere Gemeinschaften zur Folge hatte. So baute eine abgespaltene Gruppe orthodoxer Protestanten – die so genannten ‚Vrijgemaakten' – nach einem Konflikt über die Tauflehre seit 1944 eine eigene schwere Gemeinschaft mit unter anderem einer eigenen politischen Partei und einer eigenen Arbeiterorganisation auf (M. te Velde/J. Werkman 2007; A. van Renssen 1998).

3.3 1945-1960: Streben nach Einheit

Der Zweite Weltkrieg hat hinsichtlich der Diskussionen um die Ordnung der Gesellschaft in ganz Europa die Uhren auf die gleiche Zeit gestellt. Im Krieg verstärkte sich das Gefühl, dass in der Nachkriegszeit gesellschaftliche Veränderungen notwendig seien. ‚Einheit' war im Wiederaufbau seit 1945 sowohl in Deutschland als auch in den Niederlanden ein zentraler Begriff. Sie sollte die ehemalige gesellschaftliche Zersplitterung überwinden. Damit war die Zeit des Wiederaufbaus nach 1945 vielerorts auch eine Zeit des Rückbesinnens auf die Grundlagen der gesellschaftlichen Organisation, von der die hier analysierten zivilgesellschaftlichen Organisationen stark betroffen waren. Alte Ordnungsmuster wurden kritisch betrachtet und von neuen Ordnungsvorstellungen herausgefordert. In den diesbezüglichen Debatten griff man auf die bereits skizzierten Diskussionen aus den 1930er und 1940er Jahre zurück.

Wenngleich breite Kreise übereinstimmten, dass eine größere gesellschaftliche Einheit erstrebenswert sei, war umstritten, wie diese Einheit herbeigeführt werden sollte. Einerseits plädierten in beiden Ländern zivilgesellschaftliche Akteure dafür, durch eine Zusammenarbeit in einem größeren organisatorischen Rahmen ein höheres Maß an Einheit herzustellen. Befürworter dieser Option wollten ehemalige weltanschauliche Trennungen überwinden, in dem sie verschiedene weltanschauliche Gruppen in eine Organisation zu integrieren suchten. So kamen die Führer der ehemaligen Richtungsgewerkschaften in den deutschen Westzonen zur gemeinsamen Gründung einer Einheitsgewerkschaft. 1949 gründeten sie den *Deutschen Gewerkschaftsbund* (DGB), in dem alle weltanschaulichen Richtungen vertreten waren (M. Fichter 1990). In den Niederlanden versuchten Sozialdemokraten, Protestanten und Katholiken auf ähnliche Weise den ehemaligen sozialdemokratischen Gewerkschaftsbund *Nederlands Verbond van Vakverenigingen* (NVV) als ‚allgemeine' Gewerkschaft für alle weltanschauliche Richtungen zu öffnen (E. Hueting/F. de Jong/R. Neij 1983: 154-158). Auf der anderen Seite fanden sich diejenigen, die eine größere Einheit durch eine bessere Kooperation eigenständiger Organisationen herbeiführen wollten. So gründeten

Vertreter der niederländischen katholischen und protestantischen Gewerkschaften ihre Organisationen neu. Sie wollten diese Wiedergründungen von einer
stärkeren Koordination der gewerkschaftlichen Arbeit in Beratungsgremien be-
gleitet sehen.

Mit diesen Diskussionen um den Weg zur größeren Einheit ging auch eine
Diskussion um die wünschenswerte Rolle der Religion in der Zivilgesellschaft
einher. Auf der einen Seite standen diejenigen, die weiterhin eine Organisation
nach dem Muster schwerer Gemeinschaften befürworteten. Diese versuchten
vielerorts die Organisationen wiederzubeleben, die schon vor dem Zweiten
Weltkrieg die schweren Gemeinschaften integriert hatten. Dennoch standen sie
einer größeren Zusammenarbeit mit anderen weltanschaulichen Gruppen meis-
tens positiv gegenüber, allerdings nur aus selbständigen Organisationen heraus.
Auf der anderen Seite fanden sich diejenigen, die nicht wollten, dass die segmentierte Organisation schewerer Gemeinschaften die Gesellschaft erneut dominieren würde. Wie auch vor dem Zweiten Weltkrieg führten sie gegen eine solche
Organisationsweise an, dass diese die gesellschaftliche Einheit gefährde, die
Tragweite der christlichen Botschaft einschränke oder – beispielsweise im Sinne
Karl Barths, dass es ‚christliche‘ Organisationen gar nicht geben könne (J.
Buskes 1946). Aus dieser Sicht sollte die Segmentierung durch allgemeine Organisationen überwunden werden. Trotzdem räumten Anhänger dieser Sichtweise schwere Gemeinschaften häufig weiterhin einen Platz ein: Innerhalb der
allgemeinen Organisationen unterschieden sie verschiedene Gemeinschaften, die
innerhalb der allgemeinen Organisationen beispielsweise durch eigene Arbeitsgemeinschaften repräsentiert wurden.

Zwischen dem Streben nach Segmentierung einerseits und nach allgemeinen
Organisationen andererseits gab es viele Schattierungen. So war das Verhalten
der deutschen katholischen Bischöfe aus dieser Perspektive durchaus ambivalent: Auf der einen Seite befürworteten sie die Gründung einer christlich-
demokratischen Partei, in der Katholiken und Protestanten zusammenarbeiten
sollten. Auf der anderen Seite unterstützten sie beispielsweise die Wiederbele-
bung katholischer Arbeitervereine. Ähnlich ambivalent war das Verhalten von
Führungskräften in den neuen Einheitsorganisationen. Diese orientierten sich
trotz der neuen Zusammenarbeit häufig weiterhin an den alten schweren Gemeinschaften. So beobachteten sozialdemokratische Mitglieder des DGB scharf
die Aktivitäten der ‚Christen‘ um sicherzustellen, dass die wichtigsten Positionen
von Vertretern der eigenen Richtung besetzt würden.[3] Ebenso versuchten ehema-

---

[3] Vgl. Dokument 5, 22.2.1950: SPD-Parteivorstand, Referat Betriebsorganisation (Siegmund [Siggi]
Neumann), an die Bezirke zur Schaffung „Sozialer Arbeitsgemeinschaften“. In: Kaiser, Josef (Hrsg.)
(1996): Der deutsche Gewerkschaftsbund 1949 bis 1956. Bonn: Bund: 46-49; Dokument 54,

lige christliche Gewerkschafter mehr Einfluss für ihre Gruppe im DGB einzuklagen (W. Schroeder 1992). In den Niederlanden bildeten sich innerhalb der neuen *Partei der Arbeit*, die alle weltanschaulichen Richtungen zusammenführen wollte, Arbeitsgemeinschaften verschiedener weltanschaulicher Prägung (D. Bosscher 1986). Diese brachten innerhalb der Einheitsorganisation die Segmentierung aufgrund der Weltanschauung zum Ausdruck.

Um den Preis der Einheit gab es in den 1950er Jahren in beiden Ländern rege Auseinandersetzungen. In den Westzonen Deutschlands, die sich 1949 zur Bundesrepublik zusammenschlossen, hatte man einen klaren Neuanfang unter dem Vorzeichen der Einheit gemacht: Die Einheitsgewerkschaft DGB vereinte alle ehemaligen Richtungsgewerkschaften. Daneben versuchten die weltanschaulichen Gemeinschaften ihre Mitgliederschaft in eigenen Organisationen weiterhin geistig zu bilden und gesellschaftspolitisch zu vertreten. Zu diesem Zweck hatten sich die früheren konfessionellen Arbeitervereine wieder zusammengefunden (D. Grypa 2000; M. Nick 1993). Sie waren jedoch, vor allem im evangelischen Raum, wo stärker auf die individuelle geistige Bildung ausgerichtete Initiativen von der Amtskirche gefördert wurden, umstritten (H. Vokkert 1973). Dennoch bildeten sie in den 1950er Jahren eine zu beachtende Größe. Gerade in ihren Reihen fanden sich Kritiker der Einheitsgewerkschaft, in der christlich-soziale Positionen nicht ausreichend zum Ausdruck kämen. Einen Teil dieser Unzufriedenen gründete 1955 mit moralischer Unterstützung niederländischer katholischer und protestantischer Gewerkschafter und mit finanzieller Unterstützung durch die internationale Organisation der christlichen Gewerkschafter eine eigene christliche Gewerkschaft, die seit 1959 als *Christlicher Gewerkschaftsbund Deutschlands* (CGB) auftritt.[4] Die Neugründung blieb zahlenmäßig unbedeutend, stellte aber nichtsdestotrotz eine Herausforderung für das Profil des DGB als Einheitsgewerkschaft dar.

In den Niederlanden war die Orientierung an schweren Gemeinschaften in der Nachkriegszeit zunächst stärker als in der Bundesrepublik. Die kürzere Periode der nationalsozialistischen Herrschaft hatte die Infrastruktur der Gemeinschaften weniger stark erschüttert als in Deutschland, außerdem hatten sich die schweren Gemeinschaften auch bereits in der Vorkriegszeit in den Niederlanden stärker etabliert. Trotzdem führten Aufrufe zu neuen Organisationsformen hier zu ähnlichen Diskussionen um die Rolle religiöser Traditionen in der Zivilgesellschaft wie im östlichen Nachbarland. Vor allem unter Sozialdemokraten und Protestanten fand die sogenannte Durchbruchbewegung, die segmentierte Organisations-

22.10.1952: Memorandum von Siegmund (Siggi) Neumann für den SPD-Vorstand zur Situation im DGB nach dem Bundeskongreß. In: Ebd.: 376-385.
[4] Zur Gründung des CGB: Schroeder (1992). Vom ehemaligen CGB-Generalsekretär Bernhard Koch außerdem: Koch (1999).

formen durch Einheitsorganisationen überwinden wollte, beachtliche Unterstützung. Unter diesen Umständen konnten sich die konfessionellen Gewerkschaften zwar behaupten, sie sahen ihre Existenzgrundlage von dieser Bewegung aber bedroht und herausgefordert.

Wie in Deutschland durch die Gründung der christlichen Gewerkschaftsbewegung 1955 erreichte auch in den Niederlanden dieser Konflikt zur Mitte der 1950er Jahre seinen Siedepunkt: 1954 riefen die katholischen Bischöfe in einem Hirtenbrief zur Einheit der niederländischen Katholiken auf. Die Mitgliederschaft im NVV wurde Katholiken untersagt (J. de Jong 1954). Im Streit, den dieser zwischen Vertretern der verschiedenen Gewerkschaftsrichtungen entfachte, unterstützten orthodoxe Protestanten den Aufruf der katholischen Bischöfe: In der Tat könne ein Christ nicht mit gutem Gewissen in einer Organisation Mitglied sein, die sich nicht zu christlichen Grundsätzen bekenne (M. Ruppert 1954). Daraufhin kam es zu einer Krise der Zusammenarbeit in der niederländischen Gewerkschaftsbewegung (P. Hazenbosch 2009: 260-263; Hueting/De Jong/Neij 1983: 241-246). Die Kooperation im Rahmen einer gemeinsamen Kommission der Gewerkschaften wurde abgebrochen. Erst zum Ende des Jahrzehnts normalisierten sich die Verhältnisse wieder.

3.4 1960-1980: Von schweren zu leichten Gemeinschaften

Die Auseinandersetzungen um den Weg zur größeren Einheit waren, wie wir gesehen haben, auch Auseinandersetzungen um die Frage, in welchem Ausmaß schwere Gemeinschaften die Organisation der Zivilgesellschaft prägen sollten. In den 1940er und 1950er Jahren dominierte dabei weiterhin eine Orientierung an schweren Gemeinschaften, die sogar in allgemeinen Organisationen weiter wirkte. Seit den 1960er Jahren hat sich aber eine Mehrheit der zivilgesellschaftlichen Akteure für eine Orientierung an leichten Gemeinschaften entschieden.

Langfristig begünstigte eine Neueinbindung des Individuums aufgrund der Auffassung, dass jeder selbst über sein gesellschaftliches Handeln entscheiden sollte, diesen Übergang. Den Übergang zu dieser Auffassung in den westlichen Gesellschaften könnte man als als ‚Subjektivierung' bezeichnen. Diese Subjektivierung hat einerseits sozioökonomische Wurzeln: der Ausbau der sozialen Sicherungssysteme, die Erhöhung des durchschnittlichen Lebensstandards und des Bildungsniveaus sowie die Zunahme der sozialen und geographischen Mobilität führten zu einer Auflösung traditioneller Bindungen (U. Beck 1986: 122-130; S. Kraft 1992: 184-192). Andererseits hatte die Betonung der individuellen Verantwortung auch philosophische und religiöse Wurzeln (L. Dumont 1982). Religiöse Traditionen reagierten also nicht bloß auf Subjektivierung, sondern trugen aktiv zu ihr bei. Der langfristige Strukturwandel im Sinne einer Subjektivierung bedingt jedoch weder den genauen Zeitpunkt des Übergangs noch die Ausprägung der aus ihr hervorgehenden leichten Gemeinschaften, wie die folgenden Fallbeispiele zeigen werden.

Bezeichnend für die Verschiebung von schweren zu leichten Gemeinschaften in den 1960er Jahren war zunächst die Entwicklung in der internationalen Arbeiterbewegung. Im *Internationalen Bund Christlicher Gewerkschaften* arbeiteten seit 1920 niederländische und deutsche katholische und protestantische Gewerkschafter zusammen. Für diese Organisation war die christliche Identität seit der Wiedergründung 1945 zunehmend problematisch. Um auf einer internationalen Ebene mit den kommunistischen Gewerkschaften und mit den europäischen und amerikanischen freien Gewerkschaften konkurrieren zu können, wollte man auch außerhalb von Europa aktiv werden (P. Pasture 1994: 86-87). Allerdings fanden sich hier keine Gewerkschaften, die sich selbst als ‚christlich' bezeichneten. Zunächst versuchte man deshalb in außereuropäischen Ländern Christen zur Gründung eigener Gewerkschaften zu bewegen. Im Zuge eines Umdenkens über die Rolle religiöser Traditionen für das gewerkschaftliche Engagement setzte sich dann aber in den 1950er und 1960er Jahren eine neue Ausrichtung im IBCG durch: Die christliche Identität wurde zugunsten eines ‚gläubigen' Profils aufgegeben. Der IBCG benannten sich 1968 in *Weltverbund der Arbeit* (WVA) um. Dieser sollte nicht nur christliche Organisationen vertreten, sondern jede Organisation mit einer Anhängerschaft, die aufgrund ihrer Weltanschauung den Menschen nicht rein materialistisch, sondern im Lichte einer höheren Bestimmung betrachtete. Von dieser Neupositionierung erhoffte man sich die Möglichkeit, die eigenen Werte verstärkt weltweit auszutragen. Außerdem wollte man sich auf diesem Wege von der institutionellen katholischen Kirche distanzieren, denn die Nähe zur Kirche erachtete man vor allem für das europäische und das südamerikanische Engagement als problematisch (P. Pasture 1994: 88-94). Somit blieb Weltanschauung das primäres Organisationsmerkmal des WVA.

Die europäischen Mitgliedsorganisationen betrachteten die neue Aufstellung nicht als einen radikalen Bruch mit dem eigenen Erbe, sondern als eine notwendige Weiterentwicklung. Lediglich der deutsche CGB wollte diesen neuen Kurs nicht mittragen: 1973 gab er seinen Austritt aus dem WVA bekannt. Am Beispiel dieser Entscheidung des CGB wird deutlich, dass in den 1960er und 1970er Jahren nicht jede Organisation von einer schweren zu einer leichten Organisation transformierte. Der CGB profilierte sich stattdessen weiterhin als eine christliche Organisation, die nur mit solchen Organisationen zusammenarbeiten wollte, die als zugehörig zur eigenen christlich-sozialen Tradition betrachtet wurden. Auch in niederländischen orthodox-protestantischen Kreisen hat sich gezeigt, dass es in einem von leichten Gemeinschaften dominierten Umfeld möglich ist, schwere

Gemeinschaften zu gründen oder auszubauen, falls erhebliche Konflikte zu anderen gesellschaftlichen Gruppen geltend gemacht werden können. In der Regel trat eine Transformation von einer schweren zu einer leichten Organisation jedoch in diesen Jahren auf. In der Bundesrepublik verlief diese Veränderung meist schleichend. So wurde der DGB in den 1960er und 1970er Jahren seinem Profil einer Organisation, die verschiedene weltanschauliche Richtungen integrierte, immer mehr gerecht. Die Kehrtwende der SPD im Zuge des Godesberger Programms regte dazu ebenso an wie die Neuorientierung in den Kirchen, die die persönliche Verantwortung des Individuums für sein gesellschaftliches Engagement zunehmend betonten. In den 1960er Jahren baute die Führung des DGB vor diesem Hintergrund die Zusammenarbeit mit der evangelischen Kirche aus, die sich im Zuge des Umdenkens in der evangelischen Kirche seit 1945 bereits in den 1950er Jahren angebahnt hatte. Das schwierige Verhältnis mit der katholischen Kirche, das unter den Auseinandersetzungen um die Neugründung einer christlichen Gewerkschaft am stärksten gelitten hatte, wurde schrittweise normalisiert, mit einer privaten Unterredung zwischen DGB-Vorsitzender Heinz-Oskar Vetter und Papst Paul VI. 1976 im Vatikan als Höhepunkt. Im Kampf um die betriebliche Mitbestimmung konnte sich der DGB in Folge dieser Transformation zu einer leichten Organisation auf eine breite Koalition stützen, in der auch Vertreter der beiden Großkirchen vorzufinden waren. Deutlich zeigte sich die neue, leichte Identität des DGB in einem Gespräch um die Stellung der christlich-demokratischen Sozialausschüsse mit dem Vorstand des DGB. In diesem Rahmen machte DGB-Vorsitzender Vetter deutlich, dass keine Gruppe innerhalb der Einheitsgewerkschaft die katholisch-sozialen, evangelisch-sozialen oder demokratisch-sozialistischen Wurzeln exklusiv für sich beanspruchen könne: Diese Wurzel teilte nach Vetter die gesamte Mitgliederschaft des DGB gleichermaßen.[5]

Der Übergang zu einer leichten Organisation konnte sich auch schlagartig vollziehen. So zeigten sich in den Niederlanden die konfessionellen Gewerkschaftsbünde in den 1960er Jahren über ihre Identität verunsichert. Die Ursachen für diese Verunsicherung waren dreierlei Art. Erstens etablierte sich vor allem in der katholischen Gemeinschaft im Zuge des Zweiten Vatikanischen Konzils, ein neues Denken über das gesellschaftliche Engagement von Christen. Dieses Engagement sollte zwar vom christlichen Glauben getragen, aber nicht auf den konfessionellen Raum beschränkt werden. Die religiöse Tradition sollte das Individuum inspirieren, aber nicht einschränken. Im Zuge des Konzils führte dieses Umdenken sogar dazu, dass die kirchliche Hierarchie sich aus weltlichen

---

[5] Archiv der Sozialen Demokratie, Sekretariat Martin Heiß, 5/DGCS000096: Notizen über das Gespräch zwischen dem Geschäftf. Ausschuß der Arbeitsgemeinschaft christl.-demokratischer DGB-Gewerkschafter und dem Bundesvorstand des DGB am Dienstag, 9.3.76.

Organisationen zurückzog und diese dazu aufforderte, ihre katholische Identität neu zu definieren (W. Goddijn/J. Jacobs/G. van Tillo 1999: 153-375). Im Protestantismus hatte eine ähnliche Auffassung über christliches Engagement bereits früher Fuss gefasst. In ihr widerstrebenden protestantischen Kreisen machte sich die Herausforderung dieser Denkweise in den 1960er Jahren verstärkt bemerkbar. Dies zeigte sich in der Bundesrepublik in der Annäherung zwischen der nach 1945 weiterhin aktiven Evangelischen Arbeiterbewegung und dem in der Nachkriegszeit von der Amtskirche unterstützen losen Bündnis der Evangelischen Arbeitnehmerschaft ebenso, wie in der aktiven Suche nach einer Neuorientierung im niederländischen CNV Ende der 1960er Jahre.

Eine zweite Ursache für die Verunsicherung der konfessionellen Gewerkschaften waren die Entwicklungen im internationalen Raum. Die Ideen, die sich dort im Zuge des Übergangs vom IBCG zum WVA bemerkbar machten, hatten auch Rückwirkungen auf die Positionierung der konfessionellen Gewerkschaften auf nationaler Ebene: Konnte man sich nicht auch hier für andere Gruppen öffnen, ohne den Bezug auf die eigene christliche Tradition aufgeben zu müssen? Und drittens beunruhigte die Führung der konfessionellen Gewerkschaften auch das Gefühl, die Distanz zwischen dem Kader der Organisation und seiner Mitgliederschaft werde immer größer. Um diese Distanz zu überbrücken, griffen beide konfessionellen Gewerkschaften in den Niederlanden Ende der 1960er Jahre zur soziologisch informierten Mitgliedschaftsbefragung.

An dieser Neuorientierung bezüglich der Bedeutung der konfessionellen Identität der katholischen und protestantischen Gewerkschaften in den Niederlanden lässt sich beobachten, dass der Übergang von einer schweren zu einer leichten Organisation mehrere Optionen offen lässt. Im katholischen Gewerkschaftsbund führte die Besinnung auf die eigene Identität zur Schlussfolgerung, dass Katholiken keine eigene Gewerkschaft brauchen: Der Katholik könne selbständig über sein gesellschaftliches Engagement entscheiden. Konfessionelle Organisationen für Aufgaben, die auch mit anderen weltanschaulichen Gruppen gemeinsam wahrgenommen werden könnten, behinderten die Wirkung katholischer Grundsätze in die Gesellschaft hinein (F. Arnolds 1969). Deshalb entschied die Führung sich dazu, eine Fusion der drei niederländischen Gewerkschaftsbünde anzustreben. Innerhalb von zehn Jahren hatte sich somit ein selbstbewusstes und selbständiges katholisches Bollwerk zu einer sich öffnenden Organisation, die sich gar auflösen wollte, gewandelt. Zu einer Fusion sollte es schließlich 1976 tatsächlich kommen. In diesem Jahr wurde die *Federatie Nederlandse Vakbeweging* (FNV) gegründet, die beanspruchte, unabhängig von ihrer jeweiligen Weltanschauung alle Arbeitnehmer der Niederlande vertreten zu wollen (J.J. van Dijk 2001). In weltanschaulichen Fragen wollte man innerhalb der Föderation mittels eines „Sekretariats für Weltanschauung" vermitteln.

Jedoch, an dieser Fusion nahm der protestantische Gewerkschaftsbund CNV nicht teil. Aus der Besinnung auf die eigene Identität und aufgrund der Ergebnisse der Befragung der Mitgliederschaft hatte die Führung dieses Bundes gefolgert, man müsse die eigene Identität neu bestimmen und anschließend stärker vermitteln, damit die Kluft zwischen Mitgliederschaft und Kader verkleinert werde. Der CNV, so meinte man, sollte wieder eine „Bewegung" werden, also zurückkehren zum Ursprung der christlichen Arbeiterbewegung. In diesem Sinne griff man im Laufe der 1970er Jahre auch auf die interkonfessionelle Identität aus den Gründungsjahren zurück. Diejenigen Katholiken, die nicht zum FNV übertreten wollten, konnten durch diese Betonung der interkonfessionellen Identität zum CNV übertreten (P. Hazenbosch 2009: 339-345). So wandelte sich der CNV zu einer christlich-ökumenischen Gewerkschaftsbewegung, in der Protestanten und Katholiken seit den 1970er Jahren zusammenarbeiteten.

4   Schlussfolgerung

Abschließend lässt sich somit erstens festhalten, dass das Verhältnis von Religion und Zivilgesellschaft im 19. Jahrhundert zunächst von der Formierung schwerer Gemeinschaften geprägt worden ist. Solche Gemeinschaften griffen häufig auf religiöse Traditionen zurück, die zum Bilden eines Netzwerks schwerer Organisationen inspirierten und ihre Abschottung nach Außen begründeten. In Deutschland und in den Niederlanden griffen vor allem ultramontan ausgerichtete Katholiken auf diese Strategie zurück. In den Niederlanden lässt sich eine ähnliche Tendenz auch bei orthodoxen Protestanten beobachten. Eine Mehrheit der deutschen Protestanten und auch niederländische liberale protestantische Kreise lehnten jedoch die Bildung schwerer Gemeinschaften ab.

Der prägende Einfluss einer Orientierung an schweren Gemeinschaften auf die Zivilgesellschaft ließ seit 1945 nach, um in den langen 1960er Jahren endgültig von einer Orientierung an leichten Gemeinschaften abgelöst zu werden. Während sich dieser Übergang in der Bundesrepublik eher schleichend vollzog, führten vor allem katholische zivilgesellschaftliche Akteure in den Niederlanden die Transformation von einer schweren zu einer leichten Gemeinschaft innerhalb einer Zeitspanne von fünfzehn Jahren herbei. Mit diesem raschen Übergang reagierte man einerseits auf einen langfristigen Strukturwandel, der hier als Subjektivierung gedeutet worden ist und der zu einer Herauslösung der Mitgliederschaft aus traditionellen Bindungen führte. Andererseits reflektierte der Übergang ein Umdenken innerhalb der religiösen Traditionen. Vor allem im Katholizismus machte sich seit 1945 eine verstärkte Betonung der individuellen Verantwortlichkeit der Gläubigen für ihr Engagement bemerkbar. Diese Betonung übertrug man auch auf zivilgesellschaftliche Organisationsformen, was die Tendenz zu leichten Organisationen verstärkte.

Wie wichtig es ist, bei einer Analyse der Rolle religiöser Traditionen in der Zivilgesellschaft auch die Ausgestaltung der jeweiligen Traditionen zu beachten, zeigt erstens ein Blick auf den deutschen und niederländischen Protestantismus. Im deutschen Protestantismus war die Orientierung an leichten Gemeinschaften bereits vor 1945 stark verankert. Deshalb bedeuteten die 1960er Jahre hier vor allem für Organisationen, die sich dieser Dominanz zuvor entzogen hatten, eine Veränderung. Im niederländischen Protestantismus prallten Befürworter leichter und schwerer Organisationen seit der Entstehung schwerer Gemeinschaften aufeinander. Hier zeigte sich in den 1960er Jahren, dass die protestantischen schweren Organisationen sich durch diese anhaltende Herausforderung stärker der Bedeutung ihrer christlichen Identität bewusst waren. In vielen Fällen gaben sie diese daher nicht vollends auf, sondern transformierten sich von schweren konfessionellen zu leichten interkonfessionellen Organisationen, wobei Religion also als primäres Funktionsmerkmal erhalten blieb.

Neben dieser Feststellung, dass die Rolle religiöser Traditionen in der Zivilgesellschaft aus dem Zusammenspiel von externen Bedrohungen und interner Ausgestaltung hervorgeht, hat die Analyse gezeigt, dass von einer gemeinsamen Geschichte der Zivilgesellschaft zumindest für Deutschland und die Niederlande die Rede sein kann. Erstens zeigen sich Parallelen im Entstehen von schweren Gemeinschaften, im Übergang zu leichten Gemeinschaften und in den Diskussionen um die wünschenswerte Rolle religiöser Traditionen in der Zivilgesellschaft. Zweitens gibt es viele konkrete Berührungspunkte in der Geschichte der hier analysierten zivilgesellschaftlichen Akteure, die eine Beschränkung auf eine nationale Perspektive als unzureichend erscheinen lassen.

Damit kann diese Fallstudie zwei Fragen anstoßen, die in diesem Rahmen noch nicht beantwortet werden konnten. Die erste Frage lautet: Inwiefern hat die Analyse der Rolle religiöser Traditionen in der Nachkriegszeit dem Übergang von schweren zu leichten Organisationen Rechnung getragen? Die meisten Anwälte des Säkularisierungsparadigmas scheinen eine einseitige Orientierung an schweren Gemeinschaften als sozialer Form religiöser Traditionen an den Tag zu legen. Folglich fragt sich, mit welchem Instrumentarium die neue Rolle religiöser Traditionen in leichten Gemeinschaften verstärkt in den Fokus gerückt werden könnte.

Die zweite Frage lautet, inwiefern die hier für Deutschland und die Niederlande herausgearbeitete gemeinsame Geschichte der Zivilgesellschaft auf einen weiteren geographischen Raum ausgedehnt werden könnte. Zumindest für Belgien, Österreich und die Schweiz erscheint eine ähnliche Perspektive sinnvoll (S. Hellemans 1990; H. Righart 1986). Da die wichtigste Ursache für die Transformation von schweren zu leichten Gemeinschaften – eine Subjektivierung der Gesellschaft, die auch innerhalb vieler religiöser Traditionen wirksam war – auf dem ganzen Kontinent eine Wirkung entfaltet hat, lässt sich abschließend vermuten, das sich diese Perspektive fruchtbar in einer breiten, beispielsweise europäischen Geschichtsschreibung anwenden ließe.

Literatur

Arnolds, Fons (1969): De confessionele grondslag van het N.K.V. ter discussie. (keine Orts- und Verlagsangabe).

Bauerkämper, Arnd (2003): Einleitung: Die Praxis der Zivilgesellschaft. Akteure und ihr Handeln in historisch-sozialwissenschaftlicher Perspektive. In: Ders. (Hrsg) (2003): Die Praxis der Zivilgesellschaft. Akteure, Handeln und Strukturen im internationalen Vergleich. Frankfurt: Campus: 7-30.

Beck, Ulrich (1986): Risikogesellschaft. Auf dem Weg in eine andere Moderne. Frankfurt am Main: Suhrkamp.

Borutta, Manuel (2005): Religion und Zivilgesellschaft. Zur Theorie und Geschichte ihrer Beziehung. (WZB Discussion Paper NR. SP IV 2005-404). Berlin: WZB.

Bosscher, Doeko (1986): Dromen van een doorbraak. In: Socialisme & Democratie 43: 8-12.

Buskes, Jan u.A. (1946): Wat beziet ze? Amsterdam: Amsterdamsche Boeken Courantmij.

Dam, Peter van (2008): Sind die Säulen noch tragfähig? „Versäulung" in der niederländischen Historiographie. In: Schweizerische Zeitschrift für Religions- und Kulturgeschichte 102: 415-443.

Damberg, Wilhelm (1997): Abschied vom Milieu? Katholizismus im Bistum Münster und in den Niederlanden 1945-1980. Paderborn: Schöningh.

Dann, Otto (Hrsg.) (1984): Vereinswesen und bürgerliche Gesellschaft (Historische Zeitschrift: Beiheft). München: Oldenbourg.

Ders. (1993): Vereinsbildung in Deutschland in historischer Perspektive. In: Best, Heinrich (Hrsg.) (1993): Vereine in Deutschland. Vom Geheimbund zur freien gesellschaftlichen Organisation. Bonn: Informationszentrum Sozialwissenschaften: 119-142.

Dijk, Jan Jacob van (2001): Samenwerking tussen de vakcentrales na 1958. In: 90 jaar CNV. Mensen en uitgangspunten. Amsterdam: Aksant: 77-116.

Dumont, Louis (1982): A modified view of our origins: The christian beginnings of modern individualism. In: Religion 12: 1-27.

Duyvendak, Jan Willem/Hurenkamp, Menno (Hrsg.) (2004): Kiezen voor de kudde. Lichte gemeenschappen en de nieuwe meerderheid. Amsterdam: Van Gennep.

Fichter, Michael (1990): Einheit und Organisation. Der Deutsche Gewerkschaftsbund im Aufbau 1945 bis 1949. Köln: Bund.

Friedrich, Norbert/Jähnichen, Traugott (2005): Geschichte der sozialen Ideen im deutschen Protestantismus. In: Grebing (Hrsg.) (2005): 865-1103.

Goddijn, Walter/Jacobs, Jan/Tillo, Gérard van (1999): Tot vrijheid geroepen. Katholieken in Nederland 1945-2000. Baarn: Ten Have.

Graf, Friedrich Wilhelm (2004): Die Wiederkehr der Götter. Religion in der modernen Kultur. München: Beck.

Granovetter, Mark S. (1973): The strength of weak ties. In: American Journal of Sociology 78, 6: 1360-1380.

Grebing, Helga (Hrsg.) (2005): Geschichte der sozialen Ideen in Deutschland. Sozialismus - Katholische Soziallehre – Protestantische Sozialethik, 2. Auflage. Wiesbaden: VS.

Grypa, Dietmar (2000): Die Katholische Arbeiterbewegund in Bayern nach dem Zweiten Weltkrieg (1945-1963). Paderborn: Schöningh.

Hardtwig, Wolfgang (1997): Genossenschaft, Sekte, Verein in Deutschland. Band 1: Vom Spätmittelalter bis zur Französischen Revolution. München: Beck.

Ders. (1984): Strukturmerkmale und Entwicklungstendenzen des Vereinswesens in Deutschland 1789-1848. In: Dann (1984): 11-50.

Hazenbosch, Piet (2009): Voor het volk om Christus' wil. Een geschiedenis van het CNV. Hilversum: Verloren.

Hellemans, Staf (1990): Strijd om de moderniteit. Sociale bewegingen en verzuiling in Europa sinds 1800. Leuven: University Press.

Hoffmann, Stefan-Ludwig (2003): Geselligkeit und Demokratie. Vereine und zivile Gesellschaft im transnationalen Vergleich 1750-1914. Göttingen: Vandenhoeck & Ruprecht.

Hueting, Ernest/Jong, Frits de/Neij, Rob (1983): Naar groter eenheid. De geschiedenis van het Nederlands Verbond van Vakverenigingen 1906-1981. Amsterdam: Van Gennep.

Inglehart, Ronald (1977): The silent revolution. Changing values and political styles among western publics. Princeton: Princeton University Press.

Jong, Johannes de (1954): De katholiek in het openbare leven van deze tijd. Utrecht.

Kaiser, Josef (Hrsg.) (1996): Der deutsche Gewerkschaftsbund 1949 bis 1956. Bonn: Bund.

Klein, Ansgar (2001): Der Diskurs der Zivilgesellschaft. Politische Hintergründe und demokratietheorethische Folgerungen. Opladen: Leske + Budrich.

Koch, Bernhard (1999): 100 Jahre Christliche Gewerkschaften. Historisches – Grundsätzliches – Erlebtes. Würzburg: Edition Bentheim.

Kolle, Annemieke (2005): Van eensgezindheid naar reveil. Verenigingen met een maatschappelijk doel tussen 1820 en 1850. In: Documentatieblad voor de Nederlandse kerkgeschiedenis na 1800 63: 30-48.

Koppenjan, Joop (1986): Verzuiling en interconfessionalisme in Nederlands-Limburg 1900-1920. In: Tijdschrift voor sociale geschiedenis 12: 109-134.

Kösters, Christoph/Liedhegener, Antonius (2001): Historische Milieus als Forschungsaufgabe. Zwischenbilanz und Perspektiven. In: Horstmann, Johannes/Liedhegener, Antonius (Hrsg.) (2001): Konfession, Milieu, Moderne. Konzeptionelle Positionen und Kontroversen zur Geschichte von Katholizismus und Kirche im 19. und 20. Jahrhundert. Schwerte: Katholische Akademie: 15-25.

Kraft, Susanne (1992): „Modernisierung" und „Individualisierung". Eine kritische Analyse ihrer Bestimmungen. Regensburg: Diss. masch.

Langhorst, Peter/Stegmann, Franz Josef (2005): Geschichte der sozialen Ideen im deutschen Katholizismus. In: Grebing (Hrsg.) (2005): 597-862.

Lepsius, M. Rainer (1966): Parteiensystem und Sozialstruktur: zum Problem der Demokratisierung in Deutschland. In: Abel, Wilhelm u.a. (Hrsg.) (1966): Geschichte und Wirtschaftsgeschichte. Festschrift zum 65. Geburtstag von Friedrich Lütge. Stuttgart: Fischer: 371-393.

McLeod, Hugh (2007): The religious crisis of the 1960s. Oxford: Oxford University Press.

Nick, Matthias (1993): Die Katholische Arbeiter-Bewegung (KAB). Programm und Wirken des Westdeutschen Verbands der KAB 1945-1960. Mainz: Diss. masch.

Nipperdey, Thomas (1972): Verein als soziale Struktur im späten 18. und frühen 19. Jahrhundert. In: Boockmann, Hartmut (Hrsg.) (1972): Geschichtswissenschaft und Vereinswesen im 19. Jahrhundert. Beiträge zur Geschichte historischer Forschung in Deutschland. Göttingen: Vandenhoeck & Ruprecht: 1-44.

Pasture, Patrick (1994): Christian trade unionism in Europe since 1968. Tensions between identity and practice. Aldershot: Avebury.

Ders. (1999): Histoire du syndicalisme chrétien international. La difficile rechere d'une troisième voie. Paris: L'Harmattan.

Peet, Jan (1993): Katholieke arbeidersbeweging. De KAB en het NKV in de maatschappelijke ontwikkeling van Nederland na 1945. Band II. Baarn: Ambo.

Renssen, Anton van (1998): Het Gereformeerd Maatschappelijk Verbond en het CNV. In: Bornebroek, Arno (Hrsg.) (1998): Voorlopers en dwarsliggers. Amsterdam: Stichting Beheer IISG: 113-130.

Riesebrodt, Martin (2000): Die Rückkehr der Religionen. Fundamentalismus und der „Kampf der Kulturen". München: Beck.

Righart, Hans (1986): De katholieke zuil in Europa. Een vergelijkend onderzoek naar het ontstaan van verzuiling onder katholieken in Oostenrijk, Zwitserland, België en Nederland. Meppel: Boom.

Ders. (2004): De wereldwijde jaren zestig. Groot-Brittannië, Nederland, de Verenigde Staten. Utrecht: Instituut Geschiedenis der Universität Utrecht.

Roes, Jan (1985): Katholieke arbeidersbeweging in historische banen. Inleidende beschouwingen over achtergronden, fasen en aspecten. In: Ders. (Hrsg.): Katholieke arbeidersbeweging. Studies over KAB en NKV in de economische en politieke ontwikkeling van Nederland na 1945. Baarn: Ambo: 15-77.

Rohe, Karl (1992): Wahlen und Wählertraditionen in Deutschland. Frankfurt am Main: Suhrkamp.

Ruppert, Marinus (1954): Het mandement der r.k. bisschoppen. In: De gids 40, 15: 1.

Schneider, Michael (1982): Die Christlichen Gewerkschaften 1894-1933. Bonn: Neue Gesellschaft.

Schroeder, Wolfgang (1992): Katholizismus und Einheitsgewerkschaft. Der Streit um den DGB und der Niedergang des Sozialkatholizismus in der Bundesrepublik bis 1960. Bonn: Dietz.

Tenfelde, Klaus (1984): Die Entfaltung des Vereinswesens während der industriellen Revolution in Deutschland (1850-1873). In: Dann (1984): 55-114.

Velde, Melis te/Werkman, Johannes (Hrsg.) (2007): Vrijgemaakte vreemdelingen. Visies uit de vroege jaren van het gereformeerd-vrijgemaakte leven (1944-1960) op kerk, staat, maatschappij, cultuur, gezin. Barneveld: De vuurbaak.

Vokkert, Heinrich (1973): Entwicklung und Wandlung der Industrie- und Sozialpfarrämter in den westdeutschen Landeskirchen von 1945 bis Ende der 1960er Jahre. Münster.

Vries, Boudien de (2005): Een eeuw vol gezelligheid. Verenigingsleven in Nederland, 1800-1900. In: Documentatieblad voor de Nederlandse kerkgeschiedenis na 1800 63: 16-29.

Ders. (2006): Voluntary societies in the Netherlands, 1750-1900. In: Morris, R.J./Morton, Graeme/Vries, Boudien de (Hrsg.) (2006): Civil society, associations and urban places. Class, nation and culture in nineteenth-century Europe. Aldershot: Ashgate: 179-193.

„Linkage" im Wandel. Parteien, Religion und Zivilgesellschaft in der Bundesrepublik Deutschland

Antonius Liedhegener

1 Parteien und Religion in der Bundesrepublik Deutschland heute – ein Zusammenhang?

Quer durch die kleine Stadt Papenburg im Norden Deutschlands verläuft eine unsichtbare Grenze. Sie teilt die Stadt und den Bundestagswahlkreis 26 in zwei ungleiche Teile. Im nördlichen, ostfriesischen Teil des Wahlkreises findet man eine Gegend, die seit der Reformation zutiefst vom Protestantismus geprägt ist; der südliche Teil gehört zum katholischen Emsland, das nicht erst seit den Tagen des Bismarckschen Kulturkampfs eine Hochburg des Katholizismus ist. Diese Linie, so die FAZ in einem Wahlkreisfeature, „liefert einen Gegenbeweis zur gängigen These, dass Milieus sich immer mehr auflösten, deshalb auch die Bindung an Parteien nicht mehr so eng" sei. Im Norden sei die CDU nach wie vor chancenlos, im katholischen und wohlhabenderen Süden die SPD. Dieser Wahlkreis zeige, „dass Konfession, Geschichte und Tradition immer noch die Zuordnung zu den Volksparteien und, entgegen mancher Wahlforschungsansätze, auch das jeweilige politische Milieu bestimmen" (FAZ vom 2.7.2009: 4).

Dieses Beispiel steht für die historisch in Deutschland so wichtige Bedeutung der sozial-moarlischen Milieus, wie sie Rainer M. Lepsius vor geraumer Zeit in die Diskussion gebracht hat (M. Lepsius 1966; D. Oberndörfer/H. Rattinger/K. Schmitt 1985; H. Best 1989; AKKZG 1993; Ch. Kösters/A. Liedhegener 1998; Ch. Kösters/A. Liedhegener/W. Tischner 2007). Und es illustriert eine Einsicht, die in der Wahlforschung in jüngerer Zeit der These von der Individualisierung der Wahlentscheidung bzw. vom rationalen Wähler entgegengestellt worden ist. Für Deutschland wie auch für andere europäische Länder kann nicht ohne weiteres vom Ende der Cleavages und damit einer politisierten Sozialstruktur gesprochen werden (F. Brettschneider/J. van Deth/E. Roller 2002a; F. Wackers 2008). Die beiden zentralen politischen Cleavages, die sozio-ökonomische und die religiös-konfessionelle Konfliktlinie, prägen nach wie vor Wahlverhalten und Politik mit. Dies gilt allerdings im Vergleich zur Gründungsphase der Bundesrepublik Deutschland in deutlich abgeschwächtem Maße; Cleavages gelten, aber sie gelten schwach (E. Hennig/R. Lohde-Reiff 2002: 123; vgl. auch F. Brettschneider/J. van Deth/E. Roller 2002b: 12-14). Was bedeutet diese Persistenz des religiös-konfessionellen Cleavages und dessen Abschwächung für die deutschen Parteien und ihre gesellschaftliche Verankerung in der Gegenwart? In repräsentativen Demokratien wird vorausgesetzt, dass Parteien in einem dauerhaften Kommunikationszusammenhang mit ihrer Umwelt, mit der Gesellschaft stehen. Parteien benötigen einen Draht zu ihren Wählerinnen und Wählern; sie müssen ihn aufbauen, pflegen und erhalten. In der jüngeren Parteienforschung werden die verschiedenen Formen dieser Verbindung von Parteien zu ihrer gesellschaftlichen Basis als „Linkage" bezeichnet. Der vorliegende Beitrag geht der Bedeutung und Struktur dieser Verbindung von Parteien und ihrer Basis nach. Im Zentrum des Interesses steht dabei im vorliegenden Beitrag die Rolle, die Religion als Moment des „Linkage" spielt. Sie wird im Folgenden theoretisch erörtert und empirisch untersucht.

Es wird die Vermutung zu prüfen sein, dass die klassische Perspektive der Cleavage- oder Milieutheorie heute nur noch einen möglichen Fall des Zusammenhangs von Parteien und Religion erfasst, nämlich den, dass eine sozialstrukturell begründete, gleichsam mechanische Verbindung zwischen Parteien und bestimmten Religionsgemeinschaften existiert. Die vorherrschende Fokussierung auf das Pro und Contra der nach wie vor wichtigen Cleavage-Theorie verstellt aber den Blick auf alternative Zusammenhänge und Erklärungen des Verhältnisses von Parteien und Religion in der Gegenwart. Möglicherweise gibt es einen Wandel in der Koppelung von Parteien und Religion, der den hergebrachten Zusammenhang einer exklusiven Zuordnung entlang einer politisierten gesellschaftlichen Konfliktlinie aufgelöst oder doch in den Hintergrund gedrängt hat. Theoretisch und empirisch soll daher ausgelotet werden, ob die jüngere Zivilgesellschafts- und Engagementforschung hier ergänzende bzw. neue Einsichten hervorbringen kann. Es werden also verschiedene Forschungsansätze zusammengeführt, die überlicherweise so nicht aufeinander bezogen werden.[1]

2 „Party-Change" und Religion. Parteien und ihre zivilgesellschaftliche Verankerung als Forschungsproblem

Wer sich gegenwärtig mit dem Zustand der bundesdeutschen Parteien beschäftigt, kommt um das Wort ‚Krise' nicht herum. Seit Anfang der 1990er Jahre häufen sich die Problemanzeigen und Krisendiagnosen (vgl. etwa E. Jesse 2006; E. Jesse 2008; H. Kleinert 2007: 3-11; G. Mielke 2007: 63-71; E. Wiesendahl

---

[1] Der Beitrag beruht in Teilen auf Überlegungen und Befunden, die erstmals in A. Liedhegener (2009) formuliert worden sind.

1992: 3-14; E. Wiesendahl 2003: 21-38).[2] Im Zentrum der meisten Krisendiagnosen steht der Niedergang der Volksparteien als Mitgliederparteien. Die Zahlen
für den seit geraumer Zeit anhaltenden Mitgliederverlust vor allem der beiden
großen Parteien sprechen eine drastische Sprache (Abb. 1). In diesem Zusammenhang wird immer wieder auch die zunehmende Überalterung der Parteien
beklagt (H. Kleinert 2007: 3-4; G. Langguth 2003: 178-179; G. Mielke 2007: 66;
E. Wiesendahl 2006: 57-61). Beides entfremde die Parteien von ihrer gesellschaftlichen Basis und gefährde die Repräsentationsfunktion der Parteien (E.
Wiesendahl 2006: 100-101) Die Ursachen werden vor allem in der anhaltenden
Modernisierung und Individualisierung der Gegenwartsgesellschaften und deren
Folgen für die Bereitschaft zur gesellschaftlichen und politischen Partizipation
ausgemacht. Ob Parteien, Gewerkschaften oder Kirchen – gesellschaftlichen
Großorganisationen entgleiten ihre Mitglieder.

Die Bedeutung und Konsequenzen des Niedergangs der Mitgliederparteien
sind in der Politikwissenschaft strittig. Auf der einen Seite der „Party-Change"-
Debatte stehen jene Politikwissenschaftler, die die klassischen Mitgliederpartei-
en im Medienzeitalter als historisch überholt betrachten (K. von Beyme 2000; K.
von Beyme 2001: 57-66; R. S. Katz/ P. Mair 1995: 5-28; A. Panebianco 1988;
Uslaner 2006: 385). Sie deuten den Niedergang als einen für den Bestand der
Demokratie wenig problematischen Übergang zu einem neuen, den Anforderun-
gen eines primär massenmedial gesteuerten Politikwettbewerbs angepassten
Parteityp, der als „Kartellpartei" oder „professionalisierte Wählerpartei" bezeichnet wird. Auf der anderen Seite stehen jene, die keinen Übergang zu einem
neuen Parteientyp erkennen, sondern den Niedergang der Mitgliederzahlen vielmehr als eine bedrohliche Entkernung der Volksparteien ansehen (B. Hofmann
2004; T. Poguntke 2000; E. Wiesendahl 2006). Diese Entkernung löse die Parteien Stück für Stück aus ihrer gesellschaftlichen Verankerung und gefährde die
Funktionsfähigkeit der Parteiendemokratie, denn die parlamentarische Demokratie sei für die politische Willensbildung zwingend auf die auch personale Ver-
mittlungsleistung von Parteien angewiesen. Diese personale Vermittlungsleis-
tung beruhe auf der gesellschaftlichen Verankerung der Parteien als Mitgliederorganisationen und setze damit eine gewisse Repräsentativität der Parteimitglieder in Bezug auf die Gesellschaft voraus.

---

[2] Der Niedergang der Mitgliederpartei als Parteityp wird auch für andere etablierte Demokratien
konstatiert: R. Dalton 2004; P. Mair/I. van Biezen 2001: 5-21; E. Wiesendahl 2006: 65-70.

Abbildung 1: Die Entwicklung der Mitgliederzahlen der im Deutschen
Bundestag vertretenen Parteien 1970-2007

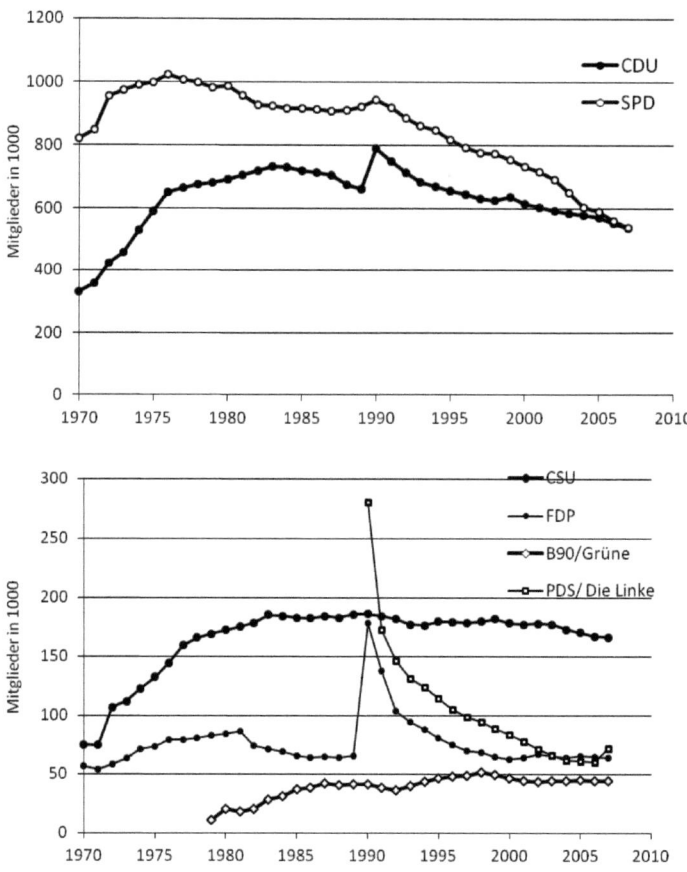

Bemerkung: Mitgliederzahlen für das jeweilige Bundesgebiet.
Quelle: Eigene Darstellung nach O. Niedermayer (2008) für 1990-2007 und M.-L. Recker/K. Tenfelde (2005) für 1970-1989.

In der folgenden Analyse der gesellschaftlichen Verankerung der bundesdeutschen Parteien werden Parteien als integraler Bestandteil der bundesdeutschen
Zivilgesellschaft aufgefasst. Dieser Zugang ist in der deutschen Politikwissenschaft jungen Datums (D. Dettling 2005; G. Langguth 2003; G. Mielke 2003:
157-166; G. Mielke 2007). Die damit verbundene Aufgabe lautet, die strukturelle

Verankerung der Parteien in der Bürgergesellschaft in der Auseinandersetzung mit der Zivilgesellschaftsforschung und ihren Theorien, Methoden und Befunden zu untersuchen (F. Adloff 2005; A. Franzen/M. Freitag 2007; A. Liedhegener 2008a: 887-898; R. Putnam 1995: 64-78; B. Westle/O.W. Gabriel 2008; A. Zimmer 2007).

Gefragt wird danach, in welchem Umfang das breite freiwillige Engagement der Bürgerinnen und Bürger in der Bundesrepublik Deutschland auch direkt der Politik und insbesondere den Parteien in Deutschland zugute kommt. Da die jüngere empirische Forschung wiederholt nachgewiesen hat, dass die Zugehörigkeit und Verbundenheit zu einer Religionsgemeinschaft sich allgemein positiv auf die Übernahme von Ehrenämtern und bürgerschaftliches Engagement auswirkt (Th. Gensicke/S. Picot/S. Geiss 2006: bes. 88-91; V. Krech 2007: 42; A. Liedhegener 2010; R. Traunmüller 2009; S. Roßteutscher 2009), liegt die Vermutung nahe, dass sich dieser positive Zusammenhang auch als ein relevanter Faktor der gesellschaftlichen Verankerung der Parteien in Deutschland erweisen könnte. Insbesondere interessiert daher, ob und wie sich bürgerschaftliches Engagement auf politisches Engagement allgemein und parteipolitisches Engagement im Besonderen auswirkt.

Mit der Einordnung der Parteien in den Bereich der Zivilgesellschaft soll keineswegs bestritten werden, dass Parteien in der Parteiendemokratie eine Größe ‚sui generis' sind. Vielmehr soll – wie Daniel Dettling, Gerd Langguth und Gerd Mielke zu Recht gefordert haben – die sachlich falsche, auch im öffentlichen Bewusstsein mittlerweile weit verbreitete, schroffe Gegenüberstellung von Parteien als Teil des staatlichen Herrschaftsapparats auf der einen und den Akteuren der Zivilgesellschaft auf der anderen Seite konzeptionell korrigiert werden (D. Dettling 2005: 18; G. Langguth 2003: 177-178; G. Mielke 2007: 64-65; E. Wiesendahl 2005: 29-32).

3   Parteien, Religion und Zivilgesellschaft. Theoretische Überlegungen

In modernen Demokratien kommt Parteien die Aufgabe zu, die politischen Interessen der Bürgerinnen und Bürger aufzugreifen und zu bündeln, den Wählerinnen und Wählern im politischen Wettbewerb ein programmatisches und personelles Angebot zu unterbreiten, politische Verantwortung durch Regierungsbildung zu übernehmen, Regierungshandeln vor allem in der Oppositionsrolle zu kontrollieren sowie schließlich politische Entscheidungen öffentlich zu vermitteln. Parteien zielen dazu in Wahlen auf den Gewinn von politischen Mehrheiten und Mandaten und auf die Übernahme staatlicher Ämter. Dies ist ihr Alleinstellungsmerkmal gegenüber allen anderen politischen Akteuren. Voraussetzung für das

Funktionieren des Zusammenhangs von Interessenvermittlung und Machtaus-
übung, auf den repräsentative Demokratien zwingend angewiesen sind, ist die
Rückbindung der Parteien an ihre gesellschaftliche Basis. Dieser Zusammenhang
wird in der Parteienforschung als „Linkage" bezeichnet (T. Poguntke 2000: 23-
48; P. Stykow 2007: 103). Parteien können diese Koppelung zur Gesellschaft auf
verschiedene, z.t. funktional äquivalente Weise herstellen: durch den Aufbau
einer organisierten Mitgliedschaft, durch die Verflechtung mit „kollateralen Organisationen" (T. Poguntke 2000: 35-41.), d.h. mit anderen gesellschaftlichen
Organisationen wie Gewerkschaften oder Kirchen, oder durch eine Adressierung
der Wählerbasis durch die Massenmedien. In allen Fällen ist die Verknüpfung der
Parteien mit dem sogenannten vorpolitischen oder intermediären Raum das Ziel.

In der Parteienforschung wird der Begriff „vorpolitischer Raum" allerdings
meist sehr unspezifisch verwendet. Die Zivilgesellschaftsforschung ermöglicht
hier eine differenziertere Perspektive (P. Stykow 2007: 101-102). Ausgangspunkt dazu soll ein sektorales Modell von Zivilgesellschaft sein. Die dazu häufig
herangezogene Definition versteht unter Zivil- oder Bürgergesellschaft daher
einen „*sozialen Bereich oder Raum*, der in modernen, ausdifferenzierten Gesellschaften *,zwischen' Staat, Wirtschaft und Privatsphäre* zu lokalisieren ist". Die
Zivilgesellschaft ist der spezifische Ort einer besonderen Form sozialen Handelns, nämlich des öffentlichen Handelns selbständiger, zu freiwilliger Selbstorganisation befähigter und verbundener Individuen unter prinzipieller Anerkennung von Pluralismus und Interessenkonflikten in gewaltfreier und mindestens
ansatzweise, d.h. zumindest der Intention der Handelnden nach gemeinwohlori-
entierter Form. Ort dazu ist der „Raum der Vereine, Assoziationen, sozialen
Bewegungen und Non-Governmental Organizations (NGOs), einem Raum, für
den ein hohes Maß gesellschaftlicher Selbstorganisation kennzeichnend ist." (J.
Kocka 2003: 32. Hervorhebungen im Original – zur Herleitung A. Liedhegener
2008a: 887-890).

Nicht nur im Blick auf den hier zu behandelnden Zusammenhang von Partei-
en, Religion und Zivilgesellschaft scheint diese Definition aber der Erweiterung
zu bedürfen. Neben Staat, Wirtschaft und Privatsphäre erscheint es analytisch
sinnvoll, einen weiteren Bereich moderner ausdifferenzierter Gesellschaften für
eine sektorale Ab- bzw. Eingrenzung der Zivilgesellschaft heranzuziehen (Abb.
2). Dieser vierte Bereich soll hier vorläufig als jener bestimmt werden, in dem
Kultur und Religion in organisierter, aber eben nicht zivilgesellschaftlicher Form
im oben genannten Sinne zum Ausdruck kommen. Religionsgemeinschaften sind
nämlich nicht per se schon Teil der Zivilgesellschaft, gleichwohl aber eine eigenständige strukturelle und kulturelle Realität moderner ausdifferenzierter Gesellschaften, die man als solche weder dem Staat noch der Wirtschaft einfach zu-
schlagen kann (vgl. etwa Fuhse 2005: 79).

Abbildung 2:   Zivilgesellschaft als Teil des intermediären Raums –
                 Modellentwurf
                 (Darstellung der wesentlichen Teilsysteme und Begriffe)

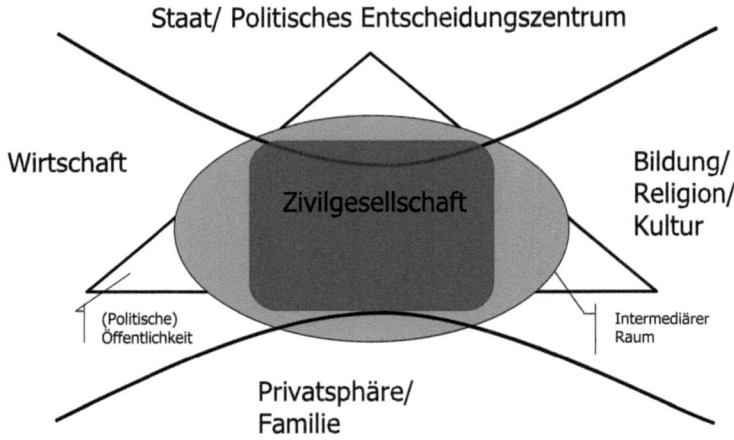

Quelle: Eigene Darstellung A.L.

Während die Grenzen zum Staat bzw. politischen Entscheidungszentrum einerseits und zur Privatsphäre andererseits in der Regel relativ scharf zu ziehen sind – von der Sonderrolle der Parteien wird gleich zu sprechen sein – , scheint die Durchlässigkeit zwischen Markt und Zivilgesellschaft und Religion/Kultur und Zivilgesellschaft höher zu sein. Unternehmen können unter bestimmten Bedingungen – etwa im Sinne von Corporate Citizenship – quasi als Akteure in der Zivilgesellschaft auftreten; sie können aber politisch auch – ein gewisses Gewicht, wie es etwa die Deutsche Bank oder Arcandor haben, vorausgesetzt –als Pressure Group auftreten. Als Pressure Group treten sie sehr wohl im intermediären Raum zwischen Politik und Gesellschaft in Erscheinung. Dieser intermediäre Raum ist – diess ist eine zweite Erweiterung des üblichen sektoralen Modells – damit aber nicht automatisch ein zivilgesellschaftlicher und/oder öffentlicher Handlungsraum. Wirtschaftsunternehmen besitzen als Pressure Groups zum Teil in beachtlichem Umfang politische Macht, in dem sie die politische Willensbildung und Entscheidungsfindung in ihrem Sinne beeinflussen. Diese intermediäre Rolle ist aber gerade keine zivilgesellschaftliche.

Eine ähnliche Multifunktionalität gilt es, auch für Religionsgemeinschaften und religiöse Akteure zu erfassen. Religion, verstanden als kollektive Sinnstiftung mit transzendentem Bezug einer Gruppe in institutionalisierter Form (A. Liedhegener 2008b: 180-182), ist wie gesagt Teil einer jeden Gesellschaft, aber nicht notwendigerweise immer auch schon Teil ihrer Zivilgesellschaft. In der von der amerikanischen Forschung dominierten Zivilgesellschaftsforschung wird dies meist übersehen, weil sich Religion in den USA im Wesentlichen von Anfang an zivilgesellschaftlich konstituiert und artikuliert hat (statt vieler C. Smidt 2003). José Casanova hat diese Differenz in seinem Buch ‚Public religions' im Prinzip aber schon treffend erfasst, indem er die möglichen Zusammenhänge von Religion und Politik in drei unterschiedlichen Bereichen lokalisierte: in den Institutionen und Strukturen der Staatlichkeit etwa als Staatskirchentum, im Bereich des parteipolitischen Wettbewerbs etwa durch religiöse oder konfessionelle Parteien und schließlich in der politischen Öffentlichkeit der Zivilgesellschaft (J. Casanova 1994). Anders gesagt: Religionsgemeinschaften und deren Eliten können empirisch durchaus im intermediären Raum politisch engagiert sein, ohne dass dieses Engagement als bürgerschaftliches Engagement treffend zu klassifizieren wäre, wenn unter Zivilgesellschaft jener Bereich der Gesellschaft zwischen Wirtschaftssystem, Regierungssystem, kulturell-religiösem System und Privatsphäre verstanden wird, in dem sich die Mitglieder einer Gesellschaft auf der Basis der Gleichheit freiwillig und unentgeltlich zusammenschließen und engagieren.

Wie passen nun die politischen Parteien in dieses erweiterte Modell von Zivilgesellschaft? Oben wurde auf die unterschiedlichen Funktionen abgehoben, die den Parteien in Demokratien zukommen bzw. zugesprochen werden. Eine Möglichkeit, dieser Multifunktionalität der Parteien gerecht zu werden, bietet das etablierte Konzept von Parteien als mehrdimensionale politische Organisationen. Idealtypisch unterscheiden lassen sich danach im Parteibegriff drei Dimensionen: Partei als Inhaber öffentlicher Ämter, Partei als von einer Parteileitung mehr oder weniger hierarchisch geführte überregionale Organisation und schließlich Partei als ein lokaler bzw. regionaler Zusammenschluss von Mitgliedern (E. Wiesendahl 2006: 10-13). Mit Hilfe dieser Differenzierung lassen sich Parteien im skizzierten sektoralen Modell der Zivilgesellschaft gleich mehrfach verorten. Dabei wird unmittelbar einsichtig, dass sich „Parteien aus staatlichen und gesellschaftlichen Organisationsbereichen zusammen [setzen], wodurch sie gleichzeitig Gesellschaft und Staatlichkeit verkörpern." (E. Wiesendahl 2006: 13)

Sofern Parteien durch Mandate und Ämter politische Macht im Regierungssystem übernehmen, sind sie im Bereich des staatlich-herrschaftlichen Handelns zu verorten. Parteien als kampagnefähige, national handlungsfähige, durch einen professionellen Mitarbeiterstab unterstützte und z.T. geführte politische Großorganisationen stehen auf der Grenze zwischen Regierungssystem und Zivilgesellschaft. Sie erbringen einen großen Teil der politischen Vermittlungs- und Werbe-

leistungen für ihre Politiker, Anhänger, Sympathisanten und die breite Öffentlichkeit nämlich sowohl durch bezahlte wie auch ehrenamtliche Dienstleistungen. Parteien im Sinne von Parteibasis sind, sofern sie innerparteilich demokratisch verfasst sind, eindeutig der Sphäre der Zivilgesellschaft zuzuordnen, denn
es handelt sich bei ihnen um einen freiwilligen Zusammenschluss von Bürgerinnen und Bürgern zur Erreichung politischer Ziele. Neben den Medien und den
Kollateralorganisationen sind es vor allem diese Mitgliederorganisationen der
Parteien, die das Linkage, die „Bodenhaftung" (H. Biehl 2006: 277) der Parteien
herstellen. Die Quintessenz der besonderen Bedeutung der Mitgliederbasis für
diese Linkage-Funktion ist offenkundig: Es gilt, „dass den Parteien, je weniger
Mitglieder sie haben, ihre Rekrutierungsbasis für qualifiziertes politisches Füh-
rungspersonal ebenso verloren geht wie die lebendige Verbindung zu den Interessen und Problemen der Bürger" (K. Schmitt/T. Oppelland 2008: 493).

Die hier modelltheoretisch eröffnete Verschränkung von Parteien- und Engagementforschung ermöglicht es, die gesellschaftliche Verankerung von Parteien
besser zu verstehen und empirisch zu analysieren. Die Zivilgesellschaftsforschung lenkt insbesondere den Blick über die gängige, vor allem in den Medien
vorherrschende Fixierung auf die quantitative Größe der nominellen Parteimitglieder hinaus. Die Zivilgesellschafts- oder Engagementforschung führt dazu,
das tatsächliche politische Engagement sowie die Vernetzung der (partei-
)politisch Engagierten mit anderen Organisationen und Formen der Zivilgesellschaft zu thematisieren. Es geht ihr dabei letztlich um den Zusammenhalt und die
Integration verschiedener gesellschaftlicher Kreise und der politischen Bedeutung, die diesem Zusammenhang sei es als inkludierendem („bonding") oder sei
es als brückenbildendem („bridging") Sozialkapital zukommt (R. Putnam 2000;
S. Zmerli 2008). Religion ist eine zentrale Untersuchungsdimension dieser Verknüpfung von Engagement- und Parteienforschung.

4   Datengrundlage: der Freiwilligensurvey 2004

Parteimitglieder machen je nach Schätzung rund zwei bis drei Prozent der deutschen Bevölkerung aus. Parteimitglieder allgemein und ehrenamtlich engagierte
Parteimitglieder kommen daher in üblichen Bevölkerungsumfragen mit 1000 bis
2000 Befragten nur in Spurenelementen vor. Eine weitergehende statistische
Analyse dieser kleinen Gruppe ist wegen zu geringer Fallzahlen und entsprechend großer Zufälligkeiten weitgehend ausgeschlossen. Einschlägige politikwissenschaftliche Repräsentativumfragen wie das Politbarometer oder die deutschen Nachwahltagsbefragungen verzichten auf die Erhebung des Merkmals
Parteimitgliedschaft bezeichnenderweise ganz. Die bisherige Parteienforschung

basiert daher ganz überwiegend auf den Mitgliederstatistiken der Parteien oder auf speziellen Befragungen von Parteimitgliedern (H. Biehl 2005; B. Boll/E. Holtmann 2001; W. Bürklin/V. Neu/H.-J. Veen 1997; A. Hallermann 2003; W. J. Patzelt/K. Algasinger 1996: 237-262; K. Schmitt 2000: 91-112).[3]

Aktuelle, repräsentative Befragungsdaten von Parteimitgliedern in der Bundesrepublik insgesamt liegen derzeit nur in indirekter Form vor. Eine der wenigen Möglichkeiten der Analyse liefert der Freiwilligensurvey 2004, dessen Daten im Folgenden für eine Sekundäranalyse herangezogen werden. Diese ungewöhnlich große Repräsentativbefragung geht auf die Enquete-Kommission des Deutschen Bundestags „Zukunft des Bürgerschaftlichen Engagements" zurück und wurde bislang in drei Wellen erhoben.[4] Primäres Ziel dieses Freiwilligensurveys ist es, das freiwillige Engagement und das Engagementpotential in der Bundesrepublik Deutschland zu erfassen. Dazu wurden 15000 Einwohner, die älter als 14 Jahre und der deutschen Sprache mächtig waren, im Namen der Bundesregierung befragt.

Das Erhebungsinstrument dieser außergewöhnlichen Umfrage ist komplex und verschachtelt. Um ein möglichst vollständiges Bild des freiwilligen Engagements in Deutschland zu gewinnen, wird zuerst erfragt, ob man außerhalb von Familie und Beruf Möglichkeiten nutze, „irgendwo mitzumachen, beispielsweise in einem Verein, einer Initiative, einem Projekt oder einer Selbsthilfegruppe." (Th. Gensicke/S. Picot/S. Geiss 2006: 439) Die Befragten konnten auf eine Liste mit 14 Bereichen von Aktivitäten – etwa Sport oder Religion – mit ja oder nein antworten. Anschließend wurde für die bejahten Bereiche die Frage nach dem freiwilligen oder ehrenamtlichen Engagement gestellt, d.h. ob der Befragte im genannten Bereich eine Aufgabe oder Arbeit unentgeltlich oder geringfügig bezahlt übernommen habe (Th. Gensicke/S. Picot/S. Geiss: 441). Mehrfachantworten waren auf beide Eingangsfragen möglich und erwünscht.

Im nächsten Schritt wurde ermittelt, für welchen Bereich der Befragte die meiste Zeit aufgewendet hat. Danach wurden für diesen Bereich und – wenn ein zweites Engagement oder mehrere Engagements angegeben worden waren – für

---

[3] Abgesehen von der über zehn Jahre alten Potsdamer Parteienstudie (W. Bürklin/V. Neu/H.-J. Veen 1997) sind diese Befragungen entweder nur auf eine einzelne Partei oder auf eine bestimmte Region zugeschnitten.

[4] Von den drei Wellen 1999, 2004 und 2009 sind die ersten beiden der Forschung zugänglich. Insgesamt deuten die Zahlen für 1999 und 2004 sowie die ersten Auswertungen für 2009 auf relativ stabile Verhältnisse im Bereich des freiwilligen Engagements in Deutschland hin (Th. Gensicke/S. Picot /S. Geiss 2006; Th. Gensicke 2009). Der Autor dankt dem Bundesministerium für Familie, Senioren, Frauen und Jugend und dem Zentralarchiv für Empirische Sozialforschung (ZA), Universität zu Köln, dafür, den Primärdatensatz des Freiwilligensurveys 2004 (ZA 4331) zur Verfügung gestellt zu haben. Weder die Primärforscher noch das ZA tragen irgendeine Verantwortung für die Analyse oder Interpretation der Daten im vorliegenden Beitrag.

Antonius Liedhegener

einen weiteren Bereich offene Fragen zur Art des Engagements gestellt, die erst
später kodiert worden sind (vgl. zu dieser besonders aufwendigen Vorgehens-
weise Gensicke 2009). Offenkundig zielt die Studie auf ein Maximum an Rück-
erinnerung bzw. ‚recall' der Befragten (kritische Stimmen dazu in Th. Leif 2009:
49-57 und 446-447). Die Daten des Freiwilligensurveys liefern also sicher die
Höchstwerte des zivilgesellschaftlichen Engagements in Deutschland. Danach
sind 30,5 Prozent aller Befragten bzw. Bundesdeutschen weder aktiv noch engagiert, nehmen also generell an im weitesten Sinne organisierten Formen der Zivilgesellschaft nicht teil. 33,8 Prozent sind „Aktive", d.h. Mitmachende ohne
Ehrenamt, und die restlichen 35,7 Prozent sind in einem oder mehreren der 14
Bereiche freiwillig bzw. ehrenamtlich engagiert.

„Politik und politische Interessenvertretung" und „Religion" stellen im Freiwilligensurvey je einen eigenen Engagementbereich dar. Als Erläuterung wurde
den Interviewten für den Bereich Politik angeboten, dass damit ein Engagement
„z.B. in einer Partei, im Gemeinderat oder Stadtrat, in politischen Initiativen oder
Solidaritätsprojekten" gemeint sei (Th. Gensicke/S. Picot/S. Geiss: 440). Durch
die zusätzlichen Detailantworten zur aufgewendeten Zeit, den Organisationskon-
text bis hin zu den Motiven, Wünschen und Förderungsmöglichkeiten lassen sich
die Engagementbereiche weiter differenzieren. Über die Kombination verschiedener Variablen wurden aus der großen Gruppe der Engagierten für die folgende
Analyse die politisch Engagierten und unter Letzteren wieder die engagierten
Parteimitglieder herausgerechnet und jeweils zu neuen Untergruppen zusammengefasst.[5] Für Religion als eine der zentralen unabhängigen Variablen der
Analyse stehen mit ‚Religionszugehörigkeit' und ‚Kirchenbindung' zwei grobe,
aber eben doch zentrale Indikatoren zur Verfügung.

5   Empirische Befunde

5.1   Verflechtungen: Parteien und zivilgesellschaftliches Engagement

Die Daten des Freiwilligensurveys zur Parteipolitik als zivilgesellschaftlichem
Engagement freiwillig engagierter Bürgerinnen und Bürger erlauben es also, die

---

[5] Dazu wurden zunächst die Aktivitäten und die Engagements entsprechend der oben genannten, auch
in der Auswertung von Gensicke, Picot und Geiss gebildeten Kategorien rekodiert und anschließend
die Kategorie der Engagierten anhand der Kombination der Variablen „politisches Engagement"
[A3(9) – ein Codebuch zu ZA 4331 existiert nicht, daher alle Variablennamen hier und im Folgenden
nach Gensicke/ Picot/ Geiss (wie Anm. 34)], „Rahmen des politischen Engagements" [B1-3 und B2-
3]und „eigene Parteimitgliedschaft" [B1-5 und B2-5] in die drei genannten Untergruppen rekodiert.
Die rekodierte, abhängige Variable der Sekundäranalyse stellt somit eine fünffach untergliederte
Einteilung aller Befragten dar. Vgl. den Tabellenkopf in Tab. 2 weiter unten.

Parteibasis in den Mittelpunkt des wissenschaftlichen Interesses zu rücken. Wie ist Parteipolitik als zivilgesellschaftliches Engagement intern strukturiert und wie ist sie in und mit der bundesdeutschen Zivilgesellschaft vernetzt?

Ein erster Blick auf das zivilgesellschaftliche Engagement, differenziert nach den 14 Engagementbereichen zeigt, dass in Deutschland die Kategorie „Sport und Bewegung" (11 % aller Befragten) gefolgt von „Schule/Kindergarten" (7 %) das meiste ehrenamtliche Engagement auf sich zieht. „Kirche/Religion", „Kultur/Musik", „Sozialer Bereich" und „Freizeit und Geselligkeit" folgen ungefähr gleichstark mit je rund 6 Prozent aller Engagierten, wobei Religion den Rang 3 inne hat. Die politisch Engagierten, also die „engagierten Parteimitglieder" und die „sonstwie politisch Engagierten", sind zahlenmäßig eine relativ kleine Gruppe und machen zusammen 2,7 Prozent aller Befragten aus. Die engagierten Parteimitglieder für sich genommen stellen nicht ganz 1 Prozent.[6] Drei Viertel aller engagierten Parteimitglieder geben aber an, dass Politik ihr wichtigstes Engagement sei. Damit steht den politisch Engagierten also eine sehr große Gruppe der „freiwillig Engagierten ohne politisches Engagement" gegenüber. Die beiden Gruppen der politisch Engagierten mit und ohne Parteibuch sind also bezogen auf die Bevölkerung nicht sehr groß. Daran hat sich – nach den vorliegenden Daten aus anderen Umfragen – in den letzten Jahren wenig geändert (Liedhegener 2009: 227-228). Dieser Befund des kleinen, aber recht stabilen Sockels politischen Engagements steht im auffallenden Kontrast zum eingangs gezeigten starken und anhaltenden Verlust der Parteien an nominellen bzw. zahlenden Mitgliedern. Anders gesagt: Einige wenige Bürgerinnen und Bürger leisten also seit geraumer Zeit besonders viel für das Funktionieren der bundesdeutschen Demokratie.

Tabelle 1: Politik und Ehrenamt. Durchschnittliche Anzahl der ehrenamtlichen bzw. freiwilligen Engagements

	Mittelwert	Median	Maximum
parteipolitisch Engagierte	2,4	2	7
sonstig politisch Engagierte	3,2	3	11
sonstige Engagierte	1,6	1	9

Quelle: Eigene Berechnungen nach Primärdatensatz Freiwilligensurvey 2004 (ZA 4331).

Im Folgenden interessieren nun vor allem die engagierten Parteimitglieder. Wie gut sind diese engagierten Parteimitglieder zivilgesellschaftlich vernetzt? Diese

---

[6] Hier und im Folgenden eigene Berechnungen auf der Basis des Primärdatensatzes ZA 4331.

Frage kann u.a. anhand der Anzahl der ausgeübten ehrenamtlichen bzw. freiwilligen Engagements operationalisiert werden.[7] Der Vergleich zwischen den drei oben gebildeten Gruppen zeigt: Wer nicht politisch engagiert ist, übt in der Regel nur ein einziges Ehrenamt aus (Tab. 1). Unter den engagierten Parteimitgliedern lag der Durchschnitt erkennbar höher, nämlich bei 2,4 Ämtern, unter den sonstig politisch Engagierten noch höher, nämlich bei 3,2. In letzteren beiden Gruppen finden sich auch jene „Spitzenehrenämtler", die neun oder sogar elf verschiedene Engagements angaben. Die politisch Engagierten waren deutlich häufiger engagiert und damit stärker vernetzt als die übrigen Engagierten. Wohlgemerkt, hier geht es um Engagements und nicht um bloße Doppelmitgliedschaften. Dieser markante Unterschied zwischen den politisch Engagierten und sonstigen Engagierten spiegelt sich auch im Zeitaufwand wider.[8] 45 Prozent der politisch Engagierten mit oder ohne Parteibuch bringen wöchentlich mehr als sechs Stunden für ihre ehrenamtliche Arbeit auf; unter den sonstig Engagierten sind dies nur 22,3 Prozent.

Abbildung 3:   Die zivilgesellschaftliche Vernetzung politisch Engagierter 2004

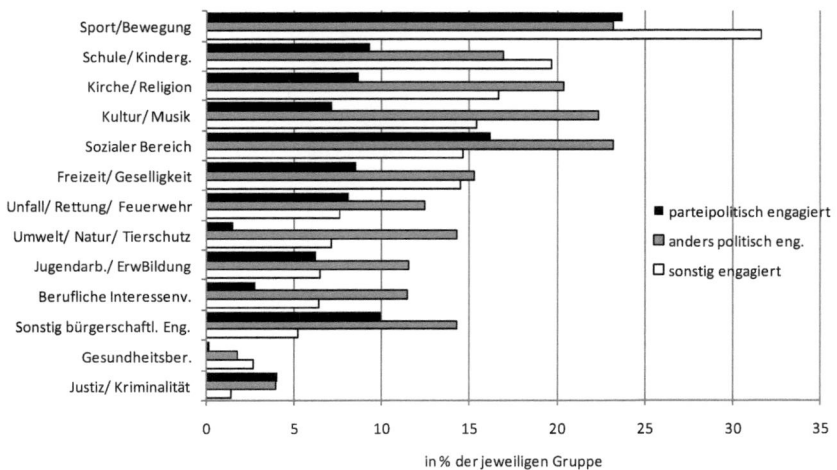

Bemerkung: Anteil der engagierten Parteimitglieder, der sonstig politisch Engagierten bzw. der Engagierten ohne politisches Engagement im jeweiligen Bereich jeweils in Prozent der Fälle der drei Gruppen; Mehrfachnennungen waren möglich. Lesehilfe: Etwas mehr als 15 Prozent der engagierten Parteimitglieder waren (zusätzlich) im „Sozialen Bereich" freiwillig engagiert.
Quelle: Eigene Berechnungen nach Primärdatensatz Freiwilligensurvey 2004 (ZA 4331).

---

[7] Vgl. Th. Gensicke/S. Picot/S. Geiss 2006: 444 [A4].
[8] Vgl. Th. Gensicke/S. Picot/S. Geiss 2006: 445 [A6].

Ein differenzierter Vergleich nach Engagementbereichen zeigt deutliche Schwer-
punkte des Engagements für die drei Gruppen der Engagierten (Abb. 3).[9] Die
engagierten Parteimitglieder sind über ein weiteres Ehrenamt am häufigsten mit
den Bereichen „Sport" (23,7 %), „Sozialer Bereich" (16,2 %) und „sonstiges
bürgerschaftliches Engagement" (10 %) vernetzt. Im Vergleich zu den engagierten Parteimitgliedern sind die sonstig politisch Engagierten mit mehr Bereichen
und dazu noch etwas stärker vernetzt, was mit dem oben ermittelten höheren
Durchschnittswert der ausgeübten Engagements korrespondiert. Mehr als 20 Prozent der sonstig politisch Engagierten geben an, neben ihrer politischen Arbeit in
den Bereichen „Sport/ Bewegung" (23,2 %), „Sozialer Bereich" (23,2 %), „Kul-
tur/Musik" (22,3 %) und „Kirche/Religion" (20,3 %) engagiert zu sein. Nur die
Bereiche Sport und Soziales werden also von Parteimitgliedern und sonstig politisch Engagierten in ähnlicher Höhe genannt. Ein beachtlicher Unterschied zwischen beiden Gruppen ist das hohe Engagement der anders politisch Engagierten
im religiösen Kontext. Engagierte Parteimitglieder sind überraschend selten
gleichzeitig auch im kirchlichen bzw. religiösen Bereich ehrenamtlich tätig.

Tabelle 2:   Profil der (partei-)politisch Engagierten im Vergleich

Merkmal der Befragten	inaktiv	aktiv	sonstig engagiert	politisch engagiert	parteipol. engagiert	*Gesamt*
Frau	56	53	49	24	23	*52*
Junge Bundes-länder	28	21	19	19	12	*22*
Alter 30 bis 65	54	55	64	70	73	*58*
Einkommen > 2500 € p.M.	28	36	45	53	46	*37*
Bildungsabschluss mind. Abitur	31	39	47	60	52	*39*
Beamter	5	8	11	14	17	*8*

Bemerkung: Anteil der Gruppe des jeweiligen Merkmals in Prozent an der jeweiligen Art des Engagements. Lesehilfe: 23 Prozent aller parteipolitisch Engagierten sind Frauen.
Quelle: Eigene Berechnungen nach Primärdatensatz Freiwilligensurvey 2004 (ZA 4331).

---

[9] Der Bereich „Politik" wird nicht eigens ausgewiesen, da er per Definition in zwei Fällen 100 Prozent und im Fall der sonstig Engagierten 0 Prozent ausmacht.

Fragt man nach den sozialen Charakteristika der politisch bzw. parteipolitisch Engagierten im Vergleich zu anderen Befragten, so sticht aus den Daten zuerst ein extrem starker Gendereffekt hervor (Tab. 2). Der Anteil der Frauen beträgt unter allen Befragten rund 52 Prozent. Dieser Anteil kommt dem Anteil an der Gesamtbevölkerung von 51,1 Prozent Ende 2004 sehr nahe (Statistisches Bundesamt 2006: 23). Unter den „Inaktiven" und „Aktiven" sind Frauen leicht überrepräsentiert, unter den „sonstig Engagierten" ein wenig unterrepräsentiert. Beim politischen Engagement klafft dagegen jene extrem große Lücke, die auch aus anderen Untersuchungen bekannt ist. Frauen stellen nur jede vierte politisch engagierte Person. An der gesellschaftlichen Basis ist Politik in einem eminenten Maße immer noch „Männersache". Ob Parteimitgliedschaft oder eine andere Organisationsform des politischen Engagements abgefragt werden, spielt dabei keine Rolle.

Schaut man auf die weiteren signifikanten Zusammenhänge, die in einer Serie von hier nicht wiedergegebenen Kreuztabellierungen von Engagementniveau bzw. –typen und sozio-demographischen und sozio-kulturellen Variablen ermittelt wurden, schälen sich die Umrisse des Bildes der politisch bzw. parteipolitisch Engagierten heraus. Ein nicht an eine Partei gebundenes politisches Engagement ist auch in den östlichen Bundesländern durchaus verbreitet. Aber gegenüber einem dezidiert parteipolitischen Engagement tritt einmal mehr die beachtliche, auch aus anderen ostdeutschen Mitgliederstudien bekannte Zurückhaltung der Menschen in den jungen Bundesländern gegenüber der Parteipolitik zu Tage.

Anders als es die häufig beklagte Überalterung der Mitgliedschaft der Parteien vermuten lässt, ist ehrenamtliches politisches Engagement nicht eine Domäne von Menschen im Rentenalter. Vielmehr stellt die Gruppe der 30- bis 65-jährigen überdurchschnittlich viele der engagierten Parteimitglieder.

Gleiches gilt für die höheren Einkommensklassen sowie Menschen mit höheren Bildungsabschlüssen. Beides passt zum allgemeinen Befund der Engagementforschung, welche wiederholt auf die Mittelschichtorientierung des zivilgesellschaftlichen Engagements hingewiesen hat (Th. Gensicke/S. Picot/S. Geiss: 47; S. Verba/K. Lehman Schlozman/H. E. Brady 1995). Bemerkenswert ist, dass engagierte Parteimitglieder etwas näher am Bevölkerungsdurchschnitt sind als Befragte, die angeben, außerhalb von Parteien politisch engagiert zu sein. Wohlwollend könnte man dies als eine gewisse Realitätsnähe der parteipolitisch Engagierten und damit Annäherung an eine Repräsentation der Verhältnisse in der Bevölkerung interpretieren. Dem widerspricht allerdings die sehr starke Überrepräsentation von Beamten unter den engagierten Parteimitgliedern.

5.2 Religion und (partei-)politisches Engagement heute

Eine Reihe von Befunden und Studien der jüngsten Zeit spricht dafür, dass Religion in der deutschen Zivilgesellschaft einen – gemessen am bekannten Bild der rückläufigen Kirchlichkeit und Religiosität – erstaunlich breiten Raum einnimmt. Unter allen Engagementbereichen gehört Religion mit 6 Prozent wie gesehen zu den großen Engagementbereichen in Deutschland. Kirchen und religiöse Organisationen stehen auch dann ganz oben auf der Liste, wenn es um den organisatorischen Rahmen des Engagements geht. Nicht ganz die Hälfte aller ehrenamtlichen Tätigkeiten findet im Rahmen von Vereinen ihre Gelegenheitsstrukturen. Es folgen auf Rang zwei Kirchen und religiöse Organisationen mit 15 Prozent.

Abbildung 4: Kirchenbindung und zivilgesellschaftliches Engagement (Zusammensetzung der Bevölkerung bzw. Engagementgruppen nach Kirchenbindung in Prozent)

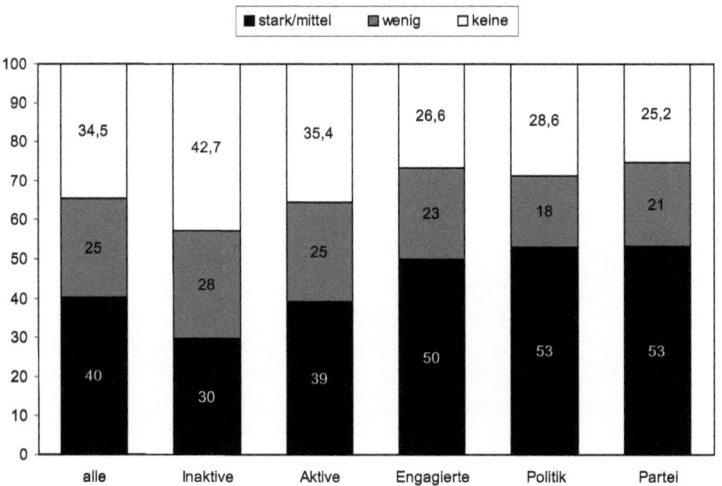

Bemerkung: Lesehilfe: Befragte mit einer starken oder mittleren Kirchenbindung stellen 53 % aller parteipolitisch Engagierten. – Alle = Zusammensetzung der Bevölkerung; Inaktive = keinerlei aktive Einbindung in zivilgesellschaftliche Organisationen bzw. Initiativen; Aktive = aktives Mittun in Vereinen etc.; Engagierte = bürgerschaftlich, aber nicht politisch Engagierte; Politik = politisch außerhalb von Parteien Engagierte; Partei = parteipolitisch Engagierte.
Quelle: Eigene Berechnungen A.L. nach Primärdatensatz Freiwilligensurvey 2004 (ZA4331)

Mit diesen organisationsbezogenen Eckdaten korrespondiert eine bleibende Bedeutung von Religion auf der Individualebene. Beachtlich ist, welche hohe Bedeutung die Kirchenbindung auch und gerade für das politische Engagement
spielt (Abb. 4). Befragte mit einer starken oder mittleren Kirchenbindung sind
zunächst deutlich seltener unter den Inaktiven anzutreffen. Stark überrepräsentiert sind sie dagegen unter den zivilgesellschaftlich und (partei-)politisch Engagierten. 50 Prozent der sonstig bürgerschaftlich Engagierten geben eine mittlere
oder starke Kirchenbindung an. Unter den politisch in Parteien oder anderen
Zusammenhängen Engagierten steigt der Anteil derjenigen mit mittlerer oder
starker Kirchenbindung nochmals leicht an. 53 Prozent aller (partei-)politisch
Engagierten in der Bundesrepublik Deutschland haben eine mittlere oder starke
Kirchenbindung.

Der Anteil der engagierten Parteimitglieder steigt übrigens nicht mehr, wenn
man die Gruppe der stark Kirchengebundenen gesondert untersucht. Ein solcher
Zusammenhang hätte nach den Befunden der Wahlforschung erwartet werden
können, denn Wahlanalysen weisen nach wie vor die höchsten Wähleranteile der
Unionsparteien unter den stark kirchenverbundenen Wählerinnen und Wählern
auf, wobei die Größe dieser stark kirchenverbundenen Wählergruppe innerhalb
des Gesamtelektorats seit den 1970er Jahren rückläufig ist (K. Schmitt 1989:
136-139; H. Schoen 2005: 173-181). Das heißt zusammengenommen, dass das
politische Engagement der Menschen in den Kirchenbänken heute vielfältiger
und weniger parteibezogen ist als dies zu früheren Zeiten der Bundesrepublik
wohl der Fall gewesen ist. Darüber hinaus gilt: Eine schwache oder fehlende
Kirchenbindung hat nachweislich nicht nur negative Auswirkungen auf das bürgerschaftliche Engagement im allgemeinen, sondern auch auf das politische
Engagement im besonderen. Diese Aussage gilt auch dann, wenn man statistisch
zusätzlich zwischen den alten und jungen Bundesländern unterscheidet, d.h. der
Unterschied im zivilgesellschaftlichen Engagement nach Kirchenbindung kann
nicht auf den bekannten starken Ost-West-Unterschied in religiösen Fragen zurückgeführt werden. Dieses Ergebnis korrespondiert mit dem wiederholt ge-
machten Befund, dass Konfessions- und Kirchenbindung auch in den östlichen
Bundesländern einen deutlichen Einfluss auf das Wahlverhalten ausüben. (B.
Boll/ E. Holtmann 2001: 290-29; K. Schmitt 1996: 68-84; K. Schmitt 1999: 625-
636; K. Schmitt 2005: 303-324).

Neben diesem deutlichen Effekt der Kirchenverbundenheit auf das bürgerschaftliche Engagement und insbesondere auf das freiwillige bzw. ehrenamtliche
Engagement in Politik und Parteien gibt es einen weiteren Zusammenhang, der
auf dem Faktor Religion beruht. Die Zugehörigkeit zu einer der beiden großen
Kirchen übt ebenfalls einen positiven Effekt auf das bürgerschaftliche Engagement aus (Abb. 5). Interessant ist hier aber weniger die Differenz zur Gruppe der

Befragten ohne Kirchenmitgliedschaft. Diese Differenz ist im Prinzip schon aus den Daten der Kirchenbindung ersichtlich geworden. Auffallend und beachtenswert ist hier vielmehr die Differenz zwischen den Mitgliedern der beiden großen Konfessionen. Sie unterscheiden sich vor allem hinsichtlich der Bereiche, in denen sie sich freiwillig engagieren. Unter den nicht politisch Engagierten sind evangelische Befragte im Vergleich zu ihrem Anteil von 33 Prozent an allen Befragten um fünf Prozentpunkte überrepräsentiert. Beim nicht parteienbezogenen politischen Engagement bleiben sie dagegen zurück, während ihr Anteil bei den parteipolitisch engagierten nur leicht über ihrem Anteil an allen Befragten liegt. Für katholische Befragte sieht das Muster im Vergleich dazu deutlich anders aus. Unter den sonstig Engagierten liegt ihr Anteil, vergleichbar zu den

Abbildung 5: Religionszugehörigkeit und zivilgesellschaftliches Engagement (Zusammensetzung der Bevölkerung bzw. Engagementgruppen nach Religionszugehörigkeit in Prozent)

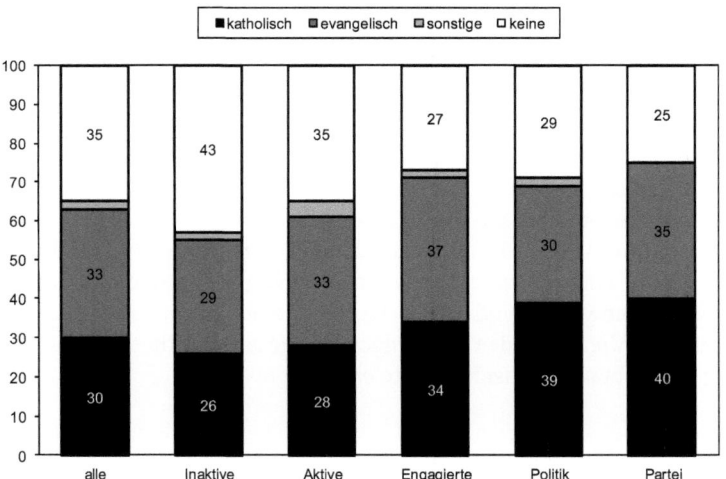

Bemerkung: Lesehilfe: Katholische Befragte stellen 40 % aller parteipolitisch Engagierten. – Alle = Zusammensetzung der Bevölkerung; Inaktive = keinerlei aktive Einbindung in zivilgesellschaftliche Organisationen bzw. Initiativen; Aktive = aktives Mittun in Vereinen etc.; Engagierte = bürgerschaftlich, aber nicht politisch Engagierte; Politik = politisch außerhalb von Parteien Engagierte; Partei = parteipolitisch Engagierte.
Quelle: Eigene Berechnungen A.L. nach Primärdatensatz Freiwilligensurvey 2004 (ZA4331)

evangelischen Befragten, einige Prozentpunkte über ihrem Anteil von 30 Prozent
an allen Befragten. Bei den beiden Formen des politischen Engagements innerhalb und außerhalb von Parteien sind katholische Befragte erheblich überrepräsentiert. Beim politischen Engagement beträgt die Differenz zum Anteil der
Katholiken an allen Befragten plus neun, bei den parteipolitisch Engagierten plus
zehn Prozentpunkte. Katholische Bürgerinnen und Bürger stehen damit für rund
40 Prozent des freiwilligen (partei-)politischen Engagements in der Bundesrepublik Deutschland ein. Leider lassen sich die Daten des Freiwilligensurveys nicht
für die verschiedenen bundesdeutschen Parteien weiter differenzieren, weil eine
Variable zur Parteienpräferenz o.ä. im Primärdatensatz fehlt. Man wird diesen
zahlenmäßigen Befund aber wohl als Ausdruck der langen Geschichte der politischen Mobilisierung unter den deutschen Katholiken und der prägenden Wirkung des katholischen Milieus in der Geschichte der Bundesrepublik Deutschland lesen müssen (Liedhegener 2006: 45-83; 286-302). Vermutlich wirken hier
– ähnlich wie beim eingangs diskutierten Zusammenhang von Religion und
Wahlverhalten – ältere Verhaltensmuster nicht nur nach, sondern werden zugleich von neueren, vor allem im Gefolge der Rezeption des II. Vatikanischen
Konzils erworbenen zivilgesellschaftlichen Orientierungen überlagert. Generell
weist dies auf die Aufgabe hin, den politischen Auswirkungen des mittelfristigen
gesellschaftlichen Wandels in der Bundesrepublik weg von einer Gesellschaft
der sozialmoralischen Milieus und gesellschaftlich prägenden Großgruppen hin
zur pluralisierten, weltanschaulich und religiös vielfältigen und gesellschaftlich
breit verankerten bundesdeutschen Zivilgesellschaft der Gegenwart in der Forschung verstärkte Aufmerksamkeit zu schenken (Ch. Kösters/A. Liedhegener/W.
Tischner 2008). Die präsentierten Befunde deuten hier jedenfalls auf einen erheblichen Formenwandel und eine neuartige Gemengelage, aber eben nicht auf
ein generelles Verschwinden der tragenden gesellschaftlichen und religiösen
Grundlagen der bundesdeutschen Parteien hin.

6   Fazit

Abschließend ist für die Analyse des zivilgesellschaftlichen Zusammenhangs von
Parteien und Religion auf der Basis der Daten des Freiwilligensurveys 2004 zum
ehrenamtlichen bzw. freiwilligen Engagement eine Reihe wichtiger Befunde
festzuhalten. Erstens ergibt sich aus den vorgelegten Zahlen für die Parteien ein
ambivalenter, streckenweise sogar verhalten optimistischer Befund. Die Daten
zum zivilgesellschaftlichen Engagement zeigen, dass die weit verbreitete, ausschließliche Fixierung auf die in der Tat drastisch sinkende Zahl der Parteimitglieder bei CDU und SPD und die daraus vielfach abgeleitete Krise der Parteien

den Blick auf die derzeit (noch) vorhandenen und an der Basis weithin intakten Ressourcen der Linkage-Funktion der Parteien verstellt. Diese Feststellung gilt uneingeschränkt für die alten Bundesländer und in eingeschränktem Maße wohl auch für die jungen Bundesländer (B. Boll/ E. Holtmann 2001: 291-296; B. Hofmann 2004: 181-195; T. Oppelland/ K. Schmitt 2008: 487-493).[10] Festgestellt werden kann nämlich, dass die aktive Mitgliedschaft und ehrenamtliche Tätigkeit in einer Partei ein quantitativ zwar wie eh und je begrenztes, aber eben doch nach wie vor vorhandenes und wichtiges Element der bundesdeutschen Zivilgesellschaft sind. Darüber hinaus hat die Sekundäranalyse des Freiwilligensurveys gezeigt, dass in Deutschland diejenigen, die in der Politik ehrenamtlich bzw. freiwillig engagiert sind, zugleich eine breite und vielfältige zivilgesellschaftliche Vernetzung aufweisen. Politisch ehrenamtlich Engagierte bringen sich deutlich häufiger als andere in die verschiedensten Zusammenhänge freiwilliger Selbstorganisation ein und sind daher überdurchschnittlich gut mit anderen Aktivitäten und Zusammenschlüssen der Zivilgesellschaft vernetzt. Stramme Parteisoldaten mit einer Häufung allein politischer Ämter sind unter den Ehrenamtlichen kaum anzutreffen. Unter den (partei-)politisch Engagierten dominieren die gesellschaftlichen Entscheidungsträger zwischen 30 und 65 Jahren. Dieser Befund eines in die deutsche Zivilgesellschaft gut eingebetteten, mit ihr vielfach verflochtenen politischen und parteipolitischen Engagements eines kleinen, aber sehr aktiven Teils der Bürgerinnen und Bürger liefert m.E. eine wesentliche Erklärung dafür, warum das anhaltende Mitgliederproblem vor allem der beiden großen Parteien bislang (noch) keine Fundamentalkrise der Parteiendemokratie herbeigeführt hat. Zukünftig wird es gleichwohl auch darauf ankommen, die Zahl der Parteimitglieder mindestens zu stabilisieren, weil freiwilliges parteipolitisches Engagement hier seine wesentliche Rekrutierungsbasis hat.

Religion liefert – das ist der zweite zentrale Befund der Sekundäranalyse – gegenwärtig einen wichtigen Beitrag zur zivilgesellschaftlichen Verankerung der bundesdeutschen Parteien. Neben Gender und Bildung beeinflusst vor allem die Stärke der Bindung an eine Religionsgemeinschaft das freiwillige politische Engagement deutlich positiv. Personen mit mittlerer und starker Kirchenbindung engagieren sich weit überdurchschnittlich auf freiwilliger Basis politisch. Dieses Engagement kommt den Parteien und dem nicht an Parteien gebundenen politischen Engagement in etwa gleichem Umfang zugute. Katholische Bürgerinnen und Bürger weisen zudem ein besonders starkes politisches bzw. parteipolitisches Engagement auf, was hier auf die langfristigen Wirkungen des katholischen Milieus in Deutschland bezogen wurde.

---

[10] Alle drei Studien konvergieren in dem Befund, dass dies für SPD und CDU mit gewissen Einschränkungen zutrifft. Abweichend dazu und im Gegensatz zur landläufigen Einschätzung ist die PDS/ Die Linke auffallend schwach mit dem zivilgesellschaftlichen Umfeld vernetzt.

Wenn man nicht der These folgen will, dass die Parteien heute nur noch als professionalisierte Wählerparteien funktionieren können und ihr Linkage daher primär über massenmediale Kommunikation herstellen müssen, wird man um die Frage der politischen Bedeutung des hier herausgearbeiteten positiven Beitrags von Religion zur gesellschaftlichen Verankerung von Parteien nicht herum kommen. Es drängt sich die Frage auf, ob im Lichte der vorgelegten Zahlen die anhaltende Säkularisierung in der Bundesrepublik nicht auch als ein Problem für die Zukunft der Parteiendemokratie gesehen werden muss. Gegenwärtig tragen Religionszugehörigkeit und Kirchenbindung jedenfalls in erheblichem Umfang zum für die Demokratie wichtigen ehrenamtlichen parteipolitischen Engagement in Deutschland bei.

Literatur

Adloff, Frank (2005): Zivilgesellschaft. Theorie und politische Praxis. Frankfurt a.M.: Campus.

Arbeitskreis für kirchliche Zeitgeschichte, Münster (AKKZG) (1993): Katholiken zwischen Tradition und Moderne. Das katholische Milieu als Forschungsaufgabe. In: Westfälische Forschungen 43: 588-654.

Best, Heinrich (Hrsg.) (1989): Politik und Milieu. Wahl- und Elitenforschung im historischen und interkulturellen Vergleich (Historisch-Sozialwissenschaftliche Forschungen, Bd.22). St. Katharinen: Scripta Mercaturae Verlag.

Beyme, Klaus von (2000): Parteien im Wandel. Von den Volksparteien zu den professionalisierten Wählerparteien. Wiesbaden: Westdeutscher Verlag.

Beyme, Klaus von (2001): Von den Volksparteien zu den professionalisierten Wählerparteien. Anmerkungen zur Weiterentwicklung politologischer Parteien-Typologien. In: Gegenwartskunde 50, 1: 57-66.

Biehl, Heiko (2005): Parteimitglieder im Wandel. Partizipation und Repräsentation. Wiesbaden: VS Verlag.

Biehl, Heiko (2006): Wie viel Bodenhaftung haben die Parteien? Zur Beziehung von Parteimitgliedschaft und Herkunftsmilieu. In: ZParl 37, 2, 277-292.

Boll, Bernhard/Holtmann, Everhard (Hrsg.) (2001): Parteien und Parteimitglieder in der Region. Sozialprofil, Einstellungen, innerparteiliches Leben und Wahlentscheidung in einem ostdeutschen Bundesland. Das Beispiel Sachsen-Anhalt. Wiesbaden: VS Verlag.

Brettschneider, Frank/van Deth, Jan/Roller, Edeltraud (Hrsg.) (2002a): Das Ende der politisierten Sozialstruktur? Opladen: Leske + Budrich.

Brettschneider, Frank/van Deth, Jan/Roller, Edeltraud (2002b): Sozialstruktur und Politik: Forschungsstand und Forschungsperspektiven. In: Brettschneider/van Deth/Roller, Edeltraud 2002: 7-22.

Bürklin, Wilhelm/Neu, Viola/Veen, Hans-Joachim (1997), Die Mitglieder der CDU. St. Augustin: Konrad-Adenauer-Stiftung.

Casanova, José (1994): Public Religions in the Modern World. Chicago - London: University of Chicago Press.

Dalton, Russell (2004): Democratic Challenges, Democratic Choices. The Erosion of Political Support in Advanced Industrial Democracies (Comparative Politics). Oxford: Oxford University Press.

Dettling, Daniel (Hrsg.) (2005): Parteien in der Bürgergesellschaft. Zum Verhältnis von Macht und Beteiligung. Wiesbaden: VS Verlag.

Franzen, Axel/Freitag, Markus (Hrsg.) (2007): Sozialkapital. Grundlagen und Anwendungen (KZfSS, Sonderheft 47/2007). Wiesbaden: VS Verlag.

Fuhse, Jan (2005): Theorien des politischen Systems. David Easton und Niklas Luhmann. Eine Einführung (Studienbücher Politische Theorie und Ideengeschichte). Wiesbaden: VS Verlag.

Gensicke, Thomas/Picot, Sibylle/Geiss, Sabine (2006): Freiwilliges Engagement in Deutschland 1999-2004. Ergebnisse der repräsentativen Trenderhebung zu Ehrenamt, Freiwilligenarbeit und bürgerschaftlichem Engagement, in Auftrag gegeben und hg. vom Bundesministerium für Familie, Senioren, Frauen und Jugend, vorgelegt von TNS Infratest Sozialforschung. Wiesbaden: VS Verlag.

Gensicke, Thomas (2009): Der Freiwilligensurvey (1999, 2004, 2009) – Ein umfragegestütztes Informationssystem für die Zivilgesellschaft in Deutschland. In: BBE-Newsletter 19/2009: Bundesnetzwerk Bürgerschaftliches Engagement: 1-5 (www.b-b-e.de/index.php?id=newsletter).

Hallermann, Andreas (2003): Partizipation in politischen Parteien. Vergleich von fünf Parteien in Thüringen (Jenaer Beiträge zur Politikwissenschaft, Bd.8). Baden-Baden: Nomos.

Hennig, Eike/Lohde-Reiff, Robert (2002): Die Wahlabsicht im Wandel von 1980 bis 1998. In: Brettschneider/van Deth/Roller 2002: 109-126.

Hofmann, Bernd (2004): Annäherung an die Volkspartei. Eine typologische und parteiensoziologische Studie. Wiesbaden: VS Verlag.

Jesse, Eckhard (2006): Die Volksparteien in der Krise. In: Das Parlament vom 25.9.2006.

Jesse, Eckhard (2008): Die Parteiendemokratie in der Krise (Kirche und Gesellschaft, Nr.351). Köln: Bachem.

Katz, Richard S./Mair, Peter (1995): Changing Models of Party Organization and Party Democracy. The Emergence of the Cartel Party. In: Party Politics 1: 5-28.

Kleinert, Hubert (2007): Abstieg der Parteiendemokratie. In: APuZ (2007) B35/36: 3-11.

Kösters, Christoph/Liedhegener, Antonius (1998): Historische Milieus als Forschungsaufgabe. Zwischenbilanz und Perspektiven. In: Westfälische Forschungen 48: 593-601.

Kösters, Christoph/Liedhegener, Antonius/Tischner, Wolfgang (2007): Religion, Politik und Demokratie. Deutscher Katholizismus und Bürgergesellschaft in der zweiten Hälfte des 20. Jahrhunderts. In: Historisches Jahrbuch 127: 353-392.

Kocka, Jürgen (2003): Zivilgesellschaft in historischer Perspektive. In: Forschungsjournal Neue Soziale Bewegungen 16: 29-37.

Krech, Volkhard (2007): Exklusivität, Bricolage und Dialogbereitschaft. Wie die Deutschen mit religiöser Vielfalt umgehen. In: BertelsmannStiftung (Hrsg.): Religionsmonitor 2008. Gütersloh: Gütersloher Verlagshaus: 33-43.

Langguth, Gerd (2003): Das Verhältnis von Parteien und zivilgesellschaftlichen Organisationen. In: Enquete-Kommission „Zukunft des Bürgerschaftlichen Engagements" Deutscher Bundestag (Hrsg.): Bürgerschaftliches Engagement in Parteien und Bewegungen (Schriftenreihe Enquete-Kommission „Zukunft des Bürgerschaftlichen Engagements" des 14. Deutschen Bundestages, Bd.10). Opladen: Leske + Budrich: 177-190

Leif, Thomas (2009): Angepasst und ausgebrannt: Die Parteien in der Nachwuchsfalle – Warum Deutschland der Stillstand droht. Bielefeld: C. Bertelsmann Verlag.

Lepsius, M. Rainer (1966): Parteiensystem und Sozialstruktur. Zum Problem der Demokratisierung der deutschen Gesellschaft. In: Abel, Wilhelm u.a. (Hrsg.): Wirtschaft, Geschichte Geschichte und Wirtschaftsgeschichte. Festschrift zum 65. Geburtstag von Friedrich Lütge. Stuttgart: Fischer: 371-393. Wiederabgedruckt in: Ritter, Gerhard A. (Hrsg.): Deutsche Parteien vor 1918. Köln: Kiepenheuer & Witsch: 1973: 56-80.

Liedhegener, Antonius (2006): Macht, Moral und Mehrheiten. Der politische Katholizismus in der Bundesrepublik Deutschland und den USA seit 1960 (Jenaer Beiträge zur Politikwissenschaft, Bd.11). Baden-Baden: Nomos.

Liedhegener, Antonius (2008a): Bürger- und Zivilgesellschaft. In: Rauscher, Anton (Hrsg.): Handbuch der katholischen Soziallehre. Berlin: Duncker & Humblot: 887-898.

Liedhegener, Antonius (2008b): Religion in der vergleichenden Politikwissenschaft. Begriffe - Konzepte - Forschungsfelder, in: Hildebrandt, Mathias/ Brocker, Manfred (Hg.), Der Begriff der Religion (Politik und Religion). Wiesbaden: VS Verlag: 179-196.

Liedhegener, Antonius (2009): Krise der Parteien und kein Ende? Zu den zivilgesellschaftlichen Grundlagen der bundesdeutschen Parteiendemokratie. In: Liedhegener, Antonius/Oppelland, Torsten (Hg.), Parteiendemokratie in der Bewährung. Festschrift für Karl Schmitt (Jenaer Beiträge zur Politikwissenschaft, Bd.14). Baden-Baden: Nomos: 211-230.

Liedhegener, Antonius (2010): Religion und bürgerschaftliches Engagement in Deutschland. Empirische Befunde zu einem jungen Forschungsfeld. In: BBE-Newsletter 3/2010: Bundesnetzwerk Bürgerschaftliches Engagement: 1-5 (www.b-b-e.de/index.php?id=newsletter).

Mair, Peter/van Biezen, Ingrid (2001): Party Membership in Twenty European Democracies, 1980-2000. In: Party Politics 7, 1: 5-21.

Mielke, Gerd (2003): Parteien zwischen Kampagnenfähigkeit und bürgerschaftlichem Engagement. In: Enquete-Kommission „Zukunft des Bürgerschaftlichen Engagements" des 14. Deutschen Bundestages (Hrsg.): Bürgerschaftliches Engagement in Parteien und Bewegungen. Opladen: Leske + Budrich: 157-166.

Mielke, Gerd (2007): Auf verlorenem Posten? Parteien in der Bürgergesellschaft. In: Forschungsjournal Neue Soziale Bewegungen 20, 4: 63-71.

Niedermayer, Oskar (2008): Die Parteimitglieder in Deutschland: Version 2008 (Arbeitshefte aus dem Otto-Stammer-Zentrum, Nr.13). Berlin: Otto-Stammer-Zentrum.

Oberndörfer, Dieter/Rattinger, Hans/Schmitt, Karl (Hrsg.) (1985): Wirtschaftlicher Wandel, religiöser Wandel und Wertwandel. Folgen für das politische Verhalten in der Bundesrepublik Deutschland (Ordo Politicus, Bd.25). Berlin: Duncker & Humblot.

Panebianco, Angelo (1988): Political Parties: Organization and Power (Cambridge Studies in Modern Political Economies). Cambridge: Cambridge University Press.

Patzelt, Werner J./Algasinger, Karin (1996), Das Parteiensystem Sachsens. In: Niedermayer, Oskar (Hrsg.): Intermediäre Strukturen in Ostdeutschland. Opladen: Leske + Budrich: 237 262

Poguntke, Thomas (2000): Parteiorganisation im Wandel. Gesellschaftliche Verankerung und organisatorische Anpassung im europäischen Vergleich. Wiesbaden: Westdeutscher Verlag.

Putnam, Robert D. (1995): Bowling Alone: America's Declining Social Capital. In: Journal of Democracy 6: 64-78.

Putnam, Robert D. (2000): Bowling Alone. The Collapse and Revival of American Community, New York u.a.: Simon & Schuster.

Recker, Marie-Luise/ Tenfelde, Klaus (Hrsg.) (2005): Handbuch zur Statistik der Parlamente und Parteien in den westlichen Besatzungszonen und in der Bundesrepublik Deutschland. 4 Teilbde. Düsseldorf: Droste.

Roßteutscher, Siegrid (2009): Religion, Zivilgesellschaft, Demokratie. Eine international vergleichende Studie zur Natur religiöser Märkte und der demokratischen Rolle religiöser Zivilgesellschaften (Studien zur Wahl- und Einstellungsforschung, Bd.12). Baden-Baden: Nomos.

Schmitt, Karl (1989): Konfession und Wahlverhalten in der Bundesrepublik Deutschland (Ordo Politicus, Bd.27). Berlin: Duncker & Humblot.

Schmitt, Karl (1996): Wahlergebnisse. Kontinuität und Umbruch. In: Schmitt, Karl (Hrsg.): Thüringen. Eine politische Landeskunde (Jenaer Beiträge zur Politikwissenschaft, Bd.4). Weimar – Köln – Wien: Böhlau.

Schmitt, Karl (1999): Christliche Abgeordnete in den ostdeutschen Landtagen. Sozialisation und politische Orientierungen. In: Weilemann, Peter R./Küsters, Hanns Jürgen/Buchstab, Günter (Hrsg.): Macht und Zeitkritik. FS für Hans-Peter Schwarz zum 65. Geburtstag. Paderborn u.a.: Schöningh: 625-636;

Schmitt, Karl (2000), Parteimitglieder in Thüringen. In: Esser, Hartmut (Hrsg.): Der Wandel nach der Wende. Gesellschaft, Wirtschaft, Politik in Ostdeutschland. Wiesbaden: VS Verlag: 91-112.

Schmitt, Karl (2005): Christliche Verantwortung in der Demokratie. Evangelische und katholische Abgeordnete im Thüringer Landtag. In: Thüringer Landtag (Hrsg.): Kirchen und kirchliche Aufgaben in der parlamentarischen Auseinandersetzung in Thüringen vom frühen 19. bis ins ausgehende 20. Jahrhundert (Schriften zur Geschichte des Parlamentarismus in Thrüingen, Bd.23). Weimar: Böhlau: 303-324.

Schmitt, Karl/ Oppelland, Torsten (2008), Gelungene Konsolidierung? Parteien und Parteiensystem in Thüringen 1990-2007. In: Schmitt, Karl/Oppelland, Torsten (Hrsg.): Parteien in Thüringen. Ein Handbuch (Handbücher zur Geschichte des Parlamentarismus und der politischen Parteien, Bd.16). Düsseldorf: Droste: 471-493.

Schoen, Harald (2005): Soziologische Ansätze in der empirischen Wahlforschung. In: Jürgen W. Falter/ Harald Schoen (Hrsg.): Handbuch Wahlforschung. Wiesbaden: VS Verlag: 135-185.

Smidt, Corwin (Hrsg.) (2003): Religion as Social Capital. Producing the Common Good. Waco, TX: Baylor University Press.

Statistisches Bundesamt (Hrsg.) (2006), Datenreport 2006.Zahlen und Fakten über die Bundesrepublik Bundesrepublik Deutschland, Hrsg. in Zusammenarbeit mit dem Wissenschaftszentrum Berlin für Sozialforschung und dem Zentrum für Umfragen, Methoden und Analysen, Mannheim (Schriftenreihe der Bundeszentrale für politische Bildung, Bd.544). Bonn.

Stykow, Petra (2007): Vergleich politischer Systeme (Grundzüge der Politikwissenschaft). Paderborn: Schöningh.

Traunmüller, Richard (2009): Religion und Sozialintegration. Eine empirische Analyse der religiösen Grundlagen sozialen Kapitals, in: Berliner Journal für Soziologie 19, 3: 435-468.

Uslaner, Eric M. (2006): Political Parties *and* Social Capital. Political Parties *or* Social Capital. In: Katz, Richard S./Crotty, William (Hrsg.): Handbook of Party Politics, London u.a.: SAGE: 376-286.

Verba, Sidney/Lehman Schlozman, Kay/Brady, Henry E. (1995): Voice and Equality: Civic Voluntarism in American Politics. Cambridge, MA: Cambridge University Press.

Wackers, Frank (2008): Ländlich-katholisch. Gesellschaftliche und politische Veränderungsprozesse. Kevelaer: Butzon & Bercker.

Westle, Bettina/Gabriel, Oscar W. (Hrsg.) (2008): Sozialkapital. Eine Einführung (Studienkurs Politikwissenschaft). Baden-Baden: Nomos.

Wiesendahl, Elmar (1992): Volksparteien im Abstieg. In: APuZ, B34/35: 3-14.

Wiesendahl, Elmar (2003): Parteiendemokratie in der Krise. Das Ende der Mitgliederpartei? In: Glaab, Manuela (Hrsg.): Impulse für eine neue Parteiendemokratie. Analysen zu Krise und Reform (Schriftenreihe der Forschungsgruppe Deutschland, Bd.15). München: Forschungsgruppe Deutschland: 21-38.

Wiesendahl, Elmar (2005): Das Ende der Mitgliederpartei. Die Parteiendemokratie auf dem Prüfstand. In: Dettling, Daniel (Hrsg.): Parteien in der Bürgergesellschaft. Zum Verhältnis von Macht und Beteiligung. Wiesbaden: VS Verlag: 23-42.

Wiesendahl, Elmar (2006): Mitgliederparteien am Ende? Eine Kritik der Niedergangsdiskussion. Wiesbaden: VS Verlag.

Wiesendahl, Elmar (2006): Parteien. Frankfurt a.M.: Fischer Taschenbuch.

Zimmer, Annette (2007): Vereine - Zivilgesellschaft konkret, unter Mitarbeit von Thorsten Hallmann und Lilian Schwab (Grundwissen Politik, Bd.16). 2. Aufl. Wiesbaden: VS Verlag.

Zmerli, Sonja (2008): Inklusives und exklusives Sozialkapital in Deutschland. Grundlagen, Erscheinungsformen und Erklärungspotential eines alternativen theoretischen Konzepts (Studien zur Wahl- und Einstellungsforschung, Bd.4). Baden-Baden: Nomos.

Verzeichnis der Autorinnen und Autoren

Mariano Barbato
Biographie: Dr. phil.; geb. 1972; Studium der Politikwissenschaft, Geschichte, Philosophie, Erwachsenenpädagogik und Theologie an der Ludwig-Maximilians-Universität München, der University of Wales, Aberystwyth, der Hochschule für Philosophie, München, und der Universität Bamberg; Marie Curie Fellow am European Research Institute der University of Birmingham; 2005 Promotion in München; Postdoktorand am DFG-Graduiertenkolleg „Anthropologische Grundlagen und Entwicklungen im Christentum und Islam"; Lehrbeauftragter an der LMU und der Universität Erfurt; Max Weber Fellow am Europäischen Hochschulinstitut Florenz; seit 2008 Akademischer Rat an der Universität Passau; seit 2009 Professor für Internationale Politik an der Universität Passau (Vertretung).
Forschungsgebiete: Internationale Politik; Europäische Integration; Politik und Religion.
Wichtigste Veröffentlichungen: Postsäkulare Internationale Beziehungen. In: Zeitschrift für Internationale Beziehungen 17, 1: 119-134 (2010); Towards a Post-Secular Order? In: European Political Science Review 1, 3: 317-340 (2009) (zs. mit Friedrich Kratochwil); Christianity, Christendom, Europe: On the Role of Religion in European Integration. In: Arès Vol. 59/2008, 25-35 (zs. mit Thomas Diez); Sünde, Kreuz und Pilgerschaft – Habermas' Vorschlag einer postsäkularen Gesellschaft. In: Heimbach-Steins, Marianne/Goris, Harm (Hrsg.): Religion in Recht und politischer Ordnung heute. Würzburg: 109-131 (2008); Regieren durch Argumentieren. Macht und Legitimität politischer Sprache im Prozess der europäischen Integration. Baden-Baden (2005); Souveränität im neuen Europa. Der Souveränitätsbegriff im Mehrebenensystem der Europäischen Union. Hamburg (2003).

Anja Gladkich
Biographie: Dipl.-Kult.; geb. 1980; Studium der Kulturwissenschaften und der Europa-Universität Viadrina in Frankfurt (Oder). Seit 2009 Wissenschaftliche Mitarbeiterin/Hilfskraft am Lehrstuhl für Religions- und Kirchensoziologie an der Universität Leipzig, dort Arbeit an einer Promotion über Jugend und Religion in Deutschland.
Forschungsgebiete: empirische Religionssoziologie; Religion und Sozialkapital; Politische Kulturforschung

Oliver Hidalgo
Biographie: Dr. phil.; geb. 1971; Studium der Volkswirtschaftslehre, Politikwissenschaft, Rechts- und Kommunikationswissenschaften an der Ludwig-Maximilians-Universität München; 2005 Promotion an der Universität Regensburg mit einer Arbeit über Religion und Politik bei Tocqueville und Nietzsche; seit 2006 Akademischer Rat a. Z. am Institut für Politikwissenschaft Regensburg.
Forschungsgebiete: Demokratietheorie; Rechtsphilosophie; Internationale Politik; Politische Theologie.
Wichtigste Veröffentlichungen: Der Andere als Freund oder Feind? Emmanuel Levinas, Carl Schmitt und die verweigerte Vermittlung zwischen Ethik und Politik. In: Philosophisches Jahrbuch 116, 1: 115-137 (2009) (zs. mit Christo Karabadjakov); Der *gerechte* Krieg – ein moralphilosophischer Holzweg. In: Christian Starck (Hrsg.): Kann es heute noch gerechte Kriege geben? Göttingen: Wallstein: 67-108 (2008); Guantánamo Bay oder die begrenzte Entgrenzung der Gewalt – Der globalisierte Terrorismus und der staatlich definierte Ausnahmezustand. In: Berliner Debatte Initial 19, 3: 77-91 (2008); Die Zukunft der Demokratie. Politische Herausforderungen zu Beginn des 21. Jahrhunderts. München (2006) (hrsg., zs. mit Karlfriedrich Herb); Unbehagliche Moderne. Tocqueville und die Frage der Religion in der Politik. Frankfurt/ New York: Campus Verlag (2006).

Christl Kessler
Biographie: Dr. phil.; geb. 1967; Studium der Soziologie, Politikwissenschaft und Psychologie an der Freien Universität Berlin; 2001 Promotion in Politikwissenschaft an der Albert-Ludwigs-Universität Freiburg, seit 2002 Wissenschaftliche Mitarbeiterin am Arnold-Bergstraesser Institut, Freiburg.
Forschungsgebiete: Demokratisierung; Religion; Migration; Genderforschung; Entwicklung. Geographischer Schwerpunkt: Südostasien.
Wichtigste Veröffentlichungen: Democratic Citizenship and Labour Migration in East Asia: Mapping Fields of Enquiry. In: European Journal of East Asian Studies 8, 2: 181-213 (2009); „Give Jesus a Hand!" Charismatic Christians: Populist Religion in the Philippines. Quezon City: Ateneo Press (2008) (zs. mit Jürgen Rüland); Charismatic Christians: Genuinly Religious, Genuinly Modern. In: Philippine Studies 54, 4: 560-584 (Wiederabdruck in Judith Schlehe/Boike Rehbein (Hrsg.): Religion und die Modernität von Tradition in Asien. Neukonfigurationen von Götter-, Geister- und Menschenwelten (Southeast Asian Modernities, Bd.9). Berlin: 235-259 (2008).

Antonius Liedhegener
Biographie: Prof. Dr. phil.; geb. 1963; Studium der Geschichte und Katholischen Theologie; 1996 Promotion in Münster; 2005 Habilitation in Jena; 1997 bis 2008 Wissenschaftlicher Mitarbeiter, Assistent bzw. Oberassistent am Institut für Politikwissenschaft der Friedrich-Schiller-Universität Jena; Sommersemester 2008 Lehrstuhlvertretung für Vergleichende Analyse politischer Systeme, Bewegungen und Kulturen an der Europa-Universität Viadrina in Frankfurt (Oder); seit September 2008 Assistenzprofessor für Politik und Religion am Zentrum für Religion, Wirtschaft und Politik (ZRWP) an der Universität Luzern.
Forschungsgebiete: Politik und Religion in liberalen Demokratien, insbes. Deutschland und USA; Zivilgesellschaft und Religion; religiöse Interessen in der Europäischen Union; politische Soziologie von Religion und Kirchen, Katholizismusforschung, vergleichende Politikwissenschaft.
Wichtigste Veröffentlichungen: Art. Churches and Denominations. In: Anheier, Helmut K./Toepler, Stefan/List, Regina (Hrsg.), International Encyclopedia of Civil Society, New York: Springer Press: 133-138 (2010); Civil Society, Civic Engagement and Catholicism in the U.S. (Atlantische Texte, Bd.27). Trier: WVT (2007) (hrsg. zs. mit Werner Kremp); Macht, Moral und Mehrheiten. Der politische Katholizismus in der Bundesrepublik Deutschland und den USA seit 1960 (Jenaer Beiträge zur Politikwissenschaft, Bd.11). Baden-Baden: Nomos (2006); Christentum und Urbanisierung. Katholiken und Protestanten in Münster und Bochum 1830-1933 (Veröffentlichungen der Kommission für Zeitgeschichte, Reihe B, Bd.77). Paderborn u.a.: Schöningh (1997).

Gert Pickel
Biographie: Prof. Dr. phil.; geb. 1963; Studium der Soziologie und Politikwissenschaft an der Universität Bamberg; 2002 Promotion an der Europa-Universität Viadrina Frankfurt (Oder); 2008 Habilitation an der Universität Greifswald; 1996-2007 Wissenschaftlicher Mitarbeiter am Lehrstuhl für Vergleichende Kultursoziologie der Europa Universität Viadrina Frankfurt (Oder); 2004-2005 Lehrstuhlvertreter des Lehrstuhls für Vergleichende Kultursoziologie an der Europa Universität Viadrina Frankfurt (Oder); 2007-2009 Vertretungsprofessor für Religions- und Kirchensoziologie an der Theologischen Fakultät der Universität Leipzig; seit Februar 2009 Professor und Leiter der Abteilung für Religions- und Kirchensoziologie am Institut für Praktische Theologie der Theologischen Fakultät der Universität Leipzig.
Forschungsgebiete: International vergleichende Religionssoziologie; politische Kulturforschung; vergleichende Demokratieforschung; politische Soziologie; Methoden der vergleichenden Politikwissenschaft; Jugendsoziologie.

Wichtigste Veröffentlichungen: Religionssoziologie. Eine Einführung. Wiesbanden: VS-Verlag (2010); Church and Religion in Contemporary Europe. Results from Empirical and Comparative Research. Wiesbaden: VS-Verlag, (2009) (hrsg. zs. mit Olaf Müller); Methoden der vergleichenden Politikwissenschaft. Eine Einführung. Wiesbaden: VS-Verlag (2009) (zs. mit Hans-Joachim Lauth und Susanne Pickel); Religious Individualization or Secularization? Testing hypotheses of religious change – the case of Eastern and Western Germany. In: Britisch Journal of Sociology 58, 4: 603-632 (2007) (zs. mit Detlef Pollack); Politische Kultur- und Demokratieforschung. Grundbegriffe, Theorien, Methoden. Eine Einführung. Wiesbaden: VS-Verlag: (2006) (zs. mit Susanne Pickel); Religiöser und kirchlicher Wandel in Ostdeutschland 1989-1999. Opladen: Leske+Budrich (2000) (hrsg. zs. mit Detlef Pollack).

Sigrid Roßteutscher
Biographie: Prof. PhD; geb. 1966; Studium der Politikwissenschaft, Neuere Geschichte und Zeitgeschichte, Universität Mannheim; 1992 Promotion am Europäischen Hochschulinstitut (EUI) in Florenz, Italien; Habilitation 2006 an der Universität Mannheim; 2000-2006 wissenschaftliche Assistentin am Institut für Politikwissenschaft der Universität Mannheim und Projektleiterin am Mannheimer Zentrum für Europäische Sozialforschung (MZES); seit 2007 Professorin am Institut für Politik- und Gesellschaftsanalyse an der Goethe-Universität Frankfurt am Main.
Forschungsgebiete: Soziales Kapital; Zivilgesellschaft; Partizipation; Wahlforschung; Werte und Einstellungen; Demokratieforschung; Politik und Religion.
Wichtigste Veröffentlichungen: Social Capital Worldwide: Potential for Democratisation or Stabiliser of Authoritarian Rule?, In: American Behavioral Scientist 53, 3: 737-757 (2010); Religion, Zivilgesellschaft, Demokratie. Eine international vergleichende Studie zur Natur religiöser Märkte und der demokratischen Rolle religiöser Zivilgesellschaften, Baden-Baden: Nomos (2009); Advocate or Reflection? Associations and Political Culture, In: Political Studies 56, 2: 445-658 (2008); Social Capital and Associations in European Democracies. A comparative analysis, London (2007) (hrsg. zs. mit William Maloney); Von Realisten und Konformisten – Wider die Theorie der Wertsynthese, In: Kölner Zeitschrift für Soziologie und Sozialpsychologie 56, 3: 407-432 (2004); Explaining Politics: An empirical test of competing value measures, In: European Journal of Political Research 43, 5: 771-797 (2004).

Martin Schön
Biographie: Master of Arts; geb. 1979; Studium der Kulturwissenschaften an der Europäischen Humanistischen Universität in Minsk; Master Soziokulturelle Studien an der Europa-Universität Viadrina Frankfurt (Oder); Tätigkeit als freier Journalist, unter anderem für die Russische Redaktion der Deutsche Welle; seit 2009 hauptamtlich Projektkoordinator beim Internationalen Bildungs- und Begegnungswerk (IBB) Dortmund, Schwerpunkt Projektförderung Belarus.
Forschungsgebiete: Hybride politische Systeme; sowjetische und postsowjetische Geschichtspolitik; Religion und Politik im postsowjetischen Raum.
Veröffentlichungen: Die Brester Festung im Kontext kontemporärer weißrussischer Erinnerungskultur. In: Olga Kurilo/Gerd-Ulrich Herrmann (Hrsg.): Täter, Opfer, Helden, Berlin: Metropol: 103-117 (2007); Darstellung belarussischer Partisanen in der Sowjetischen Geschichtsliteratur. In: Olga Kurilo (Hrsg.): Der Zweite Weltkrieg im deutschen und russischen Gedächtnis, Berlin: Avinus: 30-45 (2006).

Richard Traunmüller
Biographie: Dipl.-Soz.; geb. 1980; Studium der Sozialwissenschaften an der Humboldt-Universität zu Berlin; seit 2007 Wissenschaftlicher Mitarbeiter am Lehrstuhl für Vergleichende Politikwissenschaft an der Universität Konstanz; Promotionsvorhaben zu Religion und Sozialkapital im europäischen Vergleich.
Forschungsgebiete: Sozialkapitalforschung; Religion und Politik; Politische Soziologie; quantitative Methoden.
Wichtigste Veröffentlichungen: Moral Communities? Religion as a Source of Social Trust in a Multilevel Analysis of 97 German Regions. In: European Sociological Review (2010); Spheres of Trust. An Empirical Analysis of the Foundations of Particularised and Generalised Trust. In: European Journal of Political Research 48, 6: 782-803 (2009) (zs. mit Markus Freitag); Religion und Sozialintegration. Eine empirische Analyse der religiösen Grundlagen sozialen Kapitals. In: Berliner Journal für Soziologie 19, 3: 435-468 (2009).

Peter van Dam
Biographie: Dr. phil.; geb. 1981; Studium der Geschichte in Amsterdam und Münster; 2006 bis 2009 Kollegiat im Graduiertenkolleg Zivilgesellschaftliche Verständigungsprozesse an der Westfälischen Wilhelms-Universität Münster; Promotion in Münster 2009; seit 2009 Dozent niederländische Geschichte an der Universität von Amsterdam.
Forschungsgebiete: Geschichte der Zivilgesellschaft; Religion in Westeuropa seit 1789; transnationale Geschichte.

Wichtigste Veröffentlichungen: Religion und Zivilgesellschaft. Christliche Traditionen in der niederländischen und deutschen Arbeiterbewegung (1945-1980). Münster: Waxmann 2010; Sind die Säulen noch tragfähig? ‚Versäulung' in der niederländischen Historiographie. In: Schweizer Zeitschrift für Religions- und Kulturgeschichte 102: 415-443 (2008); Ein Kanon der niederländischen Geschichte? In: Jahrbuch. Zentrum für Niederlande-Studien 18: 189-201 (2007).

Ines-Jacqueline Werkner
Biographie: PD Dr. rer. pol.; geb. 1965; Studium der Sozialwissenschaften und der Ev. Theologie an der Humboldt-Universität zu Berlin; Promotion und Habilitation in der Politikwissenschaft an der Freien Universität Berlin; sechs Jahre Wissenschaftliche Mitarbeiterin am Sozialwissenschaftlichen Institut der Bundeswehr; 2005 Gastprofessorin in Vilnius/Litauen; 2008-2009 Forschungsdirektorin am European University Center for Peace Studies (EPU) in Stadtschlaining/Österreich; derzeit Vertretungsprofessorin für Internationale Politik und Gesellschaft am Institut für Sozialwissenschaften der Christian-Albrechts-Universität zu Kiel.
Forschungsgebiete: Europäische Studien; Sicherheitspolitik und Militärsoziologie; Friedens- und Konfliktforschung; Friedensethik; Politik und Religion.
Wichtigste Veröffentlichungen: Religion and its Importance in International Politics: A Case Study of 2008 Russian-Georgian War. In: Caucasian Review of International Affairs 4, 3: 237-247 (2010); Friedensethik und humanitäre Intervention – Konsequenzen aus der Friedensdenkschrift. In: Dörfler, Angelika/Portugall, Gerd (Hrsg.): Friedensethik und Sicherheitspolitik, Wiesbaden: VS Verlag für Sozialwissenschaften (2009); Vorpolitische Grundlagen des demokratischen Verfassungsstaates bei Jürgen Habermas und Joseph Ratzinger, Zeitschrift für Politikwissenschaft, 17: 2 (2007)

Neu im Programm
Politikwissenschaft

Gerhard Bäcker / Gerhard Naegele /
Reinhard Bispinck / Klaus Hofemann /
Jennifer Neubauer

**Sozialpolitik und soziale Lage
in Deutschland**

Band 1: Grundlagen, Arbeit, Einkommen
und Finanzierung
5., durchges. Aufl. 2010. 622 S. Geb.
EUR 34,95
ISBN 978-3-531-17477-8

Band 2: Gesundheit, Familie, Alter
und Soziale Dienste
5., durchges. Aufl. 2010. 616 S. Geb.
EUR 34,95
ISBN 978-3-531-17478-5

Das zweibändige Hand- und Lehrbuch
bietet einen breiten empirischen Überblick
über die Arbeits- und Lebensverhältnisse
in Deutschland und die zentralen sozialen
Problemlagen. Im Mittelpunkt der Darstellung stehen Arbeitsmarkt, Arbeitslosigkeit
und Arbeitsbedingungen, Einkommensver-
teilung und Armut, Krankheit und Pflege-
bedürftigkeit sowie die Lebenslagen von
Familien und von älteren Menschen.
Das Buch gibt nicht nur den aktuellen Stand
der Gesetzeslage wieder, sondern greift
auch in die gegenwärtige theoretische und
politische Diskussion um die Zukunft des
Sozialstaates in Deutschland ein. Es wendet sich an Studierende und Lehrende an
Hochschulen, Schulen, Bildungseinrichtungen sowie an Experten in Verwaltungen,
Verbänden und Gewerkschaften.

Schmidt, Manfred G.

Demokratietheorien
Eine Einführung
5. Aufl. 2010. 571 S. Br. EUR 19,95
ISBN 978-3-531-17310-8

Dieses Buch führt in klassische und moderne Demokratietheorien ein. Es schlägt
einen Bogen von der Staatsformenlehre
des Aristoteles bis zu den Demokratietheorien der Gegenwart und erörtert
dabei auch den neuesten Stand der international vergleichenden Demokratieforschung. Der Band stellt zudem die wichtigsten Demokratietypen und die leis-
tungsfähigsten Demokratiemessungen
vor. Ferner erkundet er die Funktionsvor-
aussetzungen der Demokratie, klärt die
Bedingungen für erfolgreiche und erfolg-
lose Demokratisierungsvorgänge und
geht der Frage nach, ob die Europäische
Union an einem strukturellen Demokratie-
defizit laboriert. Überdies handelt das
Werk sowohl von den Stärken der Demokratie wie auch von ihren Schwächen.
Außerdem prüft es die Leistungskraft der
Demokratie im Vergleich mit Nichtdemo-
kratien. Auf diesen Grundlagen wird
abschließend die Zukunft der Demokratie
prognostiziert. Das vorliegende Werk ist
die fünfte – mittlerweile mehrfach erweiterte – Auflage des erstmals 1995 erschie-
nenen Buches.

Erhältlich im Buchhandel oder beim Verlag.
Änderungen vorbehalten. Stand: Juli 2010.

www.vs-verlag.de

VS VERLAG

Abraham-Lincoln-Straße 46
65189 Wiesbaden
Tel. 0611.7878 - 722
Fax 0611.7878 - 400

Elemente der Politik

Hrsg. von Bernhard Frevel / Klaus Schubert / Suzanne S. Schüttemeyer / Hans-Georg Ehrhart

Aden, Umweltpolitik
2011. ca. 120 S. Br. ca. EUR 12,95
ISBN 978-3-531-14765-9

Blum / Schubert, Politikfeldanalyse
2., akt. Aufl. 2011. 195 S. Br. ca. EUR 16,95
ISBN 978-3-531-17276-7

Dehling / Schubert,
Ökonomische Theorien der Politik
2011. ca. 120 S. Br. ca. EUR 12,95
ISBN 978-3-531-17113-5

Dittberner, Liberalismus
2011. ca. 120 S. Br. ca. EUR 14,95
ISBN 978-3-531-14771-0

Dobner, Neue Soziale Frage und Sozialpolitik
2007. 158 S. Br. EUR 12,90
ISBN 978-3-531-15241-7

Frantz / Martens, Nichtregierungs-
organisationen (NGOs)
2006. 159 S. Br. EUR 14,90
ISBN 978-3-531-15191-5

Frevel, Demokratie
Entwicklung - Gestaltung - Problematisierung
2., überarb. Aufl. 2009. 177 S. Br. EUR 12,90
ISBN 978-3-531-16402-1

Fuchs, Kulturpolitik
2007. 133 S. Br. EUR 14,90
ISBN 978-3-531-15448-0

Gareis, Internationaler Menschenrechtsschutz
2011. ca. 150 S. Br. ca. EUR 13,95
ISBN 978-3-531-15474-9

Gawrich, Das politische System der BRD
2011. ca. 120 S. Br. ca. EUR 12,95
ISBN 978-3-531-16407-6

Holtmann / Reiser, Kommunalpolitik
2011. ca. 120 S. Br. ca. EUR 12,95
ISBN 978-3-531-14799-4

Jahn, Vergleichende Politikwissenschaft
2011. ca. 120 S. Br. ca. EUR 12,95
ISBN 978-3-531-15209-7

Jahn, Frieden und Konflikt
2011. ca. 120 S. Br. ca. EUR 14,95
ISBN 978-3-531-16490-8

Jaschke, Politischer Extremismus
2006. 147 S. Br. EUR 14,95
ISBN 978-3-531-14747-5

Johannsen, Der Nahost-Konflikt
2., akt. Aufl. 2009. 167 S. Br. EUR 16,95
ISBN 978-3-531-16690-2

Kevenhörster / v.d. Boom, Entwicklungspolitik
2009. 112 S. Br. EUR 12,90
ISBN 978-3-531-15239-4

Kost, Direkte Demokratie
2008. 116 S. Br. EUR 12,90
ISBN 978-3-531-15190-8

Meyer, Sozialismus
2008. 153 S. Br. EUR 12,90
ISBN 978-3-531-15445-9

Piazolo, Die Europäische Union
2011. ca. 120 S. Br. ca. EUR 12,95
ISBN 978-3-531-15446-6

Schmitz, Konservativismus
2009. 170 S. Br. EUR 16,90
ISBN 978-3-531-15303-2

Schröter, Verwaltung
2011. ca. 120 S. Br. ca. EUR 14,95
ISBN 978-3-531-16474-8

Erhältlich im Buchhandel oder beim Verlag.
Änderungen vorbehalten. Stand: Juli 2010.

www.vs-verlag.de

VS VERLAG

Abraham-Lincoln-Straße 46
65189 Wiesbaden
Tel. 0611.7878 - 722
Fax 0611.7878 - 400

MIX
Papier aus verantwortungsvollen Quellen
Paper from responsible sources
FSC® C105338

If you have any concerns about our products,
you can contact us on
ProductSafety@springernature.com

In case Publisher is established outside the EU,
the EU authorized representative is:
Springer Nature Customer Service Center GmbH
Europaplatz 3, 69115 Heidelberg, Germany

Printed by Libri Plureos GmbH
in Hamburg, Germany